»Richtig wandern«
Kykladen

»Richtig wandern«

Kykladen

Kurt Schreiner

Unter Mitarbeit von Klaus Bötig,
Heinz und Ingeborg Rosin und Gisela Suhr

DuMont Buchverlag Köln

Umschlagvorderseite: Santoríni (Foto: F. Damm)
Umschlagrückseite: Sífnos, Blick von Kástro (Foto: H. Rosin)
Seite 1: Linolschnitt von Kurt Schreiner
Frontispiz Seite 2: Einfache geometrische Formen bestimmen die Inselarchitektur auf den
   Kykladen (Foto: H. Madej)

CIP-Kurztitelaufnahme der Deutschen Bibliothek

Schreiner, Kurt:
Kykladen / Kurt Schreiner. Unter Mitarb. von Klaus
Bötig... – Köln : DuMont, 1987.
   (Richtig wandern)
   ISBN 3-7701-1999-1

© 1987 DuMont Buchverlag, Köln
Alle Rechte vorbehalten
Satz und Druck: Rasch, Bramsche
Buchbinderische Verarbeitung: Bramscher Buchbinder Betriebe

Printed in Germany   ISBN 3-7701-1999-1

Inhalt

Einführung

Die Inselgruppe der Kykladen umfaßt neben einer größeren Anzahl von kleinsten Inselchen insgesamt 24 bewohnte Inseln. Die bekanntesten unter ihnen, Santoríni, Míkonos, Páros und Íos, ziehen im Sommer mit ihren lebhaften Hafenorten und touristischen Einrichtungen zahllose Touristen aus aller Welt an. Die weniger bekannten, aber nicht weniger reizvollen Inseln gelten als Geheimtip für einen ruhigen Urlaubsaufenthalt.

Viele der auf einer Kykladeninsel Ruhe und Erholung suchenden Feriengäste beschränken ihre Aktivitäten auf Baden im Meer und den allabendlichen Gang zur Taverne. Häufig sind ihnen die vielen Möglichkeiten zu ausgedehnten Spaziergängen und Wanderungen nicht bekannt, die über eine landschaftlich reizvolle Wegstrecke etwa zu einem hoch gelegenen Kloster oder einem kleinen Kykladendorf führen. Es ist Sinn dieses Buches, hier Abhilfe zu schaffen und Vorschläge zu unterbreiten. Die fünf Autoren, die eine Fülle von Wanderungen beschreiben, kennen die Inseln der Kykladen von zahlreichen Aufenthalten her und seit vielen Jahren. Sie haben sich ›ihre‹ Inseln herausgesucht und für jede die interessantesten Wanderungen ausgewählt.

Die beschriebenen Wege berücksichtigen neben den Eigenarten und der Schönheit der Landschaft die Zeugen der vergangenen Epochen, soweit sie vom Wege aus erreichbar sind. Alles geologisch, historisch und kunsthistorisch Bedeutsame wird knapp beschrieben. Die Mehrzahl der Inseln dieser Gruppe ist relativ klein und überschaubar, daher kann jede Route innerhalb eines Tages oder in kürzerer Zeit erwandert werden.

Der besondere Reiz einer Kykladenwanderung liegt in der unmittelbaren Nachbarschaft von Land und Meer. Nahezu ständig ist die sonnenbeschienene, glitzernde Wasserfläche gegenwärtig, eine Möglichkeit zum Baden bietet sich immer.

Mit ›Wandern‹ wird bei vielen die Vorstellung von sportlichen und bergsteigerischen Anforderungen geweckt. Wandern im Sinne dieses Buchs ist für ›normale‹ Spaziergänger in jeglichem Alter gedacht; wenn besondere Anstrengungen zu erwarten sind, wird dies bei den Wegbeschreibungen angegeben. Viele werden den Reiz des Wanderns erstmals für sich entdecken, als eine sinnvolle Form, die Urlaubsfreizeit zu verbringen, vielleicht die sinnvollste überhaupt. Der Städter, der sich den größten Teil des Jahres in geschlossenen Räumen aufhält und dessen Tagesverlauf auch außerhalb der Arbeitszeit weitgehend vorprogrammiert ist, hat ein natürliches Verlangen nach Freiheit und Selbstverwirklichung. Die Reiseveranstalter kommen diesem

Bedürfnis scheinbar entgegen, indem sie am Ferienort Freizeitprogramme anbieten. Die Flucht aus dem Alltag erweist sich als ein fataler Irrtum: Der Urlauber wird wieder zur Passivität verurteilt, er konsumiert die Angebote, seine Aktivitäten sind programmiert.

Der von der Fremdenverkehrs-›Industrie‹ mit ›Individualurlauber‹ gekennzeichnete Tourist, der seine Reise in eigener Regie vorbereitet und durchführt, hat die Freiheit, sich selbstbestimmend auf die Dinge einzulassen, die ihn interessieren und die ihm der Alltag zu Hause vorenthält.

Das Erwandern eines Landes ist eine Möglichkeit. Es weckt die Neugier auf so vieles: zum Beispiel für die Besonderheiten einer Landschaft und für alle Aspekte dieser geschichtlich und sozial gewachsenen Welt, in der er seinen Urlaub verbringt.

Um es zu verdeutlichen: Der Wanderer bewegt sich über dieselben Maultierpfade, über die seit Jahrhunderten die Inselbewohner zu ihren Dörfern und Feldern gelangten. Auf dem mühsamen Weg zur hochgelegenen Chóra, dem Hauptort einer Insel, wird ihm der historisch begründete Sinn für diese exponierte Siedlungslage verständlich. Die Wanderung wird zugleich mit dem Landschaftserlebnis eine Begegnung mit der Geschichte dieses Volkes.

Denn keineswegs sollte das Wandern sich auf das ›romantische‹ Erlebnis einer Landschaft beschränken, die von den ›Errungenschaften‹ der modernen Zivilisation teilweise noch ausgespart wurde. Zur Landschaft gehört der Mensch unmittelbar dazu, das Wandern eröffnet die Möglichkeit, Zugang zu dem Leben der Inselgriechen zu erhalten. Wenn der moderne Massentourismus die Urlauber in die neu errichteten Fremdenverkehrszentren schleust, isoliert er sie von den Einheimischen, es gibt nur selten Berührungspunkte und diese oft in programmierter Form.

Der auf sich gestellte Tourist, der eine Gegend erwandert, begibt sich in eine für ihn fremde Welt, in der viele Dinge seinen gewohnten Vorstellungen widersprechen. Er erlebt diese Menschen in wirklichkeitsgetreuen Szenen. Er registriert in Läden, auf der Straße, auf dem Felde, in Tavernen, bei Dorffeiern und kirchlichen Festen Ausschnitte ihres Alltags. In der Konfrontation mit den vielen neuen Eindrücken mag er sich selbst infrage stellen oder zu einer kritischen Einschätzung gelangen. Er gerät in eine geistige Auseinandersetzung, bei der er die eigene Kultur mit der dieses Landes vergleicht.

Die weitgehend unberührte ›archaische‹ Landschaft und Kultur auf einer Reihe von Inseln sollen ihn aber nicht darüber hinwegtäuschen, daß die griechische Gegenwart mit vielen sozialen und kulturellen Spannungen belastet ist. Nach dem verhältnismäßig kurzen Zeitraum neuerer griechischer Geschichte prallen die Gegensätze von Alt und Neu heute besonders hart aufeinander. Um Verständnis für die Probleme und für ›typisch Griechisches‹ zu gewinnen, wird in diesem Buch versucht, neben der Beschreibung der Wanderwege auch ein Bild des griechischen Alltags zu zeichnen.

Den Urlaub sinnvoll in der beschriebenen Form zu verbringen hieße: körperliche Betätigung durch die Lust am Wandern, sinnenhafte Erlebnisse von Landschaften und Kunst, soziale Erfahrungen in der Begegnung mit den Menschen dieses Landes vor dem Hintergrund ihrer Geschichte. Im ganzen eine Ferienplanung, die in vielfältiger Weise auf Bereicherung angelegt ist.

Um es mit den Worten des griechischen Journalisten Johannes Gaitanídes zu sagen: »So gewiß die Ägäis vom Paradies etwas weniger entfernt ist als unser Alltag, so gewiß die Ägäisfahrt nicht nur eine Reise in eine andere Geographie und in eine andere Geschichte, sondern mehr noch in einen anderen Lebenszustand, die Heimkehr in den Status des Natürlichen, des Einfachen und Wesenhaften ist, ein Klärungsprozeß, der die Spreu vom Weizen sondert und die Schlacken ausscheidet – diese Inseln sind Heilstätten für Realisten, nicht Asyle für Romantiker, Filter der Zeit mehr denn Paradiese für Abstinenzler der Geschichte. Nicht wer sich selber, wer seine Zeit flieht, nur wer sich sucht, findet auf ihnen den Ort der Erfüllung.«

Die Schreibweise griechischer Namen

In diesem Wanderführer werden die griechischen Namen und Begriffe in aller Regel in der neugriechischen Form und mit den entsprechenden Buchstaben unseres Alphabets geschrieben. So wird für die Schreibung von *u* in nichtgriechischen Alphabeten in Griechenland oft auch *ou* verwendet. Der deutschen Aussprache angepaßt ist *u* (Beispiel: Vúrvulos, nicht: Wóurwoulos).
Beispiele

	nicht:		statt:
Míkonos	Mýkonos	i	y
Mílos	Mélos	i	e
Folégandros	Pholégandros	f	ph
Messa Goniá	Mesa Goniá	s	ss
Messawunó	Mesabounó	w	b
Merovígli	Merowígli	v	w
Vúrvulos	Wóurwoulos	u	ou

Abweichungen: Die ursprüngliche Schreibweise wurde jedoch beibehalten bei eingedeutschten Begriffen, die bereits zu einem festen Bestandteil der deutschen Schriftsprache geworden sind.
Beispiele

	nicht:
Kykladen	Kikládes
Piräus	Pireéfs
Athen	Athíne
Délos	Dílos

Außerordentlich wichtig ist die richtige *Betonung* eines Wortes. Sie wird durch das Betonungszeichen (auch: Akzentzeichen, Akut) wiedergegeben (siehe Beispiele oben).

Die Kykladen – ein Überblick

Entstehung und Geografie

Vor einigen hundert Millionen Jahren existierten die Balkanhalbinsel und die Ägäischen Inseln noch nicht. Vor etwa 170 Millionen Jahren schoben sich an ihrer heutigen Stelle Landmassen in Form eines Faltengebirges empor. Durch Hebungen und Senkungen wurde diese zusammenhängende Gesteinsmasse vielfach auseinandergebrochen und zertrümmert. Im Diluvium (Tertiär) sanken dann die Gebirge im Bereich des Ägäischen Meeres so weit ab, daß die tiefer liegenden Teile vom Meer überschwemmt wurden. Die Inseln der Kykladen sind also nichts anderes als die Gipfel eines im Meer versunkenen Gebirges. Sie sitzen auf einem unterseeischen Plateau, das 200 bis 500 Meter unter dem Meeresspiegel liegt und das hinter den Südkykladen zum wesentlich tieferen Kretischen Meer abbricht.

Die Kykladen hatten den anderen Inselgruppen der Ägäis ihre zentrale Lage voraus. Hier verliefen schon seit jeher die Schiffahrtswege zwischen Kleinasien, dem griechischen Kontinent, Kreta und Nordafrika. Es entwickelte sich bereits im Altertum ein reger Handelsaustausch mit Kleinasien, Ägypten und Sizilien, der zur Kolonisierung der Küstenbereiche dieser Gebiete führte. Für die frühe Schiffahrt war dabei auch das dichte Beieinanderliegen der Inseln günstig. (Keine Entfernung zwischen zwei Inseln ist größer als 37 Kilometer.) Nach der Eingliederung der Kykladen in den griechischen Staat verloren die Inseln ihre Funktion als Brücke und Vermittler zwischen den Kontinenten und gerieten in eine Randlage.

Geologisch bildet das Kykladengebirge eine Einheit. Es besteht aus Granit, Gneis, Marmor und Schiefer. Nur die am südlichen Rand gelegenen Inseln (Amorgós, die Eremoníssia, Santoríni, Anáfi und Mílos) haben einen anderen Gesteinsaufbau, der sich aus Sedimentsteinen zusammensetzt. Die Inselgruppen von Santoríni und Mílos sind zum Teil vulkanischen Ursprungs.

Besiedlung der Kykladen

Erste Spuren von Besiedlung der Inseln reichen zurück bis um 5000 v. Chr. Aber erst im 3. Jahrtausend entwickelte sich eine hochstehende bronzezeitliche Kultur, von der die Ausgrabungen von Akrotíri auf Santoríni ein hervorragendes Zeugnis ablegen (vgl. S. 156f.). Spätere Einwanderer wie die Dorer (Dorier) bevorzugten höher gelegene Orte (Akropole).

Der in der Antike florierende Seehandel ließ neue städtische Siedlungen in Küstennähe entstehen, in deren Hinterland man Ackerbau und Viehzucht betrieb. Bevorzugte Lagen waren geschützte Buchten oder Flachstrände. Man errichtete die Stadtanlagen in der Hafenbucht oder auf nahe gelegenen Höhen. Andere Siedlungen entstanden in größerer Höhenlage und bis zu drei Kilometer vom Hafen entfernt, wie auf Íos, Sérifos, Kímolos, Schinússa, Síkinos, Santoríni, Anáfi oder Folégandros. Viele dieser bereits in der Antike gegründeten Städte sind noch heute bewohnt, wie auf Kéa, Sérifos, Páros, Náxos, Folégandros und Íos.

Im Mittelalter (vgl. Geschichte) waren die Bewohner der Kykladen ständigen Überfällen von Piraten ausgesetzt. Viele der Küstenorte wurden aufgegeben, und die Menschen zogen sich mehr ins Inselinnere zurück. Zwar ließen die venezianischen Herren Schutzburgen (Kastelle) und Stadtmauern errichten, jedoch wurden diese Befestigungsanlagen oftmals von den Piraten bezwungen und zerstört und die Städte ausgeplündert. Die Bevölkerung zog sich in noch unzugänglichere Höhenlagen zurück.

Erst mit Abzug der Türken und dem Rückgang der Piraterie im 19. Jahrhundert setzte eine Rücksiedlung zu den Küstenregionen ein, die bis heute noch nicht abgeschlossen ist.

In den Bergorten trifft man in der Mehrzahl auf alte Menschen. Sie bewirtschaften die umliegenden Felder und halten etwas Vieh. Viele ernähren sich von ihrer Rente, Auswanderer kehrten zurück und leben von ihren Ersparnissen. Die jungen Menschen wandern in die Großstädte des Festlandes oder ins Ausland ab. Daher wirken die noch bewohnten, alten Siedlungen auf Berghöhen wie die Chóra von Sérifos, Síkinos oder Anáfi wie ausgestorben gegenüber den lebendigen Hafenorten dieser Inseln.

Heute sind die Kykladen handelsstrategisch unbedeutender als die größeren Inseln des Dodekanés. Einzig Síros, zentral gelegen, hat einige Bedeutung als Umschlaghafen und verfügt über Schwimmdocks.

Der Fremdenverkehr verhilft einer Reihe von Inseln zu einer neuen wirtschaftlichen Blüte, vor allem Santoríni, Míkonos, Páros, Íos und Náxos profitieren von dieser Entwicklung. Umfangreiche touristische Einrichtungen sind entstanden, der einsetzende Bauboom überschreitet an einigen Orten die Grenze des Vertretbaren. Die Beschäftigungsstruktur der Bewohner richtet sich auf diesen Inseln zunehmend auf den Tourismus aus.

Klima und Wassertemperaturen

Anders als in den übrigen Mittelmeerländern, die in den Sommermonaten von einer lähmenden Hitze überzogen werden, trifft man in der Ägäis ein für die heiße Jahreszeit relativ verträgliches Klima an. Ursache sind die zeitweise sehr heftigen und kühlen Winde aus Nord bis Nordost, die im Juli und August am stärksten wehen. Diese trockenen Etesien, im Volksmund Meltémia genannt, verdanken ihre Existenz einem thermodynamischen System, das sich im nordöstlichen Mittelmeerbereich auswirkt.

Die Luftmassen über dem Ägäischen Meer erwärmen sich schnell und steigen hoch. Kältere Luft aus dem Bereich des Schwarzen Meeres drängt heftig nach und bewirkt die überfallartigen Winde. Besonders stark wirken sie sich aus in den Meerengen zwischen Euböa und Ándros, Tínos und Míkonos, Páros und Náxos sowie Míkonos und Ikaría. Mit einer leichten Brise beginnt in der Regel der Meltémi am Morgen, um die Mittagszeit bläst er in voller Stärke und am Abend wird er wieder schwächer. Zeitweise erreicht er sturmartige Ausmaße. Bei Windstärke 9 kommt die Schiffahrt zwischen den Inseln zum Erliegen. So mancher Ägäis-Reisende hat mit dem Meltémi seine persönlichen Erfahrungen gemacht. Das Fährschiff traf nicht ein, weil es in einem sicheren Hafen festlag und nicht auslaufen konnte. Mit großen Verspätungen ist immer zu rechnen, wenn der Meltémi weht. Das Meer ist aufgewühlt, und an vielen Stellen wird das Baden zu einem gefährlichen Unterfangen.

Während bei Windstille zur Mittagszeit Temperaturen bis zu 42 °C keine Seltenheit sind, sinken sie bei Meltémi auf bis zu 24 °C ab; bei gleichzeitig geringer Luftfeuchtigkeit läßt es sich gut wandern. Aber Vorsicht! Die von Staubpartikelchen und Feuchtigkeit rein gefegte Luft läßt die ultravioletten Sonnenstrahlen ungehindert durch. Die ›Kühle‹ verleitet dazu, sich nicht vor der Sonne zu schützen, Sonnenbrand oder Sonnenstich sind die unangenehmen Folgen.

Die klare Luft über der Ägäis läßt alle Farben intensiver hervortreten, das Weiß der gekalkten Häuser die Augen schmerzen. An manchen Tagen sind Fernsichten bis zu 180 Kilometern möglich. Man erlebt, daß Inseln aus dem Meer auftauchen und wieder hinter einem leichten Dunstschleier versinken.

Die beste Reisezeit für den, der viel wandern will, sind die Monate Mai, Juni und September. Die Kykladen sind dagegen kein Reiseziel für den Winter. Wer Sonne und Wärme erwartet, wird enttäuscht, kalte Winde und viel Regen bestimmen das Winterklima. Allerdings blühen bereits Mitte Februar die Obstbäume, aber noch bis in den April hinein wechseln kalte Tage mit 5 °C ab mit ausgesprochen frühlingshaften Temperaturen. Doch das Meer ist zum Baden noch zu kalt.

Der Frühling geht schnell vorbei. Innerhalb weniger Tage klettert das Thermometer über die 25 °C-Marke, und die Sonne verwandelt Gräser und Blumen in eine braune, verdorrte Landschaft. Rund fünf Monate dauert die Trockenperiode, damit zählen die Kykladen zu den sonnenreichsten Gebieten Griechenlands.

Der fehlende Regen bringt für viele Inseln Wasserprobleme. Fehlt es an Quellwasser, so muß durch Speicherung des Wassers in Brunnen und Zisternen vorgesorgt werden. Mit wachsender Besucherzahl steigt auch der Wasserverbrauch. Man ist dann auf Tankschiffe angewiesen, die Wasser von anderen Inseln oder vom Festland herbeischaffen und in Reservoirs pumpen. Tankautos befördern das Wasser in die Dörfer und füllen die leeren Zisternen auf. Bei Wasserknappheit kann es vorkommen, daß der Wasserhahn keinen Tropfen oder nur spärliche Mengen hergibt, oder daß für das Duschen extra bezahlt werden muß.

Wer gerne im Meer badet, dem können die folgenden Angaben als Richtwerte dienen. Die Durchschnittstemperaturen des Oberflächenwassers beträgt im Februar 15 °C, im Mai 20 °C, im August 24 °C und im November 18 °C. Wassertemperatur und Salzgehalt sind jedoch nicht einheitlich. West- und Nordägäis sind weniger warm

als die Ost- und Südägäis. Das liegt daran, daß durch die Dardanellen wesentlich kühleres und weniger salzhaltiges Wasser aus dem Schwarzen Meer in die Ägäis strömt, bedingt durch die vielen kalten Zuflüsse, die ins Schwarze Meer münden. Diese Meeresströmung kühlt die Durchflußbereiche ab, wobei die Temperaturunterschiede bis zu 3 °C betragen. Nebenströmungen erreichen die Kykladen bei Ándros, Tínos und Míkonos.

Pflanzen- und Tierwelt

Die Kykladen sind durchweg felsig und trocken, für eine agrarische Nutzung des Bodens denkbar ungünstige Voraussetzungen. Die natürliche Vegetation ist entsprechend karg, zusammenhängende Wälder findet man in diesem Teil der Ägäis aufgrund der schon in der Antike einsetzenden Abholzung (für den Schiffs- und Hausbau und als Brennmaterial) keine mehr. Die Grasnarbe auf der nur dünnen Bodenkrume wurde von weidenden Schafen und Ziegen zerstört, so daß der Boden verkarstete. Eine Wiederbewaldung gestaltet sich auf dem Kalkgestein und bei der sommerlichen Trockenheit äußerst schwierig. Wie im übrigen Mittelmeerraum fielen und fallen viele Waldflächen zur Hochsommerzeit den Bränden zum Opfer, die die Waldbestände Griechenlands immer aufs neue dezimieren.

Die felsigen Böden sind mit einem niedrigen und stacheligen Buschwerk bewachsen, eine mit *Phrýgana* bezeichnete, weitständige Zwergstrauchformation. Die bekannteren Gewächse unter ihnen sind *Kugeldistel, Thymian, Myrte, Salbei, Rosmarin* und *Wolfsmilchgewächse*. Zwischen Februar und Mai entfalten die Blütenpflanzen ihre Farbenpracht, die mit einsetzender Sommerhitze wieder verschwindet und eine braune, ausgedorrte und kahl wirkende Landschaft zurückläßt.

Bäume treten einzeln und in Gruppen auf. Der Wanderer trifft auf Ansammlungen von *Aleppokiefern*, aus deren angeschnittener Rinde das Harz für den Retsina-Wein gewonnen wird. In der Nachbarschaft kirchlicher Bauwerke findet man vielfach die *Zypresse;* sie gilt als Trauerbaum und wird daher vor allem auf Friedhöfen angepflanzt. Seit alters her ist das Zypressenholz ein begehrtes Material für den Schiffsbau. Und noch heute wird in einigen Gegenden bei der Geburt eines Mädchens eine Zypresse gepflanzt; früher zimmerte man daraus den Mast des Segelschiffs, das Teil der Mitgift des Mädchens war. Der *Eukalyptusbaum* benötigt viel Feuchtigkeit und trocknet dabei den Boden aus. Er wird meist als schattenspendender Alleebaum oder auf Dorfplätzen angepflanzt. Man erkennt ihn an seinem scheckigen Stamm. (Er wirft periodisch seine Rinde ab.) Die Früchte des *Johannisbrotbaums*, hornförmige und rotbraune Schoten, sind genießbar und durch ihren starken Zuckergehalt sehr nahrhaft. Die getrockneten Samenkörner dienten früher zum Abwiegen von Gewürzen, Gold und Diamanten, da sie nahezu gleiche Größe und gleiches Gewicht aufweisen. Wohlschmeckende, an saftige Brombeeren erinnernde Früchte bietet der breitausladende, schattige *Maulbeerbaum.*

◁ *In den Häfen der Kykladeninseln liegen die Tavernen dicht an der Mole oder am Strand (Míkonos)*

An Wegrändern trifft man häufig auf zwei Gewächsarten, die beide nach der Entdeckung Amerikas aus Mexiko eingeführt wurden: Aus den Blüten des sog. *Feigenkaktus* (Opuntie) entwickeln sich schmackhafte Kaktusfeigen, die allerdings von einer unangenehmen Stachelhülle umgeben sind. Die *Agave* wird gerne zur Einzäunung angepflanzt. Erst nach 12 Jahren treiben sie die bis zu vier Meter hohen Blütenstengel.

Immer wieder trifft man beim Wandern auf einen ausgetrockneten Bachlauf, dort steht der *Oleanderbusch* von Juni bis August in voller Blüte. Die ebenfalls auf feuchtem Grund gedeihende *Tamariske* entwickelt dagegen bereits im Frühjahr ihre rosafarbenen Blüten.

In den wasserreicheren Tälern, Schluchten und Tiefebenen werden *Orangen* und *Zitronen* angebaut. Der *Feigenbaum* ist dagegen anspruchslos und gedeiht auf dürftigsten Böden und in den trockensten Zonen; seine langen Wurzeln reichen tief ins feuchte Erdreich. Die ausgereifte frische Feige ist ein schmackhafter Leckerbissen; im getrockneten Zustand wird sie exportiert.

Der *Wein* wird in Griechenland erstmals bei Homer erwähnt. Schon im Altertum wurde der geharzte Wein (›Retsína‹) getrunken. Ursprünglich wurden Ziegenfelle und Fässer mit Harz gepicht (abgedichtet), um den Wein zu konservieren. Heute wird das durch Anzapfen der Aleppokiefer gewonnene Harz nur noch aus Geschmacksgründen dem Most beigegeben, der durch Zerstampfen der Reben mit den bloßen Füßen gewonnen wird. Allerdings hat der Harzzusatz eine angenehme Nebenwirkung: Er macht den Wein bekömmlicher. Die Weinsorten differieren sehr je nach Lage und Böden. Einige vortreffliche Weinrebensorten gedeihen auf dem vulkanischen Boden von Santoríni.

Der wichtigste Kulturbaum seit der Antike ist der *Öl- oder Olivenbaum* (Farbt. 13). Von ihm wird bereits in Homers Ilias berichtet. Kein Ölbaum gleicht dem anderen, jeder hat seinen eigenen ausgeprägten Charakter. In immer wieder neuen Formen windet sich der Stamm aufwärts, zerfasern sich die knorrigen Äste nach allen Seiten. Das Laub erscheint im scharfen Sonnenlicht als ein grün-silbriges Blätterspiel, schimmernd wenn der Wind hindurchfährt. Der Baum kann Hunderte von Jahren alt werden und wird dabei immer bizarrer. In der griechischen Mythologie stand er unter dem besonderen Schutz der Göttin Athena, der die Griechen den Ölbaum verdanken. Auf trockenem Boden gedeiht er besonders gut, benötigt aber viel Platz, und tiefe Kälte verträgt er nicht. Bei der Ernte wird ein Tuch unter den Baum gelegt und die Oliven werden abgestreift. Die Griechen bevorzugen eine einfache Methode: Sie schlagen die Oliven mit Stöcken ab. Damit schaden sie aber dem Baum, die jungen Triebe werden zerstört. Die Folge: Im nächsten Jahr trägt der Baum weniger Früchte.

Die Oliven werden in Ölmühlen gepreßt, und das Öl wird als Kochfett benutzt. Bei einer zweiten Pressung der Rückstände erhält man ein minderwertiges Öl. Im Altertum diente das Öl noch zu Beleuchtungszwecken. Die kleinen Öllampen in den byzantinischen Kirchen enthalten auch heute noch Olivenöl, mit dem der Docht getränkt wird. Ein anderer Verwendungszweck im Altertum: Man salbte damit den Körper.

Olivenbaum und Trockenmauern (Sifnos)

Heute begegnet man der Olive in ihrem ungepreßten Rohzustand als Bestandteil des ›Griechischen Salats‹ oder als Essens- und Trinkbeilage, entweder im grün-unreifen oder im schwarz-reifen Zustand.

Eine weitere für den täglichen Bedarf wichtige Nutzpflanze ist das *Getreide*. Auf Wanderungen stößt man auf die runden, grob gepflasterten und manchmal mit einer niedrigen Steinmauer umgebenen Dreschplätze. Hier erfolgt auch heute noch nach dem Schnitt des Getreides das Dreschen. Um die Spreu vom Korn zu trennen, werden die Garben auf der Tenne ausgebreitet und Pferde oder Mulis darübergetrieben (Farbt. 9). Danach wird geworfelt: Die gedroschenen Körner werden gegen den Wind geschaufelt, wobei die Spreu in Windrichtung hinweggeweht wird.

Die *Tierwelt* ist durch das Fehlen der natürlichen Schutzzone des Waldes auf Arten beschränkt, die sich den besonderen ökologischen Bedingungen anpassen können wie *Eidechsen, Schlangen* (meist ungiftig) und *Schildkröten*. Man muß mit *Skorpionen* rechnen, doch ist der schmerzhafte Stich der hier vorkommenden Arten nicht lebensgefährlich. Neben fehlender Waldflächen ist es der Jagdleidenschaft der Griechen zuzuschreiben, daß viele Tierarten dezimiert sind oder nicht mehr vorkommen. Beliebte Jagdobjekte unter den Vögeln sind die *Wachteln*.

Unter den Nutztieren sind für den nichtmotorisierten Bauern *Esel* und *Muli* (die Kreuzung zwischen Esel und Pferd) unentbehrlich. Als Lieferant von Fleisch- und Milchprodukten (Käse, Joghurt) spielen *Schaf* und *Ziege* eine wichtige Rolle im Haushalt der Kykladenbewohner.

17

Der Esel als Verkehrsmittel und Lastenträger ist für viele Bergbauern unentbehrlich

Die Fangbeute aus dem Meer wird immer geringer, denn der Fischbestand des Ägäischen Meeres ist stark zurückgegangen. Gründe hierfür sind die gestiegene Nachfrage in den Ferienmonaten, die von Fischern verwendeten engmaschigen Netze und die vielerorts immer noch ausgeübte Dynamitfischerei. Der achtarmige *Oktopus* (Polyp) und der *Kalamári* (Tintenfisch) fehlen in fast keiner griechischen Taverne als Gericht oder Beigabe.

Einige Meeresbewohner können dem Schwimmer unangenehme Überraschungen bereiten. Deshalb außerhalb der Badestrände nie ohne eine Taucherbrille ins Wasser gehen. Ein kleiner *drachenähnlicher Fisch* weist zum Beispiel an einigen Stellen seines Körpers giftige Stachel auf, die bei Berührung einen wespenstichartigen Schmerz und eine leichte Lähmung bewirken. Der Fisch hält sich gerne in Ufernähe auf und liegt hier häufig ganz ruhig auf felsigem Grund.

Wenn man durch das Wasser watet, kann es leicht zu einer anderen unliebsamen Bekanntschaft kommen: Der stachelige *Seeigel* sitzt auf dem Felsgestein unter Wasser, manchmal von Wasserpflanzen verdeckt. (Nie trifft man ihn auf Sandflächen an.) Bei der leichtesten Berührung brechen einige der dünnen, giftigen Nadelspitzen ab und bleiben in der Haut stecken. Sie rufen unangenehme Entzündungen hervor, wenn sie nicht umgehend entfernt werden. (Olivenöl auftupfen, einweichen lassen und herausdrücken.)

An Steilküsten lauert die *Muräne* auf Beute, ein aalförmiger Fisch mit einem mit scharfen Zähnen gespickten Maul, die ebenfalls Gift enthalten. Man hüte sich davor, in Felslöcher zu fassen oder eine Muräne anzugreifen. Bei griechischen Jugendlichen gilt das Harpunieren der Muräne als eine Mutprobe.

Unangenehm sind auch die unscheinbar wirkenden *Feuerquallen*, die sich durch die Meeresströmung treiben lassen und plötzlich an einer Badestelle in großen Mengen auftreten können. Sie sind rötlich und mit feinen Fäden ausgestattet, die bei Berührung mit der Haut äußerst schmerzhafte Wirkung erzielen und noch nach langer Zeit braune Flecken auf der Haut zurücklassen. (Wirksames Gegenmittel ist Urin.) – *Haie* kommen in der Ägäis zwar vor, in Küstennähe trifft man sie jedoch so gut wie nie an.

Inseln und Inselgruppen

Die Antike unterschied zwei Inselgruppen im Bereich der Kykladen. Die um das religiöse Zentrum Délos gelegenen Inseln und Gruppen wurden Kykladen (von: Kyklos = Kreis) genannt. Die am südlichen Rand liegenden (von Mílos bis Amorgós) und die übrigen Ägäischen Inseln erhielten die Bezeichnung Sporaden (die ›Verstreuten‹).

Heute werden auch sie zu den Kykladen gezählt, die sich verwaltungsmäßig in acht Landkreise (Eparchíai) unterteilen. Sie sind in einem Verwaltungsbezirk (Nomós) zusammengefaßt, dessen Sitz die Stadt Ermúpolis auf Síros ist.

Insgesamt 39 der Inseln weisen eine Fläche von mehr als fünf Quadratkilometern auf (acht sind größer als 100 qkm), und 24 Inseln sind bewohnt, gering besiedelte oder nur zeitweilig bewohnte nicht mitgerechnet. Die gesamte Fläche beträgt 2600 Quadratkilometer.

Eine Festlegung nach Inselgruppen gibt es nicht, aber man kann aus Gründen der besseren Orientierung die Inseln nach ihrer Lage in Gruppen aufteilen:

Westkykladen (7): *Kéa, Kíthnos, Sérifos, Sífnos, Kímolos, Mílos und Folégandros*
Zentralkykladen (8) *Síros, Páros, Antíparos, Síkinos, Íos, Thíra (mit Thirasía) und Anáfi*
Ostkykladen (9): *Ándros, Tínos, Míkonos (mit Délos), Náxos, die Erimoníssia (4) und Amorgós*
oder **Südkykladen** *mit Folégandros, Síkinos, Íos, Thíra (mit Thirasía) und Anáfi.*

In aller Regel laufen die Fährschiffe die Inseln in der Reihenfolge ihrer Lage an. Aber manchmal spielen auch andere Faktoren wie das Passagier- und Frachtaufkommen und die damit verbundene Rentabilität eine Rolle für die Festlegung der Route. Um bestimmte Inseln wegen dieser Rentabilitätsüberlegungen der Reeder und durch einen möglichen Ausschluß vom Schiffahrtsverkehr nicht zu benachteiligen, subventioniert die Regierung Schiffe, die abseits gelegene Inseln wie Síkinos oder Anáfi in ihre Fahrtroute mit einbeziehen.

Geschichte und Kultur der Kykladen

Ein geschichtlicher und kultureller Überblick

Geschichte und Kultur der Kykladen sind nachfolgend im Überblick und in ihren Entwicklungsstadien dargestellt. Die verkürzte Form soll der groben Orientierung dienen, denn auf Besonderheiten einer Insel wird im Inselteil des Buches eingegangen.

v. Chr.	**Kykladische Kultur (3200–1200)**
ca. 3200–2000	*Frühkykladische Periode*
	Die geografische Lage der Kykladen zwischen dem europäischen Festland, Kleinasien und Nordafrika prädestiniert sie zu einer Mittlerrolle. Der kulturelle und technologische Austausch besteht in der Metallverarbeitung, Stein- und Marmorbearbeitung, Keramik und Architektur. Funde aus Gräbern: Statuetten der Großen Göttin und von Musikanten (Santoríni).
ca. 2000–1500	*Mittelkykladische Periode*
	Die Kykladen geraten unter den wirtschaftlichen und kulturellen Einfluß des minoischen Kreta, das auf den Inseln Handelsniederlassungen errichtet. Um 1450 bricht der Vulkan Strongyle (Santoríni) aus. Das gewaltige Erd- und Seebeben zerstört Teile Kretas.
ca.1500–1100	*Spätkykladische Periode*
	Achäer (Mykener) erobern die Kykladen und lösen Kreta in seiner Vorrangstellung ab.
	Geometrische Zeit (1100–700)
	Sie wird so genannt wegen der in der Gestaltung (vor allem auf Keramik) dominierenden geometrischen Motive: Dreieck, Raute, Kreis, Mäander u. a.
	Die Dorische Wanderung erreicht im 13. Jh. das Festland und im 11. Jh. die Kykladen.
	Archaische Zeit (700–480)
	Die Inseln erleben einen großen Aufschwung mit der Gründung außergriechischer Kolonien und Handelsbeziehungen zu den Nachbarstaaten im östlichen Mittelmeer. Diese beeinflussen die griechische Kunst: So sind die Löwen von Délos inspiriert von der ägyptischen Monumentalskulptur.
	Klassische Zeit (480–330)
	490 besetzten die Perser die Kykladen.
490–449	Perserkriege, Vernichtung der persischen Flotte (Sálamis)

477–404	Attisch-Delischer Seebund gegen die Perser
431–404	Peloponnesischer Krieg zwischen Sparta und Athen

Hellenistische Zeit (330–146)

336	Alexander der Große (Makedonien) verleibt die Kykladen seinem Großreich ein.
200–196	Krieg zwischen Rom und Makedonien endet mit Sieg Roms.

Römische Zeit (146–395 n. Chr.)

146	Rom gliedert ganz Griechenland, so auch die Kykladen, in seinen Machtbereich ein. Unter römischer Herrschaft eine relativ friedliche Periode, die nur von Piraterie bedroht wird. Das Christentum wird 391 n. Chr. Staatsreligion.

n. Chr.

Byzantinische Zeit (395–1204)

395	Teilung des Römischen Reiches in West- und Ostrom. Hauptstadt des Byzantinischen Reiches (Ostrom) wird Konstantinopel. Die Kykladen werden über rund 800 Jahre von Konstantinopel verwaltet, aber weitgehend sich selbst überlassen. Oberster Machthaber ist der Quaestor exercitus. Zahlreiche griechisch-orthodoxe Kirchen- und Klosterbauten entstehen.
823–961	Von Kreta aus operieren arabische Piraten im Raum der Kykladen.

Fränkische und venezianische Zeit (1204–1537)

1203/04	Christliche Kreuzfahrer (Franken) erobern Konstantinopel. Die Kykladen werden in lehensrechtlicher und feudalstaatlicher Form von der Republik Venedig übernommen.
	Einzelne Inseln müssen von Piraten, die sich in ihren Besitz gesetzt haben, zurückerobert werden, so die Festung Náxos, die katholisches Erzbistum wird. Weitere Katholiken siedeln auf Síros, Tínos, Santoríni und Páros. Die katholischen Adelsfamilien tolerieren den griechisch-orthodoxen Glauben. Sie lassen Festungen, Kastelle und Paläste zum Schutz gegen Eindringlinge (vor allem Piraten) bauen und kolonisieren die Insel nach militärischen Gesichtspunkten.
	Dynastische Fehden wegen Erbstreitigkeiten zwischen den Lehensherren lösen einander ab. Die Inselbevölkerung verarmt.

Die Zeit der Türkenherrschaft (1540–1832)

1537–1538	Chayreddin Barbarossa, ein islamischer Grieche aus Lésbos, seit 1533 Großadmiral des osmanischen Sultans Suleyman I., erobert und plündert die Kykladeninseln. Er schlägt 1538 die sich ihm entgegenstellenden vereinigten Flottenverbände des oströmischen Kaisers, des Papstes und der Republik Venedig.
1540	Die Kykladen werden türkisch, nachdem sich Venedig zurückgezogen hat. Nur einige Inseln verbleiben weiter als Lehen, müssen aber Tributzahlungen an den Sultan entrichten.
1540–1832	In der Folgezeit: Die Osmanen (Türken) gewähren das Recht auf freie Religionsausübung, Kirchenbau und eigene Verwaltung.

	Beginn von Handelsaktivitäten zwischen den Kykladen und Kleinasien, Höhepunkt im 18. Jh.
	Im Verlauf des 17. Jh. überfallen christliche Piraten unter dem Vorwand, den Islam zu bekämpfen, die Inseln. Mílos, Kímolos und Páros sind zeitweise ihre Schlupfwinkel. Die Inselbewohner verlegen ihre Wohnorte in unzulängliche, höhere Bergregionen. Viele wandern aus. 1566 werden auch die nördlichen Kykladen türkisch (Tínos erst 1714).
1768–1774	Russisch-türkischer Krieg, in dem ein Teil der Inseln sich auf die Seite der Russen stellt.
1821	Bewaffneter Aufstand der Griechen gegen die Türken, bei dem die griechische Handelsflotte eine wichtige Rolle spielt.
1832	In der Konvention von Konstantinopel (21. Juli) werden die Kykladen Bestandteil des 1830 gegründeten griechischen Staates (unabhängiges Königreich).

Die griechisch-orthodoxe Kirche

Er ist nicht wegzudenken im griechischen Alltag auf dem Lande: der Dorfpope, der orthodoxe Geistliche in schwarzem Gewand, mit dem traditionellen randlosen Zylinder, das Haar zu einem Knoten nach hinten gedreht, Papás genannt. Er sitzt zwischen den diskutierenden Männern im Kafeníon, und er mischt sich auch sonst, wo immer es geht, in das Leben der Dorfbewohner ein. Und er steht im Mittelpunkt der vielen kirchlichen und familiären Feiern, die wie Volksfeste gefeiert werden. Er hat Familie, denn während für die orthodoxen Mönche und Bischöfe das Zölibat, die Ehelosigkeit, gilt, darf der einfache orthodoxe Geistliche heiraten. Für seinen Unterhalt sorgt der Staat: Seitdem vor einigen Jahren die Kirche vier Fünftel ihres riesigen Landbesitzes dem Staat übereignete, werden die Priester und Verwaltungsangestellten der Kirche vom Staat besoldet.

Die orthodoxe Kirche erhebt den Anspruch, die einzige rechtmäßige Nachfolgerin der römischen Urkirche zu sein. (Orthodox ist mit ›rechtgläubig‹ zu übersetzen.) Ihre Abspaltung von der katholischen Kirche ging aus den dogmatischen Auseinandersetzungen des Christentums in den ersten Jahrhunderten hervor. Zentrum des orthodoxen Glaubens wurde Konstantinopel mit einem Patriarchen als Oberhaupt. Als 1054 der Papst den Patriarchen exkommunizieren ließ, war die Teilung in eine West- und eine Ostkirche endgültig besiegelt.

Die Ostkirche verstand sich von Beginn an auch als weltliche Autorität, sie legte das Zusammenleben der Menschen in allen Einzelheiten fest. In dieser Tradition sieht sich die griechisch-orthodoxe Kirche, sie war im Laufe ihrer Geschichte immer aufs engste mit dem Staat verbunden. Und die Einflußnahme der Kirche auf aktuelle gesellschaftspolitische Fragen ist nach wie vor groß. Regierungsbeschlüsse, die ihr nicht genehm sind, müssen rückgängig gemacht werden. Bei der Lichterprozession in der Osternacht dokumentieren Kirche und Staat ihre traditionelle Eintracht, indem

Der orthodoxe Geistliche (Papás) mit randlosem Zylinder und Haarknoten

sie die Prozession gemeinsam anführen. Auch die sozialistische Regierung kann sich diesem Einfluß nicht entziehen, staatliche Amtsakte sind ohne feierliche Gottesdienste nicht denkbar.

Dieser tief verwurzelte Traditionalismus zeigt negative Auswirkungen im sozialen Bereich: Die orthodoxe Kirche sperrt sich gegen Veränderungen der gesellschaftlichen Regeln und hemmt damit die Reformbemühungen der Regierung. So galt bis im Jahre 1982 nur derjenige als verheiratet, der kirchlich-orthodox getraut war. Obwohl rund 95 % der Griechen der griechisch-orthodoxen Kirche angehören, scheint sich zunehmend Widerstand breitzumachen. Die Einstellung der Bevölkerung zu ihrem Popen und zur Kirche ist zwiespältig geworden. Es ist schwer einzusehen, daß auf der einen Seite die Kirche sich ihre Dienste bei Feierlichkeiten wie Trauung, Taufe und Beerdigung extra mit hohen Summen honorieren läßt, auf der anderen Seite den karitativen Dienst am Nächsten verweigert. Sie unterhält zum Beispiel kaum Kindergärten, Altersheime und Krankenhäuser, wie die westliche Kirche es praktiziert. Sie verhält sich sehr widersprüchlich, wenn sie die Armut als Tugend postuliert, sie selbst aber im Laufe ihrer Geschichte bis heute ein riesiges Vermögen angehäuft hat. Dazu tritt, daß ihre Dogmen ihr jedes Umdenken verbieten und sie sich bei der Andacht auf das Zelebrieren einer Liturgie beschränkt, die aus überlieferten religiösen Formeln besteht. Sie wird von dem einfachen griechischen Kirchgänger weder verstanden, noch hat er eine Beziehung zu ihr. Das Ergebnis sind fast leere Kirchen. Auch die rege Teilnahme an religiösen Feiern kann nicht darüber hinwegtäuschen, sie entspringt mehr traditionellen Regeln denn der Frömmigkeit.

Kirchliche Feiertage

Industrialisierung und Verstädterung sind eine noch relativ junge Entwicklung in Griechenland. Das kommt in Festen und Bräuchen der Griechen zum Ausdruck, in deren Mittelpunkt Dinge wie Natur, Wasser und Fruchtbarkeit stehen, die für das Agrarleben eine existentielle Rolle spielen. Am Namenstag des jeweiligen Schutzpatrons wird ihm zu Ehren ein Gottesdienst abgehalten, und man verspricht sich davon eine günstige Entwicklung. Auch wenn viele – zumal in der städtischen Bevölkerung – an den Sinn dieser Bräuche nicht mehr glauben, sind sie heute ein willkommener Anlaß, ein Fest mit Gottesdienst, Trinken und Tanzen zu feiern.

Der Fremde wird die höchsten Feiertage allerdings kaum erleben, da sie mit Ausnahme des 15. August (Mariä Entschlafung) außerhalb der Feriensaison liegen. Es kann daher auf eine ausführliche Darstellung dieser Feiertage verzichtet werden.

Weihnachten fällt auf den gleichen Termin wie bei uns.

Tag des Wassers: 6. Januar.

Sauberer Montag: Er ist ähnlich unserem Aschermittwoch Abschluß des Karnevals und Beginn der Fastenzeit; er liegt sieben Wochen vor dem orthodoxen Ostermontag.

Ostern: Da es nach dem sog. Julianischen Kalender berechnet wird, fällt es nur hin und wieder mit unserem Ostertermin zusammen (Beispiele für Ostersonntage: 10. April 1988, 30. April 1989, 15. April 1990).

Pfingsten: Jeweils 50 Tage nach Ostersonntag.

Fest Johannes' des Täufers: 24. Juni; nach der Ernte werden Freudenfeuer gezündet.

Mariä Entschlafung: 15. August; er entspricht unserem Feiertag Mariä Himmelfahrt, die leibliche Himmelfahrt Marias ist in der orthodoxen Kirche kein Dogma.

Nichtreligiösen Ursprungs sind die beiden *Nationalfeiertage* am 25. März (Beginn des Freiheitskampfes gegen die Türken im Jahre 1821) und am 28. Oktober (Óchi-Tag, Beginn des Widerstandes beim Einmarsch italienischer Truppen im Jahre 1940).

Regionale Feste

Die zahllosen über die Inseln verstreuten Kapellen und Kirchen tragen die Namen von Heiligen; sie dienen den Stiftern dieser Gotteshäuser als Schutzpatron. So ist der Heilige Nikólaos der Beschützer der Seeleute, Kapellen dieses Namens stehen in Meeresnähe. Der Heilige Georg wird von den Schafhirten verehrt. Einmal im Jahr, am Namenstag eines Heiligen, findet ihm zu Ehren ein Gottesdienst statt, dem sich ein Festessen und Tanz anschließen. Die Panigíria (Einzahl: das Panigíri) sind für den

Fremden eine gute Möglichkeit, griechische Bräuche, Musik und einheimische Tänze kennenzulernen. (Im Inselteil dieses Führers sind deshalb die wichtigsten Panigíria der jeweiligen Insel mit Datum aufgeführt.) Die Einheimischen strömen von weit her zusammen, verspricht doch das Fest eine willkommene Abwechslung und örtlichen Tratsch, oft auch kostenlose Bewirtung mit Suppe, Ziegenfleisch und Wein. Zugleich feiern alle Griechen gleichen Namens wie der Schutzpatron an diesem Tag ihren Namenstag.

Wichtige Heilige werden auf fast jeder Insel verehrt. Ein Beispiel dafür ist der Prophet Ilías. Als Nachfolger des antiken griechischen Sonnengottes Helios und des Windgottes Aiolos ist ihm die höchste Erhebung einer Insel geweiht. Am 20. Juli werden auf den Bergen dieses Namens Feuer entzündet.

Familiäre Feiern

Auch familiäre Feiern gehören zu den Festen, an denen die Dorfbevölkerung und der Fremde als Gast oder Zuschauer teilnehmen. Wie bei den anderen Festbräuchen werden auch mit der *Hochzeit* alte, regional unterschiedliche Rituale fortgeführt. Die Heirat ist in Griechenland nicht in erster Linie als gesetzliche Legitimation von Zuneigung zweier Menschen gedacht, es stehen häufig wirtschaftliche Erwägungen im Vordergrund. Die Tochter oder die Schwester muß ›an den Mann‹ gebracht werden, der Bruder in der Heiratsrangfolge zurückstehen. Ist ein Bräutigam gefunden,

Orthodoxe Kindtaufe: Der Priester taucht das Einjährige dreimal unter Wasser

fällt es dem Vater und den Brüdern zu, die finanziellen Aufwendungen für die Mitgift der Schwester bereitzustellen (s. Familie und Alltag in der griechischen Männergesellschaft S. 45 ff.).

Nach regionaler Sitte steht der Bräutigam am Hochzeitstag als erster vor der Kirche und erwartet dort die Braut. Der Brautvater bringt sie und übergibt sie dem Bräutigam. Während der Trauungszeremonie muß der Trauzeuge, der *Kumbáros*, die mit einem Band verbundenen Kronen der Brautleute kreuzen. Brautpaar, Trauzeuge und kleine Kinder werden anschließend mehrmals um den Altar geführt. Dabei werden sie von den Hochzeitsgästen mit Reis als Symbol für reichen Kindersegen beworfen. Auch Myrten- und Lorbeerzweige verheißen Fruchtbarkeit, ein Widerspruch zur griechischen Realität: Die Zahl der Abtreibungen nimmt beängstigend zu.

Bei der Gratulation erhält jeder Gast *Kufétta*, wertvoll verpacktes Naschwerk. Die zentrale Rolle einer Hochzeit nimmt neben den Brautleuten der Kumbáros, der Trauzeuge, ein. Er kommt für die Kosten der Kufétta, der Ausstattung der Kirche und der Trauung auf. Dafür erhält er von dem Brautpaar ein wertvolles Geschenk und tritt mit ihm in ein Verwandtschaftsverhältnis ein. Das kann je nach Stellung der Familie von Vorteil für ihn sein.

Die *Taufe* unterliegt ebenfalls festen Regeln. Der Priester taucht das einjährige Kind dreimal unter Wasser. Das Erstgeborene erhält den Namen des Großvaters bzw. der Großmutter. Das Kind wird in ein kostbares Kleid gehüllt, die Gäste erhalten wie bei der Hochzeit aufwendige Bonbonnieren. Auch hier hat ein einzelner, der Taufpate, für den Aufwand aufzukommen und tritt zugleich in ein Verwandtschaftsverhältnis mit dem Kind ein.

Aber nicht nur den freudigen Ereignissen begegnet man beim Aufenthalt auf den Kykladen. Der Fremde wird unverhofft Zeuge einer *Beerdigung*. Die Bestattung der Toten findet auf ungewöhnlich klein angelegten Friedhöfen statt. Häufig weisen sie neben einer Friedhofskapelle eine Anzahl kleinerer, sogenannter *Grabkapellen* auf.

Die Form der Totenbestattung hängt immer mit religiösen, klimatischen und geografischen Voraussetzungen zusammen. Bei der im Sommer vorherrschenden Hitze, dem knappen Boden und dem felsigen Grund wäre hier auf den Kykladen die Verbrennung eine sinnvolle Lösung. Diese verbietet jedoch der orthodoxe Glaube.

Es entwickelte sich eine andere praktikable Bestattungsform. Man beläßt den Toten zwischen drei und fünf Jahren in einer Gruft des Friedhofs. Nach diesem Zeitraum wird das Grab in Gegenwart des Priesters von den nächsten Verwandten des Toten geöffnet. Die Gebeine werden mit Wein gesäubert und in einen kleinen Holzkasten gelegt. Beschriftet, mit einem Foto versehen, wird der Kasten in einer der Grabkapellen oder – falls keine vorhanden – in einem Beinhaus abgestellt. Wie viele der Bräuche, ist auch dieser Akt mit Aberglauben durchsetzt: Sind die Knochen beim Öffnen der Gruft weiß, so ist die Seele des Toten im Himmel, sind dagegen unverweste Teile an ihnen, dann sind schnell Gerüchte über das Leben des Toten im Umlauf.

Nach dem Tod des Ehepartners muß die Witwe ihre Trauer für den Rest ihres Lebens durch schwarze Trauerkleidung dokumentieren. Nur in städtischen Gebieten geht man mittlerweile von dieser Konvention ab und beschränkt die Trauerzeit auf drei Jahre.

In einer griechisch-orthodoxen Kirche

Auf vielen der beschriebenen Wanderungen führt der Weg an orthodoxen Sakralbauten vorbei: Meist handelt es sich um kleine Einraumkapellen mit nur angedeuteter Apsis, kunsthistorisch interessanter sind die größeren Kirchenbauten, häufig mit einer Vorhalle (Narthex) und über einem kreuzförmigen Grundriß eine zentrale Kuppel.

Man kann sich beim Eintreten in eine dieser orthodoxen Kirchen der mystischen Wirkung nicht entziehen. Nur mühsam gewöhnt sich das Auge nach der blendenden Helle des Tageslichts an das Halbdunkel im Kircheninnern. Lautlos bewegt sich die Frau, die die Kirchentür aufgeschlossen hat, durch den Raum. Sie zündet einige der dünnen Kerzen an und stellt sie auf eines der Kerzentischchen. Nach der Besichtigung wird sie dafür eine kleine Geldspende erwarten. Auch ohne ihren Hinweis wird der Besucher herausfinden, welcher heiligen Person dieses Gotteshaus geweiht ist. Vielleicht ist es die Gottesmutter, die Panagía; die Ikone mit ihrem Bildnis wird an zentraler Stelle an der Bilderwand hängen, die Ausführung besonders wertvoll sein.

Diese mit Ikonostase (griech.: Ikonostási oder Templon) bezeichnete Chorwand trennt den Gemeinderaum (Náos) vom Altarraum (Bema), dem ›Allerheiligsten‹, ab. Sie ist in der Regel mit zahlreichen Ikonen bedeckt, tragbare auf Holz gemalte Tafelbilder, die Christus, die Mutter Gottes oder andere heilige Personen oder Szenen darstellen. Sie alle sind geweiht und werden von den Gläubigen verehrt. Viele von ihnen sind im Laufe der Zeit stark nachgedunkelt und kaum noch erkennbar. Der Untergrund besteht häufig aus purem Gold. Manche Ikonen wurden von einer Silbertreibarbeit abgedeckt, aus denen nur die Gesichter ausgespart blieben. Andere bestehen aus wertvollen Perlen- und Silberstickereien. Einfache Kirchenbauten und Feldkapellen werden mit Farbdrucken der heiligen Personen geschmückt.

Die wertvolleren Ikonen waren in jüngster Vergangenheit häufig eine begehrte Beute von Kirchendieben. Man ist deshalb dazu übergegangen, die Kirchen außerhalb der Andachtzeiten zu verschließen und eine Dorfbewohnerin aus der Nachbarschaft mit der Verwaltung der Kirche zu beauftragen.

In den größeren Ikonostasen sind drei Türen eingelassen, von denen die mittlere als Symbol der Jungfräulichkeit Mariens verschlossen bleibt. Im dahinterliegenden

Raumaufteilung der byzantinischen Kirche (nach M. Chatzidákis)

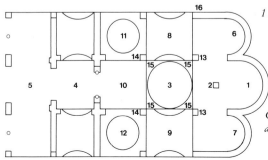

1 Mittelapsis 2 Altarraum (Bema)
3 Kuppelraum, Gemeinderaum (Náos) 4 Vorhalle (Narthex)
5 äußere Vorhalle (Exonarthex)
6 nördl. Nebenapside (Prothesis)
7 südl. Nebenapside (Diakonikon) 8 nördl. Kreuzarm, Gemeinderaum 9 südl. Kreuzarm, Gemeinderaum 10 westl. Kreuzarm, Gemeinderaum 11–12 Eckräume 13 Pfeiler 14 Säulen 15 Eckzwickel 16 Ikonostase

In einer griechisch-orthodoxen Kirche. Im Hintergrund das Témplon (Ikonostase) mit Ikonen

Altarraum wird während der Andacht vom Geistlichen die Verwandlung von Brot und Wasser in Leib und Blut Christi vollzogen.

Bedeutende Kirchenbauten weisen neben einer großen Anzahl alter und wertvoller Ikonen und einer künstlerisch ausgestalteten Ikonostase Wandmalereien an der Decke, in der Apsiswölbung und an den Wänden auf. Viele der alten Malereien, Fresken und Mosaiken sind von den islamischen Türken während der Türkenbesetzung übertüncht worden und nur noch in Teilen erhalten; andere sind durch Witterungseinflüsse ganz oder teilweise zerstört worden.

Das Wesen der byzantinischen Kirchenmalerei

Der Betrachter einer Ikone wird die Ikonografie, die Bedeutung der Bildteile und ihre Beziehungen, ohne Vorkenntnisse nicht entschlüsseln können. Erschwert wird die Deutung durch eine bestimmte Malauffassung. Sie ist in allen Einzelheiten durch Regeln festgelegt. Hauptmerkmal byzantinischer Kirchenmalerei ist die körperlose, schematische, dem Weltlichen abgewandte Darstellung aller Personen. Der Ursprung für diese Bildauffassung liegt im sog. *Bilderstreit* der Jahre 726 bis 843, dem *Ikonoklasmus* (griech. das ›Bilderzerbrechen‹), begründet, in dem es darum ging, ob sakrale Bilder theologisch zugelassen werden sollten oder nicht. Kaiserin Theodora beendete 843 den Streit zugunsten einer Bilderverehrung. In dem anschließenden Konzil wurde das Anfertigen sakraler Bilder für alle Zeiten genau festgelegt. Über Jahrhunderte hielten sich die Maler an die ihnen vorgegebenen Schemata und Regeln.

Erst seitdem Konstantinopel 1453 von den Osmanen erobert wurde und die Ikonenmaler auf die griechischen Inseln auswanderten, wurden die bis dahin streng eingehaltenen Regeln teilweise aufgegeben.

Die sakrale Malerei durfte Personen und Szenen nur so darstellen, wie sie aus den alten Schriften überliefert waren. Die Maler hatten sich an die in Malerhandbüchern festgelegten Vorbilder zu halten. Damit sollte sichergestellt werden, daß das aus den Zeitdokumenten bekannte Urbild einer heiligen Person nicht durch subjektive oder zeitbedingte Einflüsse verändert wurde. Der Maler mußte das in den Vorschriften festgelegte Wesen so genau wie möglich darzustellen suchen, die Regeln sahen den Verzicht jeglicher Wirklichkeitsillusion vor. Die Bilder sollten nicht irdisch-real erfahrbar sein, deshalb mußten Körperlichkeit und perspektivische Ansichten vermieden und statt dessen körperlos-flächig gemalt werden.

Aus diesen Gründen schieden auch Plastiken und Statuen für eine künstlerisch-sakrale Darstellung aus, Reliefs wurden in geringer Zahl ausgeführt. Unantastbar und der Wirklichkeit entrückt wirken auch die Gold- und Silberhintergründe der Ikonen- und Mosaikgestaltungen.

Die Verehrung der Gläubigen gilt nicht dem Bild, sondern dem Heiligen, dem abgebildeten Urbild. Es ist für ihn das ›Fenster‹ zu der himmlischen Welt. Daher übernehmen die Augen des Abgebildeten eine wichtige Funktion: Sie leiten hinüber in das Überirdische, der Ausdruck ist nicht irdisch-menschlich, sondern vergeistigt-entrückt. Aus gleichem Grunde sind die Personen meist von vorn abgebildet; eine Ausnahme ist Judas: Von dem Verräter kann kein Weg in die himmlische Welt führen. Ihrer ausschließlich sakralen Bestimmung gemäß wurden alle Bildwerke geweiht.

Während die westliche Kirche auf Darstellungen Christus am Kreuz als ›Schmerzensmann‹ zeigt, ein leidender und aus Wunden blutender Mensch, bildet die byzantinische Kunst die Idee seiner göttlichen Natur ab. Christus am Kreuz ist ohne ein Zeichen des Schmerzes, sein Ausdruck ist erhaben und würdevoll. In Kirchenkuppeln und in Apsiswölbungen der orthodoxen Kirchen ist er in Form eines Brustbildes dargestellt. Er verkörpert den Weltenherrscher und -erhalter, den Lehrer der Menschheit, Christus als *Pantokrator*, mit Evangelienbuch und erhobener Rechten in Rede- und Segnungsgestus. Es ist gleichzeitig der strenge und Gehorsam fordernde Gestus eines irdischen Herrschers.

Die Regelvorschriften legten neben Gestik, Ausdruck und Aussehen der darzustellenden heiligen Person auch deren Größe im Verhältnis zu anderen Personen fest. Der Bedeutende wurde größer abgebildet als der Unbedeutendere, Christus mußte daher größer dargestellt werden als die Apostel. Geschehen mit geringerer Wichtigkeit wurde kleiner gemalt als das Bedeutungsvolle.

Die strengen Regeln schrieben weiterhin vor, in welcher Anordnung die Bildmotive innerhalb eines Kirchenraumes zu erfolgen hatten. Dem Pantokrator war die höchste Stelle des Kircheninnern vorbehalten. Das war in Zentralbauten die Decke der Kuppel, in kuppellosen Kirchen die Apsiswölbung. In der hierarchischen Anordnung folgten die Engel, Propheten, Apostel und die Evangelisten. Die letzte Stufe nahmen Heilige, Kirchenväter und Märtyrer ein.

Themen und Symbole der byzantinischen Kirchenmalerei

Neben der Malauffassung unterscheidet sich die Ostkirche auch in den Themen und Symbolen von der römisch-katholischen und reformierten Kirche. Viele symbolhafte Bildteile können ohne ein gewisses Maß an Vorkenntnissen nicht verstanden werden. Einige Hinweise sollen das Verständnis für das Abgebildete erleichtern.

Bis zum 13. Jahrhundert begnügte man sich in der Regel mit Einzeldarstellungen: Christus, die Gottesmutter, besondere Heilige. (Wobei auf Randzonen in Miniaturen das Leben dieser Heiligen beschrieben wurde.)

Seit dem 13. Jahrhundert wurden Szenen aus dem Neuen Testament dargestellt. Die Anzahl richtete sich nach den heiligen Zahlen: Zunächst waren es sieben (nach den sieben Schöpfungstagen), dann acht (nach den acht Seligpreisungen) und zuletzt zwölf (nach den zwölf Aposteln). Diese Szenen sind in vielen orthodoxen Kirchen zu finden: 1 Verkündigung 2 Geburt Christi 3 Darstellung im Tempel 4 Taufe im Jordan 5 Verklärung 6 Christi Einzug in Jerusalem 7 Kreuzigung 8 Auferstehung 9 Himmelfahrt Christi 10 Pfingsten.

Um auf die Zahl zwölf zu kommen, wurden noch zwei Szenen aus dem Leben des Heiligen genommen, dem die Kirche geweiht war. War die Mutter Gottes die Schutzpatronin, so kamen ›Mariä Heimsuchung‹ und ›Mariä Entschlafung‹ hinzu.

Während die westliche Kunst im ausgehenden Mittelalter und in der italienischen Renaissance neue Wege in der Malerei beschritt, die Perspektive einführte und durch Schattierungen die Plastizität suchte, schenkte die Ikonenmalerei der Perspektive und der Anatomie auch weiterhin wenig Bedeutung. Auch für die Farbgebung wurde nicht die Natur vorbildhaft, sondern man blieb bei der festgelegten Farbsymbolik. Die Bilder sollten sich nicht an das ästhetische Empfinden des Betrachters wenden, sondern an sein religiöses Verständnis. Deshalb mußten die einmal festgelegten bildlichen und farblichen Symbole immer wieder in gleicher Form wiederholt werden.

In vielen Fällen bediente sich die Malerei antiker Vorbilder oder lehnte sich daran an. Die Überwindung des Todes (Christi) wird als Höhle symbolisiert. (In der Antike war es Hades, das Reich der Unterwelt.) Christi Abstieg in die Unterwelt, um Adam und Eva zum Ewigen Leben zu führen, ist eine der Darstellungen aus dem Bilderzyklus der orthodoxen Kunst, die in der westlichen fehlt. Unterschiedlich ist auch die leibhaftige Himmelfahrt Mariens, von der römisch-katholischen Kirche zum Dogma erhoben und am 15. August als Feiertag begangen. Sie wird von der orthodoxen Kirche bezweifelt. Die Darstellungen bilden statt dessen die Entschlafung Mariens ab, der Tag wird in Griechenland als ›Entschlafung der Gottesmutter‹ gefeiert.

Auch eine Abbildung der *Heiligen Drei Könige* wird man auf den Bildwerken der orthodoxen Kunst nur selten finden, es werden meist drei Magier, erkennbar an den Kappen, abgebildet; sie sind als die Überwindung des Heidnischen zu verstehen.

Gottvater ist nach Auffassung der orthodoxen Kirche nicht in persona darstellbar. Er wird durch Engel repräsentiert. Der *Heilige Geist* wird wie in der westlichen Kunst in einer Taube verkörpert oder im Wasser, das von Maria geschöpft wird. Die Farbsymbole für den Heiligen Geist sind Rot und Purpur.

Ikonenmaler bei der Arbeit

Die Malauffassung und die andersartigen symbolischen und allegorischen Darstellungen dieser Kunst gestalten eine ikonografische Bestimmung einer Ikone oder Wandmalerei schwierig für den an die vertrauten Schemata der westlichen kirchlichen Kunst gewohnten Betrachter. Das Kapitel kann das Andersartige der orthodoxen kirchlichen Kunst nur andeuten, vielleicht wird dem Besucher der Zugang zu ihr erleichtert.

Kykladenarchitektur

Wer die Kykladen besucht, wird vor allem ihre blendend weißen Dörfer in lebendiger Erinnerung behalten. Nicht Vielfalt, sondern die Einfachheit und Klarheit eines einzigen Stils, der Jahrtausende überdauerte, prägen das Gesicht der Siedlungen.

Einige wenige geometrische Grundformen, Würfel, Kegel, Kugel und Zylinder, abgewandelt als Quader, Halb- und Viertelkugel, werden immer wieder neu variiert und einander zugeordnet, in der Anlage maßvoll, ausgewogen in den Proportionen und ohne Schnörkel. Der sachlichen, einfachen Bauweise entspricht das Weiß, mit dem nahezu alles, was Menschenhand geschaffen, übertüncht ist: leuchtend grell, wo die Sonne prall auf die Wände trifft, so daß die Augen schmerzen, weiche, tonige Übergänge auf den Rundungen der Apsiden, harte Schattenformen der Baukörper auf glatten, nackten Wänden. Streiflicht zaubert grafische Muster auf die weißen Flächen. Licht gegen Schatten gesetzt, verstärkt die plastische Wirkung der kubischen Formen: Man glaubt sich in eine nordafrikanische Stadt versetzt.

Einfache, klare geometrische weißgetünchte Baukörper prägen das Gesicht der Kykladendörfer

Die umgebende granitfarbene Landschaft in ihrer kargen Schönheit, das tiefe Blau des Himmels und des Meeres stehen in harmonischem Einklang mit dieser Architektur.

Seit Jahrtausenden bestimmte auf den Kykladen nicht der jeweilige Zeitgeist einer Epoche das Bauen, sondern die geografischen und klimatischen Besonderheiten dieser Inselgruppe. Und nicht Architekten entwickelten die Formen und Maße, konstruierten Dächer oder Treppen, sondern einfache Handwerker mit ihren tradierten Vorstellungen und Empfindungen für das Notwendige und Wesentliche.

Es ist bedauerlich, daß in neuerer Zeit mit Aufkommen der Stahlbetonbauweise auch das Gespür für die Einordnung in die landschaftlichen Gegebenheiten verlorengeht, wie an einigen Orten zu sehen ist.

Bis in unsere Zeit gestalteten und bauten die Handwerker nach den ihnen überlieferten Vorbildern mit den Materialien, die auf ihrer Insel verfügbar waren. Für das *Mauerwerk* standen ihnen Steine aus Granit, Schiefer, Kalkstein u. a. zur Verfügung. Die Bruchsteine wurden zum Teil im Trockenverbund und sorgfältig ausgezwickt (Ausfüllung der Unebenheiten) zu bis zu 60 Zentimetern dicken Mauern verarbeitet. Wenn *Mörtel* verwendet wurde, dann griff man auf Tonerde, Lehm, Kalk oder ein Bimskalkgemisch (Santoríni) zurück. Der *Putz*, ein Kalkmörtel, wurde angeworfen und mit der Kelle abgezogen. *Geweißelt* wurde und wird noch heute mit gelöschtem Kalk. Die ästhetische Seite des Weißelns hat ihre praktischen Komponenten: Das Weiß reflektiert das Sonnenlicht, es hält den Innenraum kühl, und die sog. ›Kalkmilch‹ hat desinfizierende Wirkung, so daß mit dem Weißeln die Bauten gleichzeitig gesäubert werden.

Wurde das Haus zweistöckig konzipiert, dann brachte man Außentreppen aus Stein an, die zum Obergeschoß führen. (Schöne Beispiele findet man in Míkonos und Folégandros.)

Als *Dachkonstruktion* trifft man auf den Kykladen vorwiegend das Flachdach und die Dachkuppel an. Die Notwendigkeit von Flachdächern läßt sich leicht begreifen, wenn man sich vergegenwärtigt, daß auf den westlichen und südlichen Kykladen nur 400 Millimeter Niederschlag pro Jahr fällt. Durch leichtes Gefälle des Dachs wird auch heute noch das kostbare Naß in Zisternen geleitet und als Trink- oder Brauchwasser verwendet.

Viele der Kykladeninseln leiden unter dem Mangel an Baumbewuchs, so daß Holz als Baumaterial knapp ist. In der einfachsten Ausführung begnügte man sich daher mit nur einem Trägerbalken, in der Mitte des Hauses längs aufgelegt. Von den Wänden zum Balken wurde Knüppelholz von bis zu zwei Meter Länge ausgebreitet, es folgte eine dicke Schicht von Schilfrohr und darüber wurde Gruserde gekippt. Eine wasserdichte Schicht aus Ton oder Bimssteinmörtel schloß die Decke nach oben ab. Diese Dachkonstruktion konnte bis zu 70 Zentimeter dick werden. In Santoríni zwang die Knappheit an Holz zu einer verstärkten Anwendung der Kuppelbauweise (vgl. S. 139 ff.).

Die *Lage* der Siedlungen, vor allem der Chóra (Hauptort einer Insel), wie sie sich dem Besucher auch heute noch darbietet, wurde von dem Schutzbedürfnis vor feindlichen Überfällen bestimmt. Jahrhundertelang seit dem Mittelalter hatten sich die Bewohner der Piraten zu erwehren. Sie zogen daher die Berglage im Inselinnern möglichst weitab von der Küste und von dort oft nicht sichtbar (Íos, Kéa, Amorgós u. a.) dem Wohnen in Hafenorten vor. Heute geht die Entwicklung entgegengesetzt: Die Hafenorte breiten sich aus, die Bergorte werden zunehmend verlassen. Andere Siedlungen errichteten wehrhafte Außenmauern, die gleichzeitig die Rückseiten der Häuser waren (Kímolos, Antíparos, Folégandros, Emborío auf Santoríni u. a.).

Die Kykladenbewohner hatten zu allen Zeiten auch mit den Witterungsbedingungen zu kämpfen. Schutz suchten sie vor dem unerbittlichen Nordwind, dem Meltémi, der in den Sommermonaten in Sturmstärke über die Inseln weht. Die schutzgewährenden, südlichen Lagen wurden bevorzugt, Fenster- und Türöffnungen zur Südseite hin verlegt. Nur wenige Häfen befinden sich an der Nordküste einer Insel, und dann auch nur, wenn sie durch eine tiefe Bucht geschützt sind, wie auf Amorgós. Dieses Schutzbedürfnis zwang zum Zusammenrücken auf engstem Raum. Ein Merkmal der Kykladenarchitektur ist ihre agglutinierende Bauweise, das Zusammenfügen und Übereinanderstellen einzelner Bauelemente zu größeren Wohneinheiten, verbunden und gleichzeitig aufgelockert durch Freitreppen, durchzogen von engen, gewundenen Gassen, die nicht nur die Verteidigung gegen Feinde erleichterten, sondern auch dem Meltémi seine Wucht nehmen. Als verbindende Bauglieder überspannen häufig Schwibbögen die Gassen. Treppen- und Rampenstufen sind markiert für das Begehen im Dunkeln: Die Steinplatten sind weiß umrandet.

Bei den im Kykladenstil errichteten *Kirchen*, *Klöstern* und *Kapellen* wird das Spielen mit den kubischen Grundelementen verstärkt aufgegriffen. Man spürt das Bemühen der Baumeister, mit immer neuen und individuellen Variationen der Anordnung und Gruppierung zu originellen Lösungen zu gelangen. Wesentliche vom Hausbau abweichende Elemente sind die *Dachkonstruktionen:* Halbtonnengewölbe, Kuppeldächer aus der Halbkugel und aus anderen Kugelsegmenten. Überragt wird das Gotteshaus von einem *Glockenträger* oder Glockentürmchen. In seiner einfachsten Form besteht der Glockenträger aus einem gestelzten Bogen. Die meisten Kirchen weisen zwei Bögen auf, seltener sind in zwei Stufen übereinandergesetzte Bogenreihen. Als Krönung dient das *orthodoxe Kreuz.*

Die Kuppel wird weiß oder in einem satten Hellblau gestrichen. Um die Anstricharbeiten zu erleichtern, sind Steine in die Kuppel eingelassen, die so weit hervorragen, daß der Anstreicher gerade auf ihnen Fuß fassen kann.

Die einfachsten und häufigsten Sakralbauten sind die kleinen *Feldkapellen.* Man gewahrt sie als weiße Tupfer in die sonst farbkarge Landschaft verstreut. Sie bestehen aus einem einfachen rechteckigen Raum, der Halbtonnenform als Dach und einer kleinen Apsis mit Halbkugeldach. Im Innern trennt die Bilderwand (griech.: Ikonostási) den Kirchenraum vom Altarraum, dem sogenannten Allerheiligsten ab, die Öffnung durch einen Vorhang verschlossen. Statt wertvoller Ikonen hängen verblichene Drucke, Abbildungen von Heiligen an der Ikonostási und an den Wänden. Vor dem Eingang befindet sich auch bei knappstem Platz der kleine Vorhof, bestehend aus einer Terrasse mit niedriger, zum Sitzen einladender Umgebungsmauer.

Die große Anzahl von Feldkapellen, die man auf den Kykladen antrifft, rührt von der Sitte her, einem verstorbenen Verwandten zu Ehren und Andenken ein Gotteshaus zu errichten. Oder man will durch Stiftung einer Kapelle den Schutz eines Heiligen gewinnen. Viele Griechen sind nach einem der zahlreichen Heiligen benannt, so erhält auch das Kapellchen, das dem Andenken dieses Toten gewidmet ist, den Namen des Heiligen.

Andere Kapellen verdanken ihre Entstehung in Seenot geratenen Seefahrern. Diese legten ein Gelübde ab, im Falle ihrer Errettung eine Kapelle zu errichten.

Da Grund und Boden in Ortsnähe teuer ist, wählte man als Standort die (meist eigenen) Ländereien außerhalb des Ortes.

Auf Höhenzügen gewahrt man an vielen Orten auf den Kykladen die zylindrischen Baukörper von *Windmühlen,* meist als Ruinen, denn sie haben, von wenigen Ausnahmen abgesehen, längst ihren Dienst eingestellt. Sie bestimmen wie auf Íos, Míkonos und Santoríni (Windmühlenweg auf dem Gavrílos-Berg mit 7 Windmühlen) das Gesicht der Landschaft stark mit, und es ist daher bedauerlich, daß so wenig zu ihrer Erhaltung getan wird. Eine Ursache des Verfalls ist, daß die kegelförmigen Dächer mit Rohr und Stroh gedeckt wurden und, anfällig gegen die stürmischen Winde, ständig ausgebessert werden müßten, um zu verhindern, daß die Witterungseinflüsse das Holz zum Verfaulen bringen.

Durch die einzige Tür in der kräftigen, verputzten und weiß gekalkten Mauer gelangt man über eine enge Treppe zu einem Zwischenboden. Er trägt die schweren Mühlsteine. Kleine schießschartenartige Fensteröffnungen spenden spärliches Licht.

Die Konstruktion des Windrades wurde mit einfachsten Mitteln erstellt. Es erinnert an einen nicht ganz aufgespannten Regenschirm. Das Material ist Holz. Am

Nur auf wenigen Kykladen sind die Windmühlen noch in Betrieb

Ende der waagerechten Welle sind in der Regel 12 dünne Rundbalken eingelassen, die mit Seilen oder Draht auf regelmäßigen Abstand gehalten werden. Um jeden dieser Balken ist ein dreieckiges Segeltuch gewickelt. Wird die Windmühle in Betrieb gesetzt, so werden je nach Windstärke mehr oder weniger große Flächen aufgewickelt und festgezurrt.

Eine einfache, geschnitzte Konstruktion, bestehend aus Holzscheiben und -zapfen als Zahnradersatz, überträgt die Windkraft über die Welle auf die Mühlsteine. Die Welle kann auf die Windrichtung eingestellt werden: Sie liegt auf einem Ring aus Holz, der drehbar ist und mit Hilfe von Löchern und Dornen in der jeweiligen Windrichtung festgestellt werden kann.

Volksmusik und -tänze

Nationale, dörfliche und familiäre Feiern sind für den Griechen eine höchst willkommene Abwechslung und eine Gelegenheit, eine Musikgruppe aufzubieten, zu deren Klängen getanzt wird. Anlässe gibt es zur Genüge: das Panigíri (das örtliche Kirchweihfest), ein Namenstag, eine Kindtaufe, eine Hochzeit, die großen kirchlichen Festtage wie Ostern und Mariä Entschlafung (15. August), die beiden Nationalfeiertage am 25. März und 28. Oktober.

Aber nicht nur zu diesen Anlässen, auch im griechischen Alltag hört man griechische Musik weit häufiger aus den Lautsprechern tönen als englischsprachige. *Volkslieder* (Dimotiká), griechischsprachige Schlager (Laiká) und Volkstänze nehmen insbesondere bei der Landbevölkerung einen anderen Rang ein als bei uns, wo man sich der jeweiligen aus Übersee importierten Musikmode unterwirft oder sich anlehnt. Wie so vieles, so wirkt auch die griechische Musik fremdartig auf den, der Griechenland erstmals bereist.

Der Charakter dieser Musik beruht auf Traditionen, die bis in die byzantinische und antike Zeit zurückgehen. Die geografische Lage zwischen Orient und Okzident und eine wechselvolle Geschichte, in deren Verlauf sich die Griechen mit so verschiedenen Kulturen wie der venezianischen und der islamischen auseinanderzusetzen hatten, beeinflußten sehr nachhaltig die Entwicklung der Musik und der Tänze. In neuerer Geschichte gingen Impulse von den Flüchtlingen vom Schwarzen Meer (›Pontos‹-Griechen) und Kleinasien aus. Das Jahr 1821 war ein Wendepunkt in der griechischen Geschichte. Mit dem Aufstand gegen die Türken gewannen die Griechen ihre Freiheit zurück. Bis dahin war die Nation auf zwei Kulturträger angewiesen, die griechisches Kulturgut über die Jahrhunderte der Fremdherrschaft hinweg am Leben erhielten: die Institution der griechisch-orthodoxen Kirche und das Volk. Demzufolge hat die Musik in Griechenland zwei Wurzeln: die byzantinische Kirchenmusik und das Volkslied.

Ein besonderes Merkmal der *byzantinischen Kirchenmusik* ist die Einstimmigkeit. Sie wurde in einem Dogma festgelegt mit der Begründung, daß das göttliche Wort nicht durch Mehrstimmigkeit undeutlich gemacht werden dürfe. Aus gleichem Grund sind in der griechisch-orthodoxen Liturgie keine Musikinstrumente erlaubt (auch die in unseren Kirchen übliche Orgel fehlt).

Mit *Volkslied* (Dimotiká) werden alle jene Lieder und Tänze bezeichnet, die bis zum Jahre 1821 entstanden. Neuere populäre Lieder werden *Laiká* (Schlager) genannt.

Häufig verwendet die griechische Volksmusik Intervalle, die kleiner sind als Halbtöne, sie werden mit ›Elxis‹ bezeichnet. Sie verleihen den auf den Musikinstrumenten gespielten Liedern und dem begleitenden Gesang die besondere Eigenart.

Von den benutzten Musikinstrumenten sind folgende hervorzuheben:
Die *kretische Lyra* ist ein birnenförmiges Streichinstrument, bei der die Saiten mit den Fingernägeln seitlich berührt werden. Ein Begleitinstrument ist das *Laouto* (die Laute). Mit dem sogenannten Federplektron werden Schläge ausgeführt, die den Rhythmus der Musik unterstreichen. Sehr populär ist das *Buzúki* (Bouzóuki),

bekannt durch die Rebétika-Musik, eine Langhalslaute, die ebenfalls mit dem Plektron geschlagen wird.

Bei den Volksliedern unterscheidet man zwei Typen:

Das *Sitz- oder Tafellied* wird von der um den Tisch versammelten Gruppe gesungen. Der Inhalt der Lieder ist erzählender Natur, der Rhythmus ist frei.

Zu den *Tanzliedern* wird getanzt. Am verbreitetsten sind der *Sirtós* (Reigentanz), der *Kalamatianós* (aus Kalamáta/Südpeloponnes) und der *Tsámikos*. Der Rhythmus wiederholt sich und ist oft asymmetrisch.

Neben den genannten Volkstänzen, die in ganz Griechenland bekannt sind, gibt es noch rund 150, die nur regional getanzt werden. Vor allem Kreta verfügt über eine Reihe eigener Tänze.

Die meisten dieser Tänze sind Reigentänze (›Sirtós‹ = gezogener). Der Kreis der Tanzenden ist offen. Man faßt sich locker an den Händen oder legt die Hände auf die Schultern des Nachbarn. Ein Vortänzer, der den Kreis anführt, zeigt mit Hüpfern, Sprüngen und anderen einstudierten Tanzbewegungen sein Können. Es fällt auf, daß die Tänzer ihre Oberkörper sehr ruhig und aufrecht halten. Der Grund hierfür ist, daß man großen Wert auf den damit vermittelten Ausdruck wie Stolz und Stattlichkeit legt. Denn der Tanz gilt als eine ernsthafte Kunstform. Er wird an den Schulen des Landes als Teil des Erziehungs- und Bildungsprogramms gelehrt. Die begleitenden Lieder beinhalten Themen aus dem Alltag des Menschen, sie drehen sich u. a. um Liebe und Leid, Ernte und Fischfang.

Auf die Entwicklung der Kunstmusik wird hier nicht näher eingegangen, weil der Besucher der Inseln kaum mit ihr konfrontiert werden dürfte. Eine Musik, die vor allem in Athen großen Anklang findet, entwickelte sich mit den *Rembétika*. Starke Verbreitung fand sie 1922, als die kleinasiatischen Griechen nach dem verlorenen Krieg gegen die Türkei nach Griechenland ausgewiesen wurden und seitdem in ihrem ›Mutterland‹ ihre Musiktradition fortsetzten. Die Themen ihrer Lieder handelten nun auch von dem Flüchtlingsschicksal.

Ein Tanz wurde durch den Film ›Aléxis Sorbás‹ auch im westlichen Europa bekannt: der *Sirtáki*. Eigentlich heißt er Chassápikos und wurde bereits in byzantinischer Zeit getanzt.

Komponisten und Sänger wie Theodorákis machen anspruchsvolle Unterhaltungsmusik mit ernsthaften Texten, vergleichbar mit politischen Songs.

Das Leben auf den Kykladen

Touristen und Einheimische: zwei Welten?

Vielleicht ist die manchmal zu perfekte Dienstleistungsmaschinerie des modernen Massentourismus der Grund, warum bei einer wachsenden Zahl von Reisewilligen verstärkt das Interesse an dem als Reiseziel gewählten Land und an seinen Bewohnern aufkommt. Die Antwort auf den sogenannten Pauschaltourismus lautet: ›alternatives Reisen‹, gemeint ist die in eigener Regie vorbereitete und durchgeführte Urlaubsfahrt. Der Individualreisende muß sich notwendigerweise stärker mit den Gegebenheiten des Landes und den Menschen auseinandersetzen als der Pauschaltourist, der mit seinem Hotelarrangement relativ isoliert von den Einheimischen bleibt.

Wer auf den griechischen Inseln wandert, wird auf viele traditionelle Sitten, Gebräuche und Verhaltensweisen stoßen, die ihm gemessen an denen seines Heimatlandes befremdlich oder gar unverständlich vorkommen müssen. Das hat auf beiden Seiten – bei den einheimischen Griechen und bei den Reisenden – schon zu vielen Mißverständnissen, Vorurteilen und Enttäuschungen geführt. Sie schlugen in abfällige Bemerkungen, manchmal in Wut und Aggression um.

Der auf dem Lande und auf den Inseln lebende Grieche, der in weit stärkerem Maße noch an seine Tradition gebunden ist als der Städter, beobachtet das Auftreten und Verhalten der ›Tourístes‹ mit Skepsis und zum Teil ablehnend. Besonders den sogenannten ›Rucksacktouristen‹, die die Ägäis im Sommer wie Heuschreckenschwärme überfallen, begegnen die Einheimischen mit gemischten Gefühlen, die bis zur Abwertung reichen: ›Alitó-tourístes‹ (Touristen im Sinne von Landstreichern) werden sie genannt. Der den Anschluß an den westlichen Lebensstandard suchende Grieche wertet die Form des Ferienmachens mit Schlafsack am Strand als Landstreicherleben. Für ihn ist es nicht zu begreifen, daß die Reisenden aus den reicheren Ländern ausgerechnet in ihren Ferien auf den gewohnten Komfort verzichten wollen. Dazu zählt auch das Äußere: Frisur, Kleidung, die ungepflegte Erscheinung. All dies paßt nicht in das Bild, das sich der Grieche von den Menschen aus den benachbarten Industriestaaten macht.

Vom Umgang mit Griechen

Gegenseitiges Verständnis, Respekt und Achtung vor dem Andersartigen kommen nicht ohne ein gewisses Maß an Information über die anderen aus. Manches auf den ersten Blick so befremdlich Erscheinende läßt sich dann vor dem Hintergrund bestimmter historischer, kultureller, klimatischer oder geografischer Bedingungen besser verstehen und einordnen.

Zu allen Tageszeiten sitzen ausschließlich die Männer zusammen – debattierend, spielend, Kaffee trinkend

Bei seinen Streifzügen über die Inseln wird der Wanderer mehr oder weniger an dem Leben ihrer Bewohner teilnehmen. Deshalb ist dem Leben der Griechen auf dem Lande ein ganzes Kapitel gewidmet, es soll helfen, das Wesen und die Verhaltensweisen zu verstehen und damit den Umgang mit ihnen zu erleichtern. Forscht man nach Ursachen für verschiedene Sitten und Gebräuche der Griechen, wie dies durch Gespräche mit Einheimischen geschehen kann oder durch eine informative Lektüre, so stößt man auf einige Wurzeln, die die Erklärung für so manche Verhaltensweisen und Wesenszüge des heutigen Griechen liefern. Gaitanides beschreibt in ›Griechenland ohne Säulen‹ umfassend das Wesen seiner Landsleute und gab mit seinem Buch Anstöße und einige wichtige Hinweise für dieses Kapitel.

Eine Wurzel ihres Wesens liegt in einer Besonderheit ihrer geschichtlichen Vergangenheit. Seit Alexander dem Großen löste eine Fremdherrschaft die andere ab. Bis in unser Jahrhundert hinein war Griechenland Spielball ausländischer Mächte und Interessen. Das forderte den Griechen Verhaltensstrategien ab, die geeignet waren, das Überleben und die Erhaltung ihrer eigenen Art zu sichern. Die ihnen von der jeweiligen Herrschaft aufgezwungenen Gesetze und Regeln mußten sie unterlaufen, wollten sie sich als Volk behaupten und nicht assimiliert werden. Das gelang ihnen, indem sie Formen des Verhaltens und Handelns sich selbst auferlegten. Strenge Hüter der Regeln waren im engen Sinne die soziale Gruppe der Großfamilie und im erweiterten Sinne das Dorf. Das führte über die langen Zeiträume der Fremdherrschaften hinweg zu festen Sitten und Verhaltensformen und zur Herausbildung von bestimmten Eigenschaften, wie man sie bei den heutigen Griechen antrifft.

Eine andere Wurzel griechischer Wesensart ist geografischer Natur und reicht zurück bis ins Altertum. Da das Land nicht reich mit fruchtbaren Böden gesegnet, aber von viel Meer umgeben ist und geografisch günstig liegt, verlegten sich die Griechen schon früh auf einen ausgedehnten Seehandel. Entgegen kamen ihnen die Küstenformen und -länge, die zahlreichen Inseln und die zentrale Lage des Ägäischen Meeres zwischen den Kulturen des Orients und Okzidents. Selbst zur Zeit der Türkenbesetzung verschafften sich die Griechen eine Vorrangstellung im Seehandel.

Um als Händler erfolgreich zu sein, sind Wesenszüge wie List, Beweglichkeit, Initiative und Risikobereitschaft erforderlich. Sie formen sich bei Menschen aus, die – wie die Griechen – in ihrer besonderen Situation gezwungen waren, im Händlertum ihre Existenz zu suchen. Die schon früh erworbenen Eigenschaften kamen den Griechen in den späteren, schwierigen Jahrhunderten der Fremdherrschaft für ihr Überleben zugute. Man trifft sie auch noch bei den heutigen Griechen an.

Eine dritte Wurzel, die Aufschluß gibt über viele Sitten und Gebräuche, liegt in der besonderen Rolle der orthodoxen Kirche im Verlauf der griechischen Geschichte. ›Orthodox‹ meint ja dem Sinn nach, daß der Glaube ›rein‹ erhalten blieb. Die bis zum Jahre 787 in Konzilen festgelegten Dogmen wurden bis heute nicht angetastet. Darin erklärt sich die für die Orthodoxie typische starre Haltung in allen religiösen und gesellschaftlichen Fragen.

Daß der Grieche die strengen Sitten- und Moralgesetze der Kirche scheinbar widerspruchslos anerkennt, hat seine Ursache in der Rolle, die die griechisch-orthodoxe Kirche in der langjährigen Geschichte der Griechen spielte. Sie gab ihnen im Auf und Nieder den moralischen Halt, denn sie sah sich als Bewacher griechischer Sitten und Eigenarten und sie pflegte den griechischen Sprachgebrauch.

Der Patriarch von Konstantinopel war zur Zeit der Türkenherrschaft die einzige zentrale Führung der Griechen. Die Türken übertrugen der orthodoxen Geistlichkeit die Verwaltung über die unterworfenen Griechen. Gleichzeitig verboten sie jegliche Lehrtätigkeit an Schulen und Universitäten, so daß die geistig-kulturelle Entwicklung über die lange Zeitspanne von vierhundert Jahren völlig zum Erliegen kam. Die orthodoxe Kirche unterlief das strikte Lehrverbot mit geheimen Schulen, wie zum Beispiel im Kloster Profítis Ilías auf Thíra (Santoríni). In dieser geschichtlichen Verflechtung von Kirche und Politik liegt die Ursache für die heutige Stellung und das politische Gewicht der orthodoxen Kirche. Die Nähe des Geistlichen, des Dorfpopen, zu seiner Gemeinde hat dieselbe Wurzel. Auch heute noch ist ›richtiger Grieche‹ nur, wer zur orthodoxen Konfession zählt.

Einige typische, alltäglich zu beobachtende Situationen sollen im folgenden Teil aufgezeigt und erklärt werden.

Die griechische Dimension der Zeit

Jeder Griechenlandreisende wird früher oder später merken, daß die Griechen eine andere Vorstellung von Zeit haben. Dazu einige Beispiele:
Entweder ist die Antwort äußerst vage oder schlichtweg falsch. Irgendeine Auskunft

erhält man immer auf die Frage nach Ankunft, Abfahrt, Fahrtdauer oder -ziel eines Schiffes. Die obligatorische Falschinformation schlägt spätestens dann in größeren Unmut oder in Verzweiflung um, wenn ein Anschlußtermin (z. B. der Flugtermin) verpaßt wurde.

Oder: Der Wegweiser, auf dem Lande eine Rarität, gibt für die Wegstrecke eine Kilometerzahl an, die sich nachträglich als doppelt so lang wie angegeben erweist.

Oder: Fragt man nach der Zeit, die man zu einem Zielort benötigt, so weichen die Angaben beträchtlich voneinander ab. Nur eines erlebt der Fragende nie: die Antwort, daß man es nicht wisse oder eine dieses besagende Geste.

Der Grieche liebt die Muße: Bei einem Täßchen griechischen Kaffees wird die Tagespolitik diskutiert

Wie erklärt sich dieses Verhalten, das dem Reisenden oft unnötige Probleme einbringt oder ihn zumindest verärgert? Offensichtlich steckt dahinter keine Böswilligkeit, und es ist zu vermuten, daß den Griechen selbst solche Ungenauigkeiten viel weniger stören, als den von zu Hause an die Einhaltung von Terminen und an Pünktlichkeit gewohnten Ausländer. So fällt auf, daß man fast nie auf eine öffentliche Uhr stößt. Auch vermißt man den von zu Hause gewohnten Glockenschlag einer nahen Kirchturmuhr. Die Armbanduhren scheinen mehr als Schmuck zu dienen, denn viele sind nicht aufgezogen.

Der Grieche geht mit der Zeit anders um: Verspätet sich das Schiff (der Bus), ist die Auskunft falsch, kommt er zu spät (zu früh), so sieht er die bevorstehende Wartezeit als einen Gewinn (!) an Zeit an. Der Reisende verbucht es dagegen als einen – ärgerlichen – Zeitverlust. Das erlangte Mehr an Zeit betrachtet der Grieche als ein Geschenk, kann er doch jetzt in Muße seinen Bedürfnissen nachkommen. Er kann im nahen Kafeníon debattieren, oder er kann dort Távli (griechisches Brettspiel) spielen. Dabei geht er im Hier und Jetzt auf. Bezeichnend für diese Gegenwartsbezogenheit ist, daß er vieles, was er als lästig empfindet, auf ›ávrio‹ (morgen) verschiebt oder für den anderen die Vertröstung auf ›ávrio‹ bereithält. (Das Morgen ist dabei keineswegs immer der nächste Tag, sondern es bedeutet auch ›später‹ oder eine ferne, ungewisse Zukunft.)

Dieses Bedürfnis, Zeit und Muße für sich zu haben, drückt sich sichtbar in der großen Anzahl der Kafeníons auf dem Lande aus. Hier sitzen zu allen Tageszeiten ausschließlich Männer in Grüppchen zusammen, debattierend, spielend, griechischen Kaffee trinkend. Man ist geneigt, diesen Müßiggang vorschnell als arbeitsfaul abzuqualifizieren. Hier findet sich aber eine Eigenart wieder, die ihre Wurzel in der Jahrhunderte währenden Unterdrückung hat. Zeit zu haben ist eine Form von Freiheit. In den Zeiten, in denen sich die griechische Nation gegen die fremden Einflüsse behaupten mußte, war der einzelne immer bestrebt, sich einen gewissen Spielraum an Freiheit zu bewahren. Nur so konnte er die eigene Wesensart aufrechterhalten.

Dieser verinnerlichte Drang nach Freiraum für sich selbst führte dazu, daß der Grieche eine tiefe Abneigung gegen geregelte, untergeordnete und kooperative Arbeit verspürt, da dies sein ihm zur Natur gewordenes Bedürfnis nach Freiheitsspielraum einschränkt. Lieber betreibt er ein noch so unlukratives, aber eigenes Geschäft, als sich in irgendeiner Weise unterzuordnen. Daher sind die großen Unternehmen Griechenlands auch das Werk einzelner, wie Onassis, Niarchos, Livanos und Pappas. Daher rührt auch das häufig unwillige Verhalten von Angestellten beispielsweise an den Schaltern der Fahrkartenausgaben.

Geselliges Beieinander im Kafeníon, Frauen sind ausgeschlossen

Um die eingangs erwähnten Beispiele zu klären: Wenn man auf Fragen nach der Wegzeit oder -strecke eine falsche Auskunft erhält, so ist der Grund dafür, daß der Befragte die Zeit oder die Strecke nicht kennt oder nicht abschätzen kann. Es interessiert ihn im Grunde nicht, und die Strecke ist er nie bewußt mit Zeitkontrolle gegangen. Andererseits verbietet ihm sein Ehrgefühl (im nächsten Kapitel wird ausführlich darauf eingegangen) als unwissend dazustehen. Als höflicher Mensch (das ›Gesicht wahrend‹) meint er, dem Frager eine möglichst günstige Antwort geben zu müssen, er nennt ihm eine zu kurze Zeitspanne oder Entfernung.

Der Fremde ist daher gut beraten, den Angaben grundsätzlich zu mißtrauen und sie als das zu nehmen, was sie sein wollen: eine Höflichkeitsgeste.

Das Philótimo, der griechische Ehrbegriff

Eine ganze Reihe von Verhaltensweisen sind auf einen für den Westeuropäer befremdlichen Ehrbegriff des Griechen zurückzuführen. Um ihn zu verstehen, muß man sich die griechische Geschichte vor Augen halten. Nahezu ohne Unterbrechungen bestimmten fremde Mächte im Lande. Aus dem langen Anpassungsprozeß an diese Verhältnisse formte sich aus zwei Bedingungsfeldern das heraus, was der Grieche heute als *Philótimo* bezeichnet.

Erstens: Der Grieche lernte im Laufe seiner Geschichte seine Gedanken und Gefühle nach außen zu verbergen, er ›wahrte sein Gesicht‹. Ein von den äußeren Umständen erzwungenes Verhalten führte dazu, daß es allmählich zu einem Bestandteil seines Wesens wurde. Zweitens: Während der Jahrhunderte währenden politischen Abstinenz und dem zusätzlichen Lehrverbot während der Türkenzeit gingen die eigentlichen bindenden Werte und Normen von der Großfamilie und im erweiterten Sinne von der Dorfgemeinschaft aus, während die jeweilige staatliche Obrigkeit und ihre Anordnungen unterlaufen wurden. Sein ›Gesicht zu wahren‹ bedeutete daher nicht nur dem Schein nach der Obrigkeit zu dienen, sondern viel mehr noch, sich nichts im Sinne der geltenden Normen der Familie zuschulden kommen zu lassen. Wer den festliegenden Auffassungen zuwiderhandelte, mußte mit Ächtung und Isolierung durch die eigene Sippe rechnen.

Die alten Gepflogenheiten und Sitten, die auf den Inseln und auf dem Lande noch lebendig sind, geraten zunehmend in ein Spannungsverhältnis zu neueren, als modern angesehenen Verhaltensformen. Die tradierten Vorstellungen geraten ins Wanken. In Griechenland findet eine Europäisierung statt, die von der Stadt zum Land verläuft. Die Medien und allen voran das Fernsehen importieren ein neues Bewußtsein bis in das entfernteste Dorf, wo das TV-Gerät im Kafeníon aufgebaut steht. Aber auch die Gastarbeiter und Auswanderer, die zu Besuch weilen, konfrontieren die ›Alten‹ mit ›neuen Errungenschaften‹.

Die Folge sind harte Auseinandersetzungen innerhalb der Familie. Immer noch kann sich auf dem Lande kein Mädchen einen ›Seitensprung‹ erlauben, ohne den Liebhaber anschließend zu ehelichen. Ihr eigener Bruder muß dabei den Sittenwächter und die Kontrollinstanz spielen. Er ist dazu verpflichtet, über die Ehre seiner

Schwester zu wachen. Sicher ein Anachronismus wie viele andere. Der Ehrbegriff hat jedoch auch seine guten Seiten: In Griechenland gibt es so gut wie keine Kriminalität, der Kriminelle würde von der Familie geächtet – für einen Griechen kaum erträglich. Und die Großfamilie gab und gibt immer noch dem Familienmitglied, sofern es die Normen anerkennt, die soziale und seelische Geborgenheit, die den Menschen der Großstädte so fehlt. Die Familie sorgt für ihn, und er sorgt für die Familie, auch wenn er ausgewandert ist und seine Verpflichtung nur in Geldüberweisungen besteht.

Einige unangenehme Seiten sollen hier nicht ausgespart werden. Der extreme Druck der Anpassung an die soziale Umgebung im Laufe der Geschichte bewirkte eine Übersteigerung des Ehrbegriffs, der richtiger mit ›Ehrsucht‹ bezeichnet werden kann. Die mit ›Freund der Ehre‹ nur vage übersetzte Verhaltensform des Philótimo zwingt den Griechen unbewußt zu einer permanenten Selbstdarstellung. Wie er in allem sucht, der Bessere zu sein, wirkt manchmal zwanghaft. Kritik verträgt er nicht, Fehler machen ohnehin nur die anderen. Man braucht nur eine Gesprächsrunde im Kafeníon zu beobachten. Es kommt bald zu einem lautstarken Wortschwall, jeder sucht jeden akustisch zu überbieten. Man hat den Eindruck von einem Orchester, in welchem jeder sein Instrument nur für sich alleine spielt. Der Grieche redet mit Mimik und Gestik, mit allem was der Selbstdarstellung dienlich ist; er hört dagegen ungern zu, was der andere zu sagen hat. Das wäre für ihn gleichbedeutend mit Anerkennung, und dabei fühlt er sich als der Unterlegene, was wiederum ›gegen die Ehre‹ ist.

Um sich als der Stärkere und der Klügere zu zeigen, fordert er die Gegnerschaft, die Opposition. Was Außenstehende, der Sprache nicht mächtig, leicht als Streit ansehen, ist doch letztlich mehr ein Spiel, bei dem es um die Anerkennung und die Selbstdarstellung geht.

Viele Gespräche drehen sich um die Politik, im kleinen wie im großen, aber immer in Opposition stehend, denn grundsätzlich sind immer die anderen die Versager.

Wer sich selbst so wichtig nimmt und gerne oben stände, gönnt den anderen nicht ihren Status. Das Philótimo sorgt in der Tat für schnellen Wechsel an den Schaltstellen der Macht. Daß dies für Verwaltung und Wirtschaft nicht gerade günstige Voraussetzungen sind, hat die jüngere Geschichte Griechenlands mehr als einmal bewiesen. Auf der anderen Seite zeigt der einfache Grieche im Umgang mit rangmäßig höher gestellten Personen keine Befangenheit wie es den Deutschen nachgesagt wird, die das Obrigkeitsdenken verinnerlicht haben. Das Philótimo gestattet dem Griechen nicht, sich unterlegen zu fühlen.

Im Umgang mit Griechen wird der Besucher des Landes von selbst auf weitere Verhaltensweisen stoßen, die ihn an das Philótimo erinnern, wie dieses alltägliche Beispiel: Man beobachte die Autofahrer, vor allem als Beteiligter, wenn man auf dem Rücksitz eines Taxis sitzt. Da wird ein durchaus zulässiges Überholmanöver Anlaß zu einer wortreichen Auseinandersetzung zwischen den beiden Fahrern, oder im schlimmsten Falle wird versucht, das Überholen zu verhindern. Verhaltensweisen und Reaktionen, die vom einzelnen nicht mehr reflektiert werden, denn sie haben sich im Wesen eingegraben, im guten wie im schlechten.

Griechische Siesta – ein Anachronismus?

Der Griechenlandreisende, gewohnt an die Öffnungszeiten der Geschäfte und Büros in seinem Lande, muß sich auf eine andere Zeiteinteilung einstellen: In Griechenland erlebt er am Nachmittag überall geschlossene Pforten. Nun weiß man, daß der Südeuropäer die Mittagspause während der Haupthitzeperiode der Sommertage ausdehnt. In Griechenland ist sie jedoch ungewöhnlich lang. Die Geschäfte schließen meist um 13 Uhr und öffnen erst wieder gegen 17 Uhr oder 17.30 Uhr, dazwischen liegen reichlich vier Stunden Siesta. Montags, mittwochs und samstags bleiben die Geschäfte auch abends geschlossen. (Auf den Inseln sind sie an diesen Tagen geöffnet.)

Als Argument für die lange Mittagspause hört man, daß die hohen Temperaturen die Ursache sind. Man muß dagegenhalten, daß die anderen Mittelmeerländer ihre Siesta auf zwei Stunden begrenzen. Und was noch eigenartiger ist: Auch im Winter wird nicht auf die ausgedehnte Siesta verzichtet. Spätestens seit dem EG-Beitritt Griechenlands weitet sich die griechische Siesta zum nationalen Problem aus. Versuche der Regierung, ihre Landsleute auf den Stundenplan des übrigen Europas einzuschwören, um volkswirtschaftliche Schäden abzuwenden, scheiterten. Ein Anachronismus also? Um den hartnäckigen Widerstand gegen eine Anpassung zu begreifen, muß man sich nochmals vergegenwärtigen, wie stark der Grieche seinen Drang nach Freiheitsspielraum verinnerlicht hat. Die Freizeit verbringt der Grieche traditionsgemäß als ausgedehntes Abendprogramm. Es fällt auf, daß sich die Tavernen meist erst nach 22 Uhr mit Griechen füllen, um diese Zeit wird das Abendessen eingenommen. Im Anschluß daran wird stundenlang diskutiert. (In der Stadt wird das Nachtleben genossen.) Die Stunden, die bis zum Arbeitsantritt bleiben, reichen nicht aus, der versäumte Schlaf muß also nachgeholt werden: am nächsten Nachmittag.

Familie und Alltag in der griechischen Männergesellschaft

Es muß vorausgeschickt werden: Die ›griechische Familie‹ als feste Struktur gibt es nicht. Zur Zeit findet ein tiefgreifender Wandel in der griechischen Gesellschaft statt. Traditionelle und neuere Elemente mischen sich oder existieren nebeneinander. Die Großfamilie vergangener Tage hat auch in Griechenland der Kernfamilie weichen müssen. Industrialisierung, Landflucht, Berufstätigkeit der Frau und andere Einflüsse veränderten die traditionellen Rollen und Beziehungen innerhalb der Familie.

Auf dem Lande, wozu auch die Inseln gezählt werden müssen, halten sich viele der alten Sozialstrukturen und Verhaltensweisen hartnäckig. In der Stadt hat sich dagegen der Umbruch scheinbar schon vollzogen, scheinbar deswegen, weil selbst in der Großstadt Athen die Bevölkerung noch stark ländlich ausgerichtet ist. Auf dem Lande hat sich die Altersstruktur gewandelt: Die mittleren Jahrgänge, unternehmerisch und aufgeschlossen für Neuerungen, ziehen die Stadt, industrielle Ballungsgebiete oder das Ausland einer ungewissen wirtschaftlichen Zukunft auf ihrer Heimatinsel vor. Die Landflucht erfaßt vor allem die kleineren und weniger erschlossenen

Auf den Kykladen überwiegen die Alten. Traditionell eingerichtet: die ›gute Stube‹

Inseln. Touristische ›Hochburgen‹ verzeichnen eher eine entgegengesetzte Entwicklung.

Zurück bleiben in der Mehrzahl die Alten. Sie geben sich mit dem wenigen zufrieden, das ihnen durch eine Rente, aus Ersparnissen oder aus den Erträgen von etwas Landwirtschaft zufließt, und sie verweilen dabei in ihren jahrhundertealten, traditionsgebundenen Lebensformen.

Daß auch in diese ›archaische‹ Welt zivilisatorische und soziale Neuerungen einbrechen, dafür sorgen die abgewanderten Familienangehörigen, die im Sommer zu Besuch weilen, zurückkehrende Gastarbeiter, die fremden Touristen und neuerdings auch das Fernsehen, das inzwischen in die hinterste Dorfecke seinen Einzug gehalten hat. Im Fernsehen werden in der Mehrzahl nicht-griechische Filme gezeigt, die amerikanische und westeuropäische Sozialstrukturen und Lebensweisen in die griechischen Wohnstuben exportieren. Freizügige Filme und am Kiosk erhältliche Fotomagazine westlicher Herkunft mit gewagten Darstellungen konfrontieren die Griechen mit ihrer eigenen, weit engherzigeren Sexualmoral und sorgen für ähnlichen Zündstoff wie die Nacktbadewelle, die sich derzeit an den Stränden ausbreitet. Die Konflikte sind dementsprechend vorprogrammiert.

Sie betreffen die Verhaltensweisen und Rollenerwartungen sowohl innerhalb der Familie als auch zwischen den Geschlechtern und Generationen. Der Fremde als unbeteiligter Beobachter wird die vielen Widersprüche nur zu einem geringen Teil persönlich erfahren. Denn hinter der nach außen vorgetäuschten Fassade von Harmonie sind die extremen Spannungen, die zwischen den Familienmitgliedern häufig bestehen, nicht auszumachen.

Die Ehefrau eines Gastarbeiters, gewohnt daran, einen Teil ihrer Freizeit nach westlichem Vorbild gemeinsam mit ihrem Ehemann zu verbringen, wird nach der Rückkehr in ihre Heimat sich nicht damit abfinden, sich nunmehr wieder ausschließlich der Küche, ihren Kindern und ihren Nachbarinnen zu widmen. Auch Berichte von ›Heimkehrern‹ über andere Lebensformen verfehlen ihre Wirkung nicht. Aber dem steht nach wie vor eine Auffassung gegenüber, nach der die Frau mehr ›Hausrat‹ als Partnerin zu sein hat. Sicher ist diese Ansicht stärker auf dem Lande vertreten und auch nur dort, wo die wirtschaftlichen Verhältnisse sich nicht geändert haben.

Während das traditionelle Kafeníon, das griechische Kaffeehaus, in der Großstadt Athen beispielsweise zur seltenen nostalgischen Einrichtung verblaßt und in der Überzahl die alten Männer anzieht, trifft der Mann jeglichen Alters auf den Inseln sich immer noch regelmäßig dort mit seiner Männerclique zu ›wichtigen‹ Geschäften und Gesprächen. Die Frauen bleiben ausgeschlossen.

Hier im Kafeníon findet alles das statt, was in westlichen Ländern hinter verschlossenen Türen ausgehandelt wird. Da werden Dorfprobleme verhandelt und geregelt, Geschäfte getätigt, die Tagespolitik diskutiert. Hier steht auch der Fernsehapparat, liegen Zeitungen aus, findet man Redner und Schwätzer, werden Erfahrungen ausgetauscht und Jägerlatein gesponnen. Aber vor allem wird Távli gespielt, ein Brettspiel, das auch bei den Fremden beliebt ist.

Die Tätigkeiten der Frau auf dem Lande und die fehlenden Voraussetzungen, einem bezahlten Beruf nachzugehen, halten die Frau an das Haus gebunden. Entsprechend hält sich das Vorurteil, daß dem Mann keine Frauenarbeit im Haushalt zuzumuten ist. Er sieht traditionsgemäß seine Rolle als Oberhaupt, Repräsentant und Ernährer der Familie. Die Frauen haben sich gefälligst aus seinen wichtigen Geschäften herauszuhalten. Während er also im Kafeníon seine Zeit verbringt, sitzt sie in Gesellschaft von Nachbarinnen mit einer Handarbeit vor ihrem Haus, allerdings nur, wenn ihr die zahlreichen Beschäftigungen im Haus, bei der Kindererziehung und bei der Versorgung von Vieh und Feld noch Zeit dazu lassen. Die untergeordnete Rolle der Frau im öffentlichen Leben läßt sich daran ablesen, daß Reformen erst in jüngster Vergangenheit zustande kamen. Seit 1952 gibt es das allgemeine Wahlrecht für die Frau und hat sie Zugang zu öffentlichen Ämtern. Und erst 1975 wurde das Prinzip der Gleichberechtigung für Mann und Frau verfassungsmäßig verankert. Im Jahre 1983 wurde die Mitgift gesetzlich abgeschafft.

Trotz der gesetzlich verbrieften Änderungen halten sich die alten Strukturen hartnäckig am Leben. Was man Jahrhunderte hindurch machte, läßt sich durch Gesetze nicht ohne weiteres löschen. So achtet man immer noch auf eine Einheirat in eine finanzkräftige Familie. Zwar bestimmt heute stärker als früher die Zuneigung zweier Menschen die Partnerwahl, doch immer noch arrangieren auch die Familien den Bund fürs Leben nach wirtschaftlichen Erwägungen. Die Aufhebung der Mitgiftverpflichtung war eine große Erleichterung für die griechischen Familien. Ein Vater mehrerer Töchter war vor 1983 oftmals finanziell ruiniert. Denn um sie ›an den Mann‹ zu bringen, mußte ein beträchtliches Vermögen pro Tochter aufgebracht werden. Im Normalfalle hatte der Vater mindestens die Wohnung für das junge Paar zu stellen. Das hieß für viele, ein ganzes Leben für die Mitgift der Töchter zu arbeiten.

Waren Brüder vorhanden, so mußten diese sich an der Mitgifterarbeitung beteiligen. Wert und Prestige und damit die Heiratschancen einer jungen Frau bemaßen sich an der Höhe der Mitgift, die sie mit in die Ehe brachte. Vater und Bräutigam führten die Verhandlungen, die Braut war zur Ware degradiert. Die traditionelle Mitgift war als Starthilfe für das jungvermählte Paar gedacht, aber auch der Ausgleich dafür, daß der junge Mann in Zukunft für seine Frau sorgte.

Heute steuern die Mädchen eine Ausbildung und einen Beruf an, sie sind dadurch in die Lage versetzt, ihre Zukunft und die Wahl ihres Partners mitzubestimmen. Ihr Wunsch nach Gleichberechtigung und die noch lebendigen traditionellen Verhaltenserwartungen liegen aber häufig im Widerstreit. Ein Ausweg bietet die Flucht in die Illusion: An Kiosken finden billig aufgemachte Bildromanhefte reißenden Absatz, in denen die Hauptfigur, ein junges, einfaches Mädchen, von einem gebildeten, reichen Mann geheiratet und ›auf den Händen getragen‹ wird.

Die Gleichstellung von Mann und Frau per Gesetz vermochte deren unterschiedliche Rechte noch nicht aufzuheben. Streng wacht die Familie über die Tugendhaftigkeit des Mädchens. Der Bruder übernimmt die Funktion des Sittenwächters, er begleitet die Schwester außer Haus. Zeigt ein junger Mann Interesse an einem Mädchen, so schalten sich die Familien ein und sondieren die Heiratsvoraussetzungen. Die griechischen Männer sind Frauen gegenüber deutlich zurückhaltend. Alleinreisende Frauen erfahren dies positiv, sie werden bei entsprechendem Verhalten nicht belästigt, wie es in den benachbarten Mittelmeerländern häufig der Fall ist.

Auch die Einstellung zu den alten Menschen ist anders als bei uns. Traditionell begegnet man ihnen mit viel Respekt und Ehrerbietung. Es herrschte durchgängig eine Hierarchie des Alters vor, in der grundsätzlich die Jüngeren den Älteren zu gehorchen hatten, sowohl in der Geschwisterbeziehung als auch zwischen (erwachsenen) Kindern und Eltern. Auch hier sind Konflikte unausweichlich. Was früher als selbstverständlich angesehen wurde, wird heute als Einmischung empfunden. Die Eltern wollen das Leben der Kinder auch dann noch bestimmen, wenn diese längst erwachsen und außer Haus sind.

So ist die Ursache schlimmster Familienstreitigkeiten die Namensgebung eines Enkelkindes. Es wird darüber gestritten, ob es den Vornamen des Großvaters väterlicherseits oder mütterlicherseits erhält, oder nach wem das zweite Kind benannt wird. Man hat ein Jahr lang Zeit (von der Geburt bis zur Taufe), um sich zu entscheiden. Inzwischen bleibt das Kind namenlos und wird ›Baby‹ oder ›Kleines‹ gerufen. Wehe, wenn die Eltern es wagen, ihrem Kind nach eigenen Vorstellungen einen modernen Namen zu geben.

Als Gast in einer Taverne oder bei einer griechischen Familie wird man Zeuge eines sehr widersprüchlichen Verhaltens in bezug auf den Erziehungsstil. Man erlebt, daß ein Kind wegen einer Kleinigkeit körperlich gezüchtigt (Ohrenziehen, der Klaps auf den Hintern) und kurz darauf wieder gehätschelt wird. Auch hier prallen alte und neuere Vorstellungen aufeinander: ein autoritärer, auf Gehorsam angelegter Erziehungsstil und ein wohlwollend-partnerschaftlicher.

Daß Kinder einen hohen Stellenwert im Leben der Griechen einnehmen, läßt sich daran erkennen, wie die kleinen Mädchen gekleidet sind. Sie werden ausstaffiert wie lebendige Puppen, sie sollen die Bewunderung ihrer Eltern und anderer erlangen. Es ist aber auch erfreulich zu erleben, wieviel Aufmerksamkeit und körperliche Nähe den Kindern von seiten der Erwachsenen zuteil werden.

Der Umbruch in der griechischen Gesellschaft hat viel Positives bewirkt. Die Frau erlangt zunehmend ein stärkeres Selbstbewußtsein in der Rolle als Mutter, Ehepartnerin und im Beruf, die Eltern-Kind-Beziehungen gestalten sich partnerschaftlicher, den Mädchen wird mehr Freiraum und Ausbildung zugestanden.

Man muß andererseits auch sehen, daß die griechische Familie in einer ernsthaften Krise steckt, wie die steigenden Scheidungsraten zeigen, Zeichen dafür, daß die Konflikte noch nicht gelöst sind. Vieles von dem fremden Neuen, das begierig aufgesogen wird, wirkt wie ein Fremdkörper, vieles erweist sich auch als Modernismus um jeden Preis und ohne sachliche Notwendigkeit.

Die griechischen Eß- und Trinkgewohnheiten

Einige der Fremdherrschaften, die Griechenland zu ertragen hatte, sind an der griechischen Speisekarte abzulesen. Beeinflußt vom Orient, sind die Gerichte sehr fettreich. Sie werden mit dem im Überfluß vorhandenen Olivenöl gekocht oder gebakken. Es ist bezeichnend, daß das Nationalgericht, die verschiedenen Formen von Teigwaren, kein eigentlich griechisches ist: Die *Makarónia* – so werden alle Nudelarten genannt – sind ein Überbleibsel aus der Zeit der italienischen Besetzung, mit denen sie allerdings dem Mutterland der Spaghetti, Italien, nicht den Rang ablaufen können.

Sieht man von Restaurants der gehobenen Klasse und den Luxusrestaurants in den größeren Touristenzentren einmal ab, so beschränkt sich das Angebot eines durchschnittlichen Speiselokals – *Taverne* oder *Estiatórion* – auf einige wenige, schnell zubereitete Teigwaren-, Fleisch- und Gemüsegerichte. Man wählt seine Speisen in der zum Gastraum offenen Küche aus, nachdem man sich vom Koch die verschiedenen fertigen Gerichte in den Töpfen hat zeigen lassen. Leider erweist sich beim Servieren, daß die Speisen meist lauwarm oder kalt sind. Das Fleisch ist häufig zäh, das Gemüse wäßrig und die Kartoffeln schmecken muffig. Die Gerichte werden nämlich bereits am Vormittag und auf Vorrat für zwei bis drei Tage gekocht und stehen auf längst erkalteten Herdplatten. Das Öl ist im allgemeinen gut verträglich, sofern kein altes, bereits verwendetes für die Zubereitung wiederverwendet wurde.

Inzwischen stellen sich die Tavernenwirte an stärker von Touristen besuchten Orten mehr auf den Geschmack der Fremden ein und servieren heiß und mit wenig Öl. Im anderen Falle muß der Gast bei der Bestellung »polí sésto parakaló« (sehr heiß, bitte) und »polí lígo ládi« (sehr wenig Öl) angeben. Zwar würzt die griechische Küche traditionsgemäß stark, jedoch erlebt man im Einzelfalle immer wieder, daß mit Gewürzen gegeizt wird. Der Grieche legt keinen besonderen Wert auf feine, geschmackliche Abstimmungen. Dem Gast wird Salz (aláti) und Pfeffer (pipéri), manchmal auch Essig (xídi) auf den Tisch gestellt, allenfalls ist ein Gericht mit Oregano, Lorbeer oder Gewürznelken abgeschmeckt, beliebt ist auch Knoblauch.

Am sichersten fährt man mit Fisch, gebacken, gegrillt oder gekocht. Psári (= Fisch) kann überraschend teuer sein, daher vorher nach dem Preis fragen. (Er wird meist nach Gewicht berechnet.) Manche Tavernenwirte auf den Inseln betreiben noch Fischfang nebenher, was sich günstig auf die Preise auswirkt. Immer ist der Fisch frisch und wird erst unmittelbar vor dem Servieren gebacken. Als Vorspeise nicht zu verachten ist kalamáres (Tintenfisch). Das Fleisch wird nach dem Fang zuerst auf der Kaimauer mürbe geschlagen, ehe es in die Pfanne gelangt.

Ein komplettes Menü bietet die griechische Speisekarte nicht an. Wohl ist sie unterteilt in *Vorspeisen* (orektiká), *Suppen* (súpes), *Nudelgerichte* (makarónia), *Gemüse* (lachaniká), *Fisch* (psária), *Eintopf mit Fleisch* (entrádes), *Gegrilltes* (tis óras), *Salate* (salátes), *Süßspeisen* (gliká) und verschiedene *Getränke* (potá). Sehr beliebt als Zwischenmahlzeit ist der *griechische Bauernsalat* (choriátiki saláta), der gewöhnlich unter der englischen Bezeichnung ›greek salad‹ bestellt wird. Er besteht in der Hauptsache aus Tomaten, Gurken und Zwiebeln in Olivenöl und ist mit Oliven, Kapern (seltener) und einem bröckeligen Schafskäse (féta) garniert. Der Umfang der Portion schwankt von Ort zu Ort beträchtlich mit der allgemeinen Tendenz, daß er immer weniger wird. (Offensichtlich ist den Tavernenwirten nicht recht, daß der als Zugericht gedachte Salat von vielen als Hauptmahlzeit eingenommen wird.) Zu allen Speisen wird Brot (psomí) auf den Tisch gestellt.

Als *Nachtisch* oder für den kleinen Appetit werden angeboten: das risógalo (Reispudding mit Zimt), yiaúrti (ein fester Schafsjoghurt, der auch als Brotaufstrich lecker schmeckt), tsatsíki (Joghurt mit geraspelten Gurken und Knoblauch) und als frúta (Obst) die pepóni (Honigmelone) oder karpúsi (Wassermelone).

Ein Tip: Immer das bestellen, was man auch zusammen zu essen wünscht, und nicht bereits Vorspeise, Hauptgericht und Nachtisch. Ansonsten wird das Bestellte völlig wahllos gebracht oder gleichzeitig auf den Tisch gestellt, zum Beispiel Salat und Suppe.

Zu allem, was man einnimmt, sei es zum Kaffee oder zu einem Eis, wird immer ein großes Glas eisgekühltes *Wasser* aus der Leitung oder der Zisterne mitserviert. Man kann es unbedenklich trinken, da der Grieche großen Wert auf gutes, trinkbares Wasser legt. Wem die Wasserqualität nicht zusagt (in Athen ist das Wasser sehr stark gechlort), bestellt *Mineralwasser* (metalikó neró) in der Eineinhalb-Liter-Standardflasche aus Plastik. Es handelt sich um ein mineralhaltiges Quellwasser aus den kretischen Bergen oder einer anderen griechischen Region und enthält keine Kohlensäure. Das bei uns geläufige Mineral-, Sprudel- bzw. Sodawasser wird nur in kleinen Flaschen unter der Bezeichnung sóda verkauft.

Unter den griechischen *Weinen* ist der bekannteste und volkstümlichste der *Retsína*, ein geharzter Weißwein. Wer ihn noch nie gekostet hat, wird sich mit dem für einen Wein ungewöhnlichen Geschmack erst anfreunden müssen. Das Harz der Aleppokiefer dient als Zusatz. Pro Liter Weinmost werden drei Gramm zugesetzt und beim Umfüllen wieder entfernt. Ursprünglich diente das Harz zur Haltbarmachung des Weines, heute dient es nur noch der geschmacklichen Komponente. Am besten schmeckt der Retsína, wie auch andere örtliche Weine, die den Harzgeschmack nicht aufweisen, aus dem Faß. Man bestellt diesen ›Landwein‹ mit ›dópio‹

Fisch fehlt auf keiner Speisekarte: Fischer auf seinem Kaíki

(= einheimisch) oder ›krassí‹ (= Wein). Dabei wird statt der bei uns gebräuchlichen Literangabe in Gewichtseinheiten bestellt: Für einen halben Liter sagt man ›missó kiló‹ (= halbes Kilo).

Großer Beliebtheit erfreut sich das *Bier* (bíra). Es wurde 1834 von dem ersten Griechenkönig, dem Wittelsbacher Otto I., einem Bayern, eingeführt. Er brachte bayerische Bierbrauer mit nach Griechenland. Bis vor kurzem gab es noch die Marke ›Fix-Bier‹ mit den weiß-blauen Landesfarben. (Fix leitet sich von Fuchs ab, und dieser war ein bayerischer Bierbrauer zur Zeit Otto I.) Eine Reihe ausländischer Brauereien produziert heute in Griechenland Biere von sehr guter Qualität.

Als Aperitif wird häufig ein Pernod-ähnlicher Anisschnaps, der *Úso*, getrunken. Meist wird er mit Wasser verdünnt, wobei er milchig-weiß wird. Auf dem Lande und auf den Inseln ist es noch üblich, dazu kleine Appetithappen zu servieren, *mesé* genannt: Oliven, Tomaten- oder Gurkenstückchen, Käsehappen, manchmal auch Stücke von gegrillter Krake oder marídes (= kleine, gebackene Fischchen) werden auf einem kleinen Teller dazugestellt. Seltener wird rakí getrunken, ein Tresterschnaps. Die bekannteste und überall erhältliche *Brandy*-Marke ist der Metaxás, nach Qualitätsstufen mit drei, fünf und sieben Sternen versehen. Billiger ist es, Brandy vom Faß zu bestellen, er heißt dann *konják*. Beim Zuprosten sagt man »stiniyásas« (= auf Ihr Wohl).

Der Griechenlandbesucher wird sich trotz der zum Großteil faden und langweiligen Küche gerne in eine Taverne setzen. Die Erlebnisse eines langen Abends in einer an der Hafenmole oder am Strand gelegenen Taverne entschädigen reichlich. Das Sitzen im Freien unter einem ungewohnt klaren Sternenhimmel, das Treiben im

Hafen, die ein- und auslaufenden Boote und Schiffe, der enge Kontakt mit den Einheimischen, die am späten Abend die Taverne familienweise füllen, das alles macht verständlich, warum viele nicht in erster Linie die Taverne wegen des Essens aufsuchen, sondern wegen des ganzen Drum und Dran, wegen der damit verbundenen Geselligkeit. Der Retsína bringt die Gespräche in Gang, der Tischnachbar ist schnell kennengelernt, Informationen werden ausgetauscht, die Fragen gehen nach dem Woher und dem Wohin. Die Taverne verwandelt sich in eine große Wohnstube, in der jeder mit jedem Kontakt aufnimmt.

Wer einen Kaffee trinken möchte, wechselt zum *Kafeníon* über und bestellt einen *kafés ellínikos*, einen griechischen Kaffee. Er wird bei vielen Anlässen, wie beim Kennenlernen, bei Besprechungen oder in Stunden der Muße getrunken. Eigentlich ist er ein türkischer Kaffee, denn er kam mit der Türkenbesetzung nach Griechenland, aber ›éna túrkiko‹ (›einen türkischen Kaffee‹) mag man aus verständlichen Gründen nicht gerne hören. Er wird heiß, in kleinen, weißen Mokkatäßchen serviert und immer ohne Milch. Er unterscheidet sich von unserem Filterkaffee und von den wasserlöslichen Instant-Kaffees (zum Beispiel Nescafé) in der Art des Pulvers (eine Mokka-Variante) und in der Zubereitung. Für Nachahmer, die zu Hause den typischen griechischen Kaffee nicht missen wollen, hier das *Rezept:*

Ein gehäufter Teelöffel äußerst fein gemahlener und stark gebrannter Kaffee – den man aus Griechenland mitbringen sollte – wird zusammen mit einem gestrichenen Teelöffel Zucker und einem Täßchen voll Wasser in ein Stielkännchen gegeben. Das ganze wird verrührt und auf einer Gasflamme oder dem Herd zum Sieden gebracht. Der gesamte Inhalt wird im Augenblick des Aufkochens in die kleine Tasse gekippt. Eine Steigerung des Aromas erhält man, wenn das Kännchen nach dem Aufkochen kurz von der Flamme genommen und auf kleiner Flamme nochmals aufgekocht wird. Für mehr als ein Täßchen wird ein entsprechend größeres Stielkännchen genommen mit anderen Mengen.

Der beschriebene Kaffee wird als métrio (= mittelstark und leicht gesüßt) bezeichnet und ist am gebräuchlichsten. Andere Formen sind: warí glikó (= stark und süß), glikí wrastó (= süß und gut aufgekocht) oder skéto (= ungezuckert). Wem die Menge nicht reicht, ergänzt seine Bestellung mit dem Zusatz »dipló« (= doppelt). Der griechische Kaffee wird immer zusammen mit einem Glas Wasser getrunken, übrigens wird auch der Kaffeesatz zum Teil mitgetrunken.

Nicht minder beliebt ist der Nescafé. Bei der Bestellung muß genau angegeben werden, wie man ihn zu trinken wünscht: heiß (sestó), kalt (frappé), schwarz (skéto), mit Zucker (me sáchari) oder mit Milch (me gála).

Die *Bezahlung* erfolgt mit der Aufforderung »to logarismó parakálo« (die Rechnung bitte) an den Kellner.

Wandern auf den Kykladen

Von Insel zu Insel oder: das ›Inselhüpfen‹

Wandern auf den Kykladen heißt zunächst einmal, sich mehrere Inseln auszuwählen und dann zu klären, wie gelange ich dorthin. Viele lockt es mit der Vorstellung zu den Kykladen, einmal ganz anders Ferien zu machen und stellen sich dabei ursprüngliche, vom Tourismus kaum erschlossene Inseln vor. Sie orientieren sich an Reiseprospekten und Reiseführern, die mit romantischen Postkartenbildern unverfälschte Idylle, ewig blauen Himmel, saubere Strände und glasklares Wasser anpreisen. Sie erhalten Tips von Leuten, die dort vor Jahren einmal gewesen waren. Oder sie hören von dieser oder jener Insel, die gerade groß in Mode ist. Als ich vor 20 Jahren den berühmten Strand Milopótamos auf Íos besuchte, versammelten sich in der einzigen Taverne am Strand 12 Reisende zur Mittagszeit. Damals Geheimtip, nehmen heute im Sommer Tausende Tag für Tag hier ihr Sonnenbad.

Die Kykladen scheinen für viele Ägäis-Neulinge ausschließlich die Inseln Míkonos, Íos, Páros, Náxos und Santoríni darzustellen, und viele von den Angereisten fühlen sich in ihren Erwartungen betrogen, denn die genannten Inseln sind in der Hochsaison hoffnungslos überlaufen. Es nimmt nicht wunder, daß der Tourismus diese verhältnismäßig kleinen Inseln in ihrer Struktur verändert hat. Lärmende Discos bis in die Nacht hinein, wo sonst nur das Plätschern des Meeres und das Brausen des Nordwindes zu hören waren, auf vermeintlich einsamen Wegen knattern Kolonnen von Mofas und Mopeds vorbei, Dreiradlieferwagen mit schwachen und daher hochverdichteten Motoren haben hier die Esel als Lastträger abgelöst. Mit dem Ausbau des Straßennetzes wächst die Verkehrsdichte, rollen immer mehr Touristen mit eigenem Personenwagen über die Rampen der Fährschiffe. Die Strände erinnern an den ›Teutonengrill von Rimini‹, nur mit Geduld ist ein freier Tavernenstuhl zu ergattern und als Bett muß häufig genug eine Terrasse, eine Bauruine oder der Strand herhalten. Das alles spielt sich wohlgemerkt nur in den beiden Hochsaisonmonaten und auf einer Handvoll Inseln ab.

Wer diese Vorstellungen von Ferien zu machen nicht teilt, der sollte die genannten Kykladeninseln im Juli und August meiden und weniger bekannte vorziehen.

Bei Planung einer Reiseroute durch die Inselwelt müssen die vorhandenen Schiffsrouten berücksichtigt werden. Sie gehen fast alle von Piräus aus; die Schiffe laufen die Häfen der Inseln in der Reihenfolge ihrer Lage an, wobei nicht unbedingt jede Insel auf der Route berücksichtigt wird. Die östlichen Kykladen Ándros, Tínos und Míkonos können auch von Rafína (Hafen östlich Athens) aus erreicht werden. Zur Insel Kéa gelangt man von Lávrion (Attika, südliche Ostküste) aus. (Busse nach Lávrion und Rafína ab Busbahnhof Mavromatéon in Athen.)

Das ›Von-Insel-zu-Insel-Fahren‹ wird mit ›Inselhüpfen‹ oder ›Inselspringen‹ treffend bezeichnet, weil viele der Kykladen auf Sichtweite voneinander entfernt liegen. Die meisten Touristen, die in der Ägäis unterwegs sind, bevorzugen dieses ›Inselhüpfen‹, obgleich es dem Reisenden einiges an Mobilität und Unbequemlichkeiten abverlangt. Aber der Reiz des Abenteuers durch die vielen Unwägbarkeiten wiegt bei weitem die Nachteile wieder auf.

So gibt es zwar offizielle Fahrpläne, aber der Meltémi (der sturmartige Nordwind), Maschinenschäden oder andere für den Fahrgast oft mysteriöse Gründe können den Fahrplan kurzfristig durcheinanderbringen. Bläst der Meltémi besonders hart, dann kommt es vor, daß das Schiff auf der Insel, auf der man aussteigen will, nicht anlegt oder nicht ausgebootet wird und weiterfährt. Oder es bleibt in gesichertem Hafen liegen, bis der Sturm abflaut. Bei Windstärke 9, manchmal auch bei geringerer Windstärke (Beaufort-Skala), ruht die gesamte Schiffahrt. Für die Rückfahrt sollte man daher einen oder einige Tage mehr einplanen, falls ein Flugtermin in Athen wahrzunehmen ist. Wenn in Athen so kurzfristig kein Hotelzimmer aufzutreiben ist, kann man in einem der zahlreichen Studentenhotels sein Glück versuchen, die immer noch einen Platz auf einer Dachterrasse oder einem Balkon frei haben, um dort seinen Schlafsack auszubreiten.

Da es für die Schiffe kein Rundreiseticket oder Rückfahrticket gibt, muß ein Einzelticket zu der Insel gelöst werden, zu der man als nächstes fahren will. Das kommt im Ganzen teurer, als wenn man durchfährt zu der entferntesten Insel.

Das Ticket löst man am besten kurz vor der Fahrt, denn es kann leicht passieren, daß man durch die verspätete Abfahrtszeit das Schiff versäumt und das Ticket ungültig wird. Tickets werden häufig auch noch am Schiff verkauft, und wenn es ganz knapp wird: Das Ticket auf Deck beim Zahlmeister lösen. Die Agenturen, die die Fahrscheine verkaufen, liegen meist unmittelbar am Hafen. Man muß schon in mehreren Agenturen nach der gewünschten Schiffsverbindung nachfragen, denn jede Agentur vertritt in der Regel nur eine Schiffahrtslinie und gibt Auskunft über die Abfahrt des eigenen Schiffes und nicht über die der Konkurrenz. Vor den Agenturen stehen große Reklametafeln, die über Schiff, Abfahrtstage und -zeiten und die Zielorte informieren. Man kann zwischen drei bis vier Klassen wählen: First Class, Second Class, Tourist Class und Third Class. Standardklasse ist die Touristenklasse mit eigenem Salon und Flugzeugsesseln. Hier treffen sich die Rucksacktouristen aller Länder, tauschen Tips aus, finden sich zusammen und belagern das gesamte Deck mit Schlafsäcken.

Im Hochsommer wird hier und da auf stark frequentierten Linien selbst der Liegeplatz auf dem Deckboden knapp und es bleibt als einzige Sitzgelegenheit der Rucksack. Je weiter das Schiff fährt, desto leerer wird es, und auf der Rückfahrt nach Piräus wird es von Insel zu Insel voller. Wer Pech hat, kommt zu nachtschlafender Zeit auf einer Insel an oder muß ein Schiff zu früher Morgenstunde nehmen; in diesen Fällen muß der Schlafsack unter dem Sternenhimmel das Bett ersetzen. Wer es versäumt hat, für das Picknick einzukaufen, kann mittags und abends im Schiff eine Mahlzeit einnehmen, für den übrigen Tag werden an Snackbars in den Aufenthaltssalons ein kleiner Imbiß und Getränke verkauft.

Beim ›Ausbooten‹ werden die Passagiere und ihr Gepäck mit Motorbooten an Land gebracht

Es erstaunt manchen, daß auf die Frage nach der Fahrtdauer oft unterschiedliche Zeiten genannt werden. Das hängt mit den Wetterverhältnissen, der Größe des Schiffes, der Anzahl der Zwischenstopps oder der Dauer des Aufenthalts in den Häfen zusammen. Von Piräus aus fahren die Schiffe meist pünktlich ab, aber auf den Inseln muß man sich in Geduld üben und auf Wartezeiten von mehreren Stunden gefaßt sein. In einer Taverne an der Hafenmole vergeht die Zeit schnell beim Gespräch und bei ein paar Úso. Die Inselgriechen haben ein anderes Zeitgefühl als die in ihren Augen hektischen Mitteleuropäer. Kommt das Schiff nicht, so hat man plötzlich Zeit.

Statt die nächste Insel abzuhaken, lernt man vielleicht gerade durch den erzwungenen längeren Aufenthalt mehr über die Insel und ihre Bewohner kennen.

Probleme tauchen dann auf, wenn man zu einer Insel will, die nicht auf der Route einer der Schiffahrtslinien liegt. Im Sommer werden manchmal Querverbindungen eingerichtet. Deshalb zu der nächstgelegenen Insel fahren und dort Übersetzmöglichkeiten erfragen. (Hartnäckig bleiben! Man sieht es nicht gern, wenn der Tourist zu einer Nachbarinsel will und weiß oft angeblich nichts von einer Schiffsverbindung dorthin.) Schnittpunkt verschiedener Schiffahrtslinien ist Síros.

Die Ankunft eines Fährschiffes im Hafen ist ein sehenswertes Spektakel. Mit Spannung verfolgt man die Zeremonie des Anlegens: das Festzurren der dicken Taue an den Pollern, Kommandorufe und Pfiffe, dazwischen aufgeregtes Schreien, wenn nicht alles glatt verläuft. (Schon so manches dieser dicken Taue riß explosionsartig, wenn der Meltémi dem Schiff in die Seite fuhr.) Dann endlich senkt sich das Hecktor langsam auf den Rand des Kais. Ein Strom von Rucksacktouristen quillt aus dem Schiffsbauch und ergießt sich auf die Mole, jeder froh, dem Dieselgestank der hochbeladenen Lastwagen im Schiffsinnern entronnen zu sein. Hinter den Gittern der Absperrung drängeln sich die neuen Passagiere, man will einen günstigen Sitz- oder Liegeplatz für die lange Überfahrt ergattern.

Auf den kleineren Inseln, die seltener angelaufen werden, hat sich der gesamte Hafenort versammelt. Man ist neugierig darauf, wer alles ein- oder aussteigt, wer wen besucht; manche nehmen ihre Familienangehörigen nach langer Abwesenheit in Empfang. Auf Inseln, wo ausgebootet werden muß, werden Unmengen an Gebrauchsgütern vom Schiff auf die Motorbarken verladen und an Land geschafft: Kühlschränke, Betten, sogar Türen und Fenster, denn es mangelt an Holz, um sie am Orte herzustellen.

Erst wenn der Anker eingezogen ist und die Leinen los sind, verlagert sich das Geschehen im Hafen in die Kafenía und Tavernen.

Auf abseits gelegenen Pfaden

Die Inseln der Kykladen bieten weit mehr als nur Badeferien. Sie laden zu herrlichen, abwechslungsreichen Wanderungen ein. Die Wege führen durch stille, steinige Berglandschaften, über Maultierpfade und menschenleere Staubstraßen. Die Ziele: ein einsam gelegenes Kloster, ein Kykladendorf in den Bergen, ein Tempelrest aus der Antike ... Und auf allen Wanderungen ist das Meer gegenwärtig, eine endlos weite, glitzernde Fläche unter einem in den Sommermonaten wolkenlosen Himmel. In der Ferne tauchen die Nachbarinseln aus leichtem Dunst auf, sie scheinen auf Wattebäuschen zu schwimmen. Eine einsame Bucht in einer Schlucht lädt zu einem erfrischenden Bad nach langer Wanderung ein.

Der im Sommer in regelmäßigen Abständen wehende Nordwind fegt die Luft rein von Staubpartikelchen und läßt das Licht für unser Auge ungewöhnlich stechend scharf und klar wirken, ein Phänomen, das viele Schriftsteller euphorisch beschrieben haben. Ruht der Meltémi, so beginnt um die Mittagszeit die Luft zu flimmern, die

Auf dem Weg nach Vathí: Monopáti bei Ágios Andreás (Sífnos)

Hitze macht träge und in Intervallen stimmen die Zikaden ihren ohrenbetäubenden Gesang an, der die Stille zum Dröhnen bringt. Nur wenige Bäume stehen verstreut oder in Hainen in der steinigen Landschaft: manchmal ein weitausholender, dichter Maulbeerbaum, in dessen Schatten sich eine Herde Schafe oder Ziegen zusammendrängt, häufiger der Eukalyptus an den Weg- und Straßenrändern, in Kulturen der Feigen-, Apfelsinen-, Zitronen- und Olivenbaum.

Um wirklich Kühle zu finden, streift der Wanderer im Schatten weiß gekalkter Wände durch die Gassen des Kykladendorfes. Immer wird er auf einen kleinen Dorfplatz treffen; viel schattenspendender Baumbestand und die nach draußen gestellten Tische und Stühle laden zu einer längeren Rast ein, bis sich die Mittagsglut etwas verzogen hat.

Die größte Erfrischung bedeutet ein Glas eiskaltes Wasser, das als Beigabe zu jeder Bestellung gereicht wird. Wasser ist ein kostbares Gut auf den Kykladen, denn viele der Inseln verfügen über keine Quellen und sind auf das im Winter in Zisternen gesammelte Wasser angewiesen.

Ruht der Meltémi (s. S. 12 f.) für einige Tage, dann ist der frühe Morgen der beste Zeitpunkt für den Aufbruch zu einer Wanderung. Die Strecke oder eine Teilstrecke sollte bis zum Einsetzen der größten Hitze am späten Vormittag bewältigt sein.

Die besten Tage für Wanderungen sind natürlich die, an denen der Meltémi heftig weht und die mittägliche Trägheit hinwegfegt. Zu diesen Zeiten ist ohnehin das Baden an vielen Küstenstrichen gefährlich, da sich die hohen Wellen an den Felsklippen brechen und an anderen Stellen sich Unterströmungen bilden, die selbst geübte Schwimmer ins offene Meer hinausziehen können.

Unterwegs auf der Insel wird man Wegweiser und Hinweisschilder vergeblich suchen. Die am Orte erhältliche Inselkarte enthält meist Ungenauigkeiten und Angaben, die schon seit vielen Jahren überholt sind, weil das Straßennetz auf den Inseln in den letzten Jahren ausgebaut oder verbessert worden ist. Die Beschreibungen und die Routenkarten in diesem Buch sind für die Orientierung daher unentbehrlich. Will man sich nach einem Weg erkundigen, muß man sich in Geduld üben, denn auf den einsamen Pfaden trifft man nur selten einen Einheimischen.

Für den Inselgriechen, der Anschluß an die moderne Zivilisation sucht, ist es schwer verständlich, daß der in seinen Augen reiche Fremde zu Fuß über die steinigen Pfade gehen will, wo es doch eine neue Asphaltstraße, Taxis und einen Autobus gibt. Aus diesem Unverständnis und nicht, weil er den Weg nicht kennt, schickt er den Fremden, der ihn nach dem Weg fragt, zur nächsten Asphaltstraße. Man muß schon ausdrücklich nach dem monopáti (Fußweg) fragen.

Der gebirgige Charakter der Inseln mit zahllosen Erhebungen, die in der Landschaft verstreuten Kirchen und Kapellen und die Küstenformationen erleichtern die Orientierung. Außerdem sind die Inseln von zahllosen Maultierpfaden kreuz und quer durchzogen; beim Querfeldeingehen trifft man nur auf Trockenmauern und außerhalb der Felder auf eine niedrige, stachelige Phrýgana.

Reiseausrüstung

Unangemessenes Verhalten und eine falsch gewählte Ausrüstung können die Erlebnisse eines Inselaufenthalts stark beeinträchtigen. Einige Erfahrungstips können vor manchen unangenehmen Überraschungen schützen.

Sinnvollstes Gepäckstück und daher auch am meisten anzutreffen ist der Rucksack, in den man nur die Hälfte von dem einpacken sollte, was man für die Reise vorgesehen hatte. Es sollte auch das einzige sein; in vielen Situationen ist es wichtig, beide Hände frei zu haben, sei es beim Besteigen des Schiffs für das Festhalten am Treppengeländer oder beim Hochziehen am Seil des Fallreeps an der Bordwand, womöglich bei hohem Wellengang. Einen zusätzlichen kleinen Wanderrucksack sollte man einstecken. Auch einen Schlafsack; er tut gute Dienste als Bettersatz, wenn das Schiff einmal nicht kommt oder wenn eine Nacht auf dem Schiffsdeck verbracht werden muß. Ein weiterer Ausrüstungsgegenstand der ›Rucksacktouristen‹ ist eine zusammengerollte Schaumstoffmatte als Schlafunterlage bei hartem Boden und gegen Bodenkälte.

Bei der Zusammenstellung der Kleidung müssen zwei Extreme berücksichtigt werden: Kälte bei Nacht, bei Meltémi oder auf dem Schiffsdeck; Hitze an den Tagen, an denen der Meltémi ruht. Keine Sachen doppelt mitnehmen, besser unterwegs versuchen, sie zu waschen, als das Zuviel kilometerweit auf dem Rücken zu schleppen. Zu den unbedingt notwendigen Kleidungsstücken gehören eine lange Hose und ein Paar feste Schuhe oder stabile Turnschuhe. Sie schützen vor Dornen, Gestrüpp, scharfkantigen Steinen und Giftschlangen, die an einigen Orten vorkommen können. Sie halten sich in dichtem Gestrüpp auf oder sonnen sich auf steiniger Unterlage. Schlangen sind sehr scheu, sie beißen nur, wenn versehentlich auf sie getreten wurde. Weiter ist unbedingt eine Kopfbedeckung notwendig wegen der starken Sonneneinstrahlung, die besonders gefährlich ist, wenn der Meltémi die Luft staubfrei bläst und die ultravioletten Strahlen ungehindert auf den Körper einwirken.

Bei Kirchen- und Klosterbesuchen benötigen Frauen einen Rock und ein Tuch zum Bedecken der freien Schultern. (Als unschicklich gelten auch Shorts und alle ärmellosen Kleidungsstücke.)

Zu den weiteren Ausrüstungsgegenständen gehört auf alle Fälle eine Wasserflasche, nicht nur als Trinkbehälter, sondern auch, um Wasser zum Zähneputzen dabeizuhaben, wenn es die Situation erfordert. Eine Taschenlampe hilft, den Rückweg zur Schlafstätte zu finden. Eine Taucherbrille hat schon manchen davor bewahrt, in einen Seeigel zu treten.

Die ›Tourístes‹ kommen

Der Tourist kommt mit hochgesteckten Erwartungen auf die Inseln. Die Griechen gelten ja als besonders herzlich und gastfreundlich. So hörte man es und so wird es weitergegeben. Überall werde man aufs herzlichste empfangen und aufgenommen, Essen und Trinken inbegriffen. Wer alleine oder als Paar die Inseln bereist, wird diese traditionelle *Gastfreundschaft* der Griechen noch häufig erleben. Eine Einladung abzulehnen, käme eher einer Beleidigung gleich. Denn ›Xénos‹ bedeutet sowohl ›Fremder‹ als auch ›Gast‹. Zur Begrüßung wird ein Gläschen Úso (= Anisschnaps) angeboten, häufig ein Tellerchen mit Süßigkeiten gereicht. In der Taverne wird der Fremde gerne zu einem Bier oder einem Glas Retsína eingeladen.

Aber mittlerweile kommen die Touristen in großen Scharen in die Dörfer. Und wenn gar eine Hochzeit oder ein Panigíri, das Fest eines Heiligen, angesagt ist, strömen sie in solchen Massen herbei, daß die Dorfbewohner wie eine kleine exotische Minderheit wirken und begafft werden. Hier findet die Gastfreundschaft ihre Grenzen, die Fremden müssen ihre Speisen und Getränke selbst bezahlen.

Eine Handvoll Feigen, eine Apfelsine, ein Stückchen selbstgemachter Ziegenkäse oder ein Glas Wein werden gerne gegeben und haben ein anderes Gewicht als bei uns, wenn man sich vor Augen hält, mit wieviel Mühe die Inselbewohner dem kargen Land etwas Gemüse oder Obst abringen. Es ist ein besonders trauriges Kapitel, daß sich viele Touristen dazu hinreißen lassen, sich in den Obst- und Gemüsekulturen selbst zu bedienen und damit den Ärmeren das Wenige noch schmälern. Eine andere Unsitte ist es geworden, gedankenlos mit dem auf den Inseln so kostbaren *Wasser* umzugehen. So mancher Zisterneninhalt wurde durch eine Kopfwäsche eines Unbedachten für lange Zeit ungenießbar. Daher steckt keine Böswilligkeit dahinter, wenn viele Zisternenbesitzer dazu übergegangen sind, die Deckel mit Schlössern zu versehen.

Ein heikles bei Einheimischen und Fremden heiß diskutiertes Thema ist das *Nacktbaden und -sonnen* an öffentlichen Stränden. Wenn dies in einsamen Buchten geschieht, wird auch der zufällig des Wegs Kommende keinen Anstoß daran nehmen.

Aber in zunehmendem Maße demonstrieren Touristen an dorfnahen Stränden ihre Nacktheit in provozierender Form. Die Sexualmoral der Griechen ist zwar seit dem Obristen-Regime gelockert und inzwischen kann die Gemeinde auf Antrag eine FKK-Zone beantragen, jedoch sind die Inselgriechen in ihren Sitten und Gebräuchen starrer, der Einfluß der Kirche ist stärker als auf dem Festland. Sie zeigen sich dem Nacktbaden gegenüber abweisend, empfinden es als unmoralisch und setzen sich zur Wehr. Wird ein Tourist angezeigt, so muß er mit einer empfindlichen Strafe rechnen. (In der Regel 4 Wochen Haft und Ausweisung oder eine hohe Geldstrafe.) In manchen Dörfern überlassen die Einheimischen den ortsnahen Strand unwillig den Fremden, und es kommt zu der paradoxen Situation, daß die Frauen und Kinder auf das Baden an ihrem eigenen Strand verzichten und an einem entfernteren Platz baden.

Im allgemeinen muß man auf einer Reihe von Kykladeninseln im Hochsommer mit Massierung von Touristen rechnen. Selbst die *Geheimtips* der sog. Insider erweisen sich da als Fehlanzeigen, denn sie werden schnell weitergereicht, sei es beim abendlichen Essen in der Taverne oder auf dem Touristendeck unterwegs. Steht der ›Geheimtip‹ dazu in einer neuen Buchpublikation, so ist es mit der Beschaulichkeit und Unberührtheit vorbei. (Ein Beispiel für viele ist der Ort Fáros auf Sífnos.)

Die einheimische Bevölkerung steht dem plötzlichen Ansturm von Touristen, vor allem der ›Rucksacktouristen‹ mit ihrem für die Dorfbewohner befremdenden Aussehen und Verhaltensweisen, ziemlich hilflos gegenüber. Es werden Schilder aufgestellt, daß es verboten sei, am Strand zu schlafen; aber wohin mit den vielen Fremden, wenn die Bettenkapazität bei weitem nicht reicht?

Tavernen lassen sich zwar durch Hinzustellen von Tischen und Stühlen bis auf den Sandstreifen erweitern, aber die Küche ist auf eine so große Menge Gäste nicht eingerichtet. Die gesamte Familie bis hin zu den Kleinsten ist pausenlos eingespannt, die Stimmung ist entsprechend gereizt.

Ein Wort noch zu den sog. ›*Rucksacktouristen*‹. Als Gepäckstück ist der Rucksack für den Reisenden, der nicht an einem Ort verweilen möchte, unentbehrlich. In der Ägäis ist der Rucksack aber von seinen Benutzern zum Symbol des ›Anders-Reisenden‹ hochstilisiert worden. Darin schwingt ein Dünkel gegenüber dem als ›Neckermann-Reisenden‹ abqualifizierten Pauschaltouristen mit. Aber es ist gerade der Rucksacktourist, der von den Einheimischen mit gemischten Gefühlen angesehen wird. Entscheidender Grund dafür ist, daß bei unseren südlichen Nachbarn und besonders in ländlichen Gegenden strenge Sitten und Normen herrschen, auch was den äußeren Habitus wie Kleidung und Haartracht anbelangt. Das Vorbild ist der städtisch gekleidete, westliche Normalbürger und dessen Einstellung zu materiellen Werten und zu den zivilisatorischen Errungenschaften.

Von daher hat der Grieche seine Schwierigkeiten mit Touristen, die aus Wohlstandsländern kommen, aber äußerlich arm erscheinen, die mit ausgefransten Jeans herumlaufen und sich für Esel und Petroleumlampen begeistern, das Auto oder die neue Elektroinstallation aber keines Blickes würdigen, die lieber ohne jeden Komfort am Strand schlafen, anstatt sich den Diensten eines Hotels anzuvertrauen. Ein Schimpfwort macht die Ablehnung gegenüber den Rucksäcklern deutlich: ›Alitotourístes‹ (›Landstreicher-Touristen‹) werden sie genannt.

Der Gast, egal ob mit oder ohne Rucksack unterwegs, sollte mehr Verständnis und Respekt für die andersartigen, lebensbestimmenden Normen, Sitten und Gebräuche der Griechen aufbringen. Wer auch mit seinem Äußeren Verständnis zeigt, kann mit mehr Aufnahme und Freundlichkeiten im Gastland rechnen.

Umweltprobleme am Badestrand

Die steigende Beliebtheit der griechischen Inseln als Ferienziel sowie eine ständig wachsende Zahl Festland-Griechen, die sich Ferien am Meer leisten können, führen dazu, daß die Strände von Jahr zu Jahr voller werden. Damit werden sie auch schmutziger, denn mit Ausnahme weniger ortsnaher Strände sind sie nicht auf eine so große Anzahl von Badegästen eingerichtet. Der Grieche geht mit seinen Abfällen ziemlich sorglos um, die Natur ersetzt in der Regel die Mülltonne, und entsprechend sehen viele Strände und Straßenränder aus. Der Mitteleuropäer, der ein zumeist geschärftes Umweltbewußtsein mitbringt, sollte es ihm nicht nachtun, sondern seine Abfälle in einem Beutel sammeln und in einer Taverne oder im Ort abgeben. Eine öffentliche Müllbeseitigung an den Badeständen findet nur in der Nähe von touristischen Ballungszentren statt, wo für eine größere Anzahl Hotel- und Tavernenbesitzer bei schlechtem Ruf des Strandes die Existenz auf dem Spiele steht.

Auch Toiletten sind, wenn überhaupt, nur an ortsnahen Stränden vorhanden. Eine in Strandnähe vorhandene Taverne löst das Problem, vielleicht hat sie auch eine Dusche für ihre Gäste installiert. An den abseits gelegenen Stränden ersetzt der Gang zum nächsten Gebüsch die Toilette. Leider sind auch diese Strände im Hochsommer nicht mehr ›einsam‹, und auf Dauer sind die besten Voraussetzungen geschaffen für Erkrankungen, die durch Kolibakterien und Salmonellen hervorgerufen werden. Mit am schlimmsten ist die Verschmutzung auf Íos. Im Jahre 1963 konnte Ernle Bradford, der mit seinem Segelboot jahrzehntelang die Ägäis bereiste, in seinem lesenswerten Inselführer noch schreiben, Íos sei einer der saubersten Orte, die er je aufgesucht habe. Aber schon 1976 vermerkte die griechische Schriftstellerin und Journalistin Evi Mélas: »Die Kloaken reichen ebensowenig aus wie die Müllabfuhr, um Stadt und Strand von Unrat zu befreien.«

Schnelle Abhilfe ist erforderlich, und hier und da greifen die Kommunen schon gezielter ein, um der Verschmutzung entgegenzuwirken. Vielleicht kann eine unpopuläre Maßnahme helfen, zu einer Bewußtseinsänderung zu kommen: An einigen Stränden wurde eine Strandgebühr für die Reinigung erhoben, sehr zum Mißfallen der Griechen.

Wanderwege auf den Inseln

Hinweise zu den Wegbeschreibungen

Vor jeder Wegbeschreibung finden Sie eine kurze Schilderung der landschaftlichen und kulturellen Besonderheiten der Wegstrecke. Die Wegbeschreibungen sind aus verschiedenen Gründen sehr ausführlich gehalten und werden durch viele Orientierungspunkte und Hinweise gekennzeichnet.

Die Wege auf den Inseln sind nicht markiert, Wegweiser und Hinweisschilder trifft man selten an, und diese enthalten häufig ungenaue Kilometerangaben. Die Maultierpfade bzw. Fußwege (griech. monopáti, das) verlaufen auf gerölligem Boden und sind manchmal im Gelände kaum auszumachen. Genaue Inselkarten sind nur für wenige Inseln (z. B. Sífnos, Amorgós) verfügbar; die auf den Inseln erhältlichen Landkarten (›Tourist Maps‹) sind ungenau, sie enthalten viele falsche oder überholte Angaben.

Die für jede der beschriebenen Inseln erstellte Karte im Buch und die Wegbeschreibungen orientieren sich an den Gegebenheiten, die die Autoren im Jahr 1986 antrafen. Möglicherweise wird hier und dort das Straßennetz weiter ausgebaut worden sein oder sich eine andere Änderung, wie z. B. neue Öffnungszeiten, ergeben haben. In diesen oder ähnlichen Fällen wären die Autoren für eine Mitteilung an den Verlag dankbar, und bei einer Neuauflage könnten diese Anmerkungen berücksichtigt werden (DuMont Buchverlag, Postfach 10 04 68, 5000 Köln 1).

Die Inselkarten im Buch enthalten die im Text erwähnten Punkte (Berge, Kirchen, Ausgrabungsstätten, Badebuchten u. a.). Die einzelnen Wanderwege sind mit Ziffern gekennzeichnet, analog der Beschreibungsreihenfolge im Buch.

Neben der erwähnten einleitenden Kurzbeschreibung dient eine Hinweistabelle am Ende jeder Wegbeschreibung als Entscheidungshilfe. Hier werden einige für die Wanderung wichtige Kriterien in Kurzform zusammengestellt:

Die *Dauer* gibt die reine Wanderzeit bei mittlerem Gehtempo an, einschließlich eventuell notwendiger Busfahrten. Die Aufenthaltsdauer an sehenswerten Orten, bei einer Rast, beim Baden oder beim Besuch einer Taverne sollen Sie selbst bestimmen und der angegebenen Zeit hinzufügen.

Der *Anstieg* gibt Auskunft über die insgesamt zu steigenden Höhenmeter. Kilometerangaben werden nur bei Busverbindungen genannt, da sie wegen des durchweg gebirgigen Charakters der Wege keinen Informationswert haben.

Bei *Busverbindungen* wird neben der Streckenlänge die Fahrtzeit des Busses genannt. Abfahrtzeiten und Häufigkeit sind in der Regel auf den Inseln nicht über längere Zeiträume festgelegt und wechseln je nach Bedarf. Am besten am Orte sich erkundigen oder den Busfahrer fragen.

Unter *Am Wege* sind Besonderheiten sowohl kultureller als auch landschaftlicher Art angegeben. Die besonders empfehlenswerten Sehenswürdigkeiten werden innerhalb der Wegbeschreibung getrennt beschrieben. Damit hat der Leser die Möglichkeit, wenn die Zeit zur Besichtigung nicht reicht oder er andere Prioritäten setzt, den beschriebenen Ort auszulassen und im Text zu überspringen.

Weitere nützliche Hinweise für die Wanderungen finden Sie in den Kapiteln ›Einführung‹ (S. 8 f.), ›Klima‹ (S. 12 f.) und ›Wandern auf den Kykladen‹ (S. 53 ff.).

Im Kloster Chrissopígi (Sífnos) werden Privatzimmer vermietet

Sífnos

von Heinz und Ingeborg Rosin

Sífnos im Überblick

Hafen: Kamáres.
Größe: ca. 80 km², Länge 18 km, größte Breite 8 km.
Höchste Erhebung: Profítis Ilías, 680 m.
Einwohner: ca. 2200.
Hauptort: Apollonía (900 Einwohner).
Verkehrsverbindungen:
Linienschiffe ab Piräus: Kíthnos – Sérifos – Sífnos – Mílos viermal wöchentlich; Sérifos – Sífnos – Íos – Thíra zweimal wöchentlich; Kíthnos – Sérifos – Sífnos – Kímolos – Mílos – Síros einmal wöchentlich; Kíthnos – Sérifos – Sífnos – Kímolos – Mílos einmal wöchentlich – Boot nach Vathí täglich.
Bootsverbindung von und nach Páros im Sommer täglich.
Straßenverkehr: 12 km Asphaltstraße; Linienbusse von Kamáres über Apollonía nach Artemóna, Kástro, Chrissopígi, Platís Gialós, Fáros; Taxen.
Unterkunft: Hotels der Kategorien B bis D in Apollonía, Artemóna, Kamáras, Platís Gialós; Pensionen und Privatzimmer in Kástro, Vathí, Fáros und Chrissopígi, Taxiarchón, Vunú.
Strände: Fáros, Chrissopígi, Platís Gialós, Kamáres, Vathí.
Spezialitäten: Keramik, Weberei.
Feste: 25. März (Panagía tu Vunú), 20. Juli (Profítis Ilías bei Menáres), 29. August (Ág. Ioánnis in Vathí), 1. September (Ág. Símeon bei Kamáres), 21. November (Panagía tu Vunú).
Auskunft: Touristeninformation in Apollonía, Odós Lochagú.

Wesen und Merkmale der Insel

Sífnos besteht aus vier fast parallel von West-Nord-West nach Ost-Süd-Ost verlaufenden Gebirgszügen, die weitgehend aus Marmor bestehen. Sie flachen nach Osten hin ab. Im Marmor treten Stöcke und Linsen von Brauneisenstein auf, die Zinkkarbonat, Bleikarbonat, Bleiglanz und Antimon enthalten. Schiefer dominiert in den niedrigen Zonen.

Auf der Hochfläche um *Apollonía* und in den Tälern des Ostteils ist die Insel dank ihres Wasserreichtums und des nährstoffreichen Verwitterungsschutts sehr fruchtbar.

Die Küsten sind steil; stärker ausgeprägte Buchten gibt es im Westen und Süden von Sífnos. Hier finden sich schöne Sand- und Kiesstrände.

Das *Klima* der Insel wurde zu allen Zeiten gelobt. Die Bevölkerung lebt weitgehend von der *Landwirtschaft*. Aber auch die *Seefahrt,* das *Töpferhandwerk, Web- und Strohflechtarbeiten* sind wirtschaftliche Faktoren der Insel.

Schon im 19. Jahrhundert zerstreuten sich die Inselbewohner im Frühling und Sommer über ganz Griechenland, um dort, wo es Ton gab, für die einheimische Bevölkerung Haushaltsgeschirr zu produzieren.

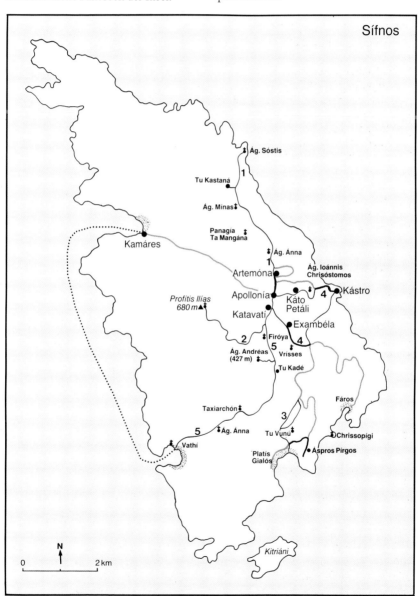

Sífnos

Bergbau wird in Sífnos nicht mehr betrieben. In den letzten Jahren gewann der Tourismus immer stärkere Bedeutung, obwohl Sífnos schon seit langer Zeit als Sommerfrische bei den Athenern beliebt war.

Früher waren die *Köche* von Sífnos in ganz Griechenland und im Westen des Türkischen Reiches berühmt. Offensichtlich sind nur wenige von ihnen zu Hause geblieben.

Wirtschaftliches Zentrum ist die zentrale Hochebene. Hier liegen die ineinander übergehenden Ortschaften *Apollonía, Artemóna, Káto Petáli, Páno Petáli, Katavatí* und *Exámbela.*

Apollonía (ca. 900 Einw.) ist seit 1836 Sitz der Inselverwaltung. Der Name scheint auf ein Heiligtum des Apollon an diesem Ort hinzuweisen. Mit Bank, Post, OTE (Telefon), volkskundlichem Museum, Kino, Hotels, Pensionen und Restaurants ist das Städtchen der geeignete Aufenthaltsort für Touristen. Apollonía ist der Knotenpunkt des Busverkehrs von Sífnos. Ein Nachteil sind die Entfernungen zu den Stränden, die aber mit Bussen, die nach einem festen Fahrplan fahren, gut zu erreichen sind.

Sehenswert sind die Kirchen *Panagía Uranophóra, O Stavrós* und *Ágios Susú.* Die Panagía Uranophóra liegt an der *Odos Lochagú,* die am Hauptplatz zwischen dem Café Lákis und einem Andenkengeschäft beginnt und über Áno Petáli nach Artemóna führt. Auf der linken Seite, eine Minute vom Platz entfernt, befindet sich das Büro der *Touristeninformation,* das unter anderem bei der Zimmersuche sehr hilfreich ist. – Die mindestens aus dem 18. Jahrhundert stammende Kirche ist prachtvoll. Die beiden anderen Kirchen liegen an der

Hauptstraße, dem *Ódos St. N. Prokú,* die eigentlich die Fortsetzung des Ódos Lochagú ist. Die Straßen sind Teil eines zentralen Treppenweges zwischen Apollonía und Katavatí.

Der Name der zweitgrößten Gemeinde von Sífnos, *Artemóna* (ca. 800 Einw.), kann wahrscheinlich nicht auf ein Heiligtum der Schwester des Apollon, Artemis, zurückgeführt werden. In Artemóna leben die alteingesessenen, wohlhabenden Familien von Sífnos in teilweise prächtigen, klassizistischen Villen. Der ganze Ort macht einen sehr gepflegten Eindruck und ist bis jetzt vom Tourismus weitgehend verschont geblieben. Es gibt einige Fremdenzimmer und Restaurants und etwas außerhalb das Hotel ›Artemón‹. Oberhalb des Ortes stehen einige Windmühlen.

Hübsche Dörfer, in denen Zimmer vermietet werden, sind *Katavatí* und *Exámbela.*

Kástro, die alte Inselhauptstadt, wird innerhalb der entsprechenden Wanderung beschrieben.

Geschichte

Seit dem 3. Jt. v. Chr.   Siedler aus Kleinasien (Karer) bewohnen die Insel. Die damaligen Namen von Sífnos: Ákis oder Meropí. Angeblich soll auch eine Stadt Minóa existiert haben, die auf kretische Siedler hinweist.

Es gibt eine prähistorische Siedlung südlich von Katavatí (bei Ágios Andréas). Schon in der ersten Hälfte des 3. Jahrtausends v. Chr. wurden in der Gegend von Ágios Sóstis Blei- und Silberbergbau und Verhüttung betrieben.

Ende des 2. Jt. v. Chr.   Ioner aus Attika unter Führung des Sífnos, Sohn des Soúnios (nach anderer Überlieferung unter Alkenor) besiedeln die Insel.

6. Jh. v. Chr.   Blütezeit der Insel.

Um 525 v. Chr.   Die durch Silberbergbau reichen Sifnier bauen das berühmte Schatzhaus von Delphi.

Nach 525 v. Chr.   Brandschatzung der Insel durch eine samische Flotte. Überflutung der Bergwerke von Sóstis (Ág. Sóstis).

Beide Ereignisse werden auf die Schlitzohrigkeit der Sifnier zurückgeführt. Sie hatten dem delphischen Apoll gelobt, jedes Jahr ein goldenes Ei zu spenden. Eines Tages kamen sie auf die Idee, ein vergoldetes Ei zu schicken, hatten aber nicht mit dem durchdringenden Blick des Gottes und seiner Kenntnis des spezifischen Gewichts von Gold gerechnet. So verloren sie die Grundlage ihres Reichtums, da Apoll zur Strafe die Bergwerke unter Wasser setzte.

480 v. Chr.   Teilnahme an der Schlacht von Sálamis gegen die Perser.

457–404 v. Chr.   Mitglied des Attischen Seebundes.

324 n. Chr.   Nach ruhiger makedonischer und römischer Zeit gehört Sífnos Byzanz an.

1207   Nach der Eroberung von Konstantinopel durch die Kreuzfahrer fällt Sífnos an Venedig.

1307   Antonio da Coronia macht sich zum Herrn der Insel.

1464–1617   Herrschaft der Familie Gozzadani.

Von 1537–1617   Die Gozzadani sind nach der Brandschatzung durch den Großadmiral Chaireddin Barbarossa dem Sultan tributpflichtig.

1617   Endgültige Machtübernahme durch die Türken.

1821   Teilnahme der Sifnier am Freiheitskampf unter dem Lehrer Nikólaos Chrysógelos, der unter dem ersten griechischen Ministerpräsidenten Kapodístrias Unterrichtsminister wird.

1834   Sífnos wird Teil des griechischen Königreichs.

Wandern auf Sífnos

Sífnos ist eine ideale Wanderinsel. Die alten Monopátia sind zum großen Teil erhalten geblieben, die Höhenunterschiede halten sich in Grenzen. Man wandert üblicherweise nicht mehr als drei oder vier Stunden, ohne daß man eine Möglichkeit zum Trinken findet; die meisten Wege sind sogar kürzer. Und – das ist nicht unwichtig – es gibt eine Inselkarte, die nicht der Phantasie des Zeichners entsprungen ist, sondern der Realität entspricht. Es handelt sich um die kleine Karte von John Birkett-Smith (Maßstab 1 : 40 000). Sie stammt zwar noch aus dem Jahr 1976, aber bietet auf Wanderungen eine zuverlässige Hilfe. Selbst Höhenlinien sind eingezeichnet, und die Wiedergabe der Monopátia ist sehr genau. Auch kleine Kirchen, Gipfel, Bäche und andere geographische Punkte sind exakt und namentlich vermerkt. Die Karte kann man in Souvenir- und Zeitschriftenläden auf Sífnos kaufen.

1   Über Artemóna nach Ágios Sóstis

Die Wanderung führt von Apolloniá durch den zweitgrößten Ort von Sífnos in den Norden der Insel zu den alten Silberminen von Ágios Sóstis, die der Überlieferung nach der Gott Apollon aus Zorn über den Betrug der Sifnier unter Wasser setzte (s. Geschichte). Auf dem Weg bietet sich Gelegenheit zur Besichtigung des hellenistischen Wachtturms *Tu Kastaná*.

Wegbeschreibung

Man geht von der Busstation in Apolloniá über die Straße nach Artemóna. In der Straßenschleife läuft man hinter der Brücke parallel zum Bachbett weiter; nach kurzer Zeit kann man hinuntersteigen und ihm folgen. An zwei Abzweigungen hält man sich rechts und erreicht einen Friedhof; hier wendet man sich nach links, am Ortsrand wieder rechts und kommt hinter einer Schreinerei auf die Hauptstraße (Skála) von Artemóna. Der aufwärts führende Weg durch den hübschen, gepflegten Ort ist ein wahres Vergnügen. Alle Häuser und Kirchen sind blendend weiß getüncht.

Über Rampenstufen nach Ágios Sóstis: Arte-móna

Kurz vor dem höchsten Punkt der Skála biegt links die *Straße Agía Ánna* (Straßenschild beachten) ab. Nach kurzer Zeit verläßt man sie, um auf die *Kirche Agía Ánna* (mit Friedhof) zuzuhalten. 35 Minuten nach Beginn der Wanderung ist der Anfangspunkt des Monopáti in den Norden erreicht (neben dem Friedhof).

Das Monopáti folgt der Küstenlinie hoch über dem Meer. Es ist gut begehbar und besteht zum Teil aus Marmorplatten. Der Hang fällt vom Weg steil zum Wasser ab und ist stark terrassiert. Es wird hauptsächlich Getreide angebaut. Nach etwa 20 Minuten liegt auf der linken Seite das Kloster *Panagía Ta Mangána* aus dem Jahre 1783; möglicherweise ist es auch älter.

An der Weggabelung geht man nach links auf das Kloster zu, um sofort wieder nach rechts abzubiegen. Der Weg ist jetzt voller Geröll. Links und rechts liegen Felder mit Weinstöcken, Oliven- und Feigenbäumen. Man erreicht schließlich die im Bau befindliche Straße in den Norden der Insel, auf der

man bis zur Abzweigung zur Kapelle *Ágios Minás*, die zwischen ein paar Bauernhäusern liegt, weitergeht. Bis zur Kapelle dauert die Wanderung 1¼ Stunden. Das schlichte Kirchlein mit zwei Tonnengewölben liegt im Schatten einiger Bäume und ist ein schöner Rastplatz.

Zurück auf dem Weg sieht man vor sich am Berg die Kirche *Ágios Silvéstros*. Darunter liegt – nicht erkennbar – bei einigen Häusern der wahrscheinlich hellenistische *Wachtturm Tu Kastaná*. An der Weggabelung folgt man dem rechten Weg, der im Bogen durch die Felder führt. Unten am Meer liegt die Kapelle *Ágios Geórgios*. Wenn der Weg scharf nach rechts abbiegt, kann man die Terrassen links hinaufklettern (kein Weg!), um den Wachtturm zu besichtigen, der links neben den kleinen Bauernhäusern liegt. Viel ist von ihm nicht erhalten, doch ist der Blick von hier – weit über das Meer – herrlich. Der Turm war Teil des Alarm- und Schutzsystems von Sifnos, das schon in hellenistischer Zeit angelegt wurde.

Wieder auf dem Weg, geht man weiter, bis dieser an zwei Holzpforten endet. Hinter der linken Pforte führt ein Pfad an der Mauer entlang, bis diese nach rechts abbiegt. Auf einem geröllreichen Weg geht es jetzt geradeaus. Er endet an einer steilen Treppe, die nach *Ágios Sóstis* hinunterführt. Bald sieht man die Kirche des Heiligen auf einer flachen Landzunge liegen. Gut sind die Einbruchstellen der Bergwerke, die von braunem Eisengestein umgeben sind, zu erkennen. 45 Minuten nach Ágios Mínas erreicht man die hübsche, einfache Kirche. Das Wasser in der Zisterne neben dem Eingang ist trinkbar, schmeckt allerdings etwas muffig (Eimer in der Kirche).

Die alten Stollen kann man teilweise besichtigen; eine gute Taschenlampe ist allerdings Voraussetzung dazu.

Der antike Blei- und Silberbergbau in Sóstis

Sóstis ist eines der ältesten bisher bekannten Blei- und Silberbergwerke. Seit der ersten Hälfte des 3. Jahrtausends v. Chr. wurden hier vor allem Ocker, Blei und Silber abgebaut. Blei- und Silbereinschlüsse finden sich innerhalb der Eisen- und Manganoxide. Das Erz wurde an Ort und Stelle im Kupellationsverfahren, einem Schmelzverfahren, verhüttet. Ob die Bergwerke kontinuierlich von der frühen Bronzezeit bis zum Wassereinbruch nach 525 v. Chr. genutzt wurden, ist nicht bekannt.

Eisen wurde damals in Sífnos noch nicht beachtet. Es wurde erst gegen Ende des 19. Jahrhunderts bis in die zwanziger Jahre abgebaut – nicht nur in Sóstis, sondern auch in Kamáres und an anderen Stellen der Insel. Die Unwirtschaftlichkeit der Förderung brachte das Ende.

Auf dem Rückweg sollte man sich Artemóna noch einmal näher ansehen und deshalb den Treppenweg durch den ganzen Ort gehen. Im unteren Teil, den man auf dem Hinweg noch nicht gesehen hat, fallen die prächtigen klassizistischen Villen auf. Tatsächlich ist Artemóna Wohnsitz der wohlhabenderen Sifnier. Der ganze Ort hat im Gegensatz zu Apollonía noch seinen ursprünglichen, vom Tourismus fast unberührten Charakter.

Wichtige Hinweise

Dauer: 4 Std.; man sollte mit Aufenthalten 6 Std. einplanen.
Wegbeschaffenheit: ein kurzes Stück Asphaltstraße, treppenartig angelegte Fußwege, Geröllpfade, Treppen.
Anstieg: 100 m.
Orientierung: teilweise etwas schwierig (um Tu Kastaná herum).
Restaurants: nur in Artemóna; Verpflegung mitnehmen.
Am Wege:
der zauberhafte Ort Artemóna
der antike Wachtturm Tu Kastaná
die 5000 Jahre alten Bergwerke bei Ágios Sóstis (Taschenlampe mitnehmen).

2 Zum Gipfel des Profítis Ilías

Die Wanderung führt auf den höchsten Berg der Insel (680 Meter) mit dem gleichnamigen Kloster, dem ältesten und bedeutendsten von Sífnos.

Wegbeschreibung

Der Weg beginnt am Hauptplatz von Apollonía, an der Bushaltestelle nach Kamáres. Man folgt der Hauptstraße (Skála, Treppe), dem *Ódos St. N. Prokú.* Nach 10 Minuten, an der Busstation von *Katavatí* (Spielplatz), geht man in den Ort hinein und hält sich dort links. Etwa 20 Meter hinter der kleinen Kirche *Panagía Angelokísti* biegt der Weg, der zum Berg hinaufführt, rechts ab. An der Abzweigung befindet sich ein *Wegweiser zum Profítis Ilías.*

Über einen Feldweg, der durch herrliche, alte Olivenhaine führt, gelangt man auf eine Marmortreppe, auf der man parallel zu einem Chimárri, einem episodisch Wasser führenden Bach, den Hang hinaufsteigt. Der Weg ist auf der linken Seite von schön geschichteten Mauern begrenzt. Hier wächst viel Thymian und Salbei; die Flanke des Profítis Ilías auf der anderen Seite des Baches ist grün von Wacholderbüschen.

Ungefähr 30 Minuten nach der Bushaltestelle von Katavatí wird das Bachbett auf einer flachen Brücke überquert. Auch hier steht wieder ein Wegweiser. In steilen Serpentinen geht es den Hang des Profítis Ilías hinauf. Blickt man ins Tal, bietet sich ein schöner Blick auf die Olivenhaine und Katavatí. An der nächsten Abzweigung geht es links weiter (Wegmarkierung: rotes Kreuz, nach 10 Minuten roter Punkt). Nach 100 Metern passiert man eine Hütte aus Natursteinen, die wieder mit einem roten Punkt markiert ist. Die roten Zeichen dienen auch weiterhin der Orientierung.

In der Phrýgana ringsum herrschen neben Wacholder Thymian und Salbei vor, ein Zeichen dafür, daß dies früher Kulturland war.

An der nächsten Weggabelung folgt man dem roten Pfeil und steigt eine Marmortreppe aufwärts. Bald öffnet sich der Blick auf die Westseite von Sífnos und die Inseln Kímolos, Poliégos und Mílos; über der steilen Treppe erheben sich die hohen Außenmauern des Klosters, das einen festungsartigen Eindruck macht. Eine Stunde nach Überquerung des Bachbetts ist man am Ziel.

Das Kloster Profítis Ilías – das frühere Zentrum der Inselverteidigung

Das unbewohnte Kloster stammt mindestens aus dem Jahr 1145, nach einigen Quellen aus dem 8. Jahrhundert. Neben seiner religiösen Bedeutung war es das Rückgrat der Inselverteidigung.

In der Mitte des Gebäudekomplexes steht die Kirche, auf der linken Seite befinden sich Schlafzellen und Wirtschaftsgebäude. Durch die erste Tür links kann man Gänge und Räume erreichen, die unterhalb der Zellen liegen – mit Schießscharten in den Außenmauern. Die Stirnseite des Klosters, gegenüber dem Kircheneingang, nimmt das Refektorium ein. Es ist durch zehn Schwibbögen untergliedert, die das hölzerne Flachdach stützen. In der Mitte des etwa 18 Meter langen Raumes steht ein langer Steintisch, der alt sein soll, aber mit Beton renoviert worden ist. An der einen Schmalseite des Raumes befindet sich neben einem Fenster ein kleine Zisterne.

Die Kirche ist in den Jahren 1951/52 restauriert worden; leider wurde daraus eine Verschandelung der alten Mauern, deren Ritzen einfach mit Zement zugeschmiert worden sind. Die marmorne Ikonostase im Inneren der Kirche ist teilweise übertüncht worden; unter der weißen Farbe sieht man schöne Blattmuster.

Vor dem Kirchentor befindet sich eine Marmorplatte mit einem Relief des byzantinischen Doppeladlers.

Man sollte nicht versäumen, auf die Dächer der Zellen und des Refektoriums zu klettern, um die herrliche Aussicht von dort zu genießen. Fast die ganze Insel Sífnos ist zu übersehen; bei klarer Sicht erkennt man im Südwesten Kímolos, Políegos und Mílos, im Südosten Folégandros und im Osten Antíparos und Páros.

Wichtige Hinweise

Dauer: 3 Std.; mit Aufenthalt 4 bis 5 Std.
Wegbeschaffenheit: zum größten Teil gut begehbarer, schmaler Pfad; kurze Strecken mit Geröll; einige Abschnitte treppenartig angelegt.
Anstieg: 350 m.

Orientierung: leicht, Weg ist markiert.
Restaurants: keine, Verpflegung mitnehmen.
Busverbindung: keine.
Am Wege:
der Ort Katavatí,
weite Sicht über Sífnos und die umliegenden Inseln,
das älteste Kloster der Insel.

3 Vom Áspros Pírgos über Platís Gialós zum Kloster Panagía Tu Vunú

Der Weg führt vom bekanntesten hellenistischen Wachtturm der Insel zum schönen Strand und weiter durch Kulturland zum Kloster, von dem man eine schöne Aussicht hat.

Wegbeschreibung

Man fährt von Apollonía mit dem Bus nach Platís Gialós und bittet den Fahrer, am *Áspros Pírgos* (weißer Turm) zu halten. Er liegt auf der linken Seite – drei Minuten von der Straße entfernt.

Der hellenistische Wachtturm Áspros Pírgos

Die Mauerreste des Turms sind etwa drei bis vier Meter hoch und bestehen aus Marmorquadern; der Durchmesser beträgt ca. 15 Meter. Im Innern liegen die Ruinen eines rechteckigen Gebäudes, das vor nicht allzu langer Zeit noch landwirtschaftlich genutzt worden ist. In früherer Zeit hat dieses Bauwerk als Fluchtburg und Signalstation bei Piratenüberfällen gedient.

Die Aussicht vom Mauerrand ist außerordentlich schön. Im Norden liegt die Fáros-Bucht, davor das Heiligtum von Sífnos, das Kloster Chrissopígi, im Südwesten die Bucht Platís Gialós, hinter der sich das Inselchen Kitriáni erhebt; im Westen schaut man auf das gebirgige Zentrum der Insel, im Osten – bei klarer Sicht – auf Antíparos.

Vom Turm geht man in 15 Minuten auf der Straße nach *Platís Gialós*. Der Strand ist ungefähr einen Kilometer lang und mit Hotels und Restaurants fast lückenlos bebaut.

Um zum Kloster zu gelangen, überquert man links von der ersten Bushaltestelle am Strand die Straße. Auf der anderen Seite führt eine unbefestigte Straße in die Felder. Nach 5 Minuten biegt man vor einer Wasserleitung, die die Straße überspannt, rechts ab. Der Geröllweg führt durch einen Olivenhain den Hang hinauf. An einem Haus gabelt sich der Weg; man geht rechts weiter und erreicht nach 30 Minuten die Straße von Apollonía nach Platís Gialós. Man hält sich rechts und biegt nach ca. 150 Metern ebenfalls rechts in eine wieder unbefestigte Straße ab. Das Kloster *Panagía Tu Vunú* ist zu sehen und in 10 Minuten erreicht.

Das Kloster Panagía Tu Vunú

Es stammt aus dem Jahr 1813 und ähnelt eher einem russischen als einem griechischen Kloster. Die Ikonen, die es beherbergt, sind älter; bekannt ist die Ikone der ›Panagía Macherússa‹. Der Legende nach soll ein Türke mit seinem Messer (machéri) in das Bild gestochen haben. Als aus dem Einstich Blut floß, trat er bestürzt zum orthodoxen Glauben über.

Das leerstehende Kloster wird während der Saison bewirtschaftet, und es werden auch Zimmer vermietet. Ende August, zum Zeitpunkt der Wanderung, war allerdings alles verschlossen.

Man kann jetzt entweder zur Straße zurückkehren, um den stündlich fahrenden Bus nach Apollonía zu nehmen, den ganzen Weg zurückgehen oder direkt ins Tal hinabsteigen. Hierzu geht man von der Terrasse des Klosters zuerst halbrechts zu einigen alten Häusern und Stallungen hinunter. Von dort führt zwar kein richtiger Weg abwärts, doch ist der Abstieg leicht. Nach etwa 30 Minuten hat man den Strand erreicht.

Wichtige Hinweise

Dauer: 1½ Std.
Wegbeschaffenheit: unbefestigte Straße, geröllreicher Pfad.
Anstieg: 100 m.
Orientierung: leicht.
Restaurants: viele am Platís Gialós.

Busverbindung: Apollonía–Platís Gialós.
Am Wege:
ein hellenistischer Wachtturm
der Strand Platís Gialós
das Kloster Panagía Tu Vunú.

4 Von Apollonía nach Kástro und zum Kloster Vrísses

Kástro ist die antike und mittelalterliche Hauptstadt an der Ostküste von Sífnos, Vrísses eines der bedeutendsten Klöster. Der Weg führt durch terrassierte Felder und berührt das Kloster *Ágios Ioánnis Chrisóstomos*.

Wegbeschreibung

Die Wanderung beginnt in Apollonía an der Busstation nach Platís Gialós. Direkt hinter dem Café Gerontópulos, neben der Brücke, führt eine Treppe hinunter auf das Monopáti nach Kato Petáli–Kástro. Jenseits der Brücke verläuft es durch Felder mit Oliven- und Feigenbäumen, Palmen und Taubentürmen. Auffallend sind die kunstvoll aufgeschichteten Mauern am Wege.

Nach 10 Minuten erreicht man *Káto Petáli*, durchquert den hübschen Ort und geht weiter auf der Fahrstraße nach links. Dann folgt man dem Weg, der hinter einem klassizistischen Gebäude nach Osten führt. Man geht an einigen Häusern vorbei, hält sich links und sieht bald auf der rechten Seite das Kloster *Ágios Ioánnis Chrisóstomos*, das auf einem Hügel liegt und von einer Palme überragt wird. Von Káto Petáli bis zum Kloster sind es 10 Minuten.

Das Kloster Ágios Ioánnis Chrisóstomos

Das verlassene ehemalige Nonnenkloster wurde wahrscheinlich im Jahre 1550 gegründet und ist 1834 im Zuge der Landreform König Ottos aufgelöst worden. Während der Türkenherrschaft diente es als geheime Schule und Treffpunkt revolutionär gesinnter Griechen. Die Palme vor der Kirche soll im 17. Jahrhundert als Symbol für die Freiheit und Unvergänglichkeit Griechenlands gepflanzt worden sein. Außer der Kirche, einem Nebengebäude und der Außenmauer ist alles zerfallen. Neben der Ruine liegt ein kleiner Friedhof mit Kapelle. Steigt man auf die alten Klostermauern, hat man einen schönen Blick auf Kástro.

Man geht vom Kloster nach links (Süden) weiter, bis ein kleiner Bauernhof erreicht ist. Hier wendet man sich nach links und hält sich auch danach links. So erreicht man nach 10 Minuten die Fahrstraße und läuft rechts weiter. Direkt nach der Kurve kürzt ein Pfad auf der rechten Seite die nächste Straßenschleife. Wieder auf der Straße angekommen, geht man auf Kástro zu. Unten im Tal liegen einige Taubentürme und ein Friedhof mit den zwei Kirchen des *Ágios Stéfanos* und des *Ágios Ioánnis*. An dieser Stelle befand sich während der Jahre 1687–1834 das ›Ausbildungszentrum des Archipels‹, eine weitere geheime Schule der Griechen.

20 Minuten vom Kloster erreicht man den Fuß des Kástro.

Auf dem Weg nach Kástro: die beiden Zwillingskirchen Ágios Stéfanos und Ágios Ioánnis

Die alte Hauptstadt Kástro – ein Museum des Mittelalters

Kástro (Farbt. 7) liegt auf einem 95 Meter hohen, steilen Berg, der im Norden, Osten und Südosten ins Meer abfällt. Nur von Westen und Südwesten ist der Ort von Land aus zugänglich, allerdings auch nur über steile Felsen. Diese strategische Lage in Verbindung mit der kleinen Hafenbucht Órmos Serálias im Südosten ist sicher der Grund, daß Kástro von der klassischen Zeit bis in die Neuzeit Hauptstadt der Insel war. Seit 1836 hat Apollonía diese Funktion übernommen: das Meer war von den Piraten befreit, und die zentrale Lage im wirtschaftlichen Kernbereich der Insel war wichtiger geworden. Schon 1837 konstatiert der Archäologe Ludwig Ross die Verödung von Kástro. Dieses Stillstehen der Zeit hat aber für uns heute seinen großen Reiz. Die Stadt ist ein von der Neuzeit fast unberührtes Museum der mittelalterlichen Kykladen. Allerdings regen sich in letzter Zeit Kräfte, diesen Zustand zu beseitigen. Schon gilt es bei jungen griechischen Künstlern als chic, in Ká-

stro zu wohnen, und das erste ›nostalgische‹ Restaurant ist eröffnet worden.

Bewohnt wurde der Berg wahrscheinlich schon in der frühen Bronzezeit (um 2000 v. Chr.), mit Sicherheit aber in geometrischer Zeit (ab 1000 v. Chr.). In der Antike dehnte sich die Stadt im Südwesten bis ins Tal und ans Meer aus. Im Nordwesten, am höchsten Punkt, wo später die ›fränkischen‹ (venezianisch-spanischen) Herren da Coronia und Gozzadani ihr Kastell bauten, lag die Akropolis. Aus der Zeit der Antike ist kaum etwas erhalten geblieben; Kástro ist durch das Mittelalter geprägt. Bestimmt werden viele antike Bauteile unter der dicken, weißen Kalkschicht der Häuser stecken; einige sind deutlich zu erkennen.

Wie auf anderen Inseln auch, war das Prinzip der Verteidigung Kástros einfach. Die Häuser wurden lückenlos aneinandergebaut; die fast fensterlosen Rückseiten zeigten nach außen. In

stro) ab, den man in 10 Minuten erreicht. An dem nicht besonders schönen, steinigen Strand kann man baden. Von hier geht man ein Stück durch das im Sommer ausgetrocknete Bett des Baches *Erkiés* bis zu einer Weggabelung. Nach ein paar Metern auf dem linken Pfad beginnt ein Monopáti, das in Stufen steil den Hang hinaufführt. Bald hat man einen herrlichen Blick auf Kástro.

An einer Weggabelung geht es links weiter; der rechte Weg führt ins Tal. Auch an der nächsten Abzweigung nimmt man den linken Weg. Jetzt sind Exambéla, Apollonía, Káto Petáli und das Kloster Vrísses zu sehen. (Auf dem rechten Weg kommt man auch ans Ziel; er führt aber ins Tal hinab und dann wieder steil nach oben.) Das Monopáti ist hier teilweise zugewachsen.

Schließlich erreicht man einen Bergsattel und wendet sich nach rechts, um an der nächsten Gabelung wieder links zu gehen. Der Blick schweift über Felder und die Südostküste von Sífnos; in der eigenen Richtung liegt das Kraftwerk der Insel, das mit teurem Dieselöl betrieben wird. Kurz vor ihm biegt man rechts ab und sieht bald das Kloster vor sich. Hinter einigen Bauernhäusern kommt man auf die Straße nach Fáros, etwa 20 Meter danach zur Hauptstraße Apollonía – Platís Gialós. Man geht nach rechts und erreicht eine Stunde nach dem Abmarsch aus Kástro das Kloster *Vrísses*, das links über der Straße liegt.

Vrísses ist das einzige noch bewohnte Kloster von Sífnos. Das Gründungsdatum steht nicht fest, in Frage kommen die Jahre 1614, 1621 und 1654. Das Kloster wirkt nach außen wie eine Festung; es ist im Besitz wertvoller Ikonen und eines kleinen Museums. Leider ist es erst nach 17 Uhr zu besichtigen.

Vom Kloster aus kann man auf der Asphaltstraße in Richtung Apollonía zurückgehen. Ab Exambéla folgt man einem Monopáti über Agía Várvara, Busstation Katavatí und die Skála nach Apollonía. Der Weg dauert 30 Minuten. Man kann aber auch den mindestens stündlich verkehrenden Bus durch Handzeichen anhalten und zurückfahren.

Abständen unterbrochen befestigte Tore und Wachttürme die Häuserreihe. Hinter der ersten Verteidigungsreihe liegt jenseits der schmalen Hauptstraße eine zweite. Wen wundert es, daß in den äußeren Häusern die ärmeren Einwohner lebten, während die innere Reihe den Wohlhabenderen vorbehalten war.

Es ist zu empfehlen, für die Besichtigung des Ortes die Karte von John Birkett-Smith, der auch eine ausgezeichnete Inselkarte von Sífnos gezeichnet hat, zu kaufen. Sie enthält auf der Rückseite eine kurze Beschreibung und die Geschichte des Ortes.

Nächstes Ziel ist Vrísses

Unterhalb von Kástro liegt die Bushaltestelle, von der mehrmals täglich ein Bus nach Apollonía zurückfährt. Es lohnt sich aber, noch bis zum Kloster Vrísses weiterzugehen.

Zunächst steigt man zum alten Hafen *Serália* (zur Türkenzeit auch der Name von Ká-

Dauer: 2½ Std.; für Kástro längeren Aufenthalt einplanen.

Wegbeschaffenheit: unterschiedliche Monopátia, zwei kurze Abschnitte Asphaltstraße.

Anstieg: 220 m.

Orientierung: leicht.

Restaurants: in Kástro zwei Restaurants.

Busverbindung: Kástro–Apollonía; Vrísses–Apollonía (keine Haltestelle, Handzeichen).

Am Wege:

das Kloster Ágios Ioánnis Chrisóstomos
die alte Hauptstadt Kástro
der alte Hafen Serália
das Kloster Vrísses.

5 Über Ágios Andréas nach Vathí

Auf dem Berg Ágios Andréas südlich von Katavatí befinden sich neben der gleichnamigen Kirche die Ruinen einer prähistorischen Siedlung. Vathí ist eine kleine Siedlung im Südwesten der Insel, die an einer schönen Bucht neben dem Taxiarchón-Kloster liegt. Zahlreiche Töpfereien im Ort.

Wegbeschreibung

Die Wanderung beginnt in Apollonía an der großen Platía, an der die Bushaltestelle nach Kamáres liegt. Man steigt die Treppen der Hauptstraße, des Odós Prokú, hinauf. Nach 10 Minuten hat man die Busstation von Katavatí erreicht (Spielplatz). Rechts geht man nach Katavatí hinein, hält sich links und weiter durch den Ort nach Süden, vorbei an der Abzweigung zum Profítis Ilías. Vor dem Haus Nr. 150 zeigt ein kleines Schild (Pros Vathí) nach rechts.

Bald sieht man vor sich das *Kloster Firóya* und oben auf der Bergspitze die Kirche des Heiligen Andreas. Nach 15 Minuten auf einem gut begehbaren Feldweg durch Olivenhaine und Getreidefelder hat man das Kloster Firóya erreicht; der Weg wird jetzt steiniger und steiler. Sieht man die Kirche Ágios Andréas ziemlich genau rechts über sich, verläuft an einer Markierung (134) ein nicht gut sichtbarer Pfad nach oben. Geradeaus geht es weiter nach Vathí. Der Pfad führt in Windungen

auf die 427 Meter hohe Bergkuppe mit der Kirche zu, die man nach 45 Minuten erreicht hat. Von hier hat man eine herrliche Sicht über die zentrale, südliche und östliche Insel.

Westlich des nicht besonders interessanten, unbewohnten Klosters liegen die Überreste der alten Akrópolis. Der Blick von hier oben macht deutlich, warum dieser Platz dafür gewählt wurde.

Die prähistorische Siedlung von Ágios Andréas

Die Akrópolis bedeckte eine Fläche von 110 mal 100 Metern und war im Westen, Norden und Süden von einer doppelten Mauer umgeben, deren innere mit acht quadratischen Türmen bewehrt war. Die Mauer ist wahrscheinlich in mykenischer Zeit entstanden, während die Reste der freigelegten Wohnhäuser der geometrischen und der klassischen Zeit zuzuordnen sind. Einige Keramikfunde lassen darauf schließen, daß die Siedlung schon seit dem Ende des 3. Jahrtausends v. Chr. bestand.

Von Ágios Andréas führt ein schlecht erkennbarer Höhenweg nach Vathí. Es empfiehlt sich daher, wieder zum Fuß des Berges auf das Monopáti zurückzukehren und rechts weiter zu gehen. Auch an der nächsten Gabelung folgt man dem Weg rechts (Markierung K 7 und roter Punkt), an der folgenden geht es dagegen nach links. Der Weg führt im Bogen zu einer Quelle. Das Wasser, das hinter einer Tränke im Fels aus einem Rohr fließt, ist schmackhaft.

Der Weg steigt jetzt wieder an; nach 25 Minuten erreicht man den antiken Wachtturm *Tu Kadé,* von dem nur noch die Grundmauern stehen. An der nächsten Abzweigung folgt man dem rechten Weg (roter Pfeil, roter Punkt), der nicht mehr so angenehm zu gehen ist, da er mit Geröll bedeckt ist. Man passiert ein kleines Haus mit Kapelle (Panagía) und sieht auf Platís Gialós und das Kloster Tu Vunú hinunter.

Nun wandert man weiter bis zum *Kloster Taxiarchón,* das an einer Quelle liegt, nach

Ausgrabungen bei Ágios Andréas

Westen. Unterhalb des Weges führt eine dicht bewachsene Spülrinne ins Tal. Es geht weiter aufwärts, an der nächsten Weggabelung hält man sich rechts (roter Punkt). Schließlich ist die Kapelle *Agía Ánna* am Scheitelpunkt des Monopáti erreicht. Links führt ein Pfad direkt nach Platís Gialós hinunter. Von hier ist zum ersten Mal die Bucht von Vathí zu sehen. Man steigt hinab und durchquert eine Ansammlung von anscheinend unbewohnten Hütten. Der Weg mündet bald in ein ausgetrocknetes Bachbett. Man wendet sich nach links und erreicht den etwa einen Kilometer langen Strand von *Vathí.*

Um die ganze Bucht herum liegen Häuser, unter anderem Tavernen und Töpfereien, die einfache, aber hübsche und preiswerte Haushaltskeramik herstellen. Im nördlichen Teil der Bucht verdichten sich die Häuser um das *Taxiarchenkloster.* Im Kloster und in einigen Privathäusern werden Zimmer vermietet. Von der Mole am Kloster verkehren im Sommer mehrmals täglich Boote nach Kamáres. Von dort fährt man mit dem Bus nach Apollonía zurück.

Wichtige Hinweise
Dauer: 4¾ Std. (Hinweg: 3½ Std. Fußweg; Rückfahrt: 1 Std. mit dem Boot, 15 Min. Busfahrt).
Wegbeschaffenheit: Fußwege unterschiedlicher Qualität, keine schwierigen Abschnitte.
Anstieg: 250 m.
Orientierung: leicht; Wegmarkierungen.
Restaurants: drei in Vathí.
Busverbindung: Kamáres–Apollonía.
Bootsverbindung: Vathí–Kamáres.
Am Wege:
die prähistorische Siedlung bei Ágios Andréas
das Kloster Taxiarchón
das Taxiarchenkloster in Vathí.

Mílos

von Heinz und Ingeborg Rosin

Mílos im Überblick

Hafen: Adámas.
Größe: 160 km². Länge 22 km.
Höchste Erhebung: Profítis Ilías, 751 m.
Einwohnerzahl: 4500.
Hauptort: Mílos (Pláka).
Verkehrsverbindungen:
Schiffsverbindungen (Saison): ab Piräus: Kíthnos – Sérifos – Sífnos – Mílos viermal wöchentl.; Sérifos – Sífnos– Kímolos – Mílos – Íos – Thíra einmal wöchentl.; Kíthnos – Sérifos – Sífnos – Kímolos – Mílos – Síros einmal wöchentl.; Kíthnos – Sérifos – Sífnos – Kímolos – Mílos einmal wöchentl.
Bootsverbindung nach Kímolos von Pollónia aus; ab Adámas Rundfahrten und Ausflüge mit Booten.
Straßenverkehr: Die Ortschaften und kleinen Siedlungen der Insel sind durch ein ausgebautes Straßennetz miteinander verbunden; der Linienbus- und Taxenverkehr ist bestens organisiert.
Flugverbindung von und nach Athen.
Unterkunft: Hotels der Kategorie B, C und D in Adámas; ein Hotel der Kategorie D in Klíma; weitere Hotels, Pensionen und Privatzimmer in Pláka, Pollónia, Paleochóri.
Strände: Adámas, Chivadolímni, Patrikía, Rivári, Empúrios, Ágios Dimítrios, Paleochóri, Pollónia, Ág. Sóstis, Ág. Kiriakákis, Provatá, Kléftiko.
Spezialität: Keramiken.
Feste: 7. Mai (Ág. Ióannis), 17. Juni (Ag. Marína), 20. Juni (Ág. Anárgiri), 19. Juli (Profítis Ilías), 25. Juli (Ag. Paraskeví in Pollónia), 26. Juli (Panteleímonos in Zefíria), 5. August (Sotíris in Paraskópu), 14. August (Zefíria), 28. August (Ioánnis Pródromos), 25. September (Chalakás), 31. Oktober (Ág. Anárgiri).
Auskunft: Touristenpolizei in Adámas; Information am Hafen.

Wesen und Merkmale der Insel

Mílos ist die südwestlichste Insel der Kykladen. Der Golf von Adámas teilt sie in zwei Teile. Die Inselform ist durch *vulkanische Tätigkeit* entstanden; die tiefe, ausladende Bucht ist jedoch keine Caldera wie in Santoríni, sondern eine Folge von Verschiebungen und Einbrüchen.

Der westliche Teil der Insel, die Halbinsel *Chalakás*, ist kaum erschlossen. Einige Quellen entspringen den Hängen des *Profítis Ilías* und ermöglichen hier landwirtschaftlichen Anbau.

Die östliche Hälfte von Mílos ist flacher. In ihrer Mitte erstreckt sich die Ebene von *Zefíria*, im Westen die Ebene von *Adámas*.

Die mäßig steilen Küsten von Mílos mit ihren wechselnden Gesteinsarten, von weißem Bimssteintuff bis zum schwarzen Lavagestein, sind sehr abwechslungsreich.

Die vulkanischen Eruptionen spielten sich in vier vorgeschichtlichen Perioden ab. Die letzten beiden Ausbrüche fanden im Quartär statt.

Es waren *mehrere kleine Vulkane* tätig; aus historischer Zeit sind keine Ausbrüche bekannt. Heute zeugen nur noch *heiße Quellen* und *Fumarolen* von vulkanischer Aktivität. Das letzte Erdbeben erschütterte die Insel im Jahr 1908.

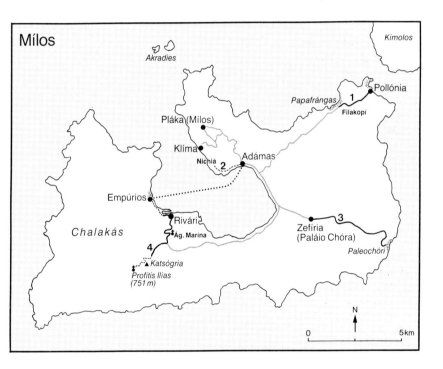

Die Bewohner von Mílos leben zum großen Teil vom *Bergbau* (Tagebau, Steinbrüche) und dem Handel mit den abgebauten Mineralien. Abgebaut werden u. a. *Bentonit,* ein Tongestein, das besonders zum Abdichten von Ölbohrungen und im Unterwasserbau wichtig ist, *Kaolin* (Porzellanerde) und *Baryt* (Schwerspat). In Adámas wird pro Tag etwa ein Handelsschiff beladen. Die Schiffe liegen abseits des Hafenortes an einem speziellen Verladeplatz.

Etwas außerhalb von Adámas gibt es *Salinen* zur Gewinnung von Meersalz.

Landwirtschaft und Viehzucht spielen eine unwesentliche Rolle; ein kleiner Teil der Einwohner von Mílos lebt vom Fischfang. Die Bedeutung des Tourismus nimmt immer mehr zu.

Schon in der dorischen Zeit lebten die Melier vom Bergbau. Im 7. Jahrtausend v. Chr. kamen bereits Seefahrer aus dem Mittelmeerraum nach Mílos, um den damals unentbehrlichen *Obsidian* abzubauen. Obsidian ist ein vulkanisches Gestein. Die glasig erstarrte, schwarze Lava, die beim Abbrechen scharfe Kanten bildet und sich trotz ihrer Sprödigkeit schleifen und polieren läßt, wurde zu Speerspitzen und Messern verarbeitet. Obsidian findet man in der Gegend westlich von Adámas und südlich von Kastanás an der Ostküste.

Weltberühmt, im Gegensatz zu ihrer Fundstätte, ist die Venus von Milo, die im Louvre zu bewundern ist. Sie wurde 1820 ausgegraben. Im Nationalmuseum in Athen gibt es ebenfalls Funde aus Mílos, u. a. den 2,45 Meter großen Poseidon aus Marmor (gefunden 1877) und den spätarchaischen Marmorkúros (2,14 m; gefunden 1891).

Eine weitere Besonderheit der Insel ist eine spezielle Schlangenart, die nur auf Mílos lebt und vom Aussterben bedroht ist: die *Mílos-Levanteotter* (Vipera lebetina schweizeri).

Ortschaften und Ausgrabungsstätten
Der Hafenort *Adámas* soll erst zu Beginn des 19. Jahrhunderts von Kretern gegründet worden sein, die nach Niederwerfung eines Aufstandes von ihrer Heimatinsel geflohen waren. Da der Ort aber bereits im 17. Jahrhundert als Ankerplatz genannt wird, kann man vermuten, daß schon früher eine Hafensiedlung existierte.

Adámas ist mit seinen Hotels, Restaurants und Kafenía das Touristenzentrum von Mílos und durch seinen Hafenbetrieb auch der wirtschaftlich bedeutendste Ort der Insel.

Der Hauptort, Mílos oder *Pláka* am Fuß des Kástro, ist Sitz der Kreisverwaltung. Die Ortschaft entstand erst nach Beginn der türkischen Herrschaft. Das kleine archäologische Museum zeigt Gegenstände aus allen Epochen; ein Volkskundemuseum gibt es ebenfalls.

Kástro soll schon in byzantinischer Zeit als befestigtes Dorf gegründet worden sein und hat in den ersten zwei Jahrhunderten venezianischer Herrschaft als Hauptort gedient.

Die ummauerte Wohnstadt hieß ›Kástro‹, die Burg selbst ›Méssa Kástro‹ (mittleres Kástro). Das Kastell wurde im letzten Jahrhundert nach und nach verlassen und zerfiel. Jetzt leben noch ein oder zwei Familien in den letzten erhaltenen Häusern. Der Kástro-Berg dient heute mit zwei neuen, großen Zisternen der Wasserversorgung von Pláka.

Von Pláka aus führt ein Weg ins Kástro, wo zum Teil nur noch die Grundmauern der Häuser und zugeschüttete alte Zisternen den früheren Ort erkennen lassen. Die einzigen erhaltenen Bauten sind zwei Kirchen.

Die Doppelkirche *Maria Thalássitra* (vielleicht aus dem Jahr 1552) mit dem Anbau *Agía Elússa* liegt am Weg nach oben. Auf dem Gipfel des 280 Meter hohen Basalthügels steht das Kirchlein *Méssa Panagía*. Um 1700 erbaut, wurde es 1944 durch die deutsche Wehrmacht gesprengt, um Platz für ein Flakgeschütz zu schaffen. Nach dem Krieg wurde die Kirche wieder aufgebaut.

Es lohnt sich, das Kástro zum Sonnenuntergang zu besuchen. Der Rundblick über den Golf von Mílos und die Inseln Antímilos, Kímolos und Poliégos ist einer der schönsten in der Ägäis.

Die *antike Stadt Mélos* erstreckte sich südlich der heutigen Stadt bis hinunter ans Meer. Es sind nur wenige zusammenhängende Reste der dorischen Stadt erhalten.

In gutem Zustand ist das *römische Theater*, das möglicherweise über einem älteren griechischen errichtet worden ist. Die Ausgrabungen erreicht man über *Trípiti;* hier befindet sich auch die gekennzeichnete Fundstelle der *Venus von Milo.* In der Nähe liegen die frühchristlichen *Katakomben,* die 1840 entdeckt wurden. Die Grabnischen sind aus dem weichen Bimssteintuff herausgearbeitet; die Gesamtlänge der Katakomben beträgt 200 Meter. Leider sind sie zur Zeit nicht für Besucher zugänglich.

Die prähistorische Stadt *Filakopí* und die ›*Alte Stadt*‹ (Paláio Chóra) bei *Zefíria* werden bei den entsprechenden Wanderungen beschrieben.

Die Ortschaft *Pollónia* (eigentlich Apollónia) im Norden von Mílos hat schöne Sandstrände. Allerdings weht oft ein heftiger Wind, der einem den Aufenthalt verleiden kann. Von hier aus besteht die Möglichkeit zu Ausflügen mit dem Boot nach *Kímolos* und zu den vulkanischen *Glaroníssia* (›Möweninseln‹).

Geschichte

Seit dem 7. Jt. v. Chr.   wird in Mílos Obsidian abgebaut, bearbeitet und exportiert.
Seit dem 3. Jt. v. Chr.   ist Mílos (antiker Name: Mélos) nachweislich besiedelt. Zu der ursprünglichen Bevölkerung kommen minoische Kreter, später mykenische Einwanderer.
Um 1100 v. Chr.   Besiedlung durch Dorer.

700 v. Chr.   Gründung der Hauptstadt Mélos.
480 v. Chr.   Teilnahme an der Schlacht von Sálamis; Anschluß an den Attischen Seebund.
426 v. Chr.   Erste Belagerung der Insel durch die Athener, weil die Melier ihre Neutralität im Peloponnesischen Krieg bewahren wollen.
416 v. Chr.   Verwüstung der Insel durch die Athener; die Männer werden hingemetzelt, die Frauen in die Sklaverei verkauft. Neubesiedlung durch attische Kolonisten. Den Gegensatz zwischen Machtprinzip und Recht bei den Verhandlungen vor dem Angriff hat Thukydides in seiner ›Geschichte des Peloponnesischen Krieges‹ in klassischer Form beschrieben (V, 85ff.).
Ab 1207   gehört Mílos zum venezianischen Herzogtum Naxos.
Ab 1341   ist die Insel unter Marco Sanudo und seinem Nachfolger Francesco Crispi unabhängig.
1537   Der türkische Pirat Chaireddin Barbarossa nimmt Mílos wegen seines geschützten Hafens in Besitz; die praktisch denkenden Einwohner beteiligen sich an den türkischen Beutezügen; sie sind begehrte Lotsen.
1820   Die ›Venus von Milo‹ wird gefunden und in den Louvre gebracht.
1821   Die Melier beteiligen sich aktiv am Kampf gegen die Türken.
1834   Mílos wird Teil des griechischen Königreichs.

1 Von Filakopí nach Pollónia

Dieser Ausflug bietet die Möglichkeit, die Besichtigung einer prähistorischen Stätte mit einem Badeaufenthalt zu verbinden.

Wegbeschreibung

Man fährt von Adámas mit dem Bus (oder Taxi) in Richtung Pollónia und läßt sich bei Filakopí absetzen.

Filakopí – vorgriechisches Zentrum des Obsidianhandels

Für unsere Kenntnis der Kykladenkultur ist Filakopí besonders wichtig. Ende des 19.

Jahrhunderts wurden hier die Reste dreier aufeinanderfolgender Städte aus der Zeit von 2300 bis 1100 v. Chr. ausgegraben. Die Fundstücke, Gegenstände aus Keramik, sind zum größten Teil im Athener Nationalmuseum ausgestellt.

Filakopí liegt auf einem Hügel über der Nordküste von Mílos. Wer in früheren Zeiten vom griechischen Festland oder von Kleinasien mit dem vorherrschenden Nordwind nach Süden segelte, mußte fast unweigerlich hier landen. Zum Meer hin war die Siedlung durch einen Steilhang gesichert, nach Süden, Westen und Osten ab etwa 2000 v. Chr. *(Filakopí II)* durch eine sechs Meter dicke und vier Meter hohe Mauer aus rohen Steinblöcken, deren Reste auf einer Länge von 100 Metern bis heute stehen. Östlich der Anhöhe liegt ein Strand mit großen, vom Meer glattgewaschenen Steinen, auf den die Schiffe gezogen werden konnten.

Man nimmt an, daß der Hügel schon vor 2300 v. Chr. besiedelt war. Diese Vermutung basiert auf der Tatsache, daß die vielen Obsidiansplitter, die man hier gefunden hat, älter als die erste ausgegrabene Siedlung sind. Bereits um 7000 v. Chr. wurde Obsidian aus Mílos ausgeführt.

Von 2300 bis 2000 v. Chr. existierte die erste nachweisbare Siedlung *(Filakopí I)*, ein Ort ohne Befestigungsmauer und mit kleinen Häusern. Die Bewohner exportierten außer Obsidian auch Keramik mit dunkler Glasur und geometrischen Ornamenten.

Nach der Zerstörung um 2000 v. Chr. wieder aufgebaut, hatte Filakopí II enge Beziehungen zu Kreta. Aus dieser Siedlungsphase wurden Straßen und mit Fresken geschmückte Häuser freigelegt. Die Themen der Malereien (z. B. die typische Lilie) verraten minoischen Einfluß. Die Fresken, u. a. die bekannten fliegenden Fische, befinden sich im Nationalmuseum in Athen.

Um 1500 v. Chr. wurde auch Filakopí II zerstört und es entstand die dritte Stadt, *Filakopí III*. Jetzt zeigt sich mykenischer Einfluß. Beispiel dafür ist ein großes, mehrräumiges Haus, das rechtwinklig angelegt ist, mit einer

Bizarre Küstenlandschaft von Papafrángas

zentralen Herdstelle im Hauptraum. Auch die Keramiken aus dieser Zeit sind im mykenischen Stil gestaltet.

Die Ausgrabungsstätte ist weitgehend unbewacht, und es kommen nur wenige Touristen hierher. Außer der großen Mauer gibt es keine spektakulären Monumente zu besichtigen, aber der Weg durch die Reste der 4000 Jahre alten Siedlung hinterläßt einen nachhaltigen Eindruck.

Phantastisch ist die Landschaft um den Hügel von Filakopí herum. Man sollte sich unbedingt Zeit nehmen, um sich ein wenig umzusehen.

Das Meer hat den weichen Bimssteintuff dieser *Papafrángas* genannten Felsküste an vielen Stellen ausgehöhlt und Felstore, Fjorde und Höhlen geschaffen. Zum Grund eines dieser Fjorde kann man auf einer in die Felswand geschlagenen Treppe hinabsteigen.

Von Filakopí nach Pollónia geht man auf der asphaltierten Straße in 30 Minuten. Zuerst

führt die Straße durch schöne Kulturlandschaft, steigt leicht an, und wenn man eine
Bananenplantage erreicht hat, ist man auch
schon fast in *Pollónia*.

Der kleine Ort hat einen mit Tamarisken
bewachsenen Sandstrand und ist trotz seiner
dem Nordwind ausgesetzten Lage ein belieb-
ter Ferienort. Von hier kann man mit dem
Boot die interessanten Basaltformationen der
Glaroníssia (›Möweninseln‹) besichtigen oder
nach *Kímolos* übersetzen.

Zurück nach Adámas fährt man wieder in
15 Minuten mit dem Bus oder Taxi.

Wichtige Hinweise

Dauer: 55 Min., davon 25 Min. Busfahrt.
Wegbeschaffenheit: Asphaltstraße.
Anstieg: unbedeutend.
Orientierung: leicht.
Restaurants: zwei am Hafen von Pollónia.
Busverbindung: mehrfach am Tage Adámas –
Filakopí – Pollónia.
Am Wege:
die prähistorische Siedlung Filakopí
die bizarre Küstenlandschaft von Papa-
frángas.

2 Von Adámas zu den Obsidian-
feldern von Nichiá

Dieser Spaziergang eignet sich besonders gut
für den späten Nachmittag. Er führt zu den
rund 9000 Jahre alten Obsidian-›Werkstätten‹.

Wegbeschreibung

Vom Hafen geht man zunächst den Strand unterhalb des ›Venus Village‹-Hotels entlang
und überquert den dahinter liegenden Hügel
oberhalb der Küstenlinie; schon hier ist der
Boden an vielen Stellen schwarz von Obsi-
dianeinschlüssen. Hinter dem Hügel läuft
man weiter über einen ziemlich schmutzigen
Strand, der von Campern bevorzugt wird.
Rechts liegt ein Denkmal für die gefallenen
französischen Soldaten und Matrosen des
Krimkrieges – wahrscheinlich die Stiftung
eines Privatmannes. Zwischen dem sumpfi-
gen Ufer und dem Berghang hält man auf den

Leuchtturm zu. Der ganze Hang ist übersät
mit Obsidian.

Nach 25 Minuten hat man den *Leuchtturm
von Bombárda* erreicht, von wo man einen
schönen Blick auf den Golf von Mílos hat.
Neben dem Leuchtturm liegen gesprengte Be-
tonplatten. Eine Treppe führt ins Innere des
Felsens. Es handelt sich offensichtlich um eine
deutsche Befestigungsanlage aus dem Zweiten
Weltkrieg, als Mílos für die Wehrmacht ein
wichtiger Posten auf dem Weg nach Kreta
war. Es ist schon seltsam, Inschriften mit
deutschen Namen und Adressen aus dem Jahr
1943 zu finden, die in den noch weichen Beton geschrieben worden sind.

Von hier steigt man weiter bis zur Bergkuppe auf, unter der sich ein großes, schwarzes
Feld von Obsidian ausbreitet. Einigen Steinen, die hier 20 bis 30 Zentimeter hoch liegen,
sieht man deutlich Spuren der Bearbeitung an.
Offenbar wurden mißlungene Werkstücke
einfach liegengelassen.

Nichiá: Obsidianverarbeitung vor fast
9000 Jahren

Obsidian ist ein glasiges Gestein aus sehr
schnell erkalteter Lava von dunkler bis
schwarzer Farbe. Wegen seiner scharfen
Bruchkanten wurde er in der Steinzeit zu
Messern, Pfeil- und Speerspitzen und anderen
Werkzeugen verarbeitet. Obsidian tritt als
Einschluß in anderen Eruptionsgesteinen auf.
Man kann selbst ausprobieren, wie die Menschen vor vielen tausend Jahren das Material
bearbeitet haben. Man braucht nur einen har-
ten Stein, mit dem man den Einschluß aus seiner weicheren Umgebung herausschlägt. Zer-
schlägt man das Obsidianstück, erhält man
mehrere Teile mit messerscharfen Kanten.
Anhand der Form der Stücke haben die stein-
zeitlichen Handwerker bestimmt, welches
Werkzeug oder welche Waffe daraus hergestellt werden sollte. Hier begann die eigentliche Bearbeitung, die große Erfahrung mit
dem Material voraussetzte.

Am besten geht man nicht denselben Weg zurück, sondern nimmt den angenehmeren Hö-

henweg, der parallel zum Ufer durch Obsidiangeröll zurückführt. Nach 20 Minuten erreicht man den Hafen.

Wichtige Hinweise

Dauer: 45 Min.

Wegbeschaffenheit: schmaler Pfad, Geröllfelder.

Anstieg: ca. 50 m.

Orientierung: etwas schwierig.

Restaurants: keine.

Busverbindung: keine.

Am Wege:

der Leuchtturm von Bombárda

Blick über den Golf von Mílos

Obsidian-Feld.

3 Von Zefíria nach Paleochóri

Diese Wanderung führt von der alten Hauptstadt Paláio Chóra zu einem der schönsten Strände von Mílos. Interessant ist der Weg vor allem, weil man die geologische Struktur und das wichtigste Wirtschaftsgut der Insel ein wenig kennenlernt.

Der Weg selbst ist eine staubige Piste; alle paar Minuten muß man sich in Sicherheit bringen, wenn leere Lastwagen zum Bentonit-Tagebau rasen und volle zurückkommen. Wer nicht nur die touristische Seite der Insel sehen möchte, sollte den Weg unbedingt gehen.

Wegbeschreibung

Man fährt von Adámas mit dem Bus oder Taxi nach Zefíria, der ›Paláio Chóra‹, der alten Hauptstadt von Mílos (10 Min.).

Zefíria (Paláio Chóra) – die alte Inselhauptstadt

Der Ort ist um 1400 in der fruchtbaren Ebene östlich der Salzsümpfe gegründet worden. Er soll damals 5000 Einwohner gehabt haben. Offenbar garantierten die Piraten, mit denen die Milier zusammenarbeiteten, den Schutz des offen liegenden Ortes. Gegen Ende des 18. Jahrhunderts wurde die Stadt verlassen und zerfiel fast vollständig. Man nimmt an, daß Malaria oder andere Epidemien, möglicherweise auch ausströmende giftige Gase, der

Grund waren. Heute ist das ehemals sumpfige Gebiet trockener und gesünder, so daß wieder ein kleiner Ort entstanden ist. Der ganze Stolz der Einwohner von Zefíria ist die große, neue *Doppelkirche* Panagía Portiáni / Ágios Charálampos.

Von der alten Siedlung sind nur noch viele dunkle Steine zu sehen, die von den Bauern für die Begrenzungsmauern ihrer Felder verwendet wurden oder aufgehäuft herumliegen. Eine Ausnahme bildet die Ruine einer schönen, schlichten Kreuzkuppelkirche, die nördlich der Ortschaft inmitten der Felder liegt.

Man beginnt den Weg nach Paleochóri (nicht mit Paláio Chóra zu verwechseln!) an der Abzweigung vor der Ortseinfahrt nach Zefíria und folgt der unbefestigten, schmalen Straße, die – von Mauern begrenzt – durch Olivenpflanzungen und Ackerland führt. Hier muß man wegen der Lastwagen besonders vorsichtig sein. Schon bald sind die aufgerissenen, weißen Berghänge sichtbar, in denen Bentonit und Kaolin abgebaut wird. Blickt man zurück, schaut man auf die Hafenbucht mit den *Salinen* im Vordergrund. Am Rande der Straße liegen die unterschiedlichsten Gesteinsarten in allen Farben: Obsidian, Marmor, Glimmerschiefer, Bentonit, Kaolin und vulkanische Tuffe. Da der Boden hauptsächlich aus Tuff besteht, ist das Land – wie in Santoríni – von tiefen Spülrinnen durchzogen.

Nach 45 Minuten erreicht man die Abzweigung zum *Steinbruch*. Man sollte versuchen, einen Blick in die schätzungsweise 40 bis 50 Meter tiefe Grube zu werfen (was offiziell verboten ist). Der Anblick ist überwältigend. Die Arbeit in diesem riesigen, weißen Loch muß in der Sommerhitze mörderisch sein. Der Abbau wird allerdings weitgehend von Maschinen erledigt. Unentwegt werden Lastwagen mit den wertvollen Mineralien beladen. – Auch von der Straße nach Paleochóri kann man in die Grube hineinsehen; aber die Sicht ist lange nicht so gut.

Nach weiteren 30 Minuten erreicht man den Strand, der insgesamt etwa 1,5 Kilometer lang ist. Die Grundsubstanz ist feiner Sand, der mit bunten Marmorkieseln durchsetzt ist. Hinter dem Strand ragen schroffe, weiß-rot-gelbe Felsen auf. Die gelbe Farbe zeigt Schwefel an – ein Hinweis auf vulkanische Tätigkeit.

So treten auch im flachen Wasser des rechten Drittels des Strandes, das man erreichen kann, indem man ein Felsentor im Wasser durchwatet, heiße Gase aus. An einigen Stellen kann man sich leicht die Füße verbrennen. Es gibt sogar eine ›Sauna‹, eine kleine Meereshöhle, aus deren Wänden heißer Schwefeldampf ausströmt. Sie liegt etwa 10 Schwimm-Minuten hinter dem kleinen Kap, das den Strand rechts begrenzt, und hinter einem weiteren, nicht zu Fuß zu erreichenden Strand.

In den zwei Restaurants von Paleochóri gibt es gutes Essen – vor allem Fisch. Hier und in einigen umliegenden Häusern werden auch Zimmer vermietet.

Zurück nach Adámas fährt ein Bus (30 Min.).

Wichtige Hinweise

Dauer: 2 Std. (Hinweg: 10 Min. Busfahrt nach Zefíria, 1 Std. 20 Min. Wanderung; Rückweg: 30 Min. Busfahrt Paleochóri – Adámas).
Wegbeschaffenheit: sehr staubige Straße.
Anstieg: unbedeutend.
Orientierung: leicht.
Restaurants: zwei am Strand von Paleochóri.
Busverbindung: etwa stündlich Adámas – Zefíria – Paleochóri und zurück.
Am Wege:
Bentonit-Tagebau
Strand von Paleochóri.

4 Besteigung des Profítis Ilías

Der Profítis Ilías, der höchste Berg von Mílos (751 m), liegt in *Chalakás,* der noch ziemlich unerschlossenen Hälfte der Insel. Die Wanderung führt durch eine unberührte Bergwelt zur Gipfelkapelle und auf dem Rückweg an den Strand von *Empúrios.*

Wegbeschreibung

Man nimmt ein Taxi bis zur Kirche *Agía Marína* (15 Min.). Falls man auf dem Rückweg

nicht bis Empúrios gehen will, sollte man unbedingt mit dem Taxifahrer die Verabredung treffen, daß er 4 bis 5 Stunden später wieder nach Agía Marína kommt. Es gibt dort nämlich weder Bus noch Telefon, geschweige denn eine Taverne. Und obwohl neben der Kirche das in Mílos berühmte ›Paradiesgärtchen‹ liegt, kann man noch nicht einmal Wasser bekommen, denn der Garten ist von Mauern umgeben und verschlossen.

Man beginnt die Bergbesteigung an der Abzweigung nach Agía Marína. Hier führt auf der linken Seite, hinter einem großen Haus, eine unbefestigte Straße aufwärts. Der Rundblick über die grüne Oase bei Agía Marína, die große Hafenbucht und die Ortschaften der Insel ist sehr hübsch. Im Gegensatz zum kahlen, nördlichen Teil von Mílos, der von Steinbrüchen zerfressen ist, ist die Halbinsel Chalakás insgesamt bewachsen und grün.

25 Minuten nach Beginn des Anstiegs erreicht man in einer Kurve eine Stelle mit Bienenstöcken. Hier verläßt man die Straße und steigt rechts über einen gut erkennbaren Pfad durch die Phrýgana weiter auf.

Erstes Ziel ist der Gipfel vor dem Profítis Ilías, der *Katsógria,* der nach 30 Minuten über einen steilen, geröllreichen Wegabschnitt erklommen ist. Darunter liegen die Fundamente eines größeren Gebäudes, das angeblich im Zweiten Weltkrieg ein deutscher Posten gewesen sein soll. Die Aussicht über die heideartige Landschaft ist herrlich.

Danach führt der Weg direkt zum Profítis Ilías hinauf, der mit Felszacken übersät ist und an einen Igel erinnert. Der gut sichtbare Pfad führt zuerst leicht abwärts und dann steil auf vier Felszacken links des Gipfels zu. Nach noch einmal 30 Minuten hat man das Ziel erreicht.

Das kleine Kirchlein des heiligen Elias ist bescheiden, macht jedoch einen liebevoll gepflegten Eindruck. Es gibt zwei kleine Häuser, in denen Pilger auf Holzplattformen übernachten können. Eine dritte Hütte wird wohl noch renoviert. Auf dem Platz vor der Kirche gibt es eine Zisterne; ob das Wasser ungekocht trinkbar ist, ist nicht sicher.

Vom Gipfel aus übersieht man fast die gesamte Insel Mílos. Im Norden erkennt man Kímolos und Poliégos, im Westen Antímilos. Bei klarer Sicht dürfte man leicht Sífnos und Folégandros sehen. Interessant ist der Blick auf die fast unbewohnte Halbinsel Chalakás, auf der es nur wenige Einzelgehöfte gibt. Obwohl das ganze Gebiet für Wanderungen sehr reizvoll erscheint, dürfte man doch größte Probleme mit Wasser, Verpflegung und vor allem mit der Rückkehr in bewohnte Gegenden haben.

Der Abstieg vom Gipfel macht wegen des Gerölls beträchtliche Schwierigkeiten. Wenn man vorsichtig geht, erreicht man die Stelle mit den Bienenstöcken in einer Stunde. Nach weiteren 25 Minuten kommt man an der Kirche Agía Marína an.

Die schnellste Möglichkeit, nach Adámas zurückzukommen, ist die Verabredung mit dem Taxifahrer. Man kann aber auch von Agía Marína aus die unbefestigte Straße zum Strand von *Rivári* und dann links weiter nach *Empúrios* gehen (ungefähr 1 Std.). Dort gibt es eine Taverne und Übernachtungsmöglichkeiten. Während der Saison fährt nachmittags ein Boot hinüber nach Adámas.

Wichtige Hinweise

Dauer: Agía Marína – Profítis Ilías und zurück: 3 Std.; Agía Marína – Empúrios: 1 Std.; Fahrt mit dem Taxi von Adámas nach Agía Marína: 15 Min.; Bootsfahrt von Empúrios nach Adámas: 20 Min.

Wegbeschaffenheit: ein kurzes Stück unbefestigte Straße, sonst steiler, geröllreicher Pfad; nach Empúrios: unbefestigte Straße und Strandweg.

Anstieg: 600 m.

Orientierung: mittelschwer.

Restaurants: nur ein Restaurant in Empúrios; Verpflegung und Wasser mitnehmen.

Busverbindung: keine; Anfahrt nur mit dem Taxi möglich.

Am Wege:
das ›Paradiesgärtchen‹ bei Agía Marína
die heideartige Landschaft der Halbinsel Chalakás
Rundblick über Mílos und die umliegenden Inseln.

Auf dem Gipfel des Profítis Ilías

Folégandros

von Heinz und Ingeborg Rosin

Folégandros im Überblick

Hafen: Karavostásis.
Größe: 32 km². Länge 13 km, größte Breite 4 km.
Höchste Erhebung: Ágios Elevthérios, 415 m.
Einwohnerzahl: 570.
Hauptort: Folégandros (Chóra).
Verkehrsverbindungen:
Schiffsverbindungen (Saison) ab Piräus:
Síros – Páros – Náxos – Íos – Síkinos – Folégandros – Oía – Thíra: einmal wöchentl.;
Síros – Páros – Folégandros – Síkinos – Íos – Thíra: einmal wöchentl.; Síros – Páros –
Náxos – Íos – Síkinos – Folégandros – Thíra: einmal wöchentl.
Inselverkehr: Busverbindung Hafen – Chóra.
Unterkunft: zwei Hotels in der Chóra, Privatzimmer in Karavostásis und in der
Chóra, Camping in der Bucht Livádi (1,5 km vom Hafen).
Strände: Hafenbucht, Vathí, Livádi (Lústria-Bucht).
Spezialitäten: folégandrischer Kuchen, Käse in Öl eingelegt.
Feste: 15. August (Mariä Entschlafung).

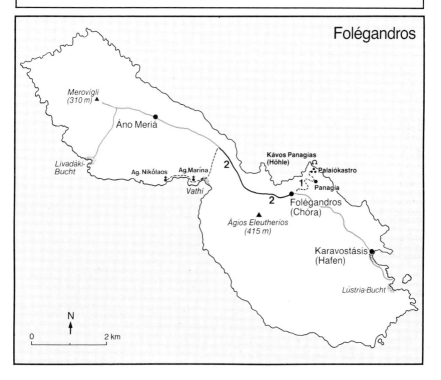

Wesen und Merkmale der Insel

Folégandros liegt in der südlichen Querreihe der Kykladen, die sich im Osten bis Amorgós erstreckt. Die Insel liegt nur 8 Kilometer westlich von Síkinos und gehört zur Eparchie Mílos. Die Hauptgesteinsarten sind Marmor und Schiefer. Die Gesteine sind einseitig auf den West- bzw. Ostteil der Insel konzentriert.

Das Marmorgebirge im Osten erhebt sich bis zu einer Höhe von 415 Meter und stürzt an den Küsten steil ab. Der Ostteil von Folégandros hat nur wenige Flächen, die sich zum Anbau von Getreide, Gemüse oder Wein eignen.

Die westliche Hälfte der Insel besteht aus Schiefergestein. Hier zeigt Folégandros einen ganz anderen Charakter. Auf der Hochebene bietet sich die Möglichkeit zu lohnendem Anbau. Es wachsen Gemüse und Getreide. Der Weinanbau ist unbedeutend, dafür ist der Wein von guter Qualität. Es gibt vereinzelt Feigen- und Olivenbäume.

Folégandros hat nur wenige Quellen und ist auf Zisternen angewiesen, in denen sich das Regenwasser sammelt.

Die Bevölkerung der Insel verteilt sich auf zwei Ortschaften, Chóra über der Nordküste des östlichen Teils und Áno Meriá in der Mitte des Westteils.

Die Einwohner der Chóra leben von etwas Handwerk und Gewerbe und betreiben nur nebenbei Landwirtschaft. Die eigentlichen Bauern leben in *Áno Meriá* und dem umliegenden Gebiet.

Die Menschen von Folégandros können bescheiden von den Produkten ihrer Insel leben. Der Tourismus hat in den letzten Jahren zugenommen, doch bleiben die meisten Besucher nur wenige Tage, weil die Bademöglichkeiten nicht sehr günstig und Übernachtungsmöglichkeiten knapp sind. Da aber eine neue Mole vorhanden ist, an der Fähren anlegen können, dürfte es nur eine Frage der Zeit sein, bis die Insel überlaufen ist, zumal sie als ›Geheimtip‹ empfohlen wird. Vor zehn Jahren noch kam nur einmal in der Woche das Postschiff nach Folégandros; inzwischen ist die Insel (zumindest in der Hauptsaison) schon dreimal in der Woche zu erreichen.

In der Chóra

Die Chóra (Farbt. 5) besteht aus zwei Teilen. Das innere, mittelalterliche Viertel heißt *Kástro*. Es hat die Form anderer Kástra der Kykladen: Es bildet einen geschlossenen Häuserring; die fensterlosen

Im alten Kástro-Viertel von Folégandros (Chóra)

Rückseiten liegen außen. Das Kástro wurde wahrscheinlich schon von Marco Sanudo im 13. Jahrhundert angelegt. Dieses Viertel erscheint wie ein Konzentrat der Kykladenarchitektur – so vollkommen schön ist es. Hier liegt auch das Hotel ›Danassis‹, direkt am Abgrund.

Im Nordosten überragt die Kirche Pantánassa (von 1711) das Kástro, die Ikonen der kretischen Schule und schöne Holzschnitzereien beherbergt. Die ›Eléussa‹ im Osten des Viertels wurde 1530 geweiht; auch in dieser Kirche gibt es alte Ikonen. Ebenfalls interessant ist die ›Agía Sofía‹ aus dem 18. Jahrhundert.

Das Exochóri (Außendorf) wurde erst im 19. und 20. Jahrhundert gebaut. Die schön gestalteten Plätze verdanken die Folégandrier der italienischen Besatzung während des Zweiten Weltkrieges. Am Hauptplatz liegt – neben anderen Kirchen – die größte des Ortes, die dem Ágios Nikólaos geweiht ist.

Geschichte

Seit dem 3. Jt. v. Chr.   Siedler aus Kleinasien (Karer).
Nach dem Mythos soll Folégandros, ein Sohn des kretischen Königs Minos, der Namensgeber der Insel gewesen sein.

8. Jh. v. Chr.   Die Dorer erscheinen auf der Insel. Sie erbauen ihre Stadt unmittelbar im Nordosten der heutigen Chóra.

ab 146 v. Chr.   ist Folégandros Verbannungsinsel der Römer; Verbannungsort bleibt sie bis ins 20. Jahrhundert.
Aus dem Jahrtausend der oströmisch-byzantinischen Kaiserzeit sind keine Daten überliefert.

1207   Eingliederung in das Herzogtum Naxos durch Marco Sanudo.

1212   Errichtung einer Burgsiedlung (Kástro). Im späten Mittelalter geht die Insel in den Besitz der Gozzadani über; keine bekannten Daten.

bis 1607   dauert die venezianische Herrschaft.

danach bis 1821   türkische Herrschaft.

ab 1821   Befreiungskämpfe gegen die Türken. Die stark entvölkerte Insel kann keinen nationalen Beitrag leisten.

1834   Eingliederung in den griechischen Staat.

1   Zur Kirche der Panagía und nach Palaiókastro

Die Marienkirche und das Palaiókastro liegen auf einem fast dreieckigen, schräg aufragenden Marmorkap, dessen 300 Meter hohe Spitze nach Norden zeigt. Seine beiden Seiten fallen fast senkrecht zum Meer ab. Die Aussicht von hier oben ist eine der grandiosesten in der Ägäis.

Wegbeschreibung

Zur Kirche gelangt man auf einem betonierten, von weißen Mäuerchen begrenzten Zickzackweg, der weithin sichtbar ist. Direkt zu Beginn geht man durch das Gelände der antiken Stadt, von der praktisch nichts erhalten ist. Nur in den Mauern des Friedhofs, an dem man vorbeikommt, erkennt man eingearbeitete antike Stücke. Man nimmt an, daß hier ein Apollo-Tempel gestanden hat. Systematische Ausgrabungen hat es auf Folégandros noch nicht gegeben.

Der Weg zur Kirche führt durch eine fast glatte, mit Phrýgana bewachsene Fläche aufwärts. Charakteristische Pflanze ist die buschgroße baumartige Wolfsmilch, deren Saft giftig ist. Die Kirche der Panagía erreicht man in 15 Minuten.

In der Antike soll sich an dieser Stelle ein Artemis-Tempel befunden haben. Jedenfalls hat man für den Bau im 19. Jahrhundert viel antikes Material verwendet (durch die Tünche nicht sichtbar). Dieses besonders schöne Bauwerk besticht durch die Anordnung seiner klaren geometrischen Formen. Die Kuppelkirche ist mit einem freistehenden, durchbrochenen Glockenturm ausgestattet. Das Innere ist dagegen ziemlich uninteressant.

Das Wahrzeichen von Folégandros: die Marienkirche Panagía hoch über der Chóra

Oberhalb der Panagía steigt man auf einem Ziegenpfad weiter bis zum Gipfel. Überall liegen Trümmer und einige erkennbare Reste von Bauwerken. Hier lag das Palaiókastro (alte Burg); es ist nicht sicher, ob es aus venezianischer oder schon aus byzantinischer Zeit stammt.

Die Aussicht ist überwältigend. Zum Wasser hin fällt der Fels 300 Meter steil ab, im Südwesten, an einer weiteren Abbruchstelle, liegt die Chóra wie ein Schneefeld, dahinter ziehen sich terrassierte Felder fast bis hinunter ans Meer. Weiter im Westen verliert sich die Insel im Dunst, östlich liegt Síkinos. Schaut man vorsichtig über den Rand des Abbruchs, kann man ein Höhle erkennen, die sogenannte *Goldene Grotte* (Kávos Panagíos). Hier hat man prähistorische und antike Gegenstände

Anstieg: 100 m.
Orientierung: sehr leicht.
Busverbindung: keine.
Am Wege:
Reste der Dorerstadt und des Palaiókastro
großartige Aussicht.

2 Zu den Sandstränden in der Vathí-Bucht

Während die Ostküste größtenteils steil ist
und nur die Lústria-Bucht sich zum Baden
eignet (1,5 km südöstlich vom Hafen), weist
der Westteil eine Reihe schöner Badebuchten
auf.

Die Wanderung führt von der Chóra aus
über eine schmale Straße in Richtung Áno
Meriá zu der auf der Südwestseite gelegenen
Vathí-Bucht (Órmos Vathí).

Wegbeschreibung

Man verläßt den Hauptplatz der Chóra und
sucht die nordwestlich verlaufende Fahrstraße nach Áno Meriá auf. Nach 35 Minuten,
bevor die Straße zu diesem Ort aufsteigt, an
der schmalsten Stelle der Insel, biegt links ein
Pfad ab. Er führt entlang einer tiefen Spülrinne etwa 200 Meter zu der unten sichtbar wer-
denden Vathí-Bucht hinab (20 Min.). Von
hier geht ein weiterer Weg an der kleinen Kapelle Agía Marína vorbei Richtung Westen zu
dem einsamen Nikólaos-Strand (20 Min.).

Zurück muß mangels anderer Möglichkeiten derselbe Weg genommen werden.

Wichtige Hinweise

Dauer: 2–3 Std.
Wegbeschaffenheit: bis zur Abzweigung
asphaltierte Straße, danach steiniger Fußweg.
Anstieg: 200 m (vom Strand hoch zur Straße,
die übrige Strecke weist nur geringe Ni-
veauunterschiede auf).
Orientierung: leicht.
Restaurants: nur in der Vathí-Bucht ein Kafeníon (zeitweise geöffnet).
Busverbindung: keine.
Am Wege:
herrliche Blicke über die Insel
die wechselvollen Strände in der Vathí-Bucht.

gefunden, auch Menschenknochen. Offenbar
wurde die Höhle in früheren Zeiten als Grab-
stätte genutzt.

Wichtige Hinweise

Dauer: 30 Min.
Wegbeschaffenheit: bis zur Kirche betonier-
ter, in Serpentinen angelegter Weg, danach
Ziegenpfad.

Síros

von Klaus Bötig

Síros im Überblick

Hafen: Ermúpolis an der Ostküste.
Größe: 84 km^2, Länge 18 km, größte Breite 10 km.
Höchste Erhebung: Pírgos, 442 m.
Einwohnerzahl: ca. 20 000.
Hauptort: Ermúpolis (ca. 14 000 E.).
Verkehrsverbindungen:
Schiffsverbindungen: täglich mit Piräus, Tínos und Míkonos. Außerdem mit Anáfi, Ándros, Folégandros, Íos, Mílos, Náxos, Páros, Rafína, Santoríni und Síkinos. Im Sommerhalbjahr außerdem Ausflugsboote nach Délos.
Straßenverkehr: überwiegend Asphaltstraßen; im weitgehend unbewohnten Norden der Insel nur Feldwege.
Busverbindungen nach Áno Síros stündlich, in alle anderen Inseldörfer mindestens einmal täglich.
Taxis: im Hauptort, in Fínika und Vári.
Auto- und Mopedverleih im Hauptort und in Galissá.
Unterkunft: mehrere Hotels der Mittelklasse und einfache Hotels sowie Privatzimmer in Ermúpolis. Weitere Hotels in Fínika, Galissá, Kíni, Possidonía und Vári. Privatzimmer außer in diesen Orten auch in allen anderen Küstenorten sowie in Mánna.
Campingplatz: ein Platz am Strand von Galissá.
Strände: kleine Strände in der Bucht von Ermúpolis. Kleine, wenig attraktive Strände in und bei Fínika. Kómito, Mégas Yialós und Possidonía. Gute Strände in Galissá und Kíni.
Spezialitäten: Chalvadópitta (eine Art türkischer Honig in Form dünner, runder Scheiben); Lukúmia (eine Art Fruchtgelee).
Feste: am 27. Juni in Fínikas (Ág. Pantélïmon). Ende Oktober/Anfang November ›Apánosiria‹-Festival mit kulturellen Veranstaltungen in Áno Siros. Am 6. Dezember in Ermúpolis (Ág. Nikólaos).

Wesen und Merkmale der Insel

Auf Síros liegt der Verwaltungssitz des Regierungsbezirks (Nómos) Kykladen: Ermúpolis, das zugleich die einzige Stadt des Archipels ist. Es ist durch seine Neórion-Werft auch der einzige Industriestandort der Kykladen und war bis zu Beginn der achtziger Jahre auch ihr wichtigster Hafen. Erst durch den Massentourismus der Individualreisenden verlor es diese Rolle an Páros.

Noch schwerwiegender war jedoch der Bedeutungsverlust der Insel gegen Ende des vergangenen Jahrhunderts, als sie durch den Bau des Kanals von Korinth, die rapide wachsende Hauptstadt Athen und den mit beiden eng verbundenen Aufstieg des Piräus zum Knotenpunkt der ägäischen Schiffahrtslinien in die Provinzialität versank. Bis dahin nämlich war Ermúpolis so etwas wie die

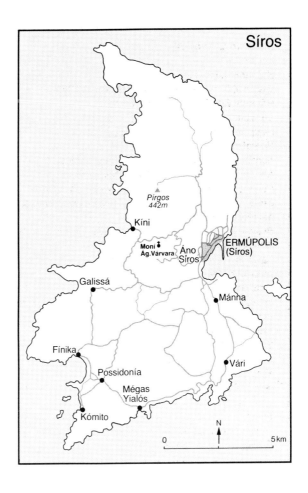

heimliche Hauptstadt Griechenlands und sein wichtigster Hafen. Hier wurden 1823 die erste öffentliche Grundschule Griechenlands und 1828 das erste Mädchengymnasium des Landes gegründet. 1831 erschien auf Síros die erste Tageszeitung der jungen Nation, 1855 lief in Ermúpolis das erste Dampfschiff Griechenlands vom Stapel und 1874 schlossen sich die Arbeiter der Schiffswerft zur ersten Gewerkschaft in Hellas zusammen.

Die Bauten jener glücklichen Jahre prägen noch heute das Gesicht von Er-

múpolis. Die große Platía der Stadt wird vom 1881 fertiggestellten neoklassizistischen Rathaus beherrscht, das dem Königspalast in Athen gleicht. In ganz Griechenland einzigartig ist der Bau des 1862 mit ›La Traviata‹ eröffneten Theaters; heutzutage als Hotel genutzt wird das 1861 eröffnete erste Hospital der Kykladen.

Síros verdankte seine Bedeutung seiner Neutralität im griechischen Freiheitskampf gegen die Türken. Die Bevölkerung nämlich bekannte sich mit großer Mehrheit zum römischen Katholizismus und stand deswegen während der ganzen Zeit der Türkenherrschaft in der Ägäis unter dem besonderen Schutz Frankreichs, das für sie mit dem Sultan besondere Privilegien vereinbart hatte. Dadurch wurde Síros zwischen 1821 und 1829 zum Zufluchtsort vieler Flüchtlinge von durch die Türken verwüsteten Inseln, insbesondere von Psára und Chíos. Da sie auf Síros kein Land besaßen, waren sie gezwungen, ihren Lebensunterhalt mit Handel und Schiffahrt zu verdienen und schufen so die Voraussetzungen für den Wohlstand der Insel in den Jahrzehnten nach der Befreiung Griechenlands.

Die Flüchtlinge gründeten auf Síros ihre eigene Stadt, die sie nach dem antiken Gott des Handels, Hermes, Ermúpolis nannten. Sie erbauten sie auf dem Nachbarhügel der alten, römisch-katholischen Inselhauptstadt Áno Síros und am Ufer des Hafenbeckens. Noch heute prägt diese Zweiteiligkeit den Anblick der Stadt. Läuft man mit dem Schiff in den Hafen ein, erblickt man im Vordergrund Ermúpolis und auf dem Bergkegel dahinter Áno Síros.

Abgesehen von seiner Hauptstadt hat Síros keinerlei Attraktionen zu bieten. Statt kleiner, verwinkelter Dörfer gibt es überwiegend nur Villen- und Sommerhaussiedlungen, die wellige Hügellandschaft ist weitgehend kahl und langweilig. Zum Wandern sind alle anderen Kykladen schöner als Síros, auf dem sich eigentlich nur ein kurzer Zwischenstopp für eine Stadtbesichtigung lohnt.

Die Sirioten sind nur wenig am Tourismus interessiert – nur Galissá (Westküste) macht da eine Ausnahme. Fast 1000 Menschen finden allein in der Werft mit ihren beiden Schwimmdocks Arbeit, weitere Arbeitsplätze schaffen die Verwaltung und kleine Textilfabriken sowie die Konditoreien, in denen Lukúmia (Fruchtgelee) und Chalvadópitta (eine Art Oblaten aus Honig, Zucker, Mandeln und Eiern) produziert werden. In fast 500 Treibhäusern gedeihen Tomaten, Gurken und Frühgemüse, die in Athen gute Preise erzielen, die Viehzucht liefert Käse und Quark für den Export aufs Festland.

Geschichte

3. Jt. v. Chr.	erste Siedlungsspuren.
1000 v. Chr.	ionische Besiedlung der Insel.
	Aus der Antike und dem frühen Mittelalter liegen keinerlei wesentliche Nachrichten vor; die Insel teilte wohl das Schicksal der übrigen Kykladen.
1207	Síros wird Teil des Herzogtums der Kykladen.
1537	Síros kommt unter türkische Herrschaft, steht jedoch seiner überwiegend katholischen Einwohner wegen unter dem besonderen Schutz des französischen Königs.

◁ *Stadt auf zwei Hügeln: Áno Síros mit römischkatholischer (links) und Ermúpolis mit orthodoxer Bischofskirche*

1652	Auf Síros leben rund 6000 römische Katholiken, aber nur etwa sechs bis sieben orthodoxe Familien.
1822	Massaker von Chíos und Psára, der erste große Flüchtlingsstrom erreicht Síros. Gründung der Stadt Ermúpolis (Stadt des Hermes).
1834	Síros wird zum Verwaltungssitz der Kykladen ernannt.
1840	Auf Síros sind siebenmal mehr Schiffe als in Piräus registriert (nämlich 468).
1893	Fertigstellung des Kanals von Korinth, der Piräus stärkt und Síros entscheidend schwächt.

Rundgang durch Ermúpolis und Áno Síros

Für einen informativen Rundgang durch die Inselhauptstadt reichen zwei bis drei Stunden Zeit völlig aus. Man geht am besten vom Anleger aus zunächst nach links an der Uferpromenade entlang bis zur El. Venizelos-Straße, die direkt auf die weitläufige Platía der Stadt zuführt. Sie wird auf der einen Seite von hohen, städtisch wirkenden Wohnhäusern flankiert, auf der anderen vom neoklassizistischen Rathaus, das zwischen 1876 und 1881 nach Plänen des deutschen Architekten Ziller erbaut wurde. Es dient noch immer als Sitz der Regierung der Kykladen, ein Blick hinein ist aber möglich. An seiner linken Seite wurde in einigen von einer Seitengasse aus erreichbaren Räumen ein kleines archäologisches Museum mit schönen Kykladenidolen, römischen und hellenistischen Grabreliefs aus Amorgós sowie zahlreichen Grabstelen aus Síros eingerichtet.

Rechts vom Rathaus steht ein anderes neoklassizistisches Gebäude, die Léschi Éllas, der ›Klub Hellas‹. Er war früher der ›Klub‹ der wohlhabenden siriotischen Reeder und Händler; heute beherbergt er die Stadtbibliothek.

Zwischen ihm und dem Rathaus führt eine Straße bergan, vorbei am 1862 eröffneten Theater, das von seinem französischen Architekten der Mailänder Scala nachempfunden wurde. Geht man die Straße weiter, gelangt man zur eher protzigen als prächtigen Kirche Ágios Nikólaos. Sie stammt wie die sie umgebenden klassizistischen Villen aus der zweiten Hälfte des letzten Jahrhunderts. Auf dem Gipfel des Stadtberges von Ermúpolis liegt schließlich die orthodoxe Bischofskirche Anástasis (Himmelfahrt).

Von hier aus kann man die Stadtwanderung in den römisch-katholischen Teil, zu dem Stadtberg *Áno Síros* fortsetzen, der mit 180 Metern Höhe den Nachbargipfel noch um 30 Meter überragt. Die Siedlung dort zeigt noch weitgehend ihr mittelalterliches Gesicht. Die moderne Asphaltstraße berührt das Dorf nur am Rande, alle Wege und Gassen sind einzig und allein auf Menschen und Tiere ausgerichtet. Eine Stadtmauer fehlt, sie wurde einst von abweisenden Mauern des untersten Häuserkreises gebildet. Sieben Tore, von denen zwei noch erhalten sind, führten in diese so befestigte Siedlung. Kurz unterhalb des Gipfels stehen auch noch zwei römisch-katholische Klöster: das der Kapuziner und das der Jesuiten. Den Gipfel krönt die dem hl. Georg geweihte römisch-katholische Bischofskirche, die in dieser Form 1834 entstand.

Schön ist der Blick von hier aus über Áno Síros und Ermúpolis mit seiner großen Werft. Bei klarer Sicht erblickt man auch Tínos, Míkonos und Délos, an manchen Tagen sogar Páros und Náxos.

Páros

von Klaus Bötig

Páros im Überblick

Häfen: Haupthafen ist Paríkia. Kleinere Boote, insbesondere von und nach Délos, Míkonos und Náxos, legen auch in Náussa an. Die Autofähre nach Antíparos fährt ab Púnda.

Größe: 194 km². Länge 22 km, größte Breite 15 km.

Höchste Erhebung: Ágios Ilías, 771 m.

Einwohnerzahl: ca. 8000.

Hauptort: Paríkia an der Westküste.

Verkehrsverbindungen:

Schiffsverbindungen: täglich mit Piräus und Náxos. In den Sommermonaten außerdem häufig mit Délos, Íos, Míkonos, Santoríni und Sífnos; mindestens einmal wöchentlich mit Anáfi, Folégandros, Iráklion/Kreta, Kos, Rhodos, Sámos, Síkinos, Síros und Tínos. Mehrmals täglich Kaïkis ab Paríkia und Autofähren ab Púnda nach Antíparos.

Flugverbindungen: mehrmals täglich mit Athen, im Sommer mehrmals wöchentlich mit Iráklion/Kreta und Rhodos.

Straßenverkehr: überwiegend Asphaltstraßen. Häufige Busverbindung von Paríkia nach Alikí und Angeriá, Léfkes und Driós, Maráthi, Náussa, Púnda und Petalúdes; mehrmals täglich nach Ambelás. Von Náussa täglich Busverbindung mit Paríkia, Ambelás und Driós.

Taxis: in Paríkia, Léfkes und Náussa.

Auto- und Mopedverleih: in Paríkia und Náussa.

Unterkunft: zahlreiche Unterkünfte aller Art in Paríkia und Náussa. Einfache Hotels und Privatzimmer in Alikí, Ambelás, Driós, Léfkes, Mármara, Márpissa, Píso Livádi, Púnda und Santa Maria.

Camping: in Paríkia, Párasporos (FKK), Kolimbíthres bei Náussa und in Píso Livádi.

Strände: gute, schattige Sandstrände im Stadtbereich von Paríkia. FKK-Strand 5 km südlich in Párasporos. Viele kleine Strandbuchten westlich und östlich von Náussa. Langer Sandstrand bei Driós. Weitere Sandstrände bei Píso Livádi, Ambelás und Sánta María.

Spezialitäten: parischer Wein.

Feste: 2. Februar in Náussa (Pantánassa, Maria als ›Königin der Welt‹), 15. August in Paríkia (Marienentschlafung), 23. August in Náussa (Marienfest), 29. August im Kloster Ágios Ioánnis (Patronatsfest). Die ersten zehn Tage im September Weinfest in Paríkia.

Wesen und Merkmale der Insel

Páros ist in den achtziger Jahren zur meistbesuchten Kykladeninsel der Rucksacktouristen aus aller Welt geworden. Und auch unter Koffertouristen ist sie spätestens seit der Eröffnung des Flughafens beliebt. Inzwischen gibt es schon direkte Charterflüge von Österreich nach Páros. Spürbar werden die Urlaubermassen vor allem in der Inselhauptstadt Paríkia und in Náussa. In diesen beiden Orten greifen immer mehr Selbstbedienungsrestaurants und Cocktail-Bars um sich, in Paríkia hat das erste chinesisch-vietnamesische Restaurant der Ägäis seine Pforten geöffnet. Die Mönche und Nonnen in den Klöstern betrachten ausländische Besucher nicht mehr als interessante Gäste, sondern nur noch als Belästigung; der Hafen von Paríkia ist zum Drehkreuz der ägäischen Schiffahrtslinien geworden, die Linienbusse auf der Insel kommen in den drei Hochsommermonaten kaum noch zum Stillstand.

Und doch: Páros ist durchaus noch reizvoll. Náussa und Paríkia haben nahezu unversehrte mittelalterliche Stadtzentren, in den Bergen ist der Wanderer so einsam wie auf jeder anderen Kykladeninsel. Mit guten Stränden ist Páros reichlich gesegnet, übervoll sind eigentlich nur die Stadtstrände von Paríkia.

Landschaftlich wirkt Páros sanfter als beispielsweise Náxos oder Ándros, dramatische Gegensätze fehlen. So kahl wie die Hänge des immerhin über 700 Meter hohen Ágios Ilías sind viele Landstriche der Insel, fruchtbar sind nur die Küstenebenen und das Tal, das die Insel zwischen Paríkia und Píso Livádi quer durchschneidet. Hier liegen auch die einzigen Binnendörfer der Insel, in denen sich mittelalterliche Architektur noch bestens erhalten hat.

Wirtschaftlich spielt der Tourismus auf Páros die führende Rolle. In der Landwirtschaft ist der Anbau von Wein und Gerste bedeutsam; in den Küstenebenen werden auf bewässerten Feldern auch Gemüse und Obst geerntet. Náussa ist ein bedeutendes Fischereizentrum, in den Bergen wird noch etwas Marmor gefördert.

Geschichte

um 2700 v. Chr.   erste Siedlungsspuren.
2. Jt. v. Chr.   minoische Siedlungen auf Páros.
8. Jh. v. Chr.   Besiedlung durch attische Ionier.
5. Jh. v. Chr.   Páros zahlt – Zeichen seines Wohlstands – den höchsten Tribut aller Inseln zum Attisch-Delischen Seebund. In der Folgezeit gleiches Schicksal wie die übrigen Kykladen, also Zugehörigkeit zum ptolemäischen, römischen und byzantinischen Reich.
1207   Páros wird Teil des Herzogtums der Kykladen.
1389   Páros wird als selbständiges Lehen an das fränkische Adelsgeschlecht der Sommaripa vergeben.
1516   Páros geht an das Adelsgeschlecht der Venier über.
1531   Páros geht an das Adelsgeschlecht der Sagredi über.
1537   Páros wird türkisch.
1834   Páros wird Teil des freien Griechenlands.
1844   Eine französische Expedition bricht auf Páros Marmor für das Grab Napoleons.

1   Rundgang in Paríkia

Ein markantes Wahrzeichen von Paríkia ist die alte Windmühle am Hafen, in der das Touristeninformationsbüro untergebracht ist. Von hier aus geht man in nördliche Richtung

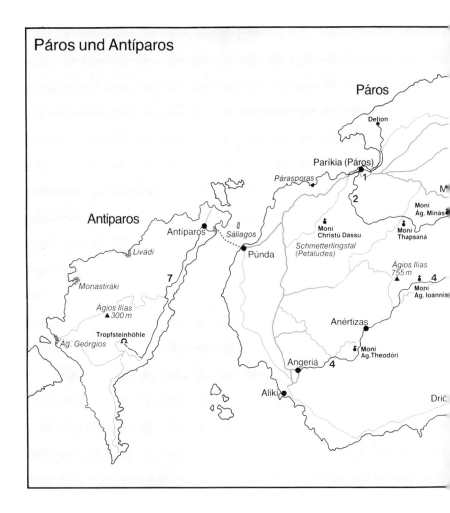

Páros und Antíparos

Páros

Delion

Paríkia (Páros)

Párasporas

1

2

Moní
Ag. Minás

Antíparos

Antíparos · *Sáliagos*

Livádi

Púnda

Moní
Christú Dássu

Moní
Thapsaná

Schmetterlingstal
(Petaludes)

*Ágios Ilías
755 m*

Moní
Ag. Ioánnis

4

7

Monastiráki

Ágios Ilías
▲ 300 m

Anértizas

Tropfsteinhöhle

Ag. Geórgios

Moní
Ag.Theodóri

Angeriá

4

Alikí

Drić

M

---

auf die große Platía von Paríkia, die dem
›Nationalen Widerstand – Ethnikís Antísta-
sis‹, gewidmet ist. Am Ende des Platzes beginnt zwischen zwei Banken die Hauptge-
schäftsgasse des Städtchens.

Nach der ersten Kreuzung passiert man linkerhand ein auffälliges Haus mit Arkaden, an
dem eine eingemauerte Relieffigur zu sehen
ist. Solch volkstümlicher Schmuck ziert viele
Häuser in Paríkia und zeigt, daß auf dieser
Marmorinsel die bildhauerische Tradition
von der Antike bis ins letzte Jahrhundert lebendig blieb.

Eine der nächsten beiden Quergassen gehe
man dann nach rechts hinauf ins Kástro-
Viertel.

Im historischen Kern der Inselhauptstadt

Auf dem 15 Meter hohen Gneishügel über der
Küste lebten schon in der Bronzezeit, also im
3. Jahrtausend v. Chr., Menschen. In der Antike stand hier oben ein Demeter-Tempel, von
dem nur geringe Spuren in situ erhalten sind.
Zahlreiche Spolien von diesem Tempel ver-
mauerten hingegen die Venezianer in die
Burg, die sie 1260 auf dem Kástro-Hügel er-

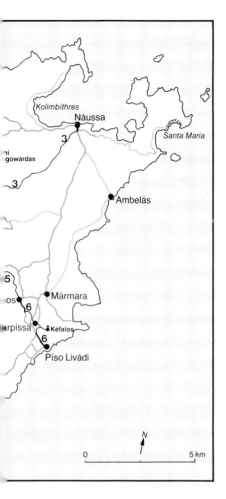

Kolimbíthres
Náussa
Santa Maria
ɪ
gowárdas
3
Ambelás
5
os 6 Mármara
rpissa Kéfalos
6
Píso Livádi

N

0   5 km

nächsten Ecke nach rechts in eine Gasse ab. Sie führt direkt zum Archäologischen Museum und zur Kirche Katapolianí, einer der ältesten der Kykladen. Ihre (restaurierte) Form repräsentiert den ursprünglichen Baustil des 6. Jahrhunderts. Besonders eindrucksvoll sind das frühchristliche Baptisterium und die große Marmorikonostase.

2   Von Maráthi nach Paríkia

Diese halbtägige Wanderung führt weg von den betriebsamen Küstenorten in die einsame Bergwelt der Insel. Sie verläuft durch grüne Bachtäler und eine großartige Schlucht und beschert dem Wanderer auch zwei ungewöhnliche Erlebnisse: die unberührte dunkle Stille eines antiken, unterirdischen Marmorsteinbruchs und die Begegnung mit den exzentrischen Laienbewohnern eines mittelalterlichen Klosters.

Wegbeschreibung

Alle Busse, die zwischen Paríkia und Léfkes/ Píso Livádi und Driós verkehren, halten auf Wunsch in Maráthi (15 Min.). Der Bus setzt einen an einer kleinen Brücke über einen Bach ab. Man geht am östlichen Ufer ca. 5 Minuten lang bachaufwärts und biegt dann durch eine Öffnung in der Feldmauer links ab. Zwei verfallene, größere Steinhäuser markieren hier die beiden Eingänge zu den antiken Marmorbergwerken.

Lichnítis –
der kostbarste Marmor der Antike

Die auch in der zweiten Hälfte des letzten Jahrhunderts noch von Bergarbeitern bewohnten Steinhäuser gehören zu einer Arbeitersiedlung, die ein französisches Expeditionskorps 1844 anlegen ließ, weil das Grabmal Napoleons im Pariser Invalidendom aus parischem Marmor gestaltet werden sollte. Man förderte den Marmor allerdings nicht wie in der Antike aus unterirdischen Stollen, sondern gab sich mit der minderen Qualität zufrieden, die im Tagebau gewonnen werden konnte.

richten ließen. Die vielen eingemauerten Säulentrommeln und anderen antiken Fragmente verleihen den erhalten gebliebenen, hoch aufragenden Teilen der Burgmauern einen eigenartigen Reiz (s. S. 100).

Auf dem höchsten Punkt des Kástro-Viertels steht außerdem noch eine kleine Kirche, dem hl. Konstantin geweiht, deren holzgeschnitzte Ikonostase eine Besichtigung lohnt.

Vom Kástro kehrt man wieder auf die Hauptgeschäftsstraße zurück und wendet sich auf ihr nach links. Man kommt zum Haus mit der Relieffigur zurück und biegt an der

Burgmauer mit Resten eines antiken Tempels errichtet, Paríkia

Die antiken Stollen sind auch heute noch begehbar. Man braucht dafür allerdings Mut, eine kräftige Taschenlampe und festes Schuhwerk. Hat man die beiden Stolleneingänge erst einmal identifiziert, nehme man den rechten. Links von seinem Eingang erkennt man noch ein stark angegriffenes, hellenistisches oder römisches Nymphenrelief. Über Geröll steigt man hinab in die völlige Dunkelheit und folgt unten sich stets links haltend einem Gang. Man geht gebeugt durch einen leicht bergan führenden Querstollen und erreicht bald den zweiten Längsstollen, der nach 15 Minuten in der ›Unterwelt‹ wieder ans Tageslicht zurückführt.

In diesem Bergwerk wurde der kostbarste Marmor der Antike gewonnen. Man nannte ihn ›Lichnítis‹, »den bei Lampenschein gebrochenen«. Was ihn so wertvoll macht, ist seine große Durchscheinfähigkeit von 35 Millimetern – hält man ein Licht hinter ein 35 Millimeter dickes Lichnítis-Stück, scheint es noch durch. (Der weltberühmte italienische Carrara-Marmor hingegen bringt es nur auf eine Durchscheinfähigkeit von 25 mm.)

Von den antiken Marmorstollen geht man zum breiten Weg zurück, von dem aus man durch die Maueröffnung abzweigte. Man geht

diesen Weg nun an modernen Marmorsteinbrüchen vorbei in Serpentinen bergan. Nach 15 Minuten kommt ein Mühlenstumpf in Sicht, der zum 5 Minuten später erreichten Kloster Ágios Minás gehört.

Minás und Dímitra – Exzentriker in Klostermauern

Das Kloster des hl. Minás, eines Schutzheiligen der Tiere, wurde 1594 gegründet, die Klosterkirche stammt aus dem Jahre 1715. Äußerlich ist der wehrhafte Bau noch intakt, innen sind viele Räume so baufällig, daß man sie nur mit äußerster Vorsicht betreten sollte.

Mönche leben hier nicht mehr, statt dessen das alte Ehepaar Minás und Dímitra. Sie sind wahre Originale. Minás bewirtet alle Besucher liebend gern mit Wein, Úzo und Früchten, doch erhebt er sich nicht gern von seinem Platz. Lieber spielt er den Gästen auf einem seiner selbstgebauten Musikinstrumente auf. Die Besucher herumführen muß seine Gemahlin. Kommen sie dann wieder an Minás vorbei, lädt er sie erneut zu einem Schlückchen ein und hält ihnen ein handgeschriebenes Zettelchen unter die Augen, mit dem er um Geld bittet. Von dem freilich gibt er seiner Frau nichts ab, weswegen die beiden die einst so heiligen Gemäuer ständig mit ihrem Gezanke und Gezetere erfüllen. Bleibt man lange genug, wetteifern beide um die Gunst des Besuchers – und nehmen am Ende überhaupt kein Geld mehr an. Abkassiert werden nur die flüchtig hereinschauenden Touristen; wer genug Geduld für die beiden aufbringt, gilt als Gast und wird zum Abschluß höchstens gebeten, beim nächsten Besuch gute Oliven, Feta oder eine Dose deutsches Bier mitzubringen.

Nach dem Besuch im Kloster geht man den Weg weiter und gelangt nach 10 Minuten in ein Bachbett, dem man nach rechts aufwärts folgt. Das erste Stück ist wegen vieler Ginsterbüsche etwas beschwerlich, doch schon nach kurzer Strecke ist das Bachbett frei von Hindernissen. Nach 15 Minuten quert kurz vor dem Dorf Vuniá ein deutlich erkennbarer

Weg das Bachbett, das man hier verläßt, um dem Weg nach rechts bergan zu folgen.

Nach knapp 15 Minuten trifft von rechts hinten ein Pfad auf den Weg, hier geht man weiter geradeaus. Bei der Wegteilung unmittelbar danach bleibt man auf gleicher Höhe und sieht dann nach weiteren 5 Minuten das große, gepflegte Nonnenkloster Thapsaná links voraus. Nach weiteren 2 Minuten endet der Weg auf einem Feldweg und nach nochmals 5 Minuten ist man am Kloster angelangt. Es wurde 1939 erbaut und wird noch von etwa 30 Nonnen bewohnt. Männer dürfen es nicht betreten, Frauen nur in Rock, nicht in langer Hose.

Vom Klosterportal aus wendet man sich wieder nach rechts, hält sich an der sofort folgenden Weggabelung links und anschließend direkt wieder links (rote Markierungen sichtbar). Nach 5 Minuten versperrt eine Barriere aus stacheligen Sträuchern den Weg, hier geht man auf dem links unterhalb gut erkennbaren und rot markierten Pfad weiter. Nach weiteren 4 Minuten passiert man das kleine, unbewohnte Kloster Ágios Dimítris; man geht links abwärts weiter, durchquert ein Bachbett und hält sich danach rechts.

Der Pfad führt jetzt am Rande einer eindrucksvollen Schlucht entlang, über der noch viele Greifvögel kreisen. 5 Minuten nach dem kleinen Kloster folgt eine Dreiteilung des Pfades, man geht auf dem mittleren weiter und sieht nach 20 Minuten Paríkia vor sich liegen. Nach 5 Minuten quert der Pfad einen Feldweg. Nach weiteren 10 Minuten gelangt man auf eine Betonstraße und nach Paríkia hinein.

Wichtige Hinweise

Dauer: 2½ Std.

Wegbeschaffenheit: zunächst guter Feldweg, vom Bachbett hinter dem Kloster Ágios Minás an gut begehbarer Pfad. Ein sehr kurzes Stück zwischen Ginsterbüschen hindurch.

Anstieg: zwei nicht sehr steile Anstiege, 100 und 200 m.

Orientierung: einfach.

Restaurants: keine, auch keine Kafenía.

Verkehrsverbindung: Alle Busse von Paríkia nach Léfkes, Píso Lívadi und Driós halten auf Wunsch in Maráthi.

Am Wege:

antikes Marmorbergwerk bei Maráthi
Kloster Ágios Minás
Kloster Thapsaná.

3 Von Maráthi nach Náussa

Diese sehr einfache Wanderung eignet sich insbesondere für die, die nahezu eben wandern wollen. Im Herbst ist sie weitgehend reizlos, im Frühjahr jedoch ermöglicht sie jedermann einen Einblick in den Blütenreichtum unbesiedelter parischer Landschaft.

Wegbeschreibung

Häufige Busverbindung von Paríkia nach Maráthi (15 Min.). Von der Bushaltestelle aus kann man zunächst zu den antiken Marmorbergwerken gehen (Wanderung 2, S. 99 f.). Danach kehrt man zur Bushaltestelle zurück und steigt an der Brücke in das Bachbett ein, dem man abwärts folgt, bis ein Weidezaun den weiteren Weg durchs Bachbett versperrt. Hier steigt man aus dem Bachbett aufs rechte Ufer und erreicht nach 5 Minuten einen Feldweg, der einen ins bereits gut sichtbare Náussa führt.

Náussa – die Perle von Páros

Der kleine Fischerhafen von Náussa ist wohl der schönste aller Kykladeninseln. Im fast kreisrunden Hafenbecken, von einem marmorgepflasterten und fast lückenlos von Kafenía und Tavernen gesäumten Kai umgeben, liegen auch heute noch Dutzende von Fischerbooten. Von einer venezianischen Hafenfestung und einer antiken Mole sind nur noch äußerst spärliche Reste zu erkennen, doch der historische Siedlungskern rund um den Hafen ist noch intakt. Wie auf Míkonos zieren auch hier viele Außentreppen die Häuser, überbaute Durchgänge schaffen zusätzlichen Wohnraum in den dicht an dicht gebauten Häusern.

Wichtige Hinweise

Dauer: 1 Std. 50 Min.

Wegbeschaffenheit: bequemer Pfad im Bachbett, letztes Stück Feldweg.

Anstieg: keiner.

Orientierung: sehr einfach.
Restaurants: sehr viele Restaurants in Náussa.
Verkehrsverbindungen: nach Maráthi (S. 99);
Busse von Náussa nach Paríkia sehr häufig
(11 km, 20 Min.).
Besonderheiten am Wege:
antike Marmorbergwerke bei Maráthi
Hafen und Ortskern von Náussa.

4   Von Angeriá nach Léfkes

Diese Ganztageswanderung quer über die Insel ist zwar anstrengend, zugleich aber auch
die schönste auf Páros. Man wandert stundenlang in völliger Einsamkeit durch die Bergwelt, begegnet höchstens einzelnen Bauern
und Jägern. Und wer in Léfkes noch Lust zum
Weiterwandern verspürt, kann gleich unsere
Wanderungen 5 und 6 anschließen, die ihn
dann bis hinunter an die Ostküste nach Píso
Livádi führen.

Wegbeschreibung

Man fährt mit dem Bus von Paríkia über Alikí
nach Angeriá (35 Min.). Der Bus hält an einer
Straßenkreuzung kurz vor der großen Dorfkirche mit der roten Kuppel. Rechts zweigt
eine Straße nach Driós ab, links führt die Straße ins Dorf Angeriá hinein, geradeaus führt
eine Straße zum Kloster Ágii Theódori hinauf, auf der man nun die Wanderung beginnt.

Nach 15 Minuten liegt zwischen einer
Strom- und einer Telegrafenleitung linkerhand ein rechteckiges, gemauertes Becken.
Hier beginnt auf der rechten Straßenseite ein
schmaler Pfad, der an einer Feldmauer ent-
langführt. Ein kurzes Stück oberhalb ist
schon ein Feldweg zu erkennen, der in Richtung Telegrafenmasten oben am Berg verläuft. Über ein kleines Mäuerchen geht man
auf eine kleine, weiße Kapelle zu, die nach
drei Minuten erreicht ist. Zwischen einem
runden Dreschplatz und einem Taubenhaus
hindurch gelangt man nach einer Minute auf
diesen Feldweg, der nach rechts den Berg hinaufführt.

Nach 15 Minuten ist eine Paßhöhe erreicht.
Der Blick fällt nun nicht mehr auf Angeriá
und Antíparos, sondern voraus auf Náxos,
die Erimoníssia, Amorgós und Íos. Nach wei-

teren 15 Minuten liegt rechterhand ein Gehöft, der Feldweg ist hier auf ein kurzes Stück
betoniert. Er geht weiter bergan und führt
nach wiederum 15 Minuten direkt zum Kloster *Ágii Theódori*. Das im 17. Jahrhundert
gegründete, 1928 aber völlig neu erbaute Kloster beherbergt noch etwa 25 Nonnen, die ihren Lebensunterhalt mit Webarbeiten verdienen. Sie fertigen Bettdecken, Wandbehänge
und Teppiche. Frauen in Hosen und Männern
ist der Zugang zum Kloster verwehrt.

Man geht nun auf demselben Weg weiter in
Richtung auf den mit Antennen verschandel-
ten, höchsten Inselberg Ágios Ilías zu. Nach
knapp 20 Minuten erreicht man das nur noch
von einer Familie bewohnte Dorf Anértizas.
Bevor man ins Dorf kommt, sieht man halbrechts voraus bereits weit oben eine Straßentrasse vor sich, zu der vom Dorf aus ein
schwach erkennbarer Pfad hinaufführt: Pfad
und Straßentrasse sind die nächsten Ziele.

Neben der winzigen Dorfkirche von Anértizas erhebt sich ein einfaches Grabdenkmal.
Hinter einer von jedermann zu öffnenden
Glastür ruhen die Gebeine von Nikólaos Stél-
las, der 1921 in diesem Dorf geboren wurde
und während der deutschen Besatzung der Insel an einem Sabotageakt auf den deutschen
Feldflughafen im Nordosten von Páros beteiligt war. Er wurde von den Deutschen 1944 in
Márpissa erhängt.

Das Weitergehen auf dem Feldweg versperren
im Dorf zwei hölzerne Gatter, die man öffnen
oder überklettern muß. Gleich nach dem
zweiten Gatter gabelt sich der Feldweg, man
folgt ihm links hinunter zum 5 Minuten entfernten, auf der anderen Talseite stehenden
Einzelgehöft hin. Unmittelbar vor diesem
Gehöft führt ein nur schwach erkennbarer
Pfad rechts rückwärts den Hang hinauf in
Richtung Osten. Er wird bald besser erkennbar und folgt nach gut 10 Minuten Gehzeit für
eine kurze Weile einer mannshohen Mauer.
5 Minuten später kommt die Straßentrasse
wieder in Sicht. 25 Minuten später ist sie erreicht.

Man geht nun die Straße etwa eine Minute lang nach rechts abwärts. Vor einer Brücke zweigt nach links ein markierter Weg in ein Bachtal ab und verläuft dann (rot markiert) rechts oberhalb des Tales. Nach gut 5 Minuten stößt man auf einen Feldweg, dem man nach links folgt. Nach 3 Minuten ist das *Kloster Ágios Ioánnis* in Sicht. 5 Minuten später zweigt ein rot markierter Pfad nach links ab, die Stadt Náxos ist jetzt in der Ferne gut erkennbar. Nach weiteren 8 Minuten steht man am Kloster.

Das Kloster der Sauerkirschen

Das kleine Kloster Ágios Ioánnis Káparos stammt in seiner heutigen Form aus dem Jahre 1646 und besitzt in der Klosterkirche eine schöne Ikone Johannes des Täufers aus dem Jahre 1652. Das Kloster wird von einem (gut französisch sprechenden) Laien betreut, einem Verwandten des exzentrischen Minás aus dem gleichnamigen Kloster bei Maráthi (S. 100). Er kümmert sich vor allem auch um die Ernte der Sauerkirschen im Obstgarten des Klosters, die nirgends auf Páros so gut und zahlreich gedeihen wie hier.

Vom Kloster aus geht man wenige Schritte auf dem schon bekannten Weg zurück und wendet sich dann an einem Haus gleich nach links. Der hier beginnende Feldweg überquert nach 10 Minuten ein betoniertes Straßenstück und mündet nach weiteren 10 Minuten wieder auf diese Straße. Man folgt der Straße nach rechts abwärts und kommt nach erneut 10 Minuten im Dorf Léfkes an.

Léfkes – das Pappeldorf

Léfkes ist nach den Pappeln benannt, die einst in großer Zahl in der Umgebung des Dorfes standen. Heute sind sie verschwunden, dafür besitzt Léfkes am Ortsrand ein auf den Kykladen seltenes Kiefernwäldchen. Der besondere Reiz des Dorfes aber sind seine schöne Lage etwa 250 Meter hoch über der von hier aus weithin sichtbaren Ägäis und seine engen, alten Dorfgassen mit ihren vielen Häusern aus

vergangenen Jahrhunderten. Während der türkischen Herrschaft war Léfkes die Inselhauptstadt, denn hier war man vor Piraten relativ sicher. Der schönste Platz im Dorf ist die winzige Platía vor dem Kafeníon Lúkas E. Lúkis gegenüber vom kleinen, meist geschlossenen Volkskundlichen Museum.

Wichtige Hinweise

Dauer: 3¼ Std.
Wegbeschaffenheit: bis zum Dorf Anértizas stetiger, aber nur mittelsteiler Anstieg, ca. 400 m. Danach bis zur Straße steiler Anstieg, ca. 200 m.
Orientierung: überwiegend einfach, nur zwischen Anértizas und der Straße mittelschwer.
Restaurants: nur in Léfkes. Brunnen in den beiden Klöstern.
Verkehrsverbindungen: nach Angeriá häufige Busverbindung ab Paríkia (14 km, 35 Min.). Von Léfkes häufige Busverbindung nach Paríkia (10 km, 20 Min.). Píso Livádi (11 km, 15 Min.) und Driós (26 km, 35 Min.).
Am Wege:
Kloster Ágii Theódori
Blick auf Antíparos, Amorgós, die Erimoníssia, Íos und Náxos
Denkmal für einen Widerstandskämpfer in Anértizas
Blick auf den höchsten Inselberg, Ágios Ilías (711 m)
Kloster Ágios Ioánnis
Dorf Léfkes.

5 Von Léfkes nach Pródromos

Für phantasievolle Zeitgenossen ist diese kurze Wanderung ein besonderes Erlebnis: Sie führt über das Pflaster einer alten byzantinischen Straße. Wer mag hier alles in den letzten 1000 Jahren entlanggegangen sein, was mag er gewollt und gefühlt haben?

Strategische Überlegungen der Militärs haben beim Straßenbau schon immer eine Rolle gespielt. Sie haben auch zum Bau dieser byzantinischen Straße geführt. Sie verband nämlich die beiden wichtigsten byzantinischen Festungen der Insel, die von Paríkia und die von Kéfalos oberhalb von Márpissa (Wanderung 6) miteinander.

Wegbeschreibung

Nach Léfkes häufige Busverbindung von Paríkia (20 Min.) und von Driós (35 Min.). In Léfkes gehe man zunächst zur kleinen Platía mit dem Kafeníon Lúkis gegenüber vom Volkskundlichen Museum (›Folklore Museum‹). Steht man vor dem genannten Kafeníon, steigt man nach rechts die Treppen hinunter, kommt gleich darauf in eine kleine Talsenke und geht sie auf dem gut sichtbaren Weg abwärts. Anfangs ist er noch ungepflastert, dann aber folgen immer wieder längere Abschnitte, auf denen sich das 1000 Jahre alte Pflaster erhalten hat. Nach 30 Minuten überquert man eine schöne Brücke aus byzantinischer Zeit, nach weiteren 20 Minuten gelangt man ins kleine, noch sehr ursprüngliche Dorf *Pródromos*, das relativ selten von Fremden besucht wird.

Wichtige Hinweise

Dauer: 50 Min.
Wegbeschaffenheit: breiter, z. T. gepflasterter Fußweg.
Anstieg: nur ein kurzer Anstieg, ca. 50 m.
Orientierung: sehr einfach.
Restaurants: in Léfkes. Kafenía in Pródromos.
Verkehrsverbindungen: Nach Léfkes s. oben. An der Hauptstraße, die an Pródromos vorbeiführt, halten ebenfalls alle Busse von Paríkia an die Ostküste.
Besonderheiten am Wege:
Dorf Léfkes
Wanderung auf byzantinischer Straße
byzantinische Brücke
selten besuchtes Dorf Pródromos.

Auf dem Weg von Léfkes nach Pródromos, byzantinische Brücke

6   Von Pródromos nach Píso Livádi

Mit dieser kurzen Wanderung kann man zum Beispiel einen Badetag an der Ostküste einleiten. Vielleicht landet man dann ja gar nicht in Píso Livádi, sondern sucht sich eine andere der vielen Buchten und Strände aus, die man vom Burgberg Kéfalos aus sieht.

Wegbeschreibung

Nach Pródromos zu Fuß von Léfkes aus (Wanderung 5) oder mit dem Linienbus von Paríkia (25 Min.). In Pródromos geht man die Hauptstraße entlang, die nach Márpissa führt, und bleibt auf ihr für etwa 7 Minuten. 200 Meter nach dem Ortsende-Schild von Pródromos biegt man gleich hinter einer Brücke links in ein Bachbett hinein und nimmt dann den gut erkennbaren Weg zwischen Feldmauern auf die Kirche mit roter Kuppel zu, die vor einem auf einem Hügel steht.

Nach 8 Minuten ist man an der Kirche und durchquert das Dorf *Márpissa* in Richtung auf

den deutlich erkennbaren Bergkegel zu, der die Reste der Burg Kéfalos und eine weiße Kapelle trägt.

Man kommt zu den drei Windmühlen des Dorfes (hier auch Bushaltestelle und Kafeníon). Auf der Südseite der Mühlen beginnt ein Weg, der nach knapp 5 Minuten am letzten Haus des Dorfes vor einem niedrigen Hügel einen scharfen Rechtsknick macht. Hier geht man geradeaus weiter in eine 8 Meter lange, scheinbare Sackgasse hinein, an deren En-

de links ein breiter Pfad beginnt, der in knapp 25 Minuten auf den Gipfel des *Kéfalos* führt.

Ein Berg für Strategen: Der Kéfalos

Der markante Bergkegel des Kéfalos fällt schon von weitem auf. Seine Hänge sind relativ steil und waren daher immer gut zu verteidigen, der Blick vom Gipfel reicht weit übers Meer und die Ostküste der Insel. Kein Wunder also, daß schon die Byzantiner hier oben ein Kastell erbauen ließen. Die Venezianer erneuerten die Burg im 15. Jahrhundert. In ihr verschanzten sich die letzten venezianischen Herren der Insel, Bernardo Sangredo und seine Frau Cecilia Venieri, vor den letztlich doch siegreichen Türken.

Heute wird der Berg wieder militärisch genutzt, allerdings nur mit einer Antennenanlage. Ihretwegen ist der Zutritt zum verlassenen, aber noch immer gepflegten Gipfelkloster des hl. Antonios verboten. Betreten darf man hingegen die Ruinen einiger anderer Kapellen und Bauten aus dem Mittelalter rund um den Gipfel.

Vom Kéfalos aus kann man entweder querfeldein in etwa 30 Minuten nach Píso Livádi hinuntergelangen oder nach Márpissa zurückkehren, um von dort per Bus oder zu Fuß über die Asphaltstraße Píso Livádi zu erreichen, wo man einen schönen, kleinen Sandstrand direkt im Ortszentrum findet.

Besondere Hinweise

Dauer: 1¼ Std.
Wegbeschaffenheit: teils Asphaltstraße, teils gute Fußwege.
Anstieg: von Márpissa auf den Kéfalos mittelsteil, ca. 200 m.
Orientierung: einfach.
Restaurants: in Márpissa und Píso Livádi.
Verkehrsverbindungen: In Píso Livádi halten die Busse von Driós (15 km, 20 Min.) und Paríkia (21 km, 35 Min.)
Besonderheiten am Wege:
Dorf Pródromos
Windmühlen von Márpissa
Bergkegel Kéfalos
Strand von Píso Livádi.

7 Antíparos: zur Tropfsteinhöhle

Vom Hafen Paríkia (Páros) fahren mehrmals täglich Kaïkis nach *Antíparos*. Die Wanderung führt von hier zur einzigen Sehenswürdigkeit der Insel, einer eindrucksvollen *Tropfsteinhöhle* am Hang des höchsten Inselberges, des 300 Meter hohen Ágios Ilías. Unterwegs passiert man mehrere kleine Sandstrände. Wer nicht denselben Weg zurückgehen will,

kann mit dem Bus oder Kaïki nach Antíparos zurückkehren.

Wegbeschreibung

Man nimmt im Hafen Paríkia das Kaïki nach *Antíparos*. Die Tropfsteinhöhle wird erst geöffnet, wenn der erste Bus bzw. die ersten Kaïki-Passagiere an der Höhle eintreffen.

Vom Anleger in Antíparos aus geht man die Hauptgasse des Ortes entlang. Nach 5 Minuten kommt man zum Dorfplatz mit mehreren Kafenía. Hier steht man am Rande des historischen Siedlungskerns, des *Kástro-Viertels.*

Das Kástro von Antíparos

Das Kástro wurde im 15. Jahrhundert in einem Zuge als geschlossene autonome Siedlungseinheit erbaut. Lückenlos aneinandergereihte dreigeschossige Häuser umschlossen einen rechteckigen Innenhof, in dessen Mitte sich ein Turm erhob, von dem aus man bis aufs Meer blicken konnte. Die Häuser bildeten nach außen hin eine fensterlose Verteidigungsmauer, in die Schießscharten eingelassen waren. Vom Innenhof aus waren die Obergeschosse der Häuser über Außentreppen zugänglich.

Die ursprüngliche Form dieser Anlage ist auch heute noch deutlich erkennbar, obwohl vom alten Wachtturm nur noch Reste stehen und die zwei bis drei Meter dicken Außenmauern der Häuser längst durchbrochen wurden, um Fenster einzulassen oder gar in den Erdgeschossen Cafés und Läden einzubauen.

Von der Platía aus geht man die Hauptgasse weiter entlang. Sie führt am Friedhof vorbei aus dem Ort hinaus und geht in einen breiten Feldweg über, der meist am Meer entlang nach Süden verläuft. Nach 1¼ Stunde kommt man an eine Stromleitung, unter der eine Staubstraße nach rechts oben zur Höhle abzweigt (Hinweisschild ›Spileon‹). Wer nicht auf dieser Straße gehen will, kann auch den alten Eselspfad zur Höhle benutzen, der weitgehend gut erkennbar der Stromleitung folgt. Nach 45 Minuten ist dann die *Tropfsteinhöhle* erreicht.

Die Tropfsteinhöhle von Antíparos

Der Eingang zur Höhle liegt 177 Meter über dem Meeresspiegel. In der elektrisch beleuchteten Höhle führen 400 einfache, nicht überall durch Geländer gesicherte Stufen abwärts. An einer Stelle gabelt sich der Stufenweg: Nach links führt er auf eine kleine Naturplattform, auf der im Jahre 1673 der französische Gesandte in Istanbul mit seinem Gefolge eine Christmette feierte. Es muß eine romantische Weihnachtsnacht bei Fackelschein gewesen sein und eine die Phantasie anregende noch dazu, trägt ein als Altar benutzter Stalagmit doch die lateinische Inschrift »Christus erschien um Mitternacht zum Fest im Jahre 1673«.

Der Treppenweg, der an der Gabelung weiter geradeaus abwärtsführt, endet an einer Stelle, an der sich Griechenlands erster König, der Wittelsbacher Otto (Othónos), namentlich auf einem Stalagmiten verewigt hat. Er hatte sich mit seinem Gefolge am 27. September 1840 über Seile und Leitern bis auf den Höhlengrund begeben.

Für den Rückweg nach Antíparos benutzt man dieselbe Straße, die man gekommen ist.

Wer mit dem Kaïki zurückfahren möchte, kehrt zurück bis an die Straßengabelung unter der Stromleitung und wendet sich hier nach rechts. Am ›Maultierparkplatz‹ vorbei, auf dem die Tiere und ihre Treiber auf Touristen warten, kommt man zu einem kleinen, nur im Sommer geöffneten Kafeníon am Anleger.

Vom Hafen mit Kaïki zurück nach Paríkia. Man kann aber auch mit der Autofähre nach Púnda (Páros) übersetzen und mit dem Bus zurück nach Paríkia fahren.

Wichtige Hinweise

Dauer: 2 Std. 50 Min. (einfacher Weg), Paríkia – Antíparos ½ Std. (einfache Strecke).
Wegbeschaffenheit: breiter Feldweg.
Anstieg: mittelsteil zur Höhle, ca. 165 m.
Orientierung: sehr einfach.
Restaurants: am Bootsanleger unterhalb der Höhle ein Kafeníon (nur im Sommer geöffnet, außer Getränken meist nur Obst erhältlich).
Busverbindung: in der Saison mehrmals täglich von Antíparos zur Höhle (9 km, 15 Min.).
Am Wege:
das Kástro von Antíparos
Tropfsteinhöhle.

Íos

von Heinz und Ingeborg Rosin

Íos im Überblick

Hafen: Íos (Gialós).
Größe: 108 km². Länge 18 km, größte Breite 8 km.
Höchste Erhebung: Pírgos, 732 m.
Einwohnerzahl: 1270.
Hauptort: Íos (Chóra)
Verkehrsverbindungen:
Schiffsverbindungen (Saison): ab Piräus: Páros – Náxos – Íos – Thíra viermal wöchentlich; Páros – Íos – Thíra zweimal wöchentlich; Síros – Páros – Náxos – Íos – Síkinos – Folégandros – Oía – Thíra einmal wöchentlich; Síros – Páros – Folégandros – Síkinos – Íos – Thíra einmal wöchentlich; Sérifos – Sífnos – Íos – Thíra einmal wöchentlich; Síros – Páros – Náxos – Íos – Síkinos – Folégandros – Thíra einmal wöchentlich; Páros – Náxos – Íos – Oía – Thíra – Iráklion (Kreta) einmal wöchentlich.
Straßenverkehr: unbefestigte Straße nach Agía Theodótis; Bus fährt nach Bedarf; Asphaltstraße vom Hafen zur Chóra und zum Milopótas-Strand, Pendelverkehr mit Bussen; unbefestigte Straße nach Kubára.
Mofa- und Motorrad-Verleih.
Tagesausflüge mit Booten nach Páros, Náxos, Míkonos, Thíra, Manganári-Bucht.
Unterkunft: *Bungalows* in der Manganári-Bucht (Kategorie B); *Hotels* der Kat. C, D und E in Gialós (Órmos Íou, Hafenort) und in der Milopótas-Bucht; zahlreiche *Pensionen und Privatzimmer* in der Chóra und in der Milopótas-Bucht; einfache Zimmer in Kubára, Valmá und Agía Theodótis.
Camping: Campingplätze in Gialós (Hafen) und am Milopótas-Strand.
Strände: Milopótas, Manganári, Agía Theodótis, Kubára, Kolitsáni, Gialós, Psathí, Klíma, Kálamos, Valmá (Sandstrände); Púnda (Felsen).
Spezialitäten: Xinó Tirí (Quark), Honig.
Feste: 24. Juni (Pírgos), 24. August (Rematiés Vardúmi), 29. August (Psathí, Kálamos), 8. September (Agía Theodótis).

Wesen und Merkmale der Insel

Íos (auch Niós) ist eine gebirgige Insel. Die Westküste fällt steil ab, die anderen Küstenabschnitte haben größere und kleinere Buchten mit zum Teil sehr schönen Sandstränden. Die größte Bucht, der geschützte Hafen von Íos, greift tief in die Insel hinein.

Der nördliche Teil der Insel besteht aus Schiefer und Marmor, das Massiv des Profítis Ilías aus Gneis. Chóra liegt auf einem Ausläufer dieses Gebirgszuges, etwa einen Kilometer vom Hafen entfernt.

Im Zentrum von Íos erhebt sich das Pírgos-Gebirge mit dem höchsten Gipfel (732 m). Der südliche Teil der Insel ist eine kahle Hochebene aus Granit (Höhe etwa 300 bis 400 Meter).

Für den Anbau von Getreide und Gemüse eignen sich nur das an die Hafenbucht angrenzende Hinterland (Kámpos) und wenige Täler und Hochflächen.

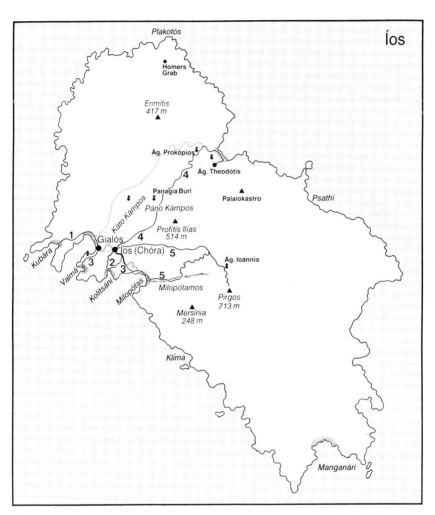

Íos ist sehr wasserarm. Angebaut werden Hülsenfrüchte, Wein, Getreide, Oliven und Feigen. Im Gebirge liegen Weideflächen für Ziegen und Rinder. Die heutige wirtschaftl. Grundlage ist der Tourismus.

Die schönsten Strände befinden sich in der Milopótas- und in der Manganári-Bucht. Diese großen und breiten Buchten mit herrlichem, hellgelbem Sand werden im Sommer von ganzen Heerscharen von Touristen bevölkert. Im Wasser wimmelt es von Windsurfern und Tretbootfahrern.

Man muß darauf hinweisen, daß Íos in der Saison nicht die richtige Insel für Reisende ist, die Ruhe, Abgeschiedenheit und griechische Lebensart erleben wollen. Sie zeigt alle negativen Auswirkungen des Massentourismus. Die Chóra stellt sich im Sommer als ein einziger Rummelplatz dar. Es gibt inzwischen etwa 40 Diskotheken und Bars, etliche Schnellrestaurants und es kommen immer neue Lokale hinzu. Jeder mögliche Platz wird zugebaut, um noch mehr Zimmer für noch mehr Touristen zur Verfügung stellen zu können. Erstaunlicherweise werden überall Zimmer mit Dusche angeboten – man fragt sich, wo das Wasser herkommen soll, das oft schon im Juli rationiert werden muß.

Íos, das als ›Paradies‹ für Hippies und Rucksackreisende bekannt wurde, wird inzwischen auch von englischen und skandinavischen Reiseveranstaltern als Ziel für junge Pauschalreisende angeboten, die nur kommen, um sich zu amüsieren und auszutoben. Alkoholmißbrauch und Drogenhandel sind an der Tagesordnung. Viele junge Leute kommen schon betrunken und grölend von der Fähre. Nachts, wenn die Diskotheken und Bars schließen, ziehen laut singende und brüllende Gruppen durch den Ort.

Nicht nur Hafenort und Chóra sind übersät mit Abfall. Was die Müllabfuhr nicht bewältigt, wird vom Meltémi (Nordwind) in die nähere und weitere Umgebung geweht.

Trotzdem: Sobald man sich ein wenig vom Zentrum des Trubels entfernt, erlebt man eine landschaftlich reizvolle Insel. Man muß bereit sein, auf Íos einiges

an leider traurigen Mißständen zu übersehen oder die Insel in der Hochsaison meiden.

Geschichte

Seit dem 3. Jt. v. Chr. ist Íos bewohnt (Fund von frühbronzezeitlichen Gräbern in der Manganári-Bucht).

Der älteste überlieferte Name der Insel ist ›Phoinike‹ (phönizisch) = Dattel. Auch heute steht eine einzelne, große Dattelpalme über der Chóra; der Name Íos oder auch Íon könnte von den Ioniern stammen oder auch daher, daß die Insel im Altertum von Ía (Veilchen) übersät war. Während der Türkenherrschaft hieß die Insel Eine oder Ansa.

Es gibt keine überlieferten Daten über Íos bis zur

480 v. Chr. Schlacht von Salamís. Die Insel wird Mitglied des Attischen Seebundes.

338 v. Chr. Schlacht von Chaironeía; Eingliederung in das Königreich Makedonien.

Von 323 v. Chr. bis 31 v. Chr. ist Íos im Besitz der ägyptischen Ptolemäer.

Es gibt keine Daten aus römischer und byzantinischer Zeit.

1207 kommt Íos zum Herzogtum Náxos unter Marco Sanudo.

1269 wird die Insel wieder von den Byzantinern erobert und besetzt und

1292 durch die Venezianer besetzt. Durch Piratenüberfälle wird die Insel vollständig entvölkert.

1397 kommt Íos in den Besitz des Venezianers Marco A. Crispo, der die Insel durch Albaner von der Peloponnes wiederbesiedelt.

1537 Íos wird von den Osmanen erobert. Erneute Piratenüberfälle bis zur Entvölkerung. Wieder kommen albanische Siedler.

Die Inselbewohner (›Nioten‹) stellen den vorzüglichen Hafen den Piraten zur Verfügung und beteiligen sich an deren Beutezügen. Wie die Milier (Einwohner von Mílos) sind auch die Nioten begehrte Lotsen für größere Schiffe.

1770 bis 1774   macht Íos Bekanntschaft mit den Russen. Nach einem Vertrag zwischen Türken und Russen wird die Insel wieder türkisch.

1821   Beginn der Befreiungskämpfe gegen die Türken. Die patriotischen Nioten beteiligen sich, der Hafen wird Flottenstützpunkt. Besonders verdient macht sich Sp. Valétas, der unter König Otto I. öffentliche Ämter erhält.

1830   Eingliederung ins griechische Königreich.

Der Ort Íos (Chóra)

Die Lage des Städtchens ist seit dem Altertum dieselbe geblieben. Das heutige Íos ist im 14. Jahrhundert auf den Trümmern der alten ionischen Stadt errichtet worden. Es liegt auf einem kegelförmigen Hügel von etwa 140 Metern Höhe und nimmt dessen östliche und südliche Seite ein.

Auf dem Gipfel gab es im Altertum eine Akropolis, in venezianischer Zeit ein Kastell. Von beiden Bauwerken ist nichts Sichtbares erhalten. Ein verfallenes Kirchlein auf der Spitze des Hügels mit noch erkennbaren Fresken könnte aus venezianischer Zeit stammen. Außerdem soll es unterirdische Gänge aus dieser Zeit geben.

Íos ist ein typisches Kykladenstädtchen mit weißgetünchten, würfelförmigen Häusern, dazwischen stehen viele kleine und größere Kirchen mit Kuppeln und Tonnengewölben. Die breiteren Gassen sind durch enge, treppenartig angelegte Gäßchen und überdachte Durchgänge miteinander verbunden.

Vom Hafen zur Chóra hinauf führt außer der Straße ein alter, stufenförmig angelegter Weg (Skála), der unterhalb der Chóra an der Straße endet.

Hier, an einem größeren Platz, stehen die Kirchen Pródromos und Agía Aikateríni – letztere an einer Stelle, an der in der Antike der Tempel des Apollon Pýthios gestanden

hat. Bei Grabungen ist man auf antike Funde gestoßen, deren Inschriften darauf schließen lassen.

Von hier bis zu der höher gelegenen Kirche Ágioi Anárgiroi erstreckte sich die antike Agorá. Am unteren Teil des Hügels, der nicht bebaut ist, erkennt man Reste der alten Stadtmauern. Auch weiter oben sind in mehreren Stufen Mauerreste zu erkennen.

Probegrabungen sind bereits vorgenommen worden. Links des Weges, der zur Chóra führt – oberhalb der unteren Mauer –, sind Reste von Häuserwänden und der alten Kanalisation freigelegt worden.

1   Vom Hafen Gialós zur Bucht Kubára

Kubára ist eine der ruhigen und noch nicht zugebauten Badebuchten der Insel. Hier gibt es einen mit Steinen durchsetzten Sandstrand.

Wegbeschreibung

Man geht von der Busstation am Hafen die asphaltierte Straße entlang, die um die Hafenbucht mit dem Badestrand *Gialós* herumführt. Am Ende des Strandes steigt die Straße, die jetzt unbefestigt ist, leicht an. Hier gibt es kleine Sandstrände und flache Felsen, die zum Baden gut geeignet sind. Man hat einen schönen Blick über die Hafenbucht und die darüberliegende Chóra. Nach Überqueren der Hügelkuppe erreicht man die *Bucht Kubára* (30 Min.).

Wichtige Hinweise

Dauer: 1 Std.
Wegbeschaffenheit: ein Drittel Asphaltstraße, sonst unbefestigte Straße.
Anstieg: unbedeutend.
Orientierung: leicht.
Restaurants: am Strand von Kubára.
Busverbindung: keine.
Am Wege:
der Hafenstrand Gialós
mehrere kleine Strände
Badeplätze mit flachen Felsen.

Zu den Farbtafeln 1–20

1 Taubenhäuser auf Tínos

2 Santoríni, Blick auf die gewaltige Kraterwand der Caldéra und die Orte Phíra (Fíra) und Merovígli

3 Gasse in Tínos

4 Sérifos, Blick auf den Hauptort (Chóra) der Insel

5 Folégandros, in den Gassen des hochgelegenen Hauptortes (Chóra)

6 Einfache klare Formen und weißgekalkte Wände bestimmen die typische Kykladenarchitektur (Santoríni)

7 Sífnos, auf dem Weg nach Kástro, der alten Hauptstadt der Insel

8 Náxos, die mittelalterliche Chóra mit dem venezianischen Kastell

9 Beim Dreschen: Um die Spreu vom Korn zu trennen, werden Mulis über die ausgebreiteten Garben getrieben

10 Páros, Mehltransport bei Púnda, im Hintergrund die Insel Antíparos

11 Tínos, auf dem Weg nach Pírgos (Pánormos)

12 Der weitausladende Maulbeerbaum spendet reichlich Schatten

13 Olivenbäume, Hunderte von Jahren alt kann dieser wichtigste Kulturbaum Griechenlands werden

14 In den Gassen vieler Inseldörfer trifft man fast nur noch die Alten an

15 Für ein Kafeníon reichen oft ein paar wacklige Stühle und Tische

16 Im Alltag der Inselgriechen ist der Dorfpope nicht wegzudenken

17 Bei einer dörflichen Feier: Buzúki-Spieler und Dorfpope (Papás)

18 Míkonos, der malerische Hafen des Hauptortes

19 In den Hafenorten hängt der Oktopus (achtarmiger Polyp) zum Trocknen in der Sonne (Hafen von Náxos)

20 Rucksacktouristen ›entern‹ ein Schiff

4

5

3

7

8

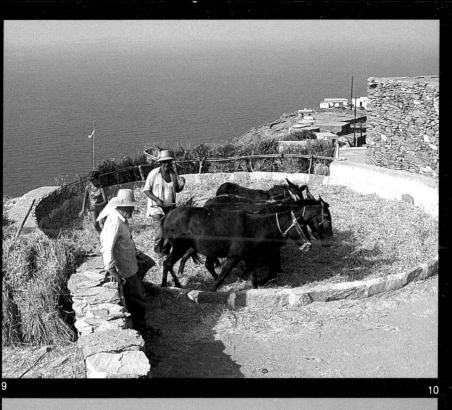

9

10

16

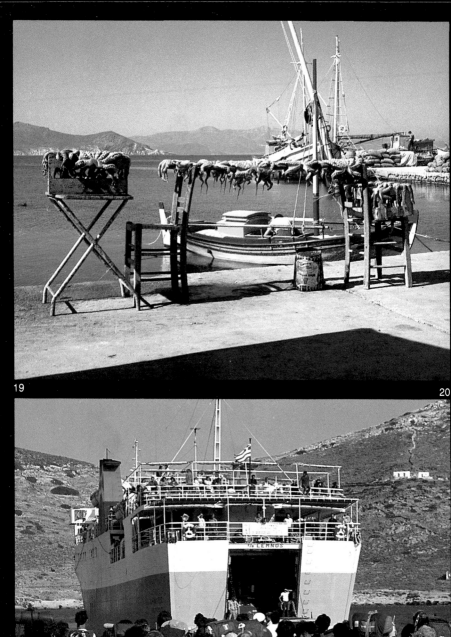

19

20

2 Von der Chóra zur Bucht Kolitsáni

Kolitsáni ist eine fast unberührte Bucht mit Sandstrand, durchsetzt mit runden, flachen Steinen. Man spürt hier nicht, daß die Nachbarbucht der große, überlaufene Milopótas-Strand ist.

Wegbeschreibung

Der Weg beginnt an der Bushaltestelle unterhalb der Chóra. Man geht hinter dem Restaurant ›Hellenic‹ links über einen breiten, unbefestigten Weg mit leichter Steigung (Wegweiser). Am höchsten Punkt gabelt sich der Weg.

Von hier bietet sich ein herrlicher Blick auf die Chóra, die trotz allem, was sich in Íos in den letzten Jahren getan hat, immer noch eine der schönsten auf den Kykladen ist.

Man geht den linken Weg weiter, der bald schmaler und steiniger wird und in Windungen über Felsen abwärts führt. Jetzt sieht man die *Bucht von Kolitsáni*, die zwischen steilen, terrassierten Hügeln liegt.

Der letzte Teil des Pfades ist ziemlich steil und führt über Platten von silbrig schimmerndem Schiefer. Man erreicht den Strand nach etwa 30 Minuten.

Als Rückweg empfiehlt sich eine andere Route, um sich den steilen Aufstieg zu ersparen. Man klettert am linken Ende des Strandes über die flachen Mauern der Felder und erkennt bald einen ausgetretenen Pfad, der durch den Taleinschnitt führt. Über Felsen steigt man zunächst an. In den Feldern stehen einige Feigen- und Olivenbäume.

Vom höchsten Punkt aus sieht man links eine der zwei noch erhaltenen Windmühlen auf Íos, weit hinten auf dem Berg Pírgos erkennt man die weißen Mauern und die Kuppel des Kloster Ágios Ioánnis.

Der Pfad biegt nach links ab, und man blickt über die Milopótas-Bucht – ein aus dieser Entfernung immer noch schöner Anblick. Der Weg mündet (hinter zwei üblen Nachtclubs) in die Straße. Die Busstation hat man nach 30 Minuten erreicht.

Wichtige Hinweise

Dauer: 1 Std.
Wegbeschaffenheit: steiler Abstieg über Felsen; Rückweg: schmaler Pfad über Felsen, später Geröllweg.
Anstieg: unbedeutend.
Orientierung: leicht.
Restaurants: keine; in den letzten Jahren kam mittags während der Saison ein Mann mit Kühltasche, der Getränke verkaufte.
Busverbindung: keine.
Am Wege:
Hinweg: sehr schöner Blick auf die Chóra
insgesamt: schöne Aussichten, ein ruhiger Strand

3 Vom Hafen zur Bucht Valmá

Die Badebucht von Valmá mit durchschnittlich schönem Sandstrand, kleiner Taverne und einer einfachen Pension bietet dem Zuflucht, der auf Íos etwas Ruhe sucht.

Wegbeschreibung

Von der Busstation am Hafen geht man um den Boots- und Yachthafen herum, am Campingplatz vorbei auf die Kirche Agía Iríni zu.

Die weißgetünchte Kirche *Agía Iríni*, ein Wahrzeichen von Íos, begrüßt den Ankömmling, wenn sein Schiff in den Hafen von Íos einläuft. Sie zeigt alle typischen Merkmale der Kykladenarchitektur. Das Zusammenspiel von Licht und Schatten, Kuben, Kuppeln und Gewölben, die Vertikalen der Türme, die Horizontale des Kirchenschiffs, das durch drei Gesimse gegliedert ist, bieten ein Bild vollkommener Schönheit. Leider hat man dieses Kleinod in einen regelrechten Käfig aus Maschendraht verpacken müssen, da die Kirche und ihre Umgebung allzu oft zum Schlaf- und Campingplatz umfunktioniert worden sind. Dazu ist den Inselbewohnern ein Schildbürgerstreich gelungen, der einem die Haare zu Berge stehen läßt. Man hat versucht, Teile der Außenmauern der Kirche, die aus dem 17. Jahrhundert stammt, mit Beton (!) zu restaurieren. Der Denkmalschutz kam zu spät.

Hinter der Kirche führt ein Trampelpfad am Hang, parallel zum Meeresufer, nach Valmá.

An vielen Stellen kann man zum Wasser hinuntersteigen; die flachen Felsplatten, die es hier gibt, sind bei Nacktbadern sehr beliebt.

Nach etwa 15 Minuten kommt man an ein kleines Kap namens *Púnda*. Hinter Púnda beginnt die *Bucht von Valmá*. Nach weiteren 5 Minuten erreicht man den Strand.

Wichtige Hinweise

Dauer: 40 Min.
Wegbeschaffenheit: schmaler, ausgetretener Pfad.
Anstieg: unbedeutend.
Restaurants: ein Restaurant am Strand von Valmá.
Busverbindung: keine.
Am Wege:
die aus dem 17. Jh. stammende Kirche Agía Iríni
Badeplätze mit flachen Felsen.

4 Zur Bucht von Agía Theodótis an der Ostküste

Der Strand von Agía Theodótis stellt in Íos noch eine Oase der Ruhe dar. Oberhalb der Bucht liegt die Wallfahrtskirche gleichen Namens, deren Panigíri am 8. September gefeiert wird.

Wegbeschreibung

Man beginnt die Wanderung in Chóra an der *Platía Ioánnis Stínis,* kurz vor der Treppe zu den Windmühlen. Beim Restaurant Pavlís geht man die Straße rechts hinunter, die in den Fußweg (›Monopáti‹) nach Káto Kámpos einmündet. Nach fünf Minuten erreicht man an einer kleinen Kapelle mit Flachdach eine Weggabelung; der linke Weg führt in die unten liegenden Felder, der rechte nach Agía Theodótis. Er mündet bald in die unbefestigte Fahrstraße, die man schon nach kurzer Zeit wieder verläßt, um rechts vor dem Kirchlein *Ág. Spirídon* auf das alte Monopáti nach Ag. Theodótis abzubiegen.

Es steigt zunächst stark an; danach geht man am Hang des Profítis Ilías parallel zur Straße weiter. Durch altes Kulturland gelangt man zum Scheitelpunkt des Weges. Von hier hat man eine sehr schöne Aussicht. Oben liegt die Chóra von Íos, darunter *Káto Kámpos* (untere Ebene), das sich bis zur Hafenbucht ausdehnt. Weit hinten erkennt man die Insel Síkinos. Unterhalb des Weges erstreckt sich *Páno Kámpos* (obere Ebene) mit seinen Terrassierungen und verstreut liegenden Gehöften und Kapellen. Nur um die Kirche *Panagía Búri,* die am Fuß des Hangs liegt, scharen sich ein paar Häuser. Schon hier ist man erstaunt, daß man sich auf derselben Insel befindet, auf der Tausende von Jugendlichen Nacht für Nacht bis in den Morgen für kaum noch zu ertragenden Lärm und Trubel sorgen.

Man geht am Hang entlang auf gleicher Höhe weiter. Kurz hinter einem verlassenen, unter Eukalyptusbäumen stehenden Bauernhaus ist der Pfad auf einigen Metern zugewachsen. Man passiert dieses Stück oberhalb des Weges. Wieder auf dem Monopáti, steigt man zur Kirche *Ágios Prokópios,* neben der ein schönes Wohnhaus steht, ab. Eine Stunde und 20 Minuten nach Beginn der Wanderung erreicht man die Kirche, die inmitten eines kleinen Paradieses liegt; ein Bach, der vom Berg Profítis Ilías herunterfließt, führt noch im August Wasser – allerdings nur wenig. Das kleine Tal ist voller Zypressen und Olivenbäume. Es ist eine Landschaft, die an Korfu oder Náxos erinnert.

Geht man den Weg weiter, der rechts vor dem Haus aufwärts führt, begegnet man sehr schnell einer anderen Vegetation. Das Kulturland endet, die Phrýgana beginnt; Thymian herrscht vor. Bis jetzt war das Monopáti sehr gut begehbar und durch Steinwälle auf beiden Seiten gekennzeichnet. Das ändert sich nun. Da der Weg zugewachsen ist, folgt man den Mauern vorerst in nordwestlicher Richtung (links), um dann auf die rechts unten (nördlich) liegende Stallung zuzugehen.

Man passiert sie auf der rechten Seite und folgt quer durch die Phrýgana einer neuen Mauer nach unten auf die dort sichtbare Straße zu. Man geht an einer verfallenen Kapelle und einigen Bienenstöcken vorbei, überquert im Tal ein ausgetrocknetes Bachbett, hält sich beim Aufstieg leicht rechts und erreicht nach

Die Terrassenfelder von Páno Kámpos (obere Ebene)

etwa 10 Minuten Kletterei die Schotterstraße nach Agía Theodótis. Von hier hat man einen großartigen Blick über die Insel, auf Stadt und Hafen.

Auf der anderen Seite der Straße führt ein Pfad steil den Berg hinauf, auf dem man nach 10 Minuten unterhalb der nächsten Straßenschleife die verfallene Kapelle *Ágios Tholákis* erreicht, die als Ziegenstall dient. Die Mauern enthalten antike Marmorteile.

Auf der Straße wendet man sich nach rechts und gelangt bald (etwa 50 Min., nachdem das Monopáti endete) zum Scheitelpunkt der Straße; hier bietet sich eine schöne Aussicht auf die Bucht von Agía Theodótis.

Man folgt weiter der Straße, läßt die Abzweigung nach Plakotós, eine Flur am Nordostkap, links liegen. Nach 20 Minuten führt in einer Straßenschleife ein mit Pfeilen gekennzeichneter Weg direkt den Hang hinunter, so daß man nach 15 Minuten an der *Wallfahrtskirche Agía Theodótis* ankommt.

Steinerne Sitzbänke und Tische unter schattigen Bäumen laden zur Rast ein. Hier findet jedes Jahr in der Nacht des 8. September ein großes Panagíri, das Namensfest der Heiligen, mit Essen, Trinken, Gesang und Tanz statt. Der Gegensatz zwischen der strengen Liturgie der Messe und dem ausgelassenen Fest ist sehr beeindruckend.

Von der Kirche zum Strand läuft man noch 10 Minuten. Der schöne, etwas grobsandige Strand ist etwa einen Kilometer lang. Es gibt hier ein Gasthaus mit Übernachtungsmöglichkeiten. Schöner ist die Taverne (auch mit Übernachtungsmöglichkeit), die sich auf dem kleinen Dorfhügel landeinwärts befindet. Man kommt über die Straße oder quer über die Felder dorthin.

Wer ein paar Tage in Agía Theodótis verbringen will, kann leicht *Palaiokástro,* eine alte fränkisch-venezianische Burg, 393 Meter über der Bucht gelegen, oder das angebliche *Grab Homers* am Kap Géro-Aggelí (Plakotós) erreichen.

Wer nicht zurück wandern möchte, kann von der Taverne am Strand aus den Bus nehmen.

Wichtige Hinweise

Dauer: 6½ Std.
Wegbeschaffenheit: teils felsiger, teils gerölliger Fußweg; Schotterstraße.
Anstieg: unbedeutend.
Orientierung: streckenweise etwas schwierig; ein Kompaß ist zu empfehlen.
Restaurants: zwei in Agía Theodótis.
Busverbindung: einmal täglich (bei Bedarf auch häufiger) vom Hafen nach Agía Theodótis und zurück.
Am Wege:
schöne Kulturlandschaft
die Wallfahrtskirche Agía Theodótis
ein schöner Strand.

5 Zum Kloster Ágios Ioánnis auf dem Pírgos

Auf Íos heißt im Unterschied zu fast allen anderen Kykladeninseln nur der zweithöchste Berg Profítis Ilías; der höchste (732 m) ist der *Pírgos*. Unterhalb seines Gipfels steht das verlassene *Kloster Ágios Ioánnis*. Der Weg dorthin führt durch verschiedene Landschaftstypen und bietet einige wunderschöne Aussichten.

Wegbeschreibung

Man beginnt die Wanderung in Chóra auf dem Platz vor den Windmühlen. Hier sieht man an zwei Beispielen, wie der Ort Íos immer mehr sein Gesicht verliert.

Die charakteristische Reihe von elf Windmühlen zerfällt langsam. Nur die erste und die letzte Mühle sind noch erhalten; die erste, vor einigen Jahren noch in Betrieb, dient als Touristenattraktion. Die zweite wurde von ihrer französischen Besitzerin liebevoll restauriert.

Schon seit vielen Jahren steht ein dreigeschossiges Betonskelett als Schandfleck an exponierter Stelle mitten in der Mühlenreihe. Das Bauwerk wird offensichtlich niemals fertiggestellt.

Über die Straße an den Windmühlen steigt man nach oben. Nach dem Hauptwasserspeicher ist sie unbefestigt und geht bald in das alte Monopáti über, das in Windungen den Hang des *Profitis Ilías* hinaufführt.

Man passiert einige Kapellen und erreicht eine der schönsten Müllkippen Europas. Diese Bezeichnung verdient sie weniger der Qualität des Mülls als des Ausblicks wegen, den man von hier hat: eine herrliche Sicht auf die Chóra. Das schneeweiße Städtchen zieht sich um einen steilen Bergkegel herum, überragt von einer großen Dattelpalme. Im Hintergrund erkennt man die Hafenbucht und die Insel Síkinos. Es ist schade, daß man den Anblick wegen des Mülls nicht so recht genießen kann.

Etwa 20 Minuten nach Beginn des Weges sieht man auf der rechten Seite den Milopótas mit seinem honiggelben Sand, dahinter grünbewachsenes Schwemmland und terrassierte Berghänge. Das Monopáti steigt unmerklich an; unangenehm ist ab hier das Geröll, mit dem es bedeckt ist. Nach weiteren 15 Minuten kann man auf einem Bergsattel links vom Gipfel des Pírgos das Kloster sehen. Inzwischen ist die Phrýganazone erreicht. Statt Schiefergesteins, wie bisher, herrscht jetzt Sandstein vor. Der Pfad wird besser; teils führt er durch sandige Abschnitte, teils über Felsplatten.

Kurz unterhalb des Sattels zwischen Profítis Ilías und Pírgos zerfasert sich der Weg in der Phrýgana. Man geht weiter bis zum Scheitelpunkt, der eine Stunde und 40 Minuten nach Beginn der Wanderung erreicht ist. Wegen fehlender Orientierungspunkte ist dies die schwierigste Stelle der Wanderung. Es gibt keinen eindeutigen Weg mehr, statt dessen durchziehen viele kleine Pfade die Phrýgana.

Wenn man jetzt geradeaus weitergeht, kommt man nach Agía Theodótis, Psathí oder Kálamos. Auch die Ruinen von Palaiókastro kann man so erreichen.

Um zum Kloster zu gelangen, muß man rechts auf den kleinen Gipfel vor den Pírgos zuhalten. Dieser wird durch eine tiefe, stark bewachsene Spülrinne vom Hauptmassiv getrennt. An deren Rand geht man nun in südöstlicher Richtung.

Nach 30 Minuten ist wieder das Kloster zu sehen. Noch 10 Minuten – dann kann man die inzwischen flache Spülrinne überqueren. Von hier steigt der Pfad steil an und führt auf das

Kloster zu. Die Vegetation ändert sich, die Phrýgana wird dichter; es gibt sogar Gras und Schilf.

Nach 10 Minuten – 2½ Stunden Wegzeit ist es bis hier – erreicht man das Ziel. Man durchquert ein Feld leerer Bier- und Limonadendosen – Hinterlassenschaften der Pilger, weniger der Touristen – und betritt das Kloster über eine Treppe.

Das von weißgetünchten Mauern umgebene *Kloster Ágios Ioánnis* hat einen Innenhof von etwa 20 mal 16 Metern, in dessen Mitte die kleine Kirche Ágios Ioánnis steht, deren Tür verschlossen ist. Durch das Türfenster kann man in den schmucklosen Kirchenraum sehen.

Wer sich einen noch weiteren Überblick verschaffen will, kann vom Toilettenhäuschen gegenüber dem Tanzplatz durch ein Loch in der Mauer weiter aufsteigen bis zum Gipfel des Pírgos.

Man geht genau nach Süden. Nach der ersten Hügelkuppe erkennt man schon den mit einer Betonsäule gekennzeichneten Gipfel. Der Weg dorthin dauert 10 Minuten. Vom Gipfel hat man zusätzlich den Blick nach Süden bis Santoríni.

Zurück nach Chora kann man natürlich denselben Weg benutzen; wer es interessanter, aber auch schwieriger haben möchte, kann vom Kloster zum Milopótas-Strand absteigen.

Vorab eine Warnung: Es gibt keinen richtigen Weg; man muß Geröll- und Phrýganafelder durchqueren. Die zweite Hälfte der Strecke ist oft sehr steil und nur mit Hilfe der Hände und des Hosenbodens zu bewältigen. Gutes Schuhwerk ist unbedingt wichtig!

Die erste halbe Stunde wandert man so zurück, wie man gekommen ist, bis die unübersichtliche Abzweigung auf dem Sattel zwischen Profítis Ilías und Pírgos erreicht ist. Hier hält man sich links und geht durch ein mit Phrýgana bewachsenes Geröllfeld. Nach etwa 20 Minuten blickt man auf das Tal des Milopótamos.

Das erste Ziel sind drei zerfallene Steinhütten, die auf einer Felszunge über dem Tal liegen. Der Hang ist so steil, daß man nur mit Schwierigkeiten weiterkommt; dazu macht einem immer wieder das Geröll zu schaffen. Nach 25 Minuten erreicht man die Hütten, die inmitten von Olivenbäumen stehen. Der Platz eignet sich gut für eine Verschnaufpause.

Danach steigt man links vor den Hütten durch aufgelassenes, mit Bäumen bewachsenes Kulturland steil in das Tal hinab. Nach 15 Minuten Kletterei ist das Flußtal des *Milopótamos*, das einem nach der Geröll- und Steinwüste, die man hinter sich gelassen hat, paradiesisch vorkommt, erreicht. Der Milopótamos fließt durch Oleander- und Pinienhaine, es gibt Palmen und immer wieder mit Schilf bewachsene Becken, in denen Frösche schwimmen.

Man folgt dem Wasserlauf auf dem linken Ufer. Streckenweise kann man durch das ausgetrocknete Flußbett gehen. Im Frühjahr, Herbst und Winter sollte man höher liegende Wege bevorzugen. Eine Stunde nach Erreichen der Talsohle gelangt man links vom Campingplatz am *Milopótas* zum Strand. Von hier kann man zu Fuß zur Chóra zurücklaufen; empfehlenswerter sind aber ein Sprung ins Meer, eine gute Mahlzeit in einem der Restaurants und eine Fahrt mit dem Bus.

Wichtige Hinweise
Dauer: 5 Std.
Wegbeschaffenheit: unterschiedlich, meist steiniger Pfad; Abstieg zum Milopótas: zum großen Teil wegloses Gelände; Geröll und Felsen.
Anstieg: 600 m.
Orientierung: streckenweise sehr schwierig; Kompaß ist zu empfehlen.
Restaurants: keine; Verpflegung mitnehmen.
Busverbindung: keine.
Am Wege:
schöne Sicht auf die Chóra und über die Milopótas-Bucht
das Flußtal des Milopótamos
das verlassene Kloster des Heiligen Johannes.

Santoríni

von Kurt Schreiner

Santoríni im Überblick

Häfen: Athiniós (Linienschiffe), Phíra/Skála (Kreuzschiffe, Ausbootung), Oía (Linienschiffe, Ausbootung).

Größe: Thíra 76 km^2, gesamte Inselgruppe 89 km^2.

	Länge in km:	größte Breite:
Thíra	16,7	6,0
Thirasía	5,7	2,7
Néa Kaiméni	2,4	2,2
Paléa Kaiméni	1,4	0,6
Asproníssi	0,6	0,2

Höchste Erhebung: Elías (Profítis Ilías), 566 m.

Einwohnerzahl: ca. 8000.

Hauptort: Phíra (Phéra).

Verkehrsverbindungen:

Schiffsverbindungen (Saison): mehrmals täglich mit Piräus (über Íos, Náxos, Páros); mehrmals wöchentlich mit Kreta; Verbindungen mit Anáfi, Folégandros, Kímolos, Míkonos, Mílos, Sífnos, Síkinos, Síros.

Flugverbindungen (Olympic Airways): täglich von Athen; mehrmals wöchentlich mit Míkonos, Iráklion/Kreta, Rhódos.

Straßenverkehr: etwa 50 km Asphaltstraßen, die Orte sind mit Linienbussen verbunden; Auto- und Mofaverleih.

Unterkunft: *Hotels* der Kategorien B–E in Thíra und den Nebenorten, in Messariá, Emborío, Merovígli und Oía sowie an den Stränden der Ostküste in Kamári, Périssa, Monólithos und Vlicháda.

Privatzimmer in allen Orten. *Ferienhäuser* in Oía, direkt am Kraterrand gelegen (modernisierte Kapitänshäuser, Reservierung bei EOT, Oía, ✆ 0286/71234).

Camping in Kamári und Périssa (harter Platz, wenig Schatten).

Jugendherbergen: Thíra (2), Oía.

Strände: alle an der Ostküste, sandig bis feinkieselig, dunkel gefärbt (Lava), kilometerlang, spärlicher Baumbewuchs. Hauptstrände mit touristischen Einrichtungen: Kamári und Périssa.

Sonstige: ›Red Beach‹ bei Akrotíri, Exoyálos (Kontochóri), Katíkes, Karteradós, Monólithos, Vlicháda.

Spezialitäten: gute einheimische Weine (Bisánto, Niktéri, Mprúsko, Vulcáno, Atlántis, Satnína, Kaldéra)

Feste: 15. August (Mariä Entschlafung) in der Kirche Episkópi, Méssa Goniá, 20. Oktober (Tag des hl. Artemíos) in der Ágios Artemíos (Vúrvulos), 26. Oktober (Ágios Dimítriu) in Karteradós.

Ankunft in Phíra

Die Inselgruppe Santoríni ist die südlichste der Kykladeninseln, sie ist mit keiner von ihnen vergleichbar. Man gab ihr Attribute wie ›dramatisch‹ oder ›bizarr‹ und bezeichnete sie als die schönste des gesamten Mittelmeerraums. Am überwältigsten ist der Eindruck bei der Ankunft in der Morgen- oder Abenddämmerung, wenn bei der Einfahrt in die ›Binnensee‹ an den Wänden der Caldéra entlang die verschiedenfarbigen vulkanischen Schichten zu glühen scheinen.

Früher machten die ankommenden Schiffe unterhalb von Phíra an Bojen fest, die Passagiere wurden ausgebootet und Mulis brachten sie im Zickzack über die Rampenstufen der Skála (Treppe) in

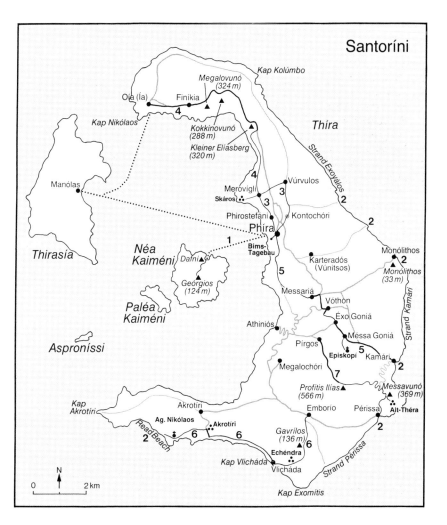

die 250 Meter hoch gelegene Stadt. Seitdem südlich von Phíra in Athiniós eine Anlegestelle und eine aufwendig in die Caldéra-Wand gelegte Straße errichtet worden ist, geht es weniger romantisch mit dem Bus nach Phíra. Die Kreuzschiffe legen immer noch – wohl mehr als Attraktion gedacht – im alten Hafen an.

Im Sommer zur Hauptreisezeit ist eine Zimmersuche in Phíra, dem Hauptort der Inselgruppe, fast immer aussichtslos. Überfüllte Restaurants und Touristenmassen, die sich durch die Gassen quetschen, lassen sich mit einer geruhsamen Erholung kaum vereinbaren. Deshalb zwei Tips: die Inselgruppe in der Saison meiden oder abseits gelegene Standorte wählen. Man kann sich nach Norden in Richtung Merovígli orientieren, sich in dem im Norden gelegenen Oía oder in einem der über die Insel Thíra verstreuten Dörfer ein Quartier suchen. Wer gerne viel baden will, begibt sich ohnehin besser an einen der kilometerlangen Sandstrände an der Ostküste.

Trotz der möglicherweise sehr verschiedenen Standorte wird als Ausgangspunkt für die nachfolgenden Ausflüge und Wanderungen der Hauptort Phíra gewählt. Zentrum ist der Pl. Theotókulu, wo sich die zentrale Busstation befindet und von wo aus man schnell die Bank, das Hafenamt, das Telefonamt, die Post, Reisebüros (20 an der Zahl) und die wichtigsten Einkaufsstätten erreicht.

An besonderen Sehenswürdigkeiten bietet der Hauptort Phíra nicht allzuviel; beim Herumschlendern kann man als nördliche Begrenzung das sog. ›lateinische Viertel‹ (der katholische Dom und das Kloster der Vinzentinerinnen) ansehen oder zu dem Gúlas hinaufsteigen, einem kastellartigen Gebäude, von dem man einen guten Rundblick hat. Südlich des Orts verraten Staubwolken am Caldérahang den Bimsstein-Tagebau. Wer sich für Keramik interessiert, dem bietet das Museum (ebenfalls im nördlichen Teil) eine reiche Auswahl an theräischen Vasen und anderen Funden aus prähistorischer bis römischer Zeit (hauptsächlich aus Alt-Théra). Das Museum ist geöffnet: tägl. 9–15 Uhr (außer dienstags), sonntags 9–14 Uhr.

Am interessantesten ist der Ortsteil, der sich am Caldéra-Absturz hinzieht und bis in die unteren Hänge reicht. Den besten Blick auf diesen Teil hat man von der Skála aus oder von der an der Caldéra in Richtung Merovígli führenden Gasse: Ein eindrucksvolles Bild aus Kuben, flachen und gewölbten Dächern, steilen, in die Hänge führenden Treppen, die Häuser abenteuerlich ineinandergeschachtelt. Das Erdbeben 1956 zerstörte den Ort nahezu ganz. Trotz der Gefahr einer erneuten Katastrophe baute man wieder in ähnlicher Weise die Häuser in den Caldéra-Absturz hinein, vornehmlich Hotel- und Restaurantbauten. Die neuen Wohnviertel des Orts dehnen sich nach Osten zur Ebene hin aus.

Die Inselgruppe Santoríni

Die Inselgruppe Santoríni (von: ›Santa Irini‹) besteht aus den drei Ringinseln *Thíra*, *Thirasía* und dem winzigen *Asponíssi* sowie aus den beiden Vulkaninseln *Paléa Kaiméni* und *Néa Kaiméni*. Die Hauptinsel ist das sichelförmige *Thíra (Théra)* mit dem Hauptort *Phíra* (Umschlagvorderseite). Diese Bezeichnung ist ein Relikt aus der Zeit der Türkenbesetzung, im Türkischen läßt sich

Mit 588 Rampenstufen führt die meisterhaft ▷
angelegte Serpentinentreppe vom Ankerplatz
(Skála) hinauf zum Hauptort Phíra

das griechische th nicht aussprechen, sie benannten daher Thíra in Phíra um.

Auf Thíra gibt es 17 Dörfer unterschiedlichen Charakters. Am Hang der Caldéra: *Phíra (mit Phirostefáni), Merovígli* und *Oía (Ía).* In den Erosionstälern: *Finíkia* (im Norden), *Vúrvulos, Karteradós* (mit *Vunítsos), Messariá, Vóthon, Méssa Goniá, Megalochóri.* Auf Bergkuppen: *Pírgos, Akrotíri, Emborío, Éxo Goniá.* Am Meer (Osten): *Monólithos, Kamári, Périssa.*

Alle Orte sind über Fahrstraßen mit Bussen zu erreichen. Viele sind außerdem durch ein weitverzweigtes Netz von Pfaden miteinander verbunden.

Die Landschaft Santorínis und vieles von dem, was uns dort begegnet, hängt mit dem Ursprung und der Entstehung dieser Vulkan-Insel zusammen. Aus diesem Grunde wird empfohlen, mit dem Besuch von Néa Kaiméni zu beginnen und sich mit der Entstehungsgeschichte vertraut zu machen (S. 142ff.). Charakteristisch für das Landschaftsbild **Thíras** sind die Steilhänge im Westen mit den wie weiße Perlen schimmernden Ortschaften an ihren oberen Hängen, von dort geht der Blick über das wie ein Binnensee wirkende Meer zwischen den Ringinseln. Nach Osten fallen die Hänge sanft zur Außenküste ab und enden vor breiten, ausgedehnten Sandstränden. In diese mit einer dicken Bimsschicht bedeckten Hänge hat das Regenwasser von dreieinhalb Jahrtausenden tiefe *Erosionsrinnen* gegraben; in einigen verstecken sich ganze Ortschaften, von denen nur die höher gelegenen Gebäudeteile über die Grabenkante lugen. Von der oberen Caldérakante geht der Blick nach Osten über zahllose von Trockenmauern begrenzte Terrassenkulturen in die Ebene, die im Mittelteil der Insel ihre breiteste

Ausdehnung hat. Die Stufungen der meist mit Weinkulturen bepflanzten Terrassen bieten sich besonders im Spätsommer dem Auge als eine umfangreiche Farbpalette dar, hier und dort unterbrochen von dem Weiß einer Kapelle oder Kirche.

Die *Erhebungen* Thíras sind alle herrliche Aussichtspunkte über die gesamte Inselgruppe und – bei günstigen Wetterbedingungen – zu den im Umkreis liegenden Kykladeninseln Anáfi (Osten), Folégandros, Síkinos, Íos und Amorgós (Norden). Im Norden der Insel sind es hintereinanderliegend die Bergkuppen des *Kokkinovunó* (288 m), des *Megalovunó* (324 m) und des *Kleinen Elíasberges* (320 m). Weiter nach Süden folgt der *Merovígli* (360 m) mit dem gleichnamigen Ort, dann im Südosten die Reste des ursprünglichen Festlandes: als höchste Erhebung der *Profítis Ilías* (Eliasberg, 566 m), mit dem *Messavunó* (369 m) durch einen Sattel verbunden, die Kuppe von *Pírgos* (317 m) und der Rücken des langgezogenen *Gavrílosberges* (136 m). Im Süden erhebt sich die Insel nochmals bei Akrotíri (Méssa Pigádia, 210 m).

Auf **Thirasía,** der zweitgrößten Ringinsel, treffen wir naturgemäß die gleichen Phänomene an wie auf Thíra. Auch Thirasía hat seinen Hafen mit einer Rampentreppe (Skála), die zum Hauptort *Manólas* hinaufführt und wie Phíra an der Kante errichtet wurde. Zur Außenküste im Westen ziehen sich die Erosionsschluchten hinunter. Wer das ›Ebenbild‹ Thíras ohne den Rummel im Sommer erleben will, findet auf Thirasía eine ähnliche Landschaftsform vor.

Asproníssi (= weiße Insel) ist ein winziges unbewohntes Eiland. An der Steilküste dieses 70 Meter hohen Inselberges sieht man sehr deutlich die etwa 25 Meter dicke weiße Bimssteinschicht.

Néa und Paléa Kaiméni
(Beschreibung s. Ausflug S. 142 und ›Santoríni im Überblick‹ S. 134)

Wirtschaft
Auf unseren Wanderungen werden wir vor allem die Weinrebe antreffen, weniger Tomaten, dazwischen etwas Getreide und Bohnen. In einigen großen Weinkellereien werden die *Santoríniweine* hergestellt, die zum großen Teil ausgeführt werden.

Das Landschaftsbild Santorínis wird stark durch den Anbau der Weinrebe mitbestimmt. Nahezu die gesamten Hänge der Ostseite sind bedeckt mit auf der Bimssteinschicht angelegten Terrassen. Aus der Nähe besehen entdecken wir die kunstvoll gewundenen, fast am Boden liegenden Weinstöcke. Drei Faktoren begünstigen den Anbau: Obwohl die Insel kaum über nennenswerte Quellen verfügt, sich über Zisternen- und Brunnenwasser versorgen muß und nur im Winter Regen fällt, erhalten die Pflanzen ausreichende Feuchtigkeit. Der poröse Bimsstein speichert Feuchtigkeit in seinen Poren und hält sie in seiner obersten Lage fest. Dazu kommt ein weiteres Phänomen: Das Wasser der ›Binnensee‹ ist wegen seiner Tiefe (bis zu 400 m) kälter als das umliegende offene Meer. Erst am späten Vormittag erreichen die Sonnenstrahlen das Wasser der ›Binnensee‹, Wasserdampf bildet sich, zieht an den Caldérawänden hoch, ergießt sich an den Hängen wieder hinunter und legt sich dabei als Tau auf die Pflanzen. (Allerdings hat dieses ›Wunder‹ auch seine Kehrseite: Es verursacht und begünstigt

rheumatische Leiden!) Der dritte Faktor ist typisch für alle Vulkangebiete: Der Vulkanstaub, der zwischen dem Bims lagert, ist nährstoffreich und daher äußerst fruchtbar.

An der Ostküste gewahrt man an einigen Stellen Fabrikschornsteine, hier wurde die *Tomatenernte* Santorínis zu Konserven und Ketchup verarbeitet. In den Jahren 1945 bis 1975 verarbeiteten noch 10 Fabriken die Tomatenernte. Inzwischen ist dieser Wirtschaftszweig durch das einträglichere Touristikgeschäft verdrängt worden; alle Betriebe wurden eingestellt bis auf einen, der nur noch zeitweise für den Eigenbedarf der Bewohner produziert (Monólithos).

Eine weitere Einnahmequelle ist der *Bimssteintuff* (auch ›Santoríni-Erde‹ oder ›Puzzulána-Erde‹ genannt), der südlich von Phíra im Tagebau gefördert und auf Schiffe verladen wird. Als fein gemahlener Bimssand mit Kalk vermischt ergibt er einen sehr begehrten hydraulischen Mörtel, einen wasserdichten Putz, der auch unter Wasser abbindet und erhärtet. U. a. wurde der Suezkanal damit gebaut.

Ein Großteil der Bevölkerung Thíras widmet sich zunehmend dem *Tourismus,* wie die wachsende Zahl an Hotels, Pensionen und Restaurants auf allen Teilen der Hauptinsel zeigt. Am stärksten konzentriert sich der Tourismus auf den Hauptort Phíra, auf Oía und die beiden Badeorte Kamári und Périssa.

Bauen und Erdbeben
Das Bauen auf Santoríni wird ebenfalls in mehrfacher Weise von der Eigenart der Inselgruppe als Vulkan bestimmt. An Holz, das anderweitig als Baumaterial für das Dach Verwendung findet, mangelt es in Santoríni seit alters her. So

Blick über Phíra auf die ›Binnensee‹ der Caldéra

ergab sich als Lösung die Konstruktion von Gewölben als Dachform, die gleichzeitig aus statischen Gründen erdbebensicherer sind als das Flachdach. In früheren Zeiten wurden noch Holzstük-ke mit in das Mauerwerk eingearbeitet, um das Mauerwerk elastischer vor Erdstößen zu schützen.

Die einfachste Konstruktion ist das halbkreisförmige Tonnengewölbe, eine

Weiterentwicklung das Auffüllen der Gewölbezwickel, so daß mit Hilfe eines Estrichs ein Flachdach entsteht. Das Mauerwerk wurde – wie an den seit dem Erdbeben 1956 nicht wieder aufgebauten Gebäuden in einigen Orten der Insel zu sehen ist – mit schwarzen, runden und glatten Feldsteinen errichtet. Für das Mauern sind das ungünstige Eigenschaften, man mußte viel ausstopfen, aber schließlich stand dieser Stein als Baumaterial kostenlos zur Verfügung. Als Mörtel und Putz wurde natürlich die Santoríni-Erde verwendet.

Die in neuerer Zeit mit Stahlbeton errichteten Häuser können als erdbebensicherer gelten, wie das Hotel Atlántis in Phíra zeigt, das das Erdbeben 1956 unbeschädigt überstand. Nach dem Erdbeben handelte die Regierung schnell, und sie ließ für die Geschädigten im Eilverfahren neue Häuser erstellen. Sie begegnen uns in den meisten Orten Thíras in Form von Reihenhäusern mit Tonnengewölben. Das Innere birgt lediglich Wohn- und Schlafraum, Küche und Waschraum sind nach außerhalb verlegt. Die meisten der Bewohner haben ihr Grundstück mit der Hausruine an finanzkräftige Geschäftsleute oder an Ausländer verkauft, die an ihrer Stelle Ferienhäuser errichteten.

Die Architektur Santorínis gleicht weitgehend der anderer Kykladeninseln, vielleicht daß hier bestimmte Merkmale stärker ausgeprägt sind, daß die Grundformen des Würfels und der Tonne noch meisterlicher beherrscht und angewandt wurden. Das System der untereinander gestuften Häuser mit Flachdach, Terrassen und Höfen ist gleichzeitig ein System zum Sammeln und Ableiten des kostbaren Regenwassers, das durch leichtes Gefälle in die Zisternen geleitet wird.

Geschichte

Seit dem 3. Jt. v. Chr.   Siedler aus Kleinasien (Karer).
Bronzezeitliche Siedlungen an der Südküste von Thirasía und beim Kap Akrotíri.

um 1500 v. Chr.   Ausbruch des Vulkans begräbt die Siedlungen und die Vegetation unter einer bis zu 60 Meter dicken Bimssteinschicht.

um 1200 v. Chr.   Erneute Siedlertätigkeit: Phönizier (unter Kadmos), danach Lakedämonier (Sparta), die die Hauptstadt Théra (nach ihrem Anführer ›Théra‹) auf dem Messavunó gründen.

um 900 v. Chr.   Eine rein dorische Kolonie entsteht.

um 630 v. Chr.   Nach langanhaltender Dürrezeit Gründung einer Kolonie (Kyrene) in Libyen (Nordafrika).

275–146 v. Chr.   Hellenistische Periode: Théra wird Flotten- und Heeresbasis der ägyptischen Ptolemäer (Errichtung einer Garnison auf Théra, Häfen).
In der römischen und byzantinischen Periode keine herausragenden historischen Ereignisse, die Stadt Théra wird verlassen und zerfällt.

1207–1579   Sog. ›Fränkische‹ Herrschaft: unter Venedigs Führung verschiedene Dynastien; 1487 unmittelbarer Anschluß an Venedig;
ständige Überfälle von Piraten, trotz der fünf venezianischen Burgen;
die Insel erhält den Namen ›Santoríni‹ nach der heiligen Irene (= Santa Irini).

1579–1821   Türkische Herrschaft: Entwicklung des Handels mit dem östlichen Mittelmeerraum.

1821   Aufstand gegen die Türken.

1834   Anschluß an den neuen griechischen Staat.

1956   Ein schweres Erdbeben vernichtet den größten Teil der Gebäude. Viele von den 16 000 Bewohnern kehren nicht wieder auf die Insel zurück. Heute leben ca. 8000 auf der Inselgruppe.

1 In das Zentrum der Caldéra: ein Ausflug zum Vulkan

Täglich fahren Motorboote von der Anlegestelle des alten Hafens unterhalb der Skála (›Treppe‹) zu einer Bucht der etwa zwei Kilometer entfernten Vulkaninsel Néa Kaiméni hinüber. Der Preis für Hin- und Rückfahrt beträgt 400 Drs. (1986). Wegen der scharfkantigen Lava ist festes Schuhwerk anzuraten. Es empfiehlt sich wegen der Hitze, den Ausflug am Morgen zu beginnen und Getränke mitzunehmen. Seit 1982 gibt es als technische Errungenschaft eine Seilbahn an der Caldéra-Wand. Sie ist ein Geschenk eines Reeders, der von der Insel stammt; sie wurde von einer österreichischen Firma gebaut. In knapp zwei Minuten legt sie die Strecke von der Anlegestelle zu der Station im Ort zurück. Damit haben die Maultiertreiber Konkurrenz erhalten, ihnen stehen aber zum Ausgleich 20 % des Gewinns zu.

Wegbeschreibung

Man steigt die meisterlich angelegte Serpentinentreppe, die nach dem in Akrotíri tödlich verunglückten Archäologen Sp. Marinátos benannt ist, zu dem alten Hafen von Phíra hinunter. Die Maultiertreiber versuchen mit lauten ›Cavallo‹-Rufen den Fußgängern ein Reittier aufzudrängen. Wer reiten will, sollte sich dies für den Rückweg aufsparen, denn der Aufstieg in der heißen Mittagssonne zu dem rund 250 Meter hoch gelegenen Phíra ist ziemlich anstrengend. Beim Abstieg über genau 588 Rampenstufen kann man aus nächster Nähe die roten, braunen und schwarzen Formationen der Kraterwände gut betrachten. An jeder Kehre geht der Blick aufs neue über die tiefblaue See mit dem Vulkan in ihrer Mitte (25 Min.).

Die Fahrt hinüber zu der Lavaküste von *Néa Kaiméni* dauert 15 Minuten. (Für die Rückfahrt kann mit dem Bootsführer eine Zeit vereinbart werden.) Man steigt von der Anlegestelle aus den gut erkennbaren, etwas gerölligen Fußpfad durch die Kraterlandschaft und gelangt nach etwa 25 Min. zur höchsten Erhebung, dem *Geórgioskrater* (124 m).

Am Wege und später im Krater kann man Fumarolen (Gas- und Dampfausströmungen) beobachten. Die gelben ›Ausblühungen‹ werden aufgrund des Schwefelgeruchs meist irrtümlich für Schwefel gehalten, es handelt sich jedoch um Eisenchlorid. Beim Abstieg in den Krater ist Vorsicht geboten, da man auf der mit Geröll besäten Schräge leicht den Halt verliert.

Aber nicht wegen dieser bescheidenen Anzeichen vulkanischer Tätigkeit lohnt ein Ausflug ins Zentrum der Caldéra. Wir haben hier einmalige Ausblicke auf die farbigen Caldérawände mit ihren zackengekrönten, weißen Siedlungen. Von jeder Stelle erhascht man einen neuen, einzigartigen Rundblick auf die gesamte Ringinsel. Auch *Paléa Kaiméni*, von Phíra aus nicht gut sichtbar, bietet sich uns dar.

Für die Rückfahrt muß man nochmals mit einer guten Stunde rechnen (mit Boot 15 Min., Aufstieg nach Phíra zu Fuß 45 Min.).

Wichtige Hinweise

Dauer: (ohne ›Hilfsmittel‹ Muli oder Seilbahn) 2½ Std.
Wegbeschaffenheit: gepflasterte Rampenstufen, Staub- und Geröllpfad.
Anstieg: Skála ca. 250 m, Geórgios-Krater 124 m.
Orientierung: leicht.
Restaurants: nur im alten Hafen.
Bootsverbindungen: ohne festen Zeitplan.
Am Wege:
Formationen der Kraterwände
Fernblicke auf die gesamte Ringinsel Santoríni vom Geórgioskrater aus.

Entstehungsgeschichte der Vulkaninsel Santoríni

Im Quartär sind durch Hebung und Senkung der Landmasse zwischen dem griechischen und dem kleinasiatischen Festland die ägäischen Inseln entstanden. Auch dort, wo das heutige Santoríni sich befindet, ragten einige Kuppen als kleine Inseln aus dem Meer: der *Eliasberg* mit dem *Messavunó* und der Kuppe von *Pírgos* (= ›Turm‹) sowie der *Monólithos* (= ›ein Stein‹) und der *Gavrilos*.

Der Vulkan von Santoríni kommt nicht zur Ruhe: Ausbruch im Jahre 1926

Es war kein Zufall, daß sich in dieser Zone im Tertiär eine rege vulkanische Tätigkeit entwickelte, denn hier treffen zwei Platten der Erdrinde zusammen, an deren Rändern und Knautschzonen das glühende Magma des Erdinnern einen Weg nach oben finden kann. In der unmittelbaren Umgebung der aus dem Wasser ragenden Bergspitzen des ehemaligen Festlandes (s. o.) entstand durch unterirdische Eruptionen ein Vulkangebirge. Die Lavamassen füllten die Räume zwischen den vorhandenen Inselchen, ließen sie zu einer einzigen Insel zusammenwachsen und es entstand ein großer Kegel, der aufgrund seiner Form nach Überlieferungen die Bezeichnung *Strongyle* (= ›die Runde‹) erhielt. Über die mutmaßliche Höhe schwanken die Angaben zwischen 400 bis 2000 Meter. Die Wände des Kraters, wie wir sie heute sehen, zeigen Schicht um Schicht des Schmelzflusses der Lava zwischen Tuff- und anderen Auswurfmassen dieses Stratovulkans (= Schichtvulkan). Die Berge *Megalovunó* und der *Kleine Elías-*berg sind Bestandteile des *Peristería-Vulkans,* einer der verschiedenen Vulkane, aus denen sich Strongyle zusammensetzte.

Nach Erlöschen der Vulkane folgte eine lange Ruhepause, die oberen Schichten verwitterten und es entwickelte sich im Lauf einer langen Zeitepoche auf den fruchtbaren Hängen des Kegels eine üppige Mittelmeervegetation, die der Insel den Namen ›Kallístis‹, die Schönste, eintrug und die im 3. Jahrtausend Menschen aus Kleinasien zum Siedeln anlockte. Um 1450 v. Chr. brach eine Katastrophe über die Insel und die bronzezeitlichen Siedlungen herein. Die mit erhärteten Lavamassen verstopften Vulkanschlote hatten lange Zeit dem Druck aus der Tiefe widerstanden. Ein langandauernder heißer Bimssteinregen und Erderschütterungen deuteten die Katastrophe an.

Bimsstein ist ein vulkanisches Glas. Bei seiner Erstarrung entweichen Wasserdampf und Gase, es bleiben Hohlräume aus Glashäuten zurück, daher ist es leicht und porös. Es ge-

Vulkaneruptionen

Zeit	Ausbruch
1450 v. Chr.	Ausbruch des Strongyle (griech. = die Runde), Bimssteinablagerungen, Entstehung der drei Ringinseln Thíra, Thirasía und Asproníssi.
unbekannt	Paleá Kaiméni (griech. = alte Verbrannte).
197 v. Chr.	Hierá (griech. = Heilige).
19 n. Chr.	Thíra.
46 n. Chr.	ohne Namen.
726	Eruptionen verstärken die Insel Hiéra, alle drei Inseln verschwinden wieder.
1570	Mikrá Kaiméni (griech. = kleine Verbrannte).
1650	Kolúmbo-Insel (6 km nördlich von Kap Kolúmbo), verschwindet wieder 18 m unter Wasseroberfläche.
1707–1711	Néa Kaiméni (griech. = neue Verbrannte), Hebung des Meeresbodens.
1866–1870	Néa Kaiméni (Ausbruch des Geórgios-Vulkans vergrößert die Insel im Süden um 124 m).
1925–1926	Néa Kaiméni (Ausbruch zwischen Néa und Míkra Kaiméni, die beiden Inseln wachsen zusammen).
1928	Néa Kaiméni (Ausbruch des Náutilus am Ostfuß des Geórgios-Kraters).
1939–1941	Es entstehen weitere Kuppen.
1950	Es entsteht die Kuppe des Liatsíkas in der Nähe des Geórgios.

langt an die Erdoberfläche als Bimsstein-Lapilli (Brocken) oder als Asche. Die Ablagerung wird als Bimsstein-Tuff bezeichnet. Der Strogyle muß ungeheure Mengen an Bimsstein ausgeworfen haben, wie die bis zu 60 Meter dicke Schicht zeigt. Sie begrub alles organische Leben und erstickte es. Aus Überlieferungen wissen wir, daß auch ein großer Teil der nordöstlichen Ägäis lange Zeit mit einer dicken Bimssteinschicht bedeckt war und die Schiffahrt behinderte.

Die Bewohner der Insel scheinen sich rechtzeitig auf das Festland in Sicherheit gebracht zu haben, da bei Ausgrabungen keine Skelette und wertvollen Gegenstände gefunden wurden. Über einen längeren Zeitraum müssen noch weitere Eruptionen stattgefunden haben, wie die Schichten zeigen. Innerhalb des Vulkanberges wuchs durch die allmähliche Leerung der Magmakammer ein riesiger Hohlraum. In einer folgenden Phase brachen drei Kraterschlote des Vulkankegels auf, glühten das ›Dach‹ dieses ›Herdes‹ aus, und mit einer gewaltigen Explosion zerbarst das Vulkanmassiv. An seiner Stelle entstand ein bis zu 390 Meter tiefer und 22 Quadratkilometer großer Kessel, die Caldéra (span. = Kessel). Teile des Inselrandes blieben stehen und ergaben das Bild, das sich uns heute noch unverändert so darbietet. Ausgelotete Untiefen an den offenen Stellen zwischen den Ringinseln zeigen an, daß der Ring unter Wasser geschlossen ist. Hier im Norden und Westen drang das Meer ein und bewirkte riesige Flutwellen.

Der griechische Archäologe *Sp. Marinátos*, der bei Ausgrabungsarbeiten in Akrotíri tödlich verunglückte, ist ein Anhänger der Theorie, daß es sich bei der Vulkaninsel Strongyle zusammen mit dem minoischen Kreta vor der Katastrophe von 1500 v. Chr. um das sagenhafte *Atlantis* gehandelt habe.

In der nachfolgenden Zeit bis in unser Jahrhundert hinein blieb Santoríni ein vulkanischer Unruheherd, große und kleine Vulkane bauten sich unterseeisch auf, hoben sich an die Meeresoberfläche und versanken teilweise wieder.

2 Strände aus vulkanischem Sand: Badeausflüge an die Ost- und Südküste

An heißen Tagen wird man den Badeausflug einer Wanderung vorziehen. Auf Santoríni einen Badestrand zu finden, bereitet keine Probleme, da nahezu die gesamte Ost- und Südküste der Inselsichel Thíra aus Strand besteht. Neben der für die Ägäis ungewöhnlichen Länge überrascht die graphitgraue Farbe. Sie rührt von dem vulkanischen Gestein der Insel her, das Wasser ist jedoch kristallklar. Die drei Hauptbadestrände sind Kamári, Périssa und Monólithos. Zahlreiche Linienbusse pendeln zwischen Phíra und diesen Badeorten.

Der Ort *Kamári* (7,5 km) ist zu einem modernen Touristenzentrum ausgebaut worden mit zahlreichen Hotelneubauten, Nachtclubs und Discos. Die vielen Neubauten und die wie auf dem Reißbrett geplanten gerade verlaufenden Straßenzüge lassen den Ort nicht gerade anziehend erscheinen. Von Kamári aus gelangt man am bequemsten auf den Messavunó und zur antiken Stadt Alt-Théra: Eine ausgebaute Fahrstraße schlängelt sich in Serpentinen hoch.

Ähnlich touristisch hat sich *Périssa* entwickelt (15 km). Der Bus wendet wie in Kamári direkt am Strand am Steilsturz des Messavunó. Von hier zieht der Strand sich 4 Kilometer lang bis zum Kap Exomítis.

Den Strand von *Monólithos* erkennt man schon von weitem an zwei Merkmalen: Aus der Ebene dicht am Meer erhebt sich ein 33 Meter hoher Kalkfelsen, Teil des alten Grundgebirges (s. S. 142 f.). Dahinter verläuft parallel zum Strand die Landebahn des Santoríner Flughafens.

In der Höhe von Phíra an der Ostküste gelegene Badestrände können durch Spaziergänge von wenigen Kilometern über kleinere Fahrstraßen erreicht werden: *Exoyálos* von *Kontochóri* aus, weitere Strände unterhalb von *Katíkes* und *Karteradós*.

Weiter entfernt, aber reizvoller ist die ›*Rote Bucht/Red Beach*‹ bei Akrotíri (15 km). Den Namen erhielt sie durch die roten Lavaformationen ihrer Steilhänge und den teilweise roten Sand (Wegbeschreibung s. S. 157).

Wer absolute Badeeinsamkeit sucht, der findet sie auch im Hochsommer an dem Strandabschnitt der Südküste zwischen *Kap Vlicháda* und *Akrotíri* (Wegbeschreibung s. S. 156).

3 Die nähere Umgebung von Phíra: nach Phirostefáni, Merovígli, Vúrvulos und Kontochóri

Eine kurze Wanderung von ca. drei Stunden in die nähere Umgebung von Phíra. Sie führt zunächst vom nördlichen Phíra aus über Rampenstufen am Caldéra-Absturz entlang mit ständigem Blick über die ›Binnensee‹ und auf die Vulkaninseln. Vor *Merovígli* Besuch eines Klosters (in angemessener Kleidung). In Merovígli Abstieg durch eine Erosionsschlucht in das tiefer liegende *Vúrvulos* (Höhlenwohnungen, Besichtigung von zwei Kirchen u. a. mit Grabkapellen) und von hier über *Kontochóri* zurück nach Phíra. Ab Merovígli auch Anschlußwanderung nach Oía (s. S. 147 f.). Möglichkeit zum Baden am Strand *Exoyálos*.

Wegbeschreibung

Man geht über die Hauptgasse in Phíra in nördliche Richtung hoch, passiert das Museum, die Seilbahnstation und das sog. ›lateinische Viertel‹ mit dem katholischen Dom. Der Weg führt dicht am Caldéra-Absturz entlang, gepflastert, stellenweise als Treppenrampen ausgebaut, meist eine hüfthohe Mauer zur Linken, die jederzeit den prächtigen Blick über die ›Binnensee‹ ermöglicht.

Nach 10 Minuten, dicht an die Mauer gelehnt, die kleine Kapelle *Ág. Stikiános*, eines der wenigen Bauwerke, die das Erdbeben 1956 nicht völlig zerstörte. Sie erhielt einen neuen Sockel und die zahlreichen Risse wurden zuzementiert. Wir befinden uns bereits in *Phirostefáni*, das mit Phíra zusammengewachsen ist. Der Weg wird hier von vielen neuen, im Kykladenstil errichteten Häusern gesäumt; sie ziehen sich ein gutes Stück tief den Kraterhang hinunter. Hier findet man phantastisch liegende Privatzimmer mit blumengeschmückten Terrassen, die Häuser verschachtelt.

Man gelangt zu einer plateauartigen Verbreiterung des Weges mit zwei Sitzbänken und einer kleinen Kirche. Herrlicher Blick über die Caldéra (20 Min.). Etwa 200 Meter weiter wieder ein Platz mit einer größeren Kirche, ihr gegenüber eine winzige, hübsche Taverne (›To Aktaíon‹). Auf dem Platz versammeln sich abends viele Bewohner zum Klatsch. Wieder Sitzbänke auf dem Platz mit Blick auf die ›Binnensee‹.

Nach diesem Platz kommt man durch einen Ortsteil, in dem Häuser den Blick auf das Meer versperren. An einer Stelle ein schöner Durchblick durch ein Holzgatter auf die See. Auf der rechten Seite eine Ansammlung erdbebensicherer Häuser mit Tonnengewölbe. Der Blick durch die Gasse nach oben fällt auf die mächtige Wand des orthodoxen Frauenklosters Ágios Nikólaos. Bevor man das Kloster erreicht, gelangt man an eine Gabelung; man folgt dem linken Weg hoch, der direkt vor die Pforte führt (10 Min.). Hier beginnt die Ortschaft *Merovígli*.

Frauenkloster Ágios Nikólaos

Über eine Freitreppe gelangt man an das Portal. Öffnungszeiten: 8–12 Uhr und 14.30–17 Uhr. Wenn das Tor verschlossen ist, an dem Seil ziehen, das zu einer kleinen Glocke im Hofinnern führt; die öffnende Frau weist den Weg über einen Vorhof zu einem quadratischen Innenhof. Links die Zellen der Nonnen, die sich hier ehemals der Andacht widmeten.

Beim Betreten der Klosterkirche fällt eine aus Holz geschnitzte, reich verzierte Ikonastase mit Bildern von Heiligen auf. Auf der rechten Seite eine schöne Gold- und Silberfadenstickerei der Grablegung Christi mit Maria, Maria Magdalena und den Evangelisten.

Man folgt dem Weg an der langen und gewaltigen Klosterwand entlang aufwärts bis zu einem kleinen rechteckigen Platz. Man nimmt ab hier nicht den linken, weiter an der Caldéra entlangführenden Weg, sondern den parallel mit diesem verlaufenden, der ein Stück in den Ort *Merovígli* hineinführt. Man geht bis zu der Stelle, wo man auf eine Kirche stößt und an der eine Straße beginnt, die nach rechts hinabführt (10 Min.). Ab hier Anschlußwanderung nach Oía (s. S. 147).

Man folgt dieser Straße, die mit starkem Gefälle in östliche Richtung verläuft und einen weiten Rundblick über die sanft nach Osten abfallenden Hänge mit Terrassenkulturen gewährt. An einer Linkskurve (Ortseingangsschild ›Merovígli‹) verläßt man die nach Oía weiterführende Straße und folgt der Fahrstraße weiter in Richtung Ostküste. Sie führt mit starkem Gefälle in Serpentinen zu dem Ort *Vúrvulos* hinab. Wir erkennen bald, daß wir uns in einer Erosionsschlucht befinden (s. S. 152): Vereinzelte Höhlenbauten seitlich der Straße und auf einem geraden Abschnitt der Straße eine größere Häuseransammlung, das obere Vúrvulos ist erreicht. Auf der linken Seite eine Reihe den Menschen als Behausung dienender Höhlenwohnungen; meist sind es alte Menschen, die vor ihren Wohnungen ihre häuslichen Dinge verrichten.

Die Straße führt in einigen scharfen Kurven zu dem größeren unteren Vúrvulos hinab. In der ersten Linkskurve stößt man überraschend auf das Portal der Kirche Agía Panagía (15 Min.).

Die Kirche Agía Panagía

Über Rampenstufen gelangt man zu einer Plattform vor der in ihrer Körperhaftigkeit besonders schön ausgewogenen Kirche. Die Terrasse davor ist trapezförmig angelegt und mit einer niedrigen Mauer umgeben. Für den Bau der Kirche mußte der Bimshang abgetragen werden, sie lehnt sich mit ihrer Westmauer gegen das Erdreich der Bimsdekke. In typischer Kykladenbauweise stehen die Gebäudewürfel, zylinderförmiger Unterbau und Apsis mit Halbkugelgewölbe zueinander. Das kräftige Blau der Kuppel und der Fensterumrahmungen steht im scharfen Gegensatz zu dem Weiß der gekalkten Wände. (Wie die meisten Kirchen, ist auch diese verschlossen, Schlüssel im Ort.)

Im Innern eine wertvolle Ikonastase, das in Silber getriebene Bildnis der Agía Panagía. Von der Kuppel hängt ein großer, schön gestalteter Lichtträger. Auf einer Steinbank hinter der Eingangstür kann der Besucher die Kühle und Ruhe genießen. Im Blecheimer Trinkwasser aus der unterhalb der Kirche liegenden Zisterne.

Man steigt die Straße weiter hinab zu dem unteren Vúrvulos. In einem Hang links weitere Höhlenwohnungen und eine an einen Felsvorsprung gebaute Kapelle. Kurz vor Beginn des Orts an einer Linkskurve auf der rechten Straßenseite, fast verdeckt von einem neu errichteten Gebäude, eine weitere interessante Kirche mit zweischiffigem Baukörper (10 Min.). Wir steigen die Stufen einer Freitreppe hoch, betreten durch ein niedriges Eingangsportal eine Plattform und blicken durch das geöffnete Eingangstor der linken Steinwand in einen kleinen Friedhof, der im Süden und Osten mit kleinen Grabkapellen bestückt ist (s. S. 34).

Man folgt der Straße noch ein Stück in den Ort hinein bis zu dem großen Platz. (Von hier fahren mehrmals täglich Busse nach Phíra.) Von diesem Platz aus geht man auf der schmalen zementierten Fahrstraße in südliche Richtung. Die Straße überquert über kleine Viadukte mehrere weitere Erosionsrinnen. Terrassenkulturen mit Weinreben und Getreide am Wege, dazwischen runde Dreschtennen. Vor uns sehen wir schon von weitem zwei halbverfallene Windmühlen. In der Nähe der rechten Windmühle gabelt sich die

Straße (15 Min.). Die Straße führt nach links zum Strand *Exoyálos* (Möglichkeit zum Baden, ca. 2 km).

Man biegt nach rechts ab und steigt die Straße hoch nach *Kontochóri,* einem Ortsteil von Phíra. Einige Kirchen, in die Hänge gebaut, dazwischen viele Neubauten des sich ausdehnenden Phíra. Bald stößt die Straße im rechten Winkel auf eine breitere Fahrstraße (Straßenschild: ›Vourvoulos, Ia‹). Wir gehen nach links die mit Eukalyptusbäumen bestandene Allee hoch bis zu einem Selbstbedienungsladen (links) und verlassen hier die Straße, um ca. 100 Meter zu dem zentralen Platz von Phíra hochzugehen (20 Min.).

Wichtige Hinweise

Dauer: 2 bis 3 Std.
Wegbeschaffenheit: gepflasterte Wege und Rampenstufen, Zementstraße.
Anstieg: ca. 100 m.
Orientierung: leicht.
Restaurants: in Merovígli und Vúrvulos.
Busverbindungen: Vúrvulos – Phíra (10 Min.).
Am Wege:
Frauenkloster Ágios Nikólaos
Kirche Agía Panagía
Grabkapellen
Erosionstäler.

4 In den äußersten Norden von Thíra: am Caldéra-Absturz entlang nach Oía (Ía)

Entlang des Caldéra-Absturzes führt der Weg in weitem Bogen zu dem im äußersten Norden gelegenen Ort *Oía (Ía).* Die herrlichen Panoramablicke über die Binnensee des Vulkankessels laden zum häufigen Rasten ein, Grund genug, die Wanderung auf einen ganzen Tag auszudehnen. Wer gerne klettert, kann auf halber Strecke einen Abstecher über den Kleinen Elíasberg machen mit noch grandioserem Ausblick.

Die zweite Weghälfte wandert man auf der Straße, die um die beiden Berge Kokkinovunó (288 m) und Megalovunó (324 m) herum nach Oía führt. Auf dieser Strecke hat man zur

Rechten die weite, bis nach Osten ans Meer sich ausdehnende Ebene mit der Farbpalette der zahllosen Terrassenkulturen im Blickfeld. Von Oía nimmt man den Bus zurück nach Phíra.

Wegbeschreibung
Von Phíra bis Merovígli wurde die Wanderung bereits beschrieben (s. S. 145). Man steigt an der Stelle, von wo die Straße nach Vúrvulos abzweigt (sie geht mit starkem Gefälle Richtung Osten), die Gasse weiter hinauf bis zur höchsten Stelle des Ortes (366 m). Von hier empfiehlt sich ein Abstecher auf den *Skárosfelsen*. Man kann allerdings auch eine Kurzwanderung Phíra – Skáros und zurück einplanen (Strecke Phíra bis in Höhe des Skáros: 45 Min.).

Der Skáros, Standort des alten Phíra
Man biegt an dem Schild ›Skáros Villas‹ links ein. Beim Abwärtsgehen sieht man den eigentümlichen Felskopf des Skáros tiefer unten aufragen. Um dorthin zu gelangen, hält man sich links, bis man zu der Kapelle mit einer umlaufenden Terrasse kommt. Von hier führt ein rampenstufig angelegter Weg abwärts. Man passiert eine weitere, kleinere Kapelle an einer scharfen Kurve des Weges und erreicht nach wenigen Minuten den Sattel, der zum Skáros hinüberführt. Die im Gelände sichtbaren zerfallenen Mauern sind Überbleibsel einer bei dem Erdbeben von 1956 völlig zerstörten Kapelle.

Der untere Weg führt auf die westliche zum Meer hin gelegene Seite des Skáros. Hier befindet sich wiederum eine Kapelle mit einer Plattform hoch über dem steil ins Meer abfallenden Felsen. Auf dem Weg noch wenige Mauerreste von der Burg und der Stadt Phíra, die hier früher gelegen hatten. Um 1800 war der Skárosfelsen so rissig geworden, daß der Ort geräumt werden mußte. Die Bewohner bauten daraufhin am Standort des heutigen Phíra ihre Stadt wieder neu auf.

Wieder zurück zum Ausgangspunkt dieses Abstechers (40 Min.), folgt man der Straße

Terrassenkulturen auf der Ostseite von Thíra

nach Norden. Sie führt links an einem großen Platz vorbei. Wir passieren einen Ortsteil mit den uns bekannten, langweiligen, aber erdbebensicheren Häusern, und dann öffnet sich der Blick nach beiden Seiten zum Meer. Wir befinden uns in unmittelbarer Nähe des Caldéra-Absturzes auf grobgepflasterten Rampenstufen. Vor uns erhebt sich der *Kleine*

Eliasberg, rechts vom Weg wird das Weiß einer Friedhofsanlage sichtbar. Achten wir einmal auf eine eigenartige optische Täuschung: Vermeintlich scheint der Wasserspiegel auf der linken Seite (die ›Binnensee‹) bedeutend tiefer zu liegen als der Wasserspiegel des offenen Meeres rechts. Der Grund für die Täuschung ist der, daß der Hang nach Osten

viel flacher wahrgenommen wird, als er in Wirklichkeit ist.

Bei der Friedhofsanlage verläßt man den Weg und steigt die Treppenrampe hoch. Die Anlage ist auf einer Bimskuppe errichtet und von einer wehrhaft wirkenden Mauer umschlossen. Durch das Tor betritt man einen kleinen Vorplatz mit Steinbank und zwei schattenspendenden Bäumen. Auf dem seitlich liegenden Friedhof Grüften und eine Anzahl Grabkapellen. Durch das in die Ostmauer eingelassene Tor verlassen wir diesen abgeschiedenen Ort und gelangen auf die Fahrstraße Phíra – Oía (20 Min.). Da diese Straße den Bergen *Kleiner Elíasberg, Kokkinovunó* und *Megalovunó* in großen Bögen ausweicht, zieht sich die Strecke bis Oía 7 Kilometer hin.

Ein sehr schöner Fußpfad führt von der Senke, wo der Weg auf die Straße trifft, über den Kleinen Elíasberg, der im ansteigenden Teil gut befestigt ist, dann aber als Geröllpfad beschwerlich wird. Er mündet hinter dem Berg auf die Fahrstraße. Auf der Wanderstrecke Richtung Oía ist bis vor dem Ort Finíkia die Sicht nach links auf die Binnensee durch die Bergmassive verstellt. Nach rechts breiten sich in der Tiefe in Richtung zur offenen See endlos die Terrassen der Weinkulturen aus. Dort verläuft eine Straße durch die Ebene, Häusergruppen und Kirchenanlagen berührend, in weitem Bogen zum Nordende der Inselsichel und wendet sich hier Oía zu. An dieser Stelle sieht man das Kap Kolúmbo liegen, Rest eines ehemaligen Flankenvulkans.

Beim Wandern über die Fahrstraße nach Oía fallen die beim Straßenbau freigelegten Schichten der Vulkaneruptionen ins Auge. Schwarze, koksförmige Lava wechselt mit roten Auswurfmassen und Bimstuff.

Hinter der letzten Bergecke endlich der lang erwartete Ausblick auf die nördliche Inselspitze und auf den Ort Oía. Bevor man Oía erreicht, passiert man den kleineren Ort *Finíkia*, knapp einen Kilometer vor Oía in einer Mulde liegend. Wenn die Zeit es erlaubt, sollte man dem unterhalb der Straße sich mit vielen Treppen und Kirchen ausbreitenden Ort einen kurzen Besuch abstatten.

In der Höhe von Finíkia zieht sich die Straße geradewegs nach *Oía* hinein. Sie wird im letzten Teil gesäumt von vielen Restaurants und Bars. Am Ortseingang, etwa 100 Meter nach einer restaurierten Windmühle, befindet sich hinter einer Begrenzungsmauer links von der Straße eine sehr schöne Kirche in typischem Kykladenstil (s. S. 31 ff.). Auffällig ist das Zusammenspiel der Raumkörper, der Kuben und Halbzylinder. Sie steht wie geduckt auf einer abfallenden, großen Terrasse.

An der nächsten Straßengabelung hält man sich links am Caldéra-Absturz und gelangt in den Ort (Strecke Merovígli – Oía 1½ Std.).

Der nördlichste Punkt der Inselsichel: Oía

Auch hier in Oía begegnet man den typischen einfachen Reihenhäusern, die nach dem katastrophalen Erdbeben 1956 kurzfristig errichtet wurden. Oía wurde vom Erdbeben besonders stark beschädigt, die oberen Steilhänge waren mitsamt den Behausungen abgerutscht und in die Tiefe gestürzt. Immer noch werden zwischen den Resten der Häuser und Kirchen neue Gebäude errichtet oder die zerfallenen wieder aufgebaut. Meist sind es Ferienwohnungen, denn der Blick über die Ringinsel ist von hier noch imposanter als in Phíra. Thirasía ist näher gerückt, Néa und Paleá Kaiméni sind anders als von Phíra aus als zwei Inseln erkennbar. Ähnlich wie die Skála in Phíra führen hier zwei Treppen hinunter ans Meer: eine zur *Armení-Bucht* und die andere, im Nordwesten am Ende des Orts, zur *Ammondí-Bucht.*

Man begibt sich zum Abschluß des Rundganges zu dem großen, ebenen Platz, auf den die Straße Phíra – Oía mündet. Hier fährt der Bus nach Phíra ab (Fahrtdauer: 30 Min.).

Wichtige Hinweise

Dauer: (mit Besichtigung des Skáros) ca. 4 Std., man sollte aber wegen der schönen Aussichtspunkte einen ganzen Tag ansetzen.
Wegbeschaffenheit: meist befestigte Wege, etwa 7 km asphaltierte Fahrstraße; Abstecher über den Kleinen Elías: Geröllpfad; auf dem Skáros: im letzten Teil sehr schmaler Pfad ohne Absicherung.
Anstieg: leichter Anstieg von etwa 100 m nach Merovígli, zum Skáros steiler Treppenanund abstieg, sonst nur leichtes Gefälle.
Orientierung: leicht.
Restaurants: in Merovígli und Oía.
Busverbindungen: Phíra – Merovígli – Oía mehrmals täglich (30 Min.)

Standort des alten Phíra: der Skáros
die Berge: Kleiner Elíasberg (320 m), Kokkinovunó (288 m), Megalovunó (324 m)
der nördlichste Ort: Oía
herrliche Panoramablicke über die Caldéra
und die Ebenen im Osten.

5 In den Süden: über die Erosions-dörfer Messariá und Vóthon nach Éxo Goniá und Méssa Goniá

Eine Tageswanderung ohne größere Anstrengungen und mit der Möglichkeit zum Baden.
Man lernt die für Santoríni typischen Erosionstäler kennen. Eine der Erosionsschluchten birgt eine ungewöhnliche Höhlenkirche,
die *Panagía tis Sergeínas.* Von *Vóthon* aus
geht ein Pfad durch Weinfelder hoch zu dem
Ort *Éxo Goniá* und von dort hinunter in das
am Fuß des Elíasberges gelegene *Méssa Goniá.* Von hier ein Abstecher zu der in der Nähe
in prächtiger Landschaft gelegenen spät-
byzantinischen Kirche *Episkopí.*

Für den Rückweg bieten sich drei Alterna-
tiven an:

1 Zu Fuß oder mit Bus von Méssa Goniá
nach *Kamári* zum Baden. Mit Bus zurück
nach Phíra.

2 Von Méssa Goniá mit dem Bus zurück
nach Phíra.

3 Von Méssa Goniá über Éxo Goniá nach
Pírgos und von hier über einen gut begehbaren
Fahrweg nach Phíra.

Wegbeschreibung

Von dem zentralen Platz in Phíra geht man
etwa 200 Meter die in südliche Richtung verlaufende Fahrstraße hinunter bis zu der Stelle,
an der auf der rechten Seite ein breiter unbefe-
stigter Fahrweg abbiegt. Er führt am Ortsaus-
gang am Hotel ›Kallíste Thíra‹ vorbei. Unmittelbar hinter der Höhe des Hotels verläuft der
Weg an der Absturzkante der Caldéra entlang. Hier beginnt der Bimsstein-Tagebau
(s. S. 144). Die Absturzkante ist nur unzurei-
chend abgesichert und beschildert.

Man folgt dem Weg immer in Richtung des
gewaltig sich auftürmenden Massivs des Elías

(556 m). Nach Osten geht der Blick über die
sanft abfallende Ebene, aus der in Meeresnähe
als einzige Erhebung die 33 Meter hohe Kuppe des Monólithos ragt. An der ersten Gabelung des Weges, an einer zerfallenen Kapelle,
biegt man nach links ab (20 Min.). Der Weg
geradeaus führt nach Pírgos.

Man folgt dem linken Weg in einem Bogen
in ein Erosionstal (s. S. 152) nach *Messariá*
(von ›méssa‹ = Mitte) hinab (10 Min.) und
stößt am Ortseingang auf die Biegung einer
schmalen, zementierten Straße. Man geht geradeaus weiter und kommt an einer langen,
weißgetünchten Mauer vorbei tiefer in den
Ort hinunter, bis eine Gasse nach links Richtung Meer abzweigt. Sie stößt nach etwa 100
Metern im rechten Winkel auf eine weitere
Gasse. An dieser Einmündung erblickt man
rechts über der Mauer eine der in Santoríni
zahlreichen Höhlenkapellen.

Folgt man dieser Gasse nach links, so
kommt man durch einen weiteren Teil des
Ortes, bis man, schon außerhalb, auf eine
breite Fahrstraße gelangt, die kurz darauf die
Fahrstraße Phíra – Kamári kreuzt (15 Min.).
Es empfiehlt sich, einen Streifzug durch die
übrigen Ortsteile zu machen und sich danach
wieder bei der Kreuzung einzufinden (Tavernen).

In Messariá

Auffällig der hier häufig anzutreffende Haus-
typ des Palazzo, herrschaftliche Häuser nach
italienischem Vorbild in klassizistischem Stil
mit reichem Profil in der Hausfront und groß-
zügigen Treppenaufgängen. Die meisten
Häuser sind nach dem schweren Erdbeben
von 1956 noch nicht wieder restauriert.

Unangenehm nimmt sich dagegen eine auffällig postierte Kirche aus mit durch schwarze
Lavasteine gesprenkeltem Mauerwerk. Wir
begegnen im Ort Häusern im Kykladenstil in
besonders ideenreichen Formen und Anordnungen, einerseits durch starke Geländeun-
terschiede aufgezwungen, aber andererseits
spürt man die Lust am Erfinden von neuen
Anordnungen der Baukörper. An den seitli-
chen Hängen bemerkt man zahlreiche Höh-

lenwohnungen, wie sie für die in Erosionsrinnen liegenden Ortschaften auf Santoríni typisch sind.

Man wendet sich von der Kreuzung aus nach rechts und geht die Straße in Richtung *Vóthon* hoch. Bereits nach einigen Minuten kurz vor Vóthon ein schönes Motiv für die Kamera: eine kleine Kapelle und wenig dahinter eine noch intakte Windmühle (s. S. 34), das ganze von einer Mauer aus Lavagestein eingefaßt. Leider ist die Landschaft stark zersiedelt von Neubauten, vor allem von Häusern, die Zimmer anbieten und Hotelbauten.

Auf der Höhe oberhalb der Windmühle haben wir das links von der Straße liegende Vóthon erreicht. An einer Reihenhausansammlung erdbebensicherer Häuser geht man links in den Ort hinunter, und gleich darauf umfängt uns wieder die Geborgenheit eines Erosionstales; Vóthon liegt im Auffangbecken von vier verschiedenen, engen Erosionsrinnen (15 Min.).

Die Erosionstäler auf Santoríni

Bei Wanderungen auf Santoríni begegnet man zahlreichen schluchtartigen Tälern, mal breit auslaufend, Ortschaften aufnehmend, mal in engen Windungen, Schichtmauern zu beiden Seiten des Weges. Wenn Wasser sich auf lockerem Grund seinen Weg sucht, entstehen Rinnen. In Tausenden von Jahren suchte sich in der jährlichen Regenzeit das Wasser seinen Weg. Von der hoch gelegenen Caldéra-Seite im Westen nach unten durch die Hänge und dann durch die sanfter abfallende Ebene im Osten grub sich das Wasser durch die Bimssteindecke. Die Rinnen verlaufen meist geradlinig und parallel zueinander, schmale Finger, die mal kürzer, mal länger oder auch schon mal in ein anderes Tal einmünden. Oder wie in *Vóthon*, wo sie zunächst in ein Auffangbecken münden, auf dessen Talsohle der Ort errichtet wurde. Die gleichen Erosionstäler findet man auf der westlichen Seite der gegenüberliegenden Insel *Thirasía*.

Die meisten Erosionstäler sind begehbar, auf ihrem Grund winden sich felsige und steinige Pfade; im Winter dienen sie dem Regen als Bachbett – Einfassungsmauern verhindern ein weiteres Abtragen des Erdreichs – und außerhalb der Regenzeit sind es nützliche Eselspfade, auf denen die Einheimischen rasch von den höherliegenden Ortschaften zu ihren Feldern in der Ebene gelangen.

Sind keine sichtbaren Pfade vorhanden, sollte man äußerst vorsichtig beim Durchschreiten einer dieser Erosionsschluchten sein. Gleich Lawinen können Bimssteinwände abstürzen, oder es haben sich Bimssandbuchten gebildet, in denen man zu ersticken droht, wenn man unbedacht hineingerät. Im Bereich der flachen Außenküste enden die Schluchten abrupt ein Stück vor dem Strand. Das Wasser hat auf dem Weg zum Meer bizarre Gebilde geformt. (Ein Phänomen, das man vor allem im Küstenbereich nördlich des *Monólithos* und südlich des *Kaps Vlicháda* beobachten kann.)

Wo sich die Talsenken verbreitern, haben sich Ortschaften angesiedelt: *Vúrvulos, Kontochóri, Karteradós, Messariá, Vóthon* und *Megalochóri*. Wandert man auf dem Grund einer Erosionsschlucht und gelangt in die Nähe einer dieser Orte, so bemerkt man häufig vor den fast senkrechten Tuffwänden die Frontfassaden von Häusern, Höhlenwohnungen, die, wenn frisch geweißt, noch bewohnt werden. (Besonders eindrucksvolle Beispiele finden sich in dem oberen *Vúrvulos*.)

Die Höhlenwohnung mit tonnenförmiger Decke hat als einzige Lichtzufuhr die Fenster- und Türöffnung in der gemauerten Frontfassade. Die Behausung wurde in die dicke Bimsschicht geschlagen und die Innenwände wurden mit einem Bims-Kalk-Gemisch stabilisiert und geglättet. Das Regenwasser dringt nur bis zu einer geringen Tiefe in den Bimstuff ein, so daß die Wohnungen auch in der Regenzeit trocken bleiben. Die Lage dieser Wohnungen bietet zudem optimalen Schutz vor den stürmischen und kalten Winden im Winter. Die nicht mehr bewohnten Behausungen werden heute als Viehställe oder Speicher genutzt. Daß die Höhlen nicht nur als

152

Wohnraum, sondern auch als Gotteshäuser Verwendung finden, zeigt uns das Beispiel der Höhlenkirche *Panagía tis Sergeínas.*

Man hält sich in den Gassen von Vóthon nach rechts und orientiert sich dabei von oben an einer Kirche (›Panagía‹), die von zwei hohen Eukalyptusbäumen und einer Palme umstanden ist. Hinter dieser Kirche mündet die Gasse auf einen kleinen, langgezogenen Platz, Ausgangspunkt für den weiteren Teil unserer Wanderung, wenn wir noch etwas durch den Ort streifen wollen.

Man nimmt die Gasse, die auf der Westseite des Platzes links einmündet, um einen Abstecher zu der außerhalb des Ortes gelegenen Höhlenkirche *Panagía tis Sergeínas* zu machen. Da diese verschlossen sein wird, besorgt man sich den Schlüssel oder läßt sich von der Frau, die die Kirche versorgt, begleiten (zweites Haus der mittleren auf der Westseite einmündenden Gassen).

Der Weg führt in eine schmale, dicht bewachsene Schlucht. Nach einer Kapelle (links) wird der Pfad noch schmaler, immer leicht ansteigend. Nach etwa 15 Minuten wird auf der linken Seite in der steilen Bimswand in einiger Höhe eine grüne Holztür sichtbar, davor ein bescheidenes weißes Holzkreuz. Man betritt vom Weg aus den höher liegenden Wiesenhang und befindet sich unmittelbar vor dem Aufgang zu der Höhlenkirche.

Zufluchtsort vor den Piraten:
die Höhlenkirche Panagía tis Sergeínas

Über Stufen, die fallreepartig in die Bimssteinwand geschlagen wurden, gelangt man in das etwa 12 Meter hoch gelegene Gotteshaus, das gänzlich als Höhle gearbeitet ist. Hinter dem Eingang führt eine sehr steile Treppe mit unangenehm hohen Stufen in das Kircheninnere. Ein Teil der Treppe besteht aus einer aufgelegten Holztreppe, die abnehmbar ist. (Es wird berichtet, daß in früheren Zeiten die Kirche den Bewohnern als Zufluchtsort vor den Piraten gedient habe.)

Ein Drittel der Stufen erklettern wir bereits im Kirchenraum, in den durch zwei Fenster-

schächte nur spärliches Licht dringt. Im hinteren, dunkleren Bereich des Hauptraums (in Form einer halben Tonne) kaum wahrnehmbar die Ikonostase (Bilderwand), links ein nicht ganz runder Seitenraum mit umlaufender in den Bimsstein geschlagener Bank. Die Wirkung des Innenraums geht von der naiven Schlichtheit aus: Ein kleiner Kristall-Leuchter hängt von der Mitte der Decke, vor der Ikonostase zwei Kerzentischchen, eine alte Kommode, eine kurze Reihe Stühle und eine Anzahl gerahmter Drucke (Heiligenbilder) – das alles vor dem Hintergrund groben Bimssteintuffs, aus dem Wände und Decke herausgearbeitet wurden.

Zurück zum Ausgangspunkt dieses Abstechers, sucht man den am südöstlichen Teil des Platzes abgehenden Weg nach *Éxo Goniá* auf (15 Min.). Er ist auf den in Santoríni verkauften Inselkarten fälschlich als Fahrstraße eingezeichnet. Er führt zunächst in Rampenstufen den Abhang eines Erosionstals hinauf und wird auf halber Höhe zu einem Staub- und Geröllpfad. An der ersten Gabelung folgt man der rechten Abzweigung. Über zunächst grob gepflasterte Rampen geht es in mittelsteiler Neigung hoch. Rechts wird die Kuppe von Pírgos sichtbar, links erblicken wir die roten Ziegeldächer der neuen, hoch aufragenden Kathedrale von Éxo Goniá. Der Rest des Pfades wird wieder geröllig. Man gelangt nach etwa 20 Minuten in unmittelbarer Nähe der Kathedrale auf die Straße Éxo Goniá – Pírgos. Man überquert die Terrasse vor der Kirche und geht die breite Treppe hinunter. Von hier können wir bereits unser nächstes Ziel erkennen: Die byzantinische Kirche Episkopí liegt auf einem Hang vor dem Elías-Massiv, und zwar hinter einer im Gegensatz zur Episkopí geweißten Kirche.

Unter uns im Tal der Ort *Méssa Goniá* (›méssa‹ = Mitte, d. h. mittleres Goniá, zwischen Éxo und Episkopí Goniá liegend). Man geht über schön mit hellen und dunklen Steinen gepflasterte Rampenstufen durch den Ort Éxo Goniá hinab. Die serpentinenförmig angelegte Gasse biegt an einer kleinen Kapelle (linke Seite) nach rechts ab. Der hier zementierte Weg führt an einigen vom Erdbeben 1956 zerstörten Häusern vorbei, an denen man die alte Bauweise studieren kann, und gabelt sich nach 100 Metern. Wir halten uns rechts. An der nächsten Wegkreuzung geradeaus gehen; man kommt an einer niedrigen Mauer entlang und hält sich an der nächsten Gabelung links.

Bald stößt man auf einen breiten Weg, dem man wiederum nach links folgt. Man biegt in den breiten Weg ein, der von rechts kommt, und befindet sich bereits in einer der alten Gassen von Méssa Goniá. Die Gasse mündet in eine breite, zementierte Fahrstraße, die man ca. 200 Meter nach rechts hochgeht bis zu einer Gabelung mit einem Hinweisschild ›Episkopí‹. Der breite Fahrweg, der zu der 150 Meter hoch gelegenen Kirche führt, ist stellenweise noch mit schwarzen Lavasteinen gepflastert; leider geht man – ein Tribut an die Autofahrer – dazu über, die schön gepflasterten, alten Wege mit Zement auszugießen. Man muß zuerst die schon erwähnte geweißte Kirche passieren, ehe nach ca. 600 Metern, halb versteckt hinter Bäumen, die Kirche *Episkopí* auftaucht (10 Min.).

Ein Kleinod spätbyzantinischer Baukunst: die Panagía Episkopí

Der Besucher betritt durch ein schmiedeeisernes Tor einen gepflasterten, mit Eukalyptusbäumen und Zypressen bestandenen Hof. Links des Eingangs erblickt man eine gewaltige Werksteinplatte, sie diente den Pilgern als Tisch. Im hinteren Hofteil findet man unter einem breitausladenden Johannisbrotbaum Schatten.

Von der Westseite wird der Besucher ins Innere der Kirche geführt. Ein großer Teil des verwendeten Baumaterials besteht aus Bauteilen eines Demeter-Tempels (Göttin der Fruchtbarkeit) und einer im 6. Jahrhundert errichteten frühchristlichen Basilika, die beide an dieser Stelle standen. Auffällig ist der Sockel der Ikonostase aus Werkstein, in den flache Reliefs gearbeitet worden sind. Von den Fresken ist nur ein Teil noch in der Seiten-

kapelle sichtbar. Der größere Teil konnte nicht mehr freigelegt werden, nachdem die islamischen Türken sie übertüncht hatten.

Zurück über denselben Weg nach Méssa Goniá (10 Min.). Man kann hier entscheiden, ob man einen Abstecher hinunter zum Meer nach *Kamári* machen will. Bis zum Strand am Ende der Straße sind es gut drei Kilometer. Von Kamári oder von Méssa Goniá fährt der Bus zurück nach Phíra (20 Min.). Mühevoller, aber reizvoll ist es, wieder nach Éxo Goniá hinaufzusteigen (60 Min.) und über einen Sattel nach *Pírgos* zu wandern (30 Min.). Von hier geht ebenfalls ein Bus nach Phíra. Oder man nimmt den alten Reitweg Pírgos – Phíra. Er ist breit, gut begehbar und verläuft fast gerade mit leichtem Gefälle nach Phíra (75 Min.).

Wichtige Hinweise

Dauer: bis Méssa Goniá, ab hier mit Bus zurück: 4 Std.;
bis Kamári, ab hier mit Bus zurück, ohne Baden: 5 Std.,
über Méssa Goniá, Éxo Goniá und Pírgos zu Fuß nach Phíra: 7 Std.
Wegbeschaffenheit: meist unbefestigte Wege und Pfade, nach Kámari und Éxo Goniá – Pírgos Zementstraße.
Anstiege: Vóthon – Éxo Goniá ca. 100 m, Méssa Goniá – Éxo Goniá ca. 150 m, Éxo Goniá – Pírgos 100 m, sonst unbedeutende Anstiege.
Orientierung: leicht.
Restaurants: in Messariá, Vóthon, Éxo Goniá (Weingut), Kamári, Pírgos.
Busverbindungen: Phíra – Kamári und zurück (über Méssa Goniá), Phíra – Pírgos (über Messariá und Vóthon), Abfahrtzeiten erfragen!
Am Wege: Bimsstein-Tagebau
Höhlenkirche Panagía tis Sergeínas
Erosionsdörfer
spätbyzantin. Kirche Panagía Episkopí

6 Von Emborío zu den Felsgräbern am Gavrílos und nach Akrotíri

Eine ausgedehnte und sehr abwechslungsreiche Wanderung im Bereich der südlichen Inselsichel. Sie führt zunächst mit Bus in das mittelalterliche *Emborío*. Von dort an den Hängen des *Gavrílosberges* entlang zu einigen in die südlichen Felswände gehauenen antiken Felsgräbern. Hinter dem *Kap Vlicháda* erstreckt sich ein sehr schöner, ruhiger Badestrand, der sich bis in die Nähe der Ausgrabungsstätte von *Akrotíri* hinzieht. Von hier erreicht man in 20 Minuten einen der schönsten Strände Santorínis: der wegen seines roten Sandes ›Red Beach‹ genannt wird. Mit Bus zurück nach *Phíra*.

Wegbeschreibung

Man nimmt in Phíra den Bus nach Périssa und steigt in *Emborío* aus (11 km, 30 Min.). Auf dem kleinen Platz wendet man sich der Straße zu, die nach links in den nordöstlichen Ausläufer eines Erosionstales und in den mittelalterlichen Stadtteil von Emborío führt. In den engen und krummen Gassen wird man sich mit Bestimmtheit verlaufen, deshalb am besten ohne festes Ziel in dem Ort herumschlendern.

Das mittelalterliche Emborío: Verteidigung vor den Piraten

Es fällt auf, daß viele Hausmauern flächigkahl wirken, mit wenigen, oft winzigen, schießschartenartigen Fensteröffnungen. Das mittelalterliche Emborío hatte sich ständig vor feindlichen Flotten zu schützen, vor allem vor den Piraten. Das unübersichtliche System der Gassen, die unzugänglichen Hausfronten (im Untergeschoß waren häufig nur die Stallungen untergebracht), die Sackgassen, die wuchtigen Mauern und Türme waren einzig auf Verteidigung abgestellt. Alle Augenblicke stoßen wir auf dunkle Durchgänge, auf asymmetrische Fassaden, auf ungewöhnliche Gebilde der Architektur.

Wir halten uns in dem ›Irrgarten‹ nach Westen und erblicken bald etwa 200 Meter außerhalb des alten Ortskerns in Hanglage einen klotzigen, im oberen Bereich stark verfallenen, wehrhaft wirkenden Bau, einen sog. *Gúlas* (Wehrturm). Er wurde vom Johannis-Kloster auf Pátmos zum Schutz der Bewohner

Emboríos errichtet und für eine lange Belagerung gut ausgestattet: Mit zahlreichen Zimmern, einer Küche mit Backofen, einer Zisterne, sogar eine kleine Kapelle befand sich im oberen Geschoß. Später zog die italienisch-venezianische Adelsfamilie der *d'Argenta* ein, nach der der Turm heute seinen Namen hat.

Man findet sich wieder an der Bushaltestelle ein und wendet sich der Straße zu, die im rechten Winkel auf die Fahrstraße stößt. Auf ihr geht man etwa 100 Meter, passiert eine Friedhofsanlage mit Kirche und steigt die mit Feldsteinen gepflasterte Rampentreppe hoch. Auf dem Grat des langgezogenen Gavrílosberges stößt man auf den ›Windmühlenweg‹, so genannt wegen der inzwischen halb verfallenen sieben Windmühlen, an denen sich der Weg vorbeischlängelt (10 Min.).

Man sollte sich hier etwas Zeit nehmen für die herrlichen Weitblicke auf das Elíasmassiv, auf die sich links davon auftürmende Kegelkuppe von Pírgos und über die weite Ebene im Westen mit zahllosen Weinkulturen. Würde man dem Windmühlenweg weiter folgen, so käme man an den südlichen Absturz des Gavrílos.

Um die am Südhang des Berges gelegenen *Felsgräber* aufzusuchen, biegt man in Höhe der vierten Windmühle nach links in einen schmalen Pfad ab. Er führt am Hang entlang bis zu einer Gabelung kurz vor einem Haus mit einer Dreschtenne. Man nimmt den rechten Hohlweg, der zwischen Schichtmauern hindurch bergab führt. Hier wird der Weg schwerer begehbar, denn abfließende Regenwasser haben den felsigen Grund freigespült. Im Gegensatz zu dem größten Teil Santorínis, der vulkanischen Ursprungs ist, besteht der Gavrílos aus Urgestein des alten Grundgebirges. Am Wegesrand wächst Orégano.

Man hält sich links dicht an der Schichtmauer, bis man zu einer Zisterne gelangt, hier links gehen. Am Wege Rosmarinbüsche. An der nächsten Weggabelung vor einer spitz zulaufenden Umfassungsmauer nach rechts gehen (Richtung: der Schornstein einer Tomatenfabrik dicht am Meer). Man passiert linkerhand eine große Ansammlung von Feigenkakteen und gelangt auf ein terrassenförmiges Plateau. Von hier führt ein gerölliger Fahrweg in südliche Richtung am Fuße des Gavrílos entlang (30 Min.).

In Höhe einer hervorragenden Felsnase des Gavrílos wendet sich der Weg in westliche Richtung und zieht sich mit unterschiedlichen Abständen am südlichen Absturz des Gavrílos entlang. Vom Weg aus muß man schon genau hinschauen, um die in den unteren Bereich der hier fast senkrechten Felswände gebrochenen Gräber zu erkennen (20 Min.).

Die Felsgräber der Echéndra (= Totenstadt)

Die Felsgräber in der Nekropole (= Friedhof der Antike und des frühen Christentums) am Kap Exomítis sind wenig bekannt. Zum Teil sind sie von Sträuchern verdeckt. Wie Altäre ziehen sie sich an der südlichen Steilwand des Gavrílos hin. Sie dienten sowohl für die Verbrennung als auch für die Bestattung der Toten. Wir suchen drei Felsgräber auf, die besonders eindrucksvoll und vom Weg aus leicht zu finden und zu erreichen sind.

Felsgrab 1 (ungefähr 100 m südwestlich der Felsnase, halb von einem Feigenbaum verdeckt): Eine ca. 1 m tiefe Nische in Form eines liegenden Rechtecks, die obere Kante ca. 6 m hoch gelegen. Man sieht kleinere Einlassungen in der Felswand der Nische, die als Aschenbehälter (Urnen) gedient haben. Die Abstufungen ermöglichten es, einen Sarkophag abzustellen.

Felsgrab 2 (250 m südwestlich vom ersten Grab): Doppelnische, seitlich eingefaßt von Pfeilern mit Volutenkapitellen (ionisches Kapitell mit spiralförmig eingerollter Form), darüber der Giebel in Reliefform aus dem Felsstein gearbeitet.

Felsgrab 3 (weitere 200 m südlich, dicht am Weg): Auf Stufen steht ein massiger Sarkophag, bis auf die Rückwand freistehend, gänzlich aus dem Fels gehauen. Die Deckplatte fehlt; von anderen Sarkophagen ist bekannt, daß der Deckel eine verschließbare Luke hatte, durch die der Leichnam in das Innere geschoben wurde.

Das Felsgrab direkt daneben wirkt schon fast wie ein kleiner Tempel, so deutlich sind Pfeiler und Volutenkapitelle sowie der Giebel aus dem Stein herausgearbeitet. Die ovale, wannenförmige Vertiefung diente als Ruhestätte des Verstorbenen.

Am südwestlichen Ausläufer des Gavrílos eine Weggabelung. Man wendet sich nach links dem Meer zu. Hier fällt ein etwa 10 Meter tiefer Bimssteinhang direkt ins Meer ab. Man folgt der Küste ein kurzes Stück bis zum *Kap Vlicháda* (30 Min.). Der Besitzer des neu errichteten Hotels benutzt die dicht am Meer entspringende Thermalquelle (32 °C) für die Duschen in den Räumen. Unterhalb des Hotels in einer Mulde eine 1983 stillgelegte Tomatenfabrik.

Von hier nach Akrotíri entlang der Küste. Man kann in der Ferne das Hotel Akrotíri und das Weiß einer Kirche vor dunkler Lava ausmachen, Ziel der Wanderung. Man geht die gesamte Strecke den Strand entlang (ca. 5 km, 2 Std.). Der Strand ist auch im Hochsommer fast menschenleer. Eindrucksvoll sind die Steilhänge, bis zu 30 Meter hoch ist die Bimsdecke hier, der Regen hat phantastisch anmutende Reliefs und Plastiken ausgewaschen (s. S. 152). An zwei Stellen versperren große Felsblöcke den Weg über den Sandstrand, so daß man zu klettern gezwungen ist. Im letzten Teil besteht der Strand aus grobem Vulkangestein-Geröll. Durch eine Mauer führt ein Treppenaufgang hoch zur Straße und dem Wendeplatz vor dem Hotel Akrotíri. Geht man etwa 200 Meter die Straße hoch, gelangt man zum Eingang der Ausgrabungsstätte *Akrotíri.* (Am Meer liegt eine Taverne in einer Höhle.)

Die Ausgrabungsstätte von Akrotíri

Geöffnet 8–12 Uhr und 13–17 Uhr, so 9–13 Uhr (Angaben von 1986).

Die seit 1967 durchgeführten Ausgrabungen legten Teile einer spätbronzezeitlichen Siedlung frei. Die Leitung der Ausgrabung hatte der griechische Archäologe *Prof. Spyridon Marinátos,* er verunglückte 1974 auf dem

Gelände tödlich. Sein Nachfolger wurde der Archäologe *Prof. Christos Doumas*. (Von ihm gibt es eine detaillierte Beschreibung der Ausgrabungen in der Broschüre ›Santorin‹ – am Ort erhältlich in deutscher Sprache.)

Die Ausgrabungsstätte wurde zum Schutz vor der Witterung überdacht, nur ein Teil des Ausgrabungsgeländes kann besichtigt werden (vorgeschriebener Rundgang). Die ausgegrabenen Funde stammen aus der Zeit um 1500 v. Chr., der Zeit also, bevor durch den Ausbruch des Vulkans Strongyle (das heutige Santoríni) die Stadt unter einer dicken Bimsschicht begraben wurde (s. Entstehungsgeschichte S. 142 f.).

Auf dem Rundgang erstaunen vor allem die gut erhaltenen Häuser, zwei oder drei Stockwerke hoch, im Erdgeschoß befanden sich Werkstätten und Vorratsräume mit kleinen Fenstern, im Obergeschoß die Wohnräume mit großen Fenstern. Alle Häuser wiesen im Wohntrakt Wandmalereien auf, sie befinden sich heute wie die meisten der Fundsachen der Siedlung im Nationalmuseum in Athen. Im nördlichen Teil sind zahlreiche Vorratsgefäße zu besichtigen. Aus gefundenen Speiseresten konnte der Küchenplan der Bewohner rekonstruiert werden. Die Häuser verfügten über Webstühle, wie die gefundenen Webgewichte zeigen. Die Bewohner von Strongyle müssen enge Handelsbeziehungen zu Kreta (110 km entfernt) unterhalten haben, denn die gefundene Keramik stammt zu einem Teil aus Kreta, und auch in der thiräischen Vasen- und Freskenmalerei ist der minoische Einfluß deutlich spürbar.

Die Restaurierungsarbeiten bestehen hauptsächlich darin, die Hausmauern zu befestigen und neue, hölzerne Tür- und Fensterrahmen einzusetzen.

Nach dem Rundgang (45 Min.) nehmen wir den Bus zurück nach Phíra (15 km/30 Min.) oder machen zuvor noch einen Abstecher zur ›Roten Bucht‹ (1 km). In letzterem Falle nimmt man den Pfad, der auf der dem Eingang gegenüberliegenden Seite in die Hügel hinaufsteigt. Man folgt ihm bis zu der sich

dicht an die dunkelrotbraune Lavawand schmiegende Kirche Ágios Nikólaos. Nach Überqueren des Vorplatzes gelangt man auf einen sehr schmalen Pfad, der zwischen roten und schwarzen Lavaformationen zunächst hinauf- und dann zu einer schön geschwungenen Bucht hinabführt (weiße Markierungen). Der rote und stellenweise schwarze Strand aus Kieseln und Sand trug ihr den Namen ›Red Beach‹ ein (20 Min.).

Zurück geht es über denselben Weg (20 Min.), wobei man wahlweise den Bus ab Ausgrabungsstätte nehmen kann oder, falls die Zeit noch reicht, die Straße zu der ca. 150 Meter hoch gelegenen Ortschaft *Akrotíri* hinaufsteigt (20 Min.).

Wichtige Hinweise

Dauer: 4½ Std. (ohne ›Red Beach‹, Bus ab Akrotíri).

Wegbeschaffenheit: meist Fels- und Geröllwege (festes Schuhwerk!).

Anstieg: unbedeutende Anstiege, Wanderung nach Akrotíri 150 m.

Orientierung: mittelschwer.

Restaurants: in Emborío, am Kap Vlicháda, in der Nähe der Ausgrabungsstätte, in Akrotíri.

Busverbindungen: Phíra – Emborío (30 Min.), Ausgrabungsstätte – Akrotíri – Phíra (30 Min.) Abfahrtszeiten in Phíra angeschlagen, Rückfahrten beim Busfahrer erfragen.

Am Wege:
mittelalterliche Stadt Emborío
Windmühlenweg auf dem Gavrílos
Felsgräber der Antike
Ausgrabungsstätte der spätbronzezeitlichen Siedlung bei Akrotíri
die sog. ›Red Beach‹ mit rotem Lavasand.

7   Auf dem ›Dach‹ von Thíra: von Pírgos über den Elíasberg nach Alt-Théra

Eine ganztägige Wanderung mit Gebirgscharakter im Bereich des Elíasmassivs (festes Schuhwerk erforderlich!), mit herrlichen Fernblicken nach allen Seiten der Inselgruppe. Ziel ist das antike Théra auf der Kuppe des Messavunó. Von dort Abstieg nach Périssa an das Meer mit abschließendem Baden. Mit Bus von Périssa zurück nach Phíra.

Wegbeschreibung

Man nimmt in Phíra den Bus nach Périssa oder nach Akrotíri und steigt in *Pírgos* aus (20 Min.). Vom Buswendeplatz aus führt eine asphaltierte Fahrstraße zum Gipfel des Berges Elías (griech.: Profítis Ilías, ausgeschildert). Die Straße schlängelt sich in weitausholenden Serpentinen von dem ca. 300 Meter hoch gelegenen Pírgos bis zu der auf der Kuppe des Elías sich ausbreitenden Klosteranlage *Profítis Ilías* (566 m) hinauf. Schon von weitem stören die hoch über die Klostermauern hinausragenden Bauten einer Radarstation. Fotografierverbot und Stacheldrahtzäune zeigen militärisches Gebiet an. Man durchschreitet die hohe, seitliche Glockenträgerwand und gelangt auf eine zum Norden hin gelegene Terrasse (60 Min.).

Im Kloster Profítis Ilías: volkskundliches Museum

Im Jahre 1711 wurde das Kloster gegründet (Bau der Klosterkirche). Das heutige Aussehen stammt aus einer Bauperiode von 1852–1857. Im Innern der Klosterkirche Ikonen des 18. Jahrhunderts. Ein großer Teil des Gebäudes wurde zu einem volkskundlichen Museum zweckentfremdet, es zeigt Lebensbereiche der Insel wie eine Kerzenzieherwerkstatt, eine Schnapsbrennerei, den Salon eines herrschaftlichen Hauses und anderes. Hier befand sich während der Türkenbesetzung eine Geheimschule, in der die Mönche trotz Verbotes unterrichteten. Öffnungszeit: 10–17 Uhr täglich (in Phíra Änderung erfragen!)

Zur Fortsetzung der Wanderung sucht man wieder die Fahrstraße auf. Vor ihrem Ende, an einem kleinen Mauerdurchbruch auf der linken Seite und an einem kleinen Hinweisschild (›Thira ancient‹) geht ein schmaler Maultierpfad in Richtung des Messavunó ab. Er zieht sich zunächst an dem hier steilen Nordhang des Bergmassivs entlang. (Für nicht Schwindelfreie etwas problematisch.) Dann wird der Pfad wieder besser begehbar, wir kommen an einer Ansammlung tief gegen den Hang gedrückter Krüppelkiefern vorbei.

Beim Abstieg zur Selláda (= Sattel), zwischen Elías und dem Messavunó gelegen, verliert sich der Weg zwischen Felsbrocken und Bimsgeröll. Als Orientierung: Rechts zur Talmulde hin sich halten. Wir sehen von oben die von Kamári in engen Serpentinen heraufführende Straße und ihren Wendeplatz. Kurz vor Erreichen des Sattels passiert man einen breiten Bimssteinhang. Auf den steilen Hängen des Elías konnten sich die Bimssteinmassen nicht halten, sie lagerten sich in den Mulden ab. Auf der *Selláda* (264 m) gönnen wir uns eine Verschnaufpause (50 Min.).

Um zu der antiken Stadt zu gelangen, muß man nochmals einen Höhenunterschied von ca. 100 Metern zu dem Bergrücken des *Messavunó* (369 m) überwinden. Die archäologische Stätte ist etwas oberhalb des Sattels abgezäunt und kann nur während der Öffnungszeiten betreten werden: 10–15 Uhr täglich (in Phíra unbedingt Änderungen erfragen!).

Die antike Stadt Alt-Théra

Die Überreste von Théra wurden 1886–1902 von dem deutschen Archäologen *Baron Hiller von Gärtringen* auf eigene Kosten unter einer 6 Meter starken Vulkanasche-Schicht ausgegraben (s. Geschichte S. 142f.). Auch ohne besondere historische oder archäologische Interessen lohnt ein Besuch, schon der einzigartigen Lage wegen: eine uneinnehmbar scheinende Felsbastion, die auf drei Seiten steil zum Meer abfällt. Die Stadt erstreckte sich in über 300 Meter Höhe über eine plateauartige Fläche von 800 Meter Länge und bis zu 200 Meter Breite. Die meisten Gebäude stammen aus hellenistischer Zeit, als die Ptolemäer (eine in Ägypten ansässige Dynastie aus der Zeit nach dem Tode Alexanders des Großen) den östlichen Mittelmeerraum beherrschten und auf Théra (zu dieser Zeit eine dorische Stadt) einen wichtigen Flotten- und Handelsstützpunkt errichteten. Als Hafen diente die Bucht von Kamári.

Ein Rundpfad führt von der Eingangspforte aus zu allen wesentlichen Sehenswürdigkeiten, die zudem gut ausgeschildert sind. Für den Rundgang kann man zwei Stunden veranschlagen, möglichst am Vormittag. Zu sehen sind meist nur Mauerreste der Gebäude und Anlagen. Der archäologisch Interessierte wird auf die Veröffentlichung ›Santorin‹ von Christos Doumas verwiesen, die in Phíra in deutscher Sprache erhältlich ist.

Kapelle Ágios Stéfanos: Die ursprüngliche Basilika ist noch erkennbar.

Alt-Théra: Phallossymbol an einem Eckhaus der Agorá

Temenos des Artemidoros: Der ptolemäische Admiral ließ sich mehr zur Selbstdarstellung das Heiligtum (Temenos) anlegen. Die gut erhaltenen Wandreliefs, aus dem Felsen gehauen, sind nur bei Streiflicht der Sonne (morgens) zu erkennen: sein eigenes Bildnis (einer Münze nachgeahmt) und die Symbole der Götter, denen das Temenos geweiht war (Adler = Zeus, Löwe = Apoll, Delphin = Poseidon).

Agorá (Marktplatz) mit *Stoa Basilika* (Säulenhalle) und *Dionysostempel.* Oberhalb der Säulenhalle ein Eckhaus mit dem Phallossymbol als Relief. (Der Phalloskult galt Dionysos, dem Gott der zeugenden Kraft.)

Theater: ptolemäisch, später römisch, für 1500 Besucher, mit herrlichem Blick.

Thermen: römische Bäder.

Der Weg stößt nach 800 Metern auf ein Felsplateau, hier lag das Kultzentrum zu Ehren Apolls aus dorischer Zeit mit dem *Tempel des Apoll.* Der Rückweg verläuft oberhalb: *Palast des ptolemäischen Statthalters.*

Gymnasion (griech. gymnos = nackt): ursprünglich Sportstätte für Knaben, später zur allgemeinen Ausbildung erweitert.

Wieder zurück zur Selláda kann man zwischen zwei Abstiegsmöglichkeiten wählen: nach *Kamári* oder nach *Périssa.* Reizvoller ist der Pfad nach *Périssa.* Er beginnt auf der Südseite des Wendeplatzes. Die 264 Meter Höhenunterschied bewältigt er mit langgestreckten Serpentinen, an einigen Stellen wird er etwas steiler (40 Min.). In *Périssa* schöner Badestrand und eine Reihe schattiger Tavernen. Im Sommer ist Périssa ähnlich Kamári überfüllt und entsprechend laut.

Der Bus nach Phíra (30 Min.) fährt vom Wendeplatz dicht am Strand ab. Man muß damit rechnen, daß er am späten Nachmittag und frühen Abend stark überfüllt ist.

Wichtige Hinweise

Dauer: 3½ Std., zusätzlich: Klosterbesuch 30 Min.; Alt-Théra 2 Std.; Baden in Périssa.

Wegbeschaffenheit: von Pírgos zum Elías-Berg Asphaltstraße, dann nur noch Geröllpfade, festes Schuhwerk erforderlich.

Anstieg: Pírgos – Elías ca. 150 m, vom Sattel (Selláda) auf den Messavunó ca. 100 m.

Orientierung: leicht, auf dem Streckenabschnitt Kloster – Selláda schwierig.

Restaurants: nur in Périssa, Verpflegung mitnehmen.

Busverbindungen: Phíra – Pírgos (Linie nach Périssa oder Akrotíri); Périssa – Phíra; Abfahrtzeiten in Phíra oder beim Busfahrer erfragen.

Am Wege:

Kloster Profítis Ilías mit völkerkundlichem Museum (zeitweilig geschlossen, in Phíra nachfragen)

die antike Stadt Alt-Théra auf dem Messavunó (Öffnungszeiten erfragen!)

der Badestrand von Périssa.

Anáfi

von Kurt Schreiner

Anáfi im Überblick

Hafen: Ágios Nikólaos, seit 1986 Anlegemole für Fährschiffe.
Größe: 38 km². Länge 12 km, größte Breite 7 km.
Einwohnerzahl: ca. 260.
Höchste Erhebung: Vígla, 582 m.
Hauptort: Anáfi (Chóra).
Verkehrsverbindungen:
Schiffsverbindungen: mit Piräus (über Santoríni) und weiter nach Kreta und Karpathós (und umgekehrt); Fahrplan und Häufigkeit wechseln von Jahr zu Jahr.
Straßenverkehr: nur Fußwege (Esels- und Ziegenpfade); die schmale, betonierte Straße vom Hafen zur Chóra ist für PKW-Verkehr nicht geeignet, ein Ausbau ist geplant.
Unterkunft: wenige Privatzimmer in Ágios Nikólaos, in der Chóra und in Klissídi (eine Ansammlung von Ferienhäusern). Kampieren im Zelt oder mit Schlafsack wird an den zahlreichen Sandstränden geduldet. FKK ist mit Ausnahme des Strandes von Klissídi erlaubt.
Strände: von Ágios Nikólaos aus ziehen sich zahlreiche goldgelbe Sandstrände an der Südküste entlang, alle von einem Eselspfad aus erreichbar. Taverne am ersten Strand, Brunnen am zweiten Strand, die weiter entfernten sind fast menschenleer.
Feste: 15. August (Mariä Entschlafung) in der Chóra; 8. September (Hauptfest der Insel zu Ehren der Schutzpatronin der Insel, Maria) am Kloster Panagía Kalamiótissa.

Wesen und Merkmale der Insel

Von weitem wirkt Anáfi mit seinen hohen Steilküsten wie ein unzugängliches Felsmassiv. Nähert sich das Schiff dem Hafen Ágios Nikólaos an der Südküste der Insel, so entdeckt man am Küstensaum eine Reihe Sandstrände, die sich bis zum steil aus dem Meer aufsteigenden 396 Meter hohen Marmorberg Kálamos hinziehen.

Der größte Teil der Insel ist kahl oder mit verdorrter Kugelbusch-Phrýgana überzogen. Überraschend stößt der Wanderer auf enge zum Meer hin auslau-

fende Spültäler, auf deren Grund sich eine üppige Vegetation mit Schilfrohr und Nutzpflanzen ausbreitet, die von dem hier reichlich vorhandenen Wasser und den Nährstoffen einer umfangreichen Palette an Gesteinsarten lebt. Anáfi besteht aus grünlichem Tonglimmerschiefer, Grauwacken, Marmor (Berg Kálamos) und ockergelbem Sandstein.

Die einzige Ortschaft der Insel, die hochgelegene *Chóra*, ist durch eine zum größten Teil betonierte, schmale Straße mit dem Hafen Ágios Nikólaos verbunden. Die mit den Schiffen ankommende Fracht muß mit Maultieren hinaufbefördert werden, da die Straße wegen ihrer engen Kehren und teilweisen Rampenstufen für Autos nicht geeignet ist.

Die 260 Meter hoch liegende Chóra zieht sich um einen ockerbraunen Felsen, auf dem einst ein venezianisches Kástro stand. Der Ort weist die typischen Merkmale der Kykladendörfer auf: Ton-

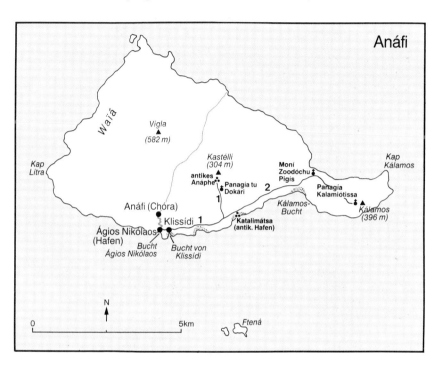

nengewölbe- und Flachdächer, apsidenartige Backöfen an den Hauswänden, kleine Vorhöfe und enge Treppen. In den stillen Gassen ist kaum noch Leben, die Mehrheit der Bewohner hat den Ort für immer verlassen. Nur noch die Alten bestellen ihre Äcker; einige Kafenía, ein Bäcker, der für den Bedarf der ganzen Insel sorgt, und eine Post, die nur sporadisch geöffnet ist, viel mehr hat der Ort nicht zu bieten.

Der Blick von hier oben geht über das Kretische Meer. Vier Inseln sind Anáfi vorgelagert: die beiden kleinen Inseln Ftená (›die Dünne‹), die 224 Meter hohe

Insel Pacheiá (›die Dicke‹) und das 131 Meter hohe Makrá (›die Lange‹).

Vom Anlegesteg aus kommend stößt man auf die Taverne Akrogiáli (nach der Hafenbucht benannt), die älteste im Hafen mit einer freundlichen Gastlichkeit; hier erhält man Schiffsauskünfte und kauft seine Schiffsfahrscheine.

Im Hafen ersetzt ein Sandstreifen die Straße; die wenigen Häuser der Hafensiedlung bergen zwei Tavernen und zwei winzige Lädchen. Einige Häuser bieten Privatzimmer an. Der größte Teil der ankommenden Touristen verteilt sich zum Kampieren auf die nahe gelegenen Sand-

Anáfi: Weitblick über die Insel zum Kálamosgipfel mit Marienkirche

buchten. Waren es in der Vergangenheit nur wenige, die den Weg nach Anáfi fanden, so ist durch die eben fertiggestellte Anlegemole für die großen Fährschiffe die Zahl der Gäste größer geworden. Aber noch kann die Insel als ruhig und abgeschieden bezeichnet werden; als Erwerbszweig für die Einheimischen kann der Tourismus bisher nicht dienen.

Die Anáfier leben wie seit jeher von Ackerbau und etwas Viehzucht. Das Hauptanbaugebiet ist das Hügelland der Waïá im Westen der Chóra mit Weizen, Gerste, Erbsen, Linsen, Oliven und etwas Obst. Weitere Anbauflächen bieten nur noch die Erosionstäler. Eine Anzahl Landhütten ist hier errichtet worden, die nur während der Bewirtschaftung der Felder bewohnt sind.

Wo die zur Chóra führende Straße beginnt, wurde 1976 ein dieselbetriebenes Elektrizitätswerk errichtet, das die Insel

schen Meer in einen schweren Sturm geraten. Apoll ließ eine Insel aus dem Meer
aufsteigen und wies ihnen durch einen
Lichtstrahl den Weg ans rettende Ufer.
Die Argonauten nannten die Insel daraufhin Anáphe (›die Angestrahlte‹). Zum
Dank und zu Ehren des Gottes (Apollon
Aigletes) errichteten sie unweit der Lan-
destelle auf dem Isthmus im Osten der Insel einen Altar und später einen Tempel.
(Auf seinen Fundamenten entstand 1807
das Marienkloster.)

um 800 v. Chr. Dorer vom Peloponnes
lassen sich in der Gegend des Kastélli
nieder.

5. Jh. v. Chr. Anáfi wird Mitglied des Attischen Seebundes. Die Zeit bis zum ausgehenden Mittelalter liegt im dunkeln.

13.–16. Jh. In der venezianischen Zeit
(1204–1537) gerät die Insel in den wechselnden Besitz verschiedener Adelsfami-
lien.

1537 Der osmanische Admiral Barbarossa (die ›Geißel der Ägäis‹) plündert die Insel und rottet die gesamte Bevölkerung
aus. Einem Teil gelingt die Flucht nach
Kreta.

18. Jh. Anáfi wird wieder bewohnt.

Ausblick In neuerer Zeit zeichnet sich
eine starke Abwanderung nach Santoríni
und aufs Festland ab. Ein Teil der Inselbewohner widersetzt sich dem Tourismus.
Die Einrichtung eines offiziellen FKK-
Strandes und die Errichtung einer Anlegemole für Fährschiffe sind Anzeichen für
einen Wandel.

seitdem mit Strom versorgt. Wasser be-
zieht die Bevölkerung aus Brunnen und
Zisternen. Das Brauchwasser in der Hafensiedlung wird aus meernah gelegenen
Brunnen in die Vorratsbehälter der Häuser gepumpt.

Geschichte

Mythologie Nach der griechischen Mythologie verdankt Anáfi seine Entstehung
den Argonauten. Diese waren im Kreti-

1 Entlang der Südküste: zur antiken Dorerstadt

Eine mehrstündige Wanderung vom Hafenort Ágios Nikólaos entlang der Steilküste auf
der Südseite der Insel. Unterhalb des Pfades
gut erreichbare, ockerfarbene Sandstrände.
Fernblicke auf den Berg Kálamos im Osten
und über das Kretische Meer. Die Wanderung
führt in ständigem Auf und Ab über kugel-
buschbestandene Höhen und durch kleine,

oasenartig anmutende Täler. Vom Tal Rukúnas aus Aufstieg zum Kastélli und zur Ruinenstätte einer antiken Dorerstadt. Überraschend stößt man auf im Gelände verstreute Marmorbüsten. Abstieg und Rückweg auf gleichem Pfad. Unterwegs reichlich Gelegenheit zum Baden.

Alternative: Fortsetzung der Wanderung zum Kloster Panagía Kalamiótissa.

Wegbeschreibung

Man steigt vom Hafen *Ágios Nikólaos* aus den Pfad rechts hinter dem Elektrizitätswerk hoch und folgt ihm etwa 600 Meter weit bis *Klissídi*. Aus Anáfi abgewanderte Anáfier haben sich hier eine Ansammlung von Ferienhäusern in den Hang gebaut. Taverne und Kafeníon liegen oberhalb. In der zum Meer abfallenden Talsenke wachsen Schilfrohr, Olivenbäume und eine fotogene Dreiergruppe Palmen. Der Sandstrand von Klissídi ist wegen seiner Nähe zum Hafenort (10 Min.) der beliebteste Platz zum Kampieren.

Ein Geröllpfad führt hinter der in der Talsenke stehenden kleinen Kapelle *Athanásios* hoch zu einem weißgekalkten Haus. An der Gabelung hier die linke Abzweigung einschlagen. Man geht ein Stück an abgeernteten Feldern vorbei und gelangt zu einem weiteren Tal. Am rechten Hang steigt man in Richtung Meer hinab, überquert kurz vor Erreichen des Strandes die Talkerbe und steigt jenseits durch eine hügelige Kugelbusch-Phrýgana wieder hoch. Der Pfad ist auf dem von Geröll übersäten Boden nicht immer leicht auszumachen. Man hält sich in Nähe des Absturzes, bis man erneut in eine enge Talkerbe hinabsteigen muß. Von hier führt ein Pfad in spitzem Winkel nach rechts zu einem weiteren Strand hinunter. Man nimmt den Weg, der rechts nach oben führt und entlang der Steilküste über einen Felsgrat verläuft. An der nächsten Gabelung, in Höhe einer im Gelände linkerhand gelegenen Kapelle, den linken Pfad einschlagen. Man gelangt zu einem breiten Taleinschnitt. Orientierungspunkt für den nächsten Wegabschnitt: der auf der anderen Talseite gelegene, weißgekalkte Backofen neben einer

Feldhütte. Die dahinter aufragende kegelförmige Bergkuppe ist der 304 Meter hohe *Kastélli*, an dessen Süd- und Westflanke sich die antike Dorerstadt ausbreitete.

Der Weg führt talabwärts, wieder ein Stück nach oben und überquert ein gerölliges, trockenes Bachbett. Man geht die jenseitige Talseite in Richtung des erwähnten Backofens hoch, passiert dabei Terrassenfelder und stößt auf eine Feldhütte. An der Dreschtenne biegt der Pfad nach rechts ab und führt zu dem von Olivenbäumen und Agaven umstandenen Backofen mit der Feldhütte hoch. Man passiert das verfallen wirkende Anwesen und gelangt auf einem gut erkennbaren, breiten Weg an einer Kapelle vorbei in einen weiteren Talabschnitt hinunter. In Serpentinen und zum Teil cañonartig führt der Weg bis zur Talsohle des Erosionstales *Rukúnas* (45 Min.).

Eine üppige Vegetation zeigt an, daß die Spülrinne auch im Sommer noch reichlich Grundwasser birgt: Schilfrohr, Oleander, als Nutzpflanzen Oliven- und Pistazienbäume sowie Weinkulturen, vereinzelt entdeckt man eine Palme. Der abgedeckte Brunnen, auf den man dicht am Weg in der Talsenke stößt, war im August noch bis zum Rand mit Wasser gefüllt.

Der Weg führt vom Brunnen aus ca. 20 Meter weiter, dann im spitzen Winkel nach rechts an einer Bruchsteinmauer entlang aufwärts. Nachdem man linkerhand zwei Feldhütten passiert hat, gelangt man an eine Weggabelung. Orientierungspunkt: der alleinstehende Olivenbaum auf einer Feldterrasse. Geradeaus führt der Weg weiter zum Kloster (s. Wanderung 2). Um zum Standort der ehemaligen antiken Stadt zu gelangen, biegt man in den nach links in den Hang hochführenden Pfad ein. Er ist kaum erkennbar in dem Geröll, deshalb hier weitere Orientierungspunkte: Die grobe Richtung wird von der inzwischen näher gerückten Bergkuppe des Kastélli bestimmt. Geht man etwas höher, so muß als erstes eine eingestürzte Feldhütte passiert werden. Von hier schlängelt sich der Pfad etwa 150 Meter weiter hangaufwärts. Der näch-

Auf dem Weg zum Kastélli: alter Backofen im Gelände

ste Punkt ist wieder eine Feldhütte mit zwei der typischen zylindrischen Backöfen, wie zuvor gesehen. Der letzte Punkt ist eine Feldhütte mit einer Dreschtenne. Von hier ist das Ziel der Wanderung zu sehen: Auf plateauartigem Gelände an der Südseite des Kastélli wurde eine kleine Gewölbekapelle errichtet. Sie liegt etwa 200 Meter hoch und trägt den merkwürdigen Namen *Panagía tu Dokári* (›Allerheilige zum Balken‹). Der Aufstieg vom Brunnen bis zu der Kapelle nimmt etwa 30 Minuten in Anspruch.

Wer will, kann am Hang oberhalb der Kapelle die Überreste der antiken Stadt aufsuchen. Auf jeden Fall ist zu empfehlen, die in unmittelbarer Nähe der Kapelle verstreuten Marmorbüsten ausfindig zu machen.

Am Kastélli: die Überreste der antiken Dorerstadt

An Gebäuden existiert von der alten Stadt so gut wie nichts mehr. Was sie dennoch als Wanderziel interessant macht, sind die zahlreichen gut erhaltenen Marmorstatuen, auf

die man bei Kletterpartien im Hang des Berges Kastélli überraschend stößt. An der Südwand der Kapelle Panagía tu Dokári steht ein Marmorsarkophag mit mythologischen Motiven in Reliefarbeit: An der nach Westen gerichteten Stirnseite wird das geflügelte Pferd Pégasos dargestellt, das von dem Héros Bellerophon eingefangen wird. Auf der zum Meer gelegenen Längsseite sind sechs Eroten abgebildet. Auf der Seite zum Berg hin erkennt man zwei Greifen. Ein Teil der Abdeckung, die ein dekoratives Schuppenmuster trägt, wurde in der Kapellensüdwand als Bauelement verarbeitet.

Um die erwähnten Büsten zu finden, orientiert man sich an einem Felsvorsprung, der etwa 150 Meter westlich der Kapelle und oberhalb hervorragt. Auf Höhe dieses Felsens stehen einige Büsten aufrecht verstreut zwischen Geröll und stacheligen Büschen. Geht man auf gleichem Niveau noch etwa 50 Meter weiter, so stößt man auf eine Gruppe von drei dicht nebeneinander aufgestellten Statuen, wie die anderen kopflos. Der archäologisch

Marmorstatuen am Kastélli

Interessierte wird auf dem weiträumigen Gelände am Hang und auf dem Gipfel zahlreiche weitere Überreste der antiken Stadt vorfinden.

Für den Rückweg nach Ágios Nikólaos muß, will man sich nicht im Gelände verlaufen, der gleiche Pfad benutzt werden. Bei der Gabelung am Olivenbaum kann der Weg zum Kloster fortgesetzt werden (s. Wanderung 2).

Wichtige Hinweise
Dauer: 2½ Std. (ohne längeren Aufenthalt am Kastélli).
Wegbeschaffenheit: Geröllpfade.
Anstiege: entlang der Küste geringe Anstiege mit wechselndem Niveau, am Kastélli ca. 200 m.
Orientierung: entlang der Küste mittelschwierig, am Kastélli an einigen Stellen schwierig.
Restaurants: keine, Verpflegung mitnehmen.
Am Wege:
leicht erreichbare Badestände
die Überreste der antiken Dorerstadt
im Gelände verstreute Marmorbüsten.

2   In den äußersten Osten von Anáfi: zum Kálamosberg

Man muß aus zeitlichen Gründen zwischen zwei Möglichkeiten entscheiden: Wanderung zur antiken Stadt (Kastélli) und zum Kloster. Oder auf den Aufstieg zum Kastélli verzichten und bis zum Kloster durchwandern. Von hier auf den Gipfel des Kálamos und zur Marienkirche. Der erste Teil wurde bereits beschrieben. Im weiteren Verlauf führt die gesamte Strecke dicht am Absturz der Südküste entlang. Der Geröllpfad verläuft dabei auf wechselndem Niveau und berührt im letzten Teil den Küstensaum mit kleinen, einsamen, ockergelben Sandstränden (Badesachen mitnehmen!).

Das Kloster liegt in etwa 100 Meter Höhe auf der Landenge vor dem Kálamosberg. Den Schlüssel verwaltet der Dorfgeistliche in der Chóra. Ins Innere gelangt man nur, wenn man sich einer organisierten Gruppe anschließt. (Von Ágios Nikólaos aus bei Nachfrage Bootsfahrten zum Kloster.) Vom Kloster aus führt ein steiler und beschwerlicher Pfad zum Kálamosgipfel in 396 Meter Höhe.

Wegbeschreibung

Von Ágios Nikólaos aus auf gleichem Weg wie zur antiken Stadt. An der beschriebenen Gabelung geht man geradeaus in Nähe des Absturzes immer in Blickrichtung des 396 Meter hohen Kálamos-Berges. Der geröllige Pfad weist zunächst, bedingt durch Taleinschnitte, wechselndes Niveau auf. Erst im letzten Drittel des Weges, wenn das auf der Landenge liegende Kloster ins Blickfeld rückt, steigt man fast auf Meereshöhe hinab. Hier sind die Sandstrände – insgesamt neun auf der Strecke – leicht zu erreichen.

Kurz vor Erreichen der weit geschwungenen Bucht Órmos Kálamos mit ausgedehntem Sandstrand und einigen Baumgruppen biegt der Pfad nach links ab und führt ziemlich steil zum Kloster hoch (100 Meter). Der Weg beansprucht von der Weggabelung am Kastélli bis hier etwa 1½ Stunden.

Auf den Fundamenten eines Apollontempels: das Marienkloster Moní Zoodóchu

Das Kloster wurde im Jahre 1807 auf den Grundmauern eines Apollontempels erbaut (s. S. 163). Von dem Tempel sind zahlreiche marmorne Werkstücke erhalten, die zum Teil in den Mauern der Klosteranlage verbaut wurden. Falls man ins Innere gelangt: Sehenswert ist eine alte Marienikone, mit vergoldetem Treibsilber überzogen. Sie wurde im Jahre 1887 von der Marienkirche ins Kloster überführt, weil während einer Panigíri vor der Marienkirche sich ein tragisches Unglück ereignete. Das Kloster ist unbewohnt, nur einmal im Jahr versammeln sich hier am 8. September die Anáfier zum Jahresfest der Geburt Mariens, der Schutzpatronin der Insel.

Auf der Nordseite des Klosters führt ein Pfad hoch zu der seewärts gelegenen Kirche Panagía Kalamiótissa und dem Gipfel des Kálamos. Man orientiert sich an dem Wegweiser hinter dem Kloster und dem in Serpentinen verlaufenden Pfad, der allerdings manchmal schwierig auszumachen ist. Der Kilometerangabe auf dem Wegschild von 1,5 Kilometer muß mißtraut werden, man benötigt für den mühevollen Aufstieg ungefähr zwei Stunden. Von der Plattform der Kirche aus hat man bei geeignetem Wetter eine Sicht bis nach Kreta.

Kirche auf dem Gipfel des Kálamos: die Panagía Kalamiótissa

Ein Seemann, so wird berichtet, soll die Marienikone im Schilf am Fuße des Kálamos gefunden haben. Er deutete die nach oben weisenden Schilfstengel als Hinweis, auf dem Gipfel des Kálamos (›Schilf‹) eine Kirche zu errichten. Er wählte die Stelle, an der eine andere ältere, zerfallene Kirche stand. Sie erhielt die Bezeichnung Panagía Kalamiótissa (›Allerheiligste zum Schilf‹); zwei Söhne des Gründers wohnten später hier als Einsiedler. Alljährlich wurde die Panigíri gefeiert, bis sich das oben erwähnte Unglück ereignete: Ein Blitzschlag riß den Geistlichen und weitere Personen in die Tiefe. Dies wurde als Zeichen gewertet, die Marienikone in das Kloster auf der Landenge zu überführen und die Panigíri hier abzuhalten. Von daher trägt das Kloster noch einen zusätzlichen Namen: Káto Moní Panagías Kalamiótissas (›unteres Kloster der Allerheiligen zum Schilf‹).

Der Rückweg ist in Ermangelung anderer Möglichkeiten der gleiche wie der Hinweg.

Wichtige Hinweise

Dauer: Ágios Nikólaos–Kastélli–Kloster und zurück gut 5 Std. Variante mit Aufstieg zum Kálamos-Gipfel gut 8 Std.
Wegbeschaffenheit: Geröllpfade.
Anstiege: entlang der Küste geringe Anstiege mit wechselndem Niveau;
Variante 1: zum Kastélli 200 m und zum Kloster 100 m (steil)
Variante 2: zum Kloster 100 m (steil) und zum Gipfel nochmals rund 300 m.
Orientierung: mittelschwer, auf dem Kastélli schwierig.
Restaurants: keine, Verpflegung mitnehmen.
Am Wege:
leicht erreichbare Badestrände
die Überreste der antiken Dorerstadt
Kloster Moní Zoodóchu
Kirche Panagía Kalamiótissa.

Ándros

von Klaus Bötig

Ándros im Überblick

Hafen: Gávrion an der Westküste. Zu allen Fährschiffen Busverbindung nach Batsí, Ándros-Stadt und Órmos Korthíu.
Größe: 380 km². Länge 40 km, größte Breite 16 km.
Höchste Erhebung: Pétalon, 994 m.
Einwohnerzahl: ca. 9000.
Hauptort: Ándros, auch Chóra genannt.
Verkehrsverbindungen:
Schiffsverbindungen: täglich mit Rafína, Tínos und Míkonos, mindestens einmal wöchentlich mit Síros.
Straßenverkehr: Fast alle Orte sind über Asphaltstraßen zu erreichen. Knotenpunkt der Buslinien ist die Stadt Ándros. Gute Busverbindungen bestehen nur von Ándros-Stadt nach Steniés, Órmos Korthíu und Gávrion sowie von Órmos Korthíu nach Gávrion. Viele Dörfer sind nur während der Schulzeit mit dem Bus erreichbar; der Bus fährt dann morgens in die Stadt und nachmittags zurück aufs Dorf.
Taxis: In Ándros-Stadt, Gávrion, Batsí und Órmos Korthíu.
Autoverleih in Batsí, Mopedverleih in Batsí und Ándros-Stadt.
Unterkunft: zahlreiche Unterkünfte aller Art in Batsí. Einfache Hotels sowie wenige Privatzimmer in Ándros-Stadt, Gávrion, Órmos Korthíu und Apíkia.
Camping: am Ortsrand von Gávrion.
Strände: zahlreiche Sandbuchten zwischen Gávrion und Batsí. Zwei große, wenig besuchte Strände in Ándros-Stadt, weitere Strände bei Órmos Korthíu und Steniés.
Spezialität: Frutália, eine Art Bauernfrühstück aus in Schweineschmalz gebratenen Kartoffeln, Eiern und Wurst.
Feste: 27. Juli bei Batsí im Nonnenkloster Agía, 1. Februar (Ág. Trifónas) und 27. August (Ág. Fanúrios) in Órmos Korthíu, 15. August (Mariä Entschlafung) und 8. September (Mariä Geburt) in Apíkia, 15. August in Messariá, 15 Tage vor Ostern in Ándros-Stadt (Theoskepasti).

Wesen und Merkmale der Insel

Ándros ist nach Náxos die zweitgrößte und die zweithöchste Insel der Kykladen. Was für ihre Bewohner aber mehr zählt: Sie ist neben Náxos auch die wasserreichste und damit fruchtbarste Insel des Archipels.

Von allen großen Kykladen ist Ándros diejenige, die am seltensten von ausländischen Touristen besucht wird. Das liegt zum einen daran, daß sie nicht von Piräus aus mit dem Schiff angefahren wird, sondern nur von Rafína an der Ostküste Attikas, und zum anderen, daß Ándros nicht unserer Bilderbuchvorstel-

lung einer typischen Kykladeninsel entspricht, denn es gibt hier weder weiße, kubische Häuser noch entsprechende Kirchen und Kapellen. Der Hauptgrund ist jedoch, daß der Tourismus für die Andrioten nicht die einzige Zukunfts-

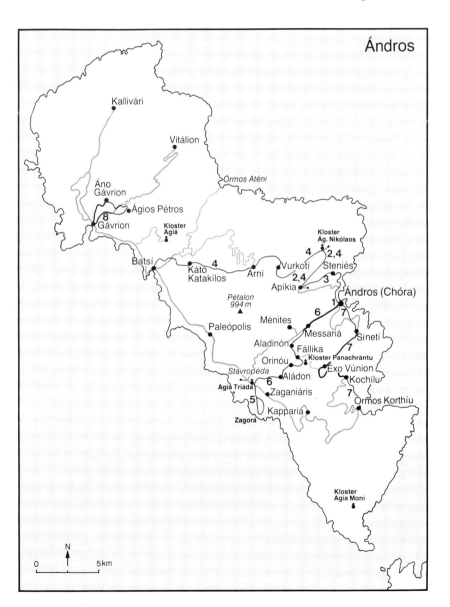

perspektive für die wirtschaftliche Entwicklung ihrer Insel ist, so wie das für viele andere Eilande in der Ägäis gilt.

Ándros ist die Heimat vieler großer griechischer Reeder. Sie heuern für ihre Schiffe bevorzugt andriotische Offiziere und Seeleute an, so daß viele Männer aus Ándros auf den Weltmeeren ein gutes und sicheres Einkommen finden. Die Zurückbleibenden bestellen die Felder und kümmern sich um die Baumkulturen, so daß auch sie keine Not leiden.

Hinzu kommt, daß die andriotischen Reeder auf ihrer Insel und insbesondere in der Stadt Ándros großen politischen Einfluß besitzen. Sie verwöhnen ihre Heimatinsel mit für sie steuersparenden Geschenken und Stiftungen und bauen sich große Villen für die Sommerferien ihrer Familien, die wiederum Arbeitsplätze schaffen. So wagt niemand, sich ihrem Wunsch entgegenzustellen, Ándros als Feriendomizil so zu erhalten wie es ist.

Kunstvoll aufgeschichtete Feldmauern (Xirolithiés)

Batsí bildet eine Ausnahme: Da lassen die Reeder vor allem athenische Investoren gewähren. Batsí ist denn auch der einzige Touristenort auf der Insel. Er wird vor allem von Briten aufgesucht. Gegen die Urlaubszentren auf Páros, Náxos oder Santoríni ist er aber immer noch ein Idyll.

Idyllisch ist auch die Landschaft auf Ándros. Die Westküste fällt relativ steil zum Meer hin ab, an der Ostküste ziehen sich tief eingeschnittene, mal breite, mal schmale Täler vom zentralen Gebirgsrücken zur Küste hin. Mit ihrem üppigen Grün und den überall verstreut aufragenden Zypressen muten sie weit mehr italienisch denn griechisch an. In den Bergen liegen inmitten ausgedehnter, terrassierter Felder locker bebaute Bergdörfer an ganzjährig Wasser führenden Bächen, die Eichen und Platanen, Oleander und unzählige Obstbäume gedeihen lassen.

Wahrhaft begeisternd ist die andriotische Form der Feld- und Terrassenmauern, der ›Xirolithiés‹. Zwischen die wie allgemein üblich mörtellos zusammengefügten, kleinen Bruchsteine sind in regelmäßigen Abständen große Marmorschieferplatten gefügt, die oft oben spitz zulaufen und daher aus der Ferne wie gotische Fenster wirken. Ganze Berghänge werden von hintereinandergestaffelten Reihen solch bizarrer Mauern überzogen, so daß sie aus der Distanz auch wirken, als wären sie mit Menhiren übersät. Es gibt in der Ägäis für Wanderfreunde kaum ein schöneres Ziel als Ándros. Der beste Standort ist nicht nur der Busverbindungen wegen Ándros-Stadt: Hier ist

In der römischen Zeit ist Ándros bedeutungslos.

1207–1566   Ándros steht unter der Herrschaft wechselnder italienischer Dynastien.

1566–1830   Türkische Herrschaft.

1834   Anschluß an den neuen griechischen Staat.

1941–1944   Ándros wird von ca. 800 italienischen und deutschen Soldaten besetzt gehalten.

1   Rundgang durch Ándros-Stadt

Die Stadt liegt auf einer niedrigen Felszunge, die sich in eine sandige Bucht hineindrängt, am Ausgang eines breiten, fruchtbaren Tals. Nördlich der Felszunge bieten der Strand von Nimborió, südlich davon der Strand von Parapórti hervorragende Badegelegenheiten in unmittelbarer Stadtnähe. Im nördlichen Teil der Bucht gewährt ein Kai kleineren Schiffen und den großen Motorjachten der andriotischen Reeder Schutz vor den hier häufig heftig wehenden Nordwinden.

Historischer Kern der Siedlung ist die venezianische Burg *Méssa Kástro,* die stark zerfallen noch immer auf einem winzigen, der Felszunge vorgelagerten Inselchen steht. Sie war zunächst mit einer Zugbrücke, dann mit einer einbogigen Steinbrücke mit der Felszunge verbunden. Ein Teil des Bogens steht noch und kann äußerst vorsichtig begangen werden.

Gleich nach Gründung der Burg im Jahre 1207 entstand auch die dazugehörige Siedlung. Ihre Häuser bildeten zur See hin eine fensterlose, mit Pechnasen und später auch mit Schießscharten versehene Verteidigungsmauer, die nur an zwei Stellen von Toren durchbrochen wurde: einmal am Ende der Landzunge zur Brücke hin, dann beim heutigen Kaïris-Platz zur Landseite hin. Zwischen zwei Toren zog sich wie ein Rückgrat auf dem Felsrücken die Hauptgasse entlang. Der wehrhafte Charakter der Häuser ist durch zahlreiche Umbauten verlorengegangen und läßt sich von Norden her betrachtet höchstens

man auch weiter weg vom Rucksack-Massentourismus als irgendwo sonst auf den Kykladen.

Geschichte

um 1500 v. Chr.   Die mykenische Kultur erreicht Ándros.

900–700 v. Chr.   Blütezeit der geometrischen Siedlung Zagorá.

650 v. Chr.   Gründung der Kolonie Stageira an der Ostküste der Halbinsel Chalkidike, die zum Geburtsort des Aristoteles wurde (384 v. Chr.).
Paleópolis löst Zagorá als Inselhauptort ab.

3. Jh. v. Chr.   Nach dem Tode Alexanders des Großen wird die Insel zum Streitobjekt zwischen seinen makedonischen und ptolemäischen Diadochen.

200 v. Chr.   Ándros fällt an Pergamon.

133 v. Chr.   Ándros wird römisch.

noch erahnen: Das Tor zur Burg hin ist einem weiten Platz gewichen, auf dem ein Denkmal für den unbekannten, auf See gebliebenen andriotischen Seemann steht. Das obere Tor ist trotz weitgehender Um- und Überbauung noch deutlich zu erkennen.

Der *Kaïris-Platz* ist der schönste Platz des Ortes, auf ihm konzentrieren sich die Kafenía und Restaurants der Stadt. Hier steht auch ein schöner, reliefverzierter Brunnen aus dem Jahre 1818, an dem eine silberne Trinkschale, später gestiftet, für jeden Durstigen bereithängt. An den Kaïris-Platz grenzt das *Archäologische Museum* von Ándros, eine 1981 eingeweihte Schenkung der Reederfamilie Goulándris. Es ist ohne Zweifel das modernste Museum Griechenlands. Wertvollste Ausstellungsobjekte sind zahlreiche Funde aus der geometrischen Siedlung Zagorá sowie eine antike Kopie des Hermes des Praxiteles, der sogenannte ›Hermes von Ándros‹.

Nördlich neben diesem Museum führt vom Kaïris-Platz eine breite Treppengasse hinab zum von derselben Familie gestifteten *Museum der Modernen Kunst,* in dem überwiegend griechische Malerei und Plastik unseres Jahrhunderts gezeigt werden, darunter viele Werke von Michális Tómbros (1899–1974), einem der Avantgardisten moderner griechischer Plastik, der auch die Statue des ›Unbekannten Seemanns‹ drunten auf dem Platz gegenüber der Burg schuf.

Die Hauptachse der alten venezianischen Siedlung setzt sich auf der Felszunge nur leicht versetzt weiter gen Westen als breite, marmorgepflasterte Gasse fort, die auf Wunsch der andriotischen Reeder, ›Zeus sei Dank‹, zur Fußgängerzone erklärt wurde. Sie führt an der Bischofskirche der Insel, *Zoodóchos Pigí,* vorbei zu einem weiteren großen Platz.

Ist man erst einmal die lange, gerade Hauptgasse vom Burginselchen bis zu diesem Platz entlanggegangen, sollte man anschließend kreuz und quer durch die schmaleren Gassen wandern, die links und rechts vom ›Rückgrat‹ abwärts führen. Dabei wird die Vielfalt der andriotischen Hausformen deutlich. Kykladische Häuser mit Flachdach findet man zwar nicht mehr, da im 19. Jahrhundert das mit roten Ziegeln gedeckte Giebeldach in Mode kam, doch statt dessen all die Hausformen, die im 19. und zu Beginn des 20. Jahrhunderts beliebt waren. Klassizistische Formen überwiegen, aber auch einige Häuser mit venezianischen Loggien sind noch erhalten, ebenso ein Haus mit hölzernem Obergeschoß und einige Bauten mit hölzernen Erkern. Zahlreich sind die Wappen an den Häusern, die zumeist aus dem 17. bis 19. Jahrhundert stammen.

Einen Besuch ist schließlich auch noch der terrassenförmig angelegte *Friedhof* der Stadt wert, der südlich an den großen Platz oberhalb des Hotels Parádissos grenzt. Die oberen Terrassen sind den prächtigen Grabbauten der wohlhabenden Reederfamilien vorbehalten, die so auch im Tode noch ihren Wohlstand demonstrieren.

Grabanlagen reicher Reederfamilien in Ándros-Stadt

2 Von Apíkia zum Kloster Ágios Nikólaos und zurück

Diese leichte und kurze Wanderung stimmt ein auf das, was Ándros zu bieten hat: wohlhabende Dörfer, großartige Ausblicke, grüne Täler und hohe Berge. Sie führt in etwa 300 bis 400 Meter Höhe an einem Hang entlang, von dem aus man meist das Tal von Steniés und die Häuser von Ándros-Stadt vor Augen hat. Sie eignet sich insbesondere für den Nachmittag, weil dann das Licht am schönsten ist; sie ist zugleich der erste Teil der Ganztageswanderung nach Batsí (Wanderung 4, S. 174 ff.).

Wegbeschreibung

Busse nach Apíkia mehrmals täglich von Ándros-Stadt aus (15 Min.). Man fährt bis zur Endstation. Vom Buswendeplatz (›Stathmós‹) aus, wo die Asphaltstraße endet, geht man auf der sie fortsetzenden Staubstraße weiter.

Ein Quellort besten Wassers: Apíkia

Apíkia ist ein wohlhabend anmutender Ort. Wie in zahlreichen Dörfern der Insel sind hier viele Seeleute zu Hause, die für ihre Familien große Häuser gebaut haben. In ganz Griechenland bekannt ist die Mineralquelle von Apíkia. Ihr Wasser wird in einer kleinen Fabrik direkt an der Hauptstraße in Flaschen gefüllt und dann unter dem Namen ›Sáriza‹ im ganzen Land verkauft. Zu Trinkkuren kommen alljährlich viele Kranke hierher, die unter Arteriosklerose, Gastritis oder Nieren-, Gallen- und Leberbeschwerden leiden. Das Wasser im Quellhaus oberhalb der Hauptstraße ist – welch Unterschied zu deutschen Kurorten – kostenlos.

25 Minuten nach dem Buswendeplatz liegt rechts unterhalb der Staubstraße innerhalb verfallener Klostermauern die rotgedeckte Kirche Agía Iríni (keine Besichtigung möglich). Nach weiteren 10 Minuten gabelt sich die Staubstraße. Nach rechts abwärts führt ein Feldweg, die Staubstraße selbst ist hier beschildert (›ΠΡΟΣ ΙΕΡΑΝ ΜΟΝΗ ΑΓΙΟΥ ΝΙΚΟΛΑΟΥ‹). 10 Meter vor dieser Gabe-

lung führt links ein Pfad an der rechten Seite einer Feldmauer entlang. Er verkürzt den Weg zum Kloster und mündet schon nach ca. 3 Minuten auf der anderen Seite des Hügelkamms wieder auf die Staubstraße. Wenige Schritte weiter zweigt von dieser ein wiederum beschilderter Feldweg zum jetzt schon gut sichtbaren Kloster *Ágios Nikólaos* ab, das nach weiteren 10 Minuten erreicht ist. Für den Rückweg nach Apíkia nimmt man dann den gleichen Weg.

Das Kloster des hl. Nikólaos

Bis Anfang der achtziger Jahre lag dieses Männerkloster noch in völliger Einsamkeit in den Bergen. Die Staubstraße nutzen jetzt häufig Andrioten zum Besuch im Kloster. Die Freundlichkeit der Mönche aber hat darunter noch nicht gelitten. Man kommt zunächst an einem marmornen Brunnen aus dem Jahre 1760 vorbei und betritt dann durch ein Tor in der hohen Schiefermauer den Innenhof, der fast vollständig von der Kreuzkuppelkirche aus dem Jahre 1740 eingenommen wird. Besonders sehenswert darin sind die holzgeschnitzte Ikonostase sowie eine mit Perlen besetzte Gold- und Silberfadenstickerei aus dem 17. Jahrhundert, die hinter Glas an einer der Wände hängt.

Wichtige Hinweise

Dauer: 1 Std. 40 Min.
Wegbeschaffenheit: bequeme Staubstraße.
Anstieg: sanfter Anstieg, ca. 100 m.
Orientierung: sehr einfach.
Restaurants: in Apíkia.
Busverbindung: mehrmals täglich mit Ándros-Stadt (15 Min.).
Am Wege:
Mineralquelle in Apíkia
schöner Blick auf das Tal von Steniés und Ándros-Stadt
Kloster Ágios Nikólaos

3 Von Apíkia über Steniés nach Ándros-Stadt

Diese auch im Herbst noch reizvolle Kurzwanderung führt von Apíkia über grüne Terrassen abwärts in den zweitgrößten Ort der Insel, Steniés, und von dort am Strand entlang weiter nach Chóra.

Wegbeschreibung

Am Buswendeplatz (›Stathmós‹) von *Apíkia* geht man rechts die Treppen hinab zur nahen, gut sichtbaren weißen Kirche mit rotem Ziegeldach und Turm mit blauer Kuppel. Direkt vor der Kirche folgt man den Treppen nach links weiter und hält sich auf ihnen immer abwärts. Leitgedanke dabei: Nicht sofort den Talgrund ansteuern, sondern bis nach Steniés dem Tal auf linker Seite in halber Höhe folgen! Man kommt so auf dem betonierten Treppenweg vor ein größeres Haus, um das ein betonierter Weg links herumführt. Gleich darauf geht er in einen Pfad über.

15 Minuten nach dem Start zweigt nach rechts ein steiler Pfad abwärts ab. Man geht hier jedoch weiter geradeaus, obwohl es zunächst leicht bergan geht. Nach weiteren 5 Minuten liegt dann rechts des Pfades eine kleine Kapelle. Nun geht es öfters einmal leicht bergan, nicht davon irritieren lassen!

15 Minuten nach der Kapelle sieht man links oben das verlassene *Kloster Agía Iríni* am Hang. Kommt es in Sicht, verzweigt sich gleich darauf der Pfad: Links hinauf geht es zum Kloster, rechts hinab nach *Steniés,* das nach weiteren 15 Minuten erreicht ist.

Steniés – ein ›Dorf ohne Männer‹

Steniés (ca. 600 E.) ist kein Bauerndorf, sondern eine reine Seemannssiedlung. Nahezu alle Häuser sind weiß gekalkt, zweigeschossig und mit roten Ziegeln gedeckt. Erbaut wurden sie mit den Heuern fahrender und den Ersparnissen endgültig heimgekehrter Seeleute. Auch heute noch gilt Steniés als ›Dorf ohne Männer‹, weil nahezu alle männlichen Dorfbewohner im arbeitsfähigen Alter auf andriotischen Schiffen zur See fahren. In den beiden Kafenía des Dorfes sind Erinnerungen an die Fahrenszeit ein wichtiges Gesprächsthema.

In Steniés wende man sich dem Bushalteplatz (›Stathmós‹) zu, der 10 Minuten nach Erreichen der ersten Häuser am Ende der von Chó-

ra (Ándros) herkommenden Asphaltstraße liegt. Man folgt ihr hinunter zum Strand. Vom Strand aus führt ein Pfad hinauf zum niedrigen Kap mit weißer Kapelle und einem Denkmal und von dort weiter zurück nach Ándros-Stadt, vorbei am mit Diesel betriebenen Elektrizitätswerk.

Wichtige Hinweise

Dauer: 1¼ Std.
Wegbeschaffenheit: bis Steniés felsiger und steiniger Pfad, danach bequeme Straßen und Wege.
Anstieg: keine nennenswerten Anstiege.
Orientierung: bis Steniés mittelschwer, danach sehr einfach.
Restaurants: in Apíkia und am Strand von Steniés; in Steniés Kafenía.
Busverbindungen: mehrmals täglich von Ándros-Stadt nach Apíkia (15 Min.) und Steniés (10 Min.).
Am Wege:
Mineralquelle in Apíkia
Seemannsdorf Steniés
Strand von Steniés.

4   Von Apíkia über Árni nach Batsí

Diese Ganztageswanderung ist die schönste auf Ándros. Sie führt in stille Bergdörfer, in hoch gelegene Heidelandschaften und schattige Bachtäler und schließlich ans Meer und gewährt unterwegs großartige Aussichten über Berge und Täler sowie entlang weiter Strecken der Ostküste. Man breche früh auf und plane für die Mittagszeit eine längere Rast mit Picknick oder Restaurantbesuch ein.

Wegbeschreibung

Von Apíkia aus folge man zunächst der Staubstraße zum Kloster Ágios Nikólaos (Wanderung 2, S. 173). Wo nach etwa 40 Minuten Gehzeit die beschilderte Staubstraße abwärts zum Kloster abzweigt, halte man sich weiter geradeaus. Nach weiteren 40 Minuten liegt rechts unterhalb der Staubstraße das Dorf Vurkotí.

Vurkotí – ein aussterbendes Dorf

Vor dem Zweiten Weltkrieg lebten in diesem

fast 700 Meter hoch gelegenen Bergdorf noch 48 Familien, jetzt kein Dutzend mehr. Die Staubstraße hier hinauf gibt es erst seit 1983, elektrischen Strom gar erst seit 1984. Kein Wunder also, daß viele ehemalige Dorfbewohner abgewandert sind. Die Dorfschule hat darum auch geschlossen, die verbliebenen Kinder werden täglich auf Staatskosten im Taxi zur Schule nach Ándros-Stadt gebracht. Die verbliebenen Dorfbewohner leben von der Viehzucht (Kühe, Schafe, Ziegen) und dem Anbau von Kartoffeln, Tomaten und Bohnen.

Von Vurkotí aus folgt man der Staubstraße etwa eine halbe Stunde bergan. Dann gilt es, gut aufzupassen: Der alte Eselspfad kreuzt die im Bau befindliche Straße (bei Redaktionsschluß endete die Staubstraße noch gerade hier). Man folgt dem Pfad nach links. Er ist schmal, aber gut erkennbar und führt auf nahezu gleichbleibender Höhe weiter bis nach Árni, das eine Stunde nach Erreichen des Pfades in Sicht kommt und weitere 20 Minuten später erreicht ist. In *Árni* halte man auf den Buswendeplatz mit den beiden gut sichtbaren Kirchen zu.

Wie im Paradies: Árni

Árni, manchmal auch Arnás genannt, ist, wie so viele andere Dörfer auf Ándros, eine lockere Streusiedlung ohne genau bestimmbaren Kern und ohne die sonst für Griechenland so typische Platía mit Kafenía und Tavernen. Man spürt auch deutlich, daß viele Häuser nur während der Sommermonate bewohnt sind, während sich die Bewohner im Winter in Athen und Piräus aufhalten.

Árni ist das vielleicht baumreichste Dorf der Insel. Hier wachsen Pfirsich-, Apfel-, Aprikosen-, Maulbeer-, Oliven- und Nußbäume, Pappeln, Zypressen, Eichen und Kastanien. An den Bächen gedeihen Moos, Erika, Efeu und Farne. Im Herbst geht man durch hohes Laub wie in unseren Parks und Wäldern. Auch Wein gedeiht auf Terrassen. Hier in Árni habe ich zum bisher einzigen Mal in Griechenland gesehen, wie Bauern ihren

Wein noch in Ziegenbälge abfüllten, einem uralten Brauch folgend. Auf einem römischen Mosaik in Zypern ist dargestellt, wie der attische König Ikaros, den Dionysos als erstem Menschen den Weinanbau lehrte, erstmals seinen Wein in Ziegenbälgen auf den Athener Markt bringen will ...

Etwa 80 Meter vor der rechterhand gelegenen Kirche am Buswendeplatz geht ein Feldweg rechts nach unten ab. Ihm folgt man bis zu seinem Ende. Dort erreicht man ein Haus, von dem aus es scheinbar nicht mehr weiter geradeaus geht. Man geht aber trotzdem geradeaus rechts unterhalb des Hauses weiter über Terrassen und stößt dann auf einen steinigen Pfad, dem man nach rechts folgt. Es gilt nun, den Talschluß zu umgehen, um auf der anderen Talseite in gleicher Höhe bleibend wieder dem Tal zu folgen.

Etwa 15 Minuten nach dem Start vom Buswendeplatz in Árni gabelt sich dieser Pfad, man hält sich rechts. 3 Minuten später wendet man sich dann im Talschluß nach links, um über zwei Bäche hinweg die andere Talseite zu erreichen. Weitere 15 Minuten später passiert man die Ruine eines einsam gelegenen, großen Hauses.

5 Minuten später folgt man dem Pfad geradeaus bergan (und nicht dem, der rechts an einer Mauer entlang abwärts führt). Wieder gut 5 Minuten später überquert man den Bergkamm und gelangt sogleich auf einen Feldweg, den man nun nach links entlang der Telefonleitung geht. Nach weiteren 5 Minuten nimmt man dann die Staubstraße, die vor einer weißen Friedhofskapelle links bergab führt.

Bald darauf folgt ein Hinweisschild zur nur im Sommer geöffneten Taverne ›Kryo Vrissi‹. Man bleibt jedoch auf der Staubstraße und erreicht 5 Minuten nach der Taverne eine rechterhand gelegene Quelle mit Wasserhahn. Hier überquert eine Brücke den Wasserablauf. Gleich nach der Brücke folgt man dem Weg, der über viele Treppen nach links abwärts hinunter ins Tal führt. Auf ihm erreicht man nach 15 Minuten das an einer Asphaltstraße gelegene Dorf *Káto Katakílos*.

Hinter der Brücke und der Taverne ›TO ΣΤΕΚΙ‹ führt links eine Treppe bergan. Man geht sie hoch, sie mündet auf eine Asphaltstraße, der man nach links folgt. Batsí ist jetzt schon in Sicht. 15 Minuten nach der Taverne ›TO ΣΤΕΚΙ‹ zweigt rechts ein Feldweg von der Asphaltstraße ab, der sich scheinbar sofort wieder gabelt. Hier hält man sich nach rechts und geht ein paar Schritte zurück in die Richtung, aus der man kam. Der Feldweg endet vor einem bewohnten Haus. Man geht unmittelbar hinter dem Haus entlang, wo sogleich ein Pfad beginnt, der in etwa 40 Minuten nach *Batsí* hinunterführt. Hier kann man sich ein erfrischendes Bad im Meer gönnen.

Wichtige Hinweise

Dauer: 6¾ Std.
Wegbeschaffenheit: etwa drei Viertel des Weges Eselspfade, ein Viertel Staubstraßen.
Anstieg: bis Vurkotí stetig, aber gemächlich ca. 400 m ansteigend. Danach noch zwei Anstiege jeweils etwa 100 m und ein Anstieg etwa 50 m.
Orientierung: überwiegend einfach, nur zwischen Vurkotí und Árni mittelschwer.
Restaurants: Kafeníon in Vurkotí (öffnet 8.30 Uhr), das auf Vorbestellung für mindestens 5 Personen auch eine hervorragende Frutália zubereitet (✆ 23922, Inhaber Geórgios Mandarákes). Ein Kafeníon in Árni. Sommertaverne ›Kryo Vrissi‹ zwischen Árni und Káto Katakílos, mehrere Tavernen in Káto Katakílos und in Batsí.
Busverbindungen: Busse nach Apíkia mehrmals täglich (7 km, 15 Min.), nach Vurkotí nur einmal wöchentlich (14 km, 30 Min.) ab Ándros-Stadt. Busse von Batsí nach Ándros (25 km, 45 Min.) mehrmals täglich.
Am Wege:
Mineralquelle in Apíkia (S. 173)
Kloster Ágios Nikólaos (S. 173)
Bergdorf Vurkotí
Grünes Dorf Árni
Badeort Batsí.

5   Von Stavropéda nach Zagorá und zurück

Diese Wanderung führt vom Inselkamm hinab nach *Zagorá,* einer Siedlung aus geometrischer Zeit, deren Überreste auf einem breiten Kap an der Westküste liegen. Es ist ratsam, vor dieser Wanderung das *Archäologische Museum* in Ándros-Stadt zu besuchen, da dort die Funde ausgestellt sind.

Eine ideale Ergänzung zu dieser Wanderung ist die Wanderung, die von Stavropéda nach Ándros-Stadt zurückführt.

Wegbeschreibung

Busse nach Stavropéda ab Ándros-Stadt (20 Min.), Batsí (25 Min.), Gávrion (40 Min.) und Órmos Korthíu (30 Min.) mehrmals täglich. Von der Stavropéda genannten Kreuzung, an der die Straße von Órmos Korthíu nach Batsí mit der von Ándros-Stadt aus kommenden zusammentrifft, geht man auf der Asphaltstraße etwa 10 Minuten lang in Richtung Órmos Korthíu. An der kleinen, weißen Kapelle *Agía Triáda* (Hl. Dreifaltigkeit) beginnt unmittelbar am Verkehrsschild ›Achtung Linkskurve!‹ ein Pfad nach rechts abwärts zwischen niedrigen Mauern entlang. Direkt hinter der Kapelle hält man sich nach links, an der nächsten, gleich folgenden Verzweigung nach rechts. Dieser Pfad führt schon auf das *Kap Zagorá* zu.

Gut 5 Minuten nach der Kapelle mündet der Pfad auf einen Querpfad. Hier geht man rechts abwärts. Nach weiteren gut 5 Minuten liegt rechterhand eine Kapelle. Nach weiteren 10 Minuten ist man an den Ausgrabungen angelangt und muß eine Mauer überklettern.

Siedlung aus geometrischer Zeit: Zagorá

Zagorá war seit dem 10. Jahrhundert v. Chr. besiedelt, wie spärliche Funde beweisen, erlebte seine Blütezeit aber zwischen 850 und 700 v. Chr. Die erste Ausgrabung fand hier erst 1960 statt, gründlichere Ausgrabungen durch ein griechisch-australisches Archäologenteam folgten 1967 bis 1974. Freigelegt wurden die Grundrisse vieler Häuser, die wie die kykladischen Bauten noch heutzutage ein Flachdach besessen haben müssen, um das Regenwasser in Zisternen abzuleiten, weil es auf diesem Kap keinerlei Quellen und Brunnen gibt. Außerdem fand man Überreste der

Stadtmauer, des Stadttores und eines Heiligtums, das auch nach der Aufgabe der Siedlung noch bis ins 5. Jahrhundert v. Chr. hinein benutzt wurde. Der Friedhof der Siedlung, der besonders reiche Funde verspricht, ist noch nicht aufgedeckt, er wird östlich des Kaps vermutet.

Die Ruinen von Zagorá sind zwar weniger eindrucksvoll als etwa die in Délphi oder Olympia, sie sind jedoch immerhin die besterhaltenen einer geometrischen Siedlung, die es überhaupt in Griechenland gibt.

Man kann von Zagorá aus den Weg zurück zur Kapelle Agía Triáda nehmen, den man gekommen ist. Interessanter ist freilich folgende Variante: Man steuert zunächst den Berg an, auf den der Weg von den Ausgrabungen, den man ebenfalls gegangen ist, direkt zurückführt. Dazu geht man etwa 220 Meter wie gekommen zurück und biegt dann am Abzweig nicht nach links, sondern nach rechts ab. Nach einer Viertelstunde verzweigt sich der Pfad nach einer längeren Passage durch Oleander und üppiges Grün. Hier hält man sich links in Richtung Nordwesten.

Nach weiteren 15 Minuten steht dann am Pfad ein höchst willkommenes, 1899 gestiftetes Brunnenhaus mit Quellwasser, das man bedenkenlos aus dem dort deponierten Becher trinken kann. Es dient zugleich als Viehtränke und Rastplatz.

Kurz nach dem Brunnenhaus erreicht man dann wieder die Stelle, an der der Pfad von der Kapelle Agía Triáda her nach 5 Minuten auf einen Querpfad mündete. Hier wendet man sich nun wieder nach rechts und ist nach gut 5 Minuten zurück an der Kapelle Agía Triáda.

Wichtige Hinweise

Dauer: 1½ Std. (ohne Besichtigung der Ausgrabungen).
Wegbeschaffenheit: guter, auch in Turnschuhen leicht begehbarer Eselspfad.
Anstieg: von Zagorá zur Kapelle Agía Triáda stetig, aber nie steil, ca. 300 m.
Orientierung: einfach.
Restaurants: keine, auch keine Kafenía.
Busverbindung: alle Busse von Órmos Kor-

thíu (15 km, 30 Min.) und Ándros-Stadt (11 km, 20 Min.) halten an der Kreuzung Stavropéda.
Am Wege: geometrische Siedlung Zagorá, schöner Blick entlang der Westküste.

6 Von Stavropéda zum Kloster Panachrántu und weiter nach Ándros-Stadt

Diese Wanderung führt vom Inselkamm am südlichen Rande des Tales entlang, an dessen Ende die Inselhauptstadt liegt. Unterwegs führt ein Abstecher zum ältesten Inselkloster hinauf. Auch im Herbst ist diese Strecke noch reizvoll. Man sollte auf jeden Fall früh aufstehen und am besten Proviant mitnehmen, um die Mittagszeit im Schatten des Klosters verbringen zu können.

Wegbeschreibung

Von der ›Stavropéda‹ genannten Straßenkreuzung aus geht man zunächst wie beim eben beschriebenen Wandervorschlag 5 etwa 10 Minuten lang auf der Asphaltstraße in Richtung Órmos Korthíu, bis man die weiße Kapelle Agía Triáda erreicht. (Hier kommt man auch von Zagorá aus wieder auf die Asphaltstraße zurück.) Genau gegenüber vom Weg zur Kapelle führt auf der anderen Straßenseite ein weiterer Pfad gen Nordosten. Man geht auf ihm geradeaus. Nach 10 Minuten verzweigt sich der Pfad, man folgt ihm nach links abwärts, wo der Pfad sogleich ein schier unglaublich grünes Bachtal quert. Nach weiteren 15 Minuten quert man erneut ein schattiges Bachbett. Gut 5 Minuten weiter liegt direkt links unterhalb des Pfades eine weiße Kapelle, wieder 5 Minuten später ist man dann im Streuweiler *Aládon.*

Nach weiteren 25 Minuten steht man dann an der Dorfkirche von *Orinón.* 25 Meter zuvor zweigt nach rechts oben ein Stufenweg ab (an der Abzweigung roter Pfeil und außerdem eine Tafel mit der Inschrift ›IEPA ΟΔΟΣ‹ = ›Heilige Straße‹). Dieser Stufenweg führt ständig steil ansteigend zum Kloster hinauf, wobei er freilich schon nach kurzer Zeit in einen schmalen Saumpfad übergeht. 10 Minuten nach Beginn des Weges in Orinón zum Kloster kreuzt ihn ein anderer Pfad: Man geht weiter geradeaus. Nach 15 Minuten führt ein Pfad steil abwärts nach links, man geht hier geradeaus. Wiederum nach 10 Minuten kommt das Kloster in Sicht und nochmals 10 Minuten später steht man am *Kloster Panachrántu*.

Seit 25 Jahren einsam: der Mönch von Panachrántu

Das Kloster Panachrántu ist der ›völlig unbefleckten Gottesmutter‹ geweiht. Es wurde bereits am Ende des 10. Jahrhunderts durch kaiserliche Stiftung gegründet und war daher entsprechend wohlhabend. Der festungsartige Baukomplex bot einst 400 Mönchen Platz, heute lebt hier nur noch ein einziger. Er kam in den fünfziger Jahren von Mílos her und verbrachte über 25 Jahre in völliger Einsamkeit hier oben. Erst 1983 wurde eine Staubstraße zum Kloster gebaut, seitdem bekommt er häufiger Besuch. Daß sich dem Kloster aber noch jemand zu Fuß nähert, ist selten geworden; der Mönch war zumindest bisher darum Wanderern gegenüber immer außergewöhnlich freundlich.

Nach Verlassen des Klosters wendet man sich gleich nach rechts und steigt die Treppen hinab, die unmittelbar darauf in einen Pfad übergehen, der leider zunächst über die Müllkippe des Klosters führt. Ist diese überwunden, wird der Pfad aber zum Vergnügen und gewährt prächtige Rückblicke aufs Kloster und schöne Ausblicke auf das Tal.

Knapp 15 Minuten nach Verlassen des Klosters liegt die Kirche von *Fállika* mit ihrem roten und dem Turm mit blauem Dach direkt vor einem. Hier geht man nicht zur Kirche, sondern biegt (ca. 60 m vor der Kirche) links ab und kommt ins Dorf, durch das man immer geradeaus hindurchgeht.

Hinter dem Dorfende kreuzt ein Feldweg den Pfad, man geht weiter geradeaus, kreuzt nochmals den Feldweg und kommt dann nach 10 Minuten nach Passieren der Kirche von Fállika an eine Gabelung. Hier geht man nicht

auf dem schmaleren Pfad geradeaus weiter, sondern nimmt den etwas breiteren, der nach links abwärts führt.

Knapp 10 Minuten später kreuzt der Pfad erneut den Feldweg, diesmal beim Dorf *Aladinón*, durch dessen nördlichen Teil er nun führt. Man geht jetzt auf eine Kirche mit rotem Turm und mit blauem Dach am gegenüberliegenden Hang zu.

Man überquert gleich darauf einen Bach auf einer uralten, wahrscheinlich venezianischen Brücke und hält sich nach der Brücke auf der Staubstraße nach rechts. Sie führt direkt nach Messariá. Will man die Staubstraße noch für ein paar Minuten meiden, kann man am zweiten Strommast nach links von der Straße abbiegen und erreicht über einen betonierten Treppenweg einen anderen Ortsteil von Aladinón. Nach der Dorfdurchquerung enden die Treppen an einem Feldweg, dem man nach rechts folgt. Er mündet kurz darauf wieder auf die Staubstraße, der man nun nach links folgt. 65 Minuten reine Gehzeit nach Verlassen des Klosters kommt man dann auf eine Asphaltstraße, der man nach rechts folgt, und 10 Minuten später erreicht man die Taverne ›Diónisos‹ im Zentrum des Dorfes *Messariá*.

Messariá war in byzantinischer Zeit zumindest eines, wenn nicht gar das Zentrum der Insel, da es vom Meer aus nicht zu erkennen ist. Aus dieser Zeit stammt noch die Erzengelkirche Ágii Taxiárchis (nur Außenbesichtigung möglich).

An der Asphaltstraße folgt kurz nach der Taverne die moderne Dorfkirche. Hier weist ein Hinweisschild zur 100 Meter entfernt liegenden Erzengelkirche. Auf der Asphaltstraße kommt man nach knapp 25 Minuten zum Ortsschild von Ándros-Stadt. Kurz vor dem Hotel ›Parádissos‹ zweigt die (beschilderte) asphaltierte Küstenstraße nach Órmos Korthíu ab. Folgt man ihr wenige Meter und wendet sich bei der ersten Gelegenheit sogleich wieder nach links, kommt man sofort zum Tor des Friedhofs der Stadt mit seinen protzigen Grabbauten andriotischer Reederfamilien.

Venezianische Brücke beim Dorf Aladínon

Wichtige Hinweise

Dauer: 3¾ Std.

Wegbeschaffenheit: bis Aladinón Eselspfad, dann Staub- und Asphaltstraße. Festes Schuhwerk unbedingt erforderlich.

Anstieg: steiler Anstieg zum Kloster (45 Min.), ca. 250 m.

Orientierung: einfach.

Restaurants: nur das im Text erwähnte Restaurant in Messariá, das mittags allerdings nur in Ausnahmefällen Essen serviert. Es ist normalerweise ein (sehr empfehlenswertes) Abendrestaurant.

Busverbindungen: Wanderung 5, S. 177.

Am Wege:

Kloster Panachrántu

Erzengelkirche in Messariá.

7 Von Ándros-Stadt nach Órmos Korthíu

Diese leichte Ganztageswanderung führt größtenteils über eine wenig befahrene Asphaltstraße und eignet sich insbesondere für diejenigen, die länger auf Ándros verweilen. Sie bietet schöne Ausblicke auf die Nord-

küste der Insel und in eine tiefe, cañonartige Schlucht. Den ersten Teil bis Sinetí kann man auch als schöne Abendwanderung unternehmen, die ihren Abschluß vielleicht in den beiden Kafenía des Dorfes oder dessen Restaurant findet.

Wegbeschreibung

In Ándros-Stadt geht man von der Platía Kaïris aus die Treppen hinunter zum südlichen Stadtstrand, dem Parapórti-Strand. Auf dem Hügelrücken hinter dem entgegengesetzten Strandende sieht man eine weiße Kapelle mit rotem Dach und den Weg, der vom Strandende aus dort hinaufführt. Oberhalb der Kapelle sieht man auch schon am dahinterliegenden Hang die Trasse der Asphaltstraße.

Von der Kapelle, die von der Platía aus in etwa 20 Minuten erreicht ist, geht man auf dem Hügelrücken ein Stück nach rechts bis dorthin, wo man kurz vor einer Stromleitung auf einen Treppenweg stößt, dem man nun nach links unten folgt. Er wird nach weiteren 10 Minuten von der Asphaltstraße zerschnitten. Um nicht von hier aus schon auf Asphalt gehen zu müssen, kann man die Böschung überwinden und auf dem alten Weg weitergehen, der nach weiteren gut 15 Minuten dann kurz vor dem Dorf Sinetí auf die Asphaltstraße mündet.

Von hier aus folgt man nun der Asphaltstraße über Éxo Vúnion 6 Kilometer weit bis zum Dorf *Kochílu*. Die Asphaltstraße führt von dort aus in weiten Bögen 8 Kilometer lang hinab nach Órmos Korthíu und passiert dabei auch das Dorf *Paleókastro*, ehemals Standort einer zweiten venezianischen Burg.

Schöner und sehr viel kürzer zu wandern (nur ca. 40 Minuten) ist es auf dem alten Pfad von Kochílu hinab nach Órmos Korthíu. Nach dem Beginn des Pfades frage man im Dorf: »Pu archísi to monopáti ja Ormú?« (Wo beginnt der Pfad nach Ormú?)

Ein Dorf ohne Ufertavernen:
Órmos Korthíu
Das große Dorf am unteren Ende eines breiten, fruchtbaren Tals ist anders als die meisten griechischen Küstenorte: Es besitzt weder eine Uferstraße noch Ufertavernen. Des hier oft kräftig wehenden Nordwindes wegen hat man eine Häuserfront direkt am Meer errichtet und die Platía, die Kafenía und die Geschäfte auf deren wasserabgewandter Seite angesiedelt. Bedeutung besitzt Órmos Korthíu nur als Schul- und Einkaufszentrum für die umliegenden Dörfer; die wenigen Touristen, die hierher kommen, sind fast ausnahmslos Griechen.

Wichtige Hinweise
Dauer: Wer nur auf der Asphaltstraße geht, braucht für die Gesamtstrecke 4½ Std., mit den beschriebenen Teilstücken auf alten Pfaden kürzt man den Weg auf 3½ Std. ab.
Wegbeschaffenheit: Asphalt und zum Teil bequem zu begehende Pfade.
Anstieg: von Ándros bis Éxo Vúnion langsam, aber stetig 550 m, später noch einmal bequemer Anstieg nach Kochílu, ca. 150 m.
Orientierung: sehr einfach.
Restaurants: Kafenía in Sinetí und Kochílu, Abendrestaurant in Sinetí direkt an der Asphaltstraße. Mehrere Restaurants in Órmos Korthíu.
Busverbindungen: mehrmals täglich zwischen Órmos Korthíu und Ándros-Stadt über Stavropéda (26 km, 50 Min.), zweimal wöchentlich zwischen beiden Orten auf der hier beschriebenen Straße entlang der Nordküste (21 km, 50 Min.).
Am Wege:
cañonartige Schlucht bei Sinetí
großartiger Blick auf die Bucht von Órmos Korthíu
Dorf Órmos Korthíu.

8 Rundwanderung von Gávrion über Ágios Pétros und Áno Gávrion

Diese Halbtageswanderung im Nordteil der Insel läßt die landschaftlichen Unterschiede zum Süden deutlich werden und führt zum einzig gut erhaltenen antiken Relikt auf Ándros. Besiedelt wird der Nordteil überwiegend von Nachkommen in türkischer Zeit eingewanderter Albaner, die freilich völlig assimiliert sind.

Wegbeschreibung
Man verläßt Gávrion auf der Asphaltstraße in Richtung Batsí und folgt kurz nach Ortsende auf einer abzweigenden Asphaltstraße dem Hinweisschild in Richtung Vitálion. Das Dorf *Ágios Pétros* liegt in einiger Entfernung vor einem Hang. Nach gut einer halben Stunde Gehzeit auf dieser Asphaltstraße kommt Ágios Pétros dann wieder in Sicht, der hellenistische Rundturm kurz unterhalb des Ortes ist bereits deutlich erkennbar. Gleich darauf zweigt beim Verkehrsschild ›Achtung, Linkskurve‹ ein Feldweg nach rechts voraus auf den Turm zu ab, der nach weiteren 10 Minuten erreicht ist.

Der besterhaltene antike Bau der Insel
Der hellenistische Rundturm erhebt sich noch etwa 20 Meter hoch und hat einen unteren Umfang von 21 Metern. Durch seine großen, repräsentativen Außenblöcke ist er deutlich von späteren mittelalterlichen Bauten anders-

wo zu unterscheiden. In seinem Inneren, wo die Steinmetzen weniger sorgfältig vorgingen, ist noch deutlich eine steinerne Spiraltreppe zu erkennen. Die Zwischendecken des Turms waren wohl ursprünglich aus Holz gefertigt und sind nicht mehr erhalten. Der Turm diente vermutlich zur Sicherung des Erzabbaus (Eisen-, Mangan- und Kupfererze), der in der Antike im von ihm kontrollierbaren Tal stattfand.

Um vom Turm ins Dorf und von dort zur Kirche zu gelangen, geht man vom Turm zunächst 10 Meter weit zur kleinen Georgskapelle oberhalb des Turms. Gegenüber von deren Eingang steigt man über das niedrige Mäuerchen. Hier beginnt ein Pfad nach rechts oben, auf dem man sich aber schon 5 Meter weiter nach einer Linkskurve zunächst in Richtung Gávrion hält. Nach 25 Metern stößt man so auf ein kleines Mäuerchen, an dem der Pfad nach rechts oben ins Dorf führt. Der Pfad kreuzt nach 250 Metern einen Feldweg, man geht geradeaus weiter auf dem Pfad an einem Haus vorbei und gelangt (jetzt rot markiert) zur Dorfkirche.

Von der Dorfkirche von *Ágios Pétros* aus geht man auf einer Betonstraße zur Asphaltstraße. Dabei passiert man linkerhand zwei ungewöhnliche, typisch nordandriotische Dreschplätze (später folgen noch mehrere).

Die andriotischen Dreschplätze

Diese nordandriotischen Dreschplätze sind halbseitig von einer gekrümmten Mauer umgeben, in die in zwei übereinander liegenden Reihen rechteckige Öffnungen eingelassen sind. Diese Öffnungen dienten zur Regulierung des Windes beim Dreschen. Wehte der Wind zu stark, konnte man je nach Bedarf einen Teil der Öffnungen mit Zweigen verschließen. Diese sonst nirgends in Griechenland anzutreffende Konstruktion ist wahrscheinlich albanischen Ursprungs.

Auf der Asphaltstraße wendet man sich nach links. Nach der ersten Links-Serpentine, gut 10 Minuten hinter den Dreschplätzen von Ágios Pétros, zweigt man dann nach rechts in einen Feldweg ab, der in spitzem Winkel nach unten führt (gleich rechterhand liegt hier wieder solch ein eigenartiger Dreschplatz). 50 Meter weiter beginnt deutlich erkennbar zwischen zwei Zypressen ein Pfad. Man folgt ihm zunächst und hält dann querfeldein über die Terrassen auf die gut sichtbare Kirche mit rotem und Turm mit blauem Dach zu. Nach etwa 40 Minuten ist man von Ágios Pétros aus an dieser Kirche, der Hauptkirche von *Áno Gávrion,* angelangt. Áno Gávrion selbst ist eine Streusiedlung ohne erkennbaren Mittelpunkt.

Direkt vor den Kirchentüren beginnt ein Treppenweg in Richtung Bucht, der nach knapp zwei Minuten auf einen breiten Pfad stößt. Ihn geht man nach rechts entlang. Kurz darauf verzweigt sich der Pfad, hier geht man rechts an den Häusern vorbei und kommt bald auf einen Feldweg, der nach Gávrion zurückführt.

Wichtige Hinweise

Dauer: 2½ Std.
Wegbeschaffenheit: teils Asphalt, teils bequemer Feldweg, teils gut (auch in Turnschuhen) begehbare Pfade; ein kurzes Stück querfeldein.
Anstieg: bis Ágios Pétros stetiger, aber nur bei starkem Nordwestwind ermüdender Anstieg, ca. 300 m.
Orientierung: einfach, zwischen Ágios Pétros und Anó Gávrion mittelschwer.
Restaurants: keine.
Busverbindungen: keine.
Am Wege:
hellenistischer Rundturm von Ágios Pétros
typisch nordandriotische Dreschplätze.

Tínos

von Klaus Bötig

Tínos im Überblick

Hafen: Tínos-Stadt, der Hauptort der Insel.
Größe: 194 km². Länge 27 km, größte Breite 12 km.
Höchste Erhebung: Tskniás, 713 m.
Einwohnerzahl: ca. 8000.
Hauptort: Tínos.
Verkehrsverbindungen:
Schiffsverbindungen: täglich mit Piräus und Rafína, Ándros, Míkonos und Síros. Im Sommer außerdem mehrmals wöchentlich mit Páros, Náxos, Íos und Santoríni.
Straßenverkehr: Fast alle Orte sind über Asphaltstraßen zu erreichen. Ausgangspunkt aller Buslinien ist die Stadt Tínos (Busbahnhof am Hafen). Häufige Busverbindung zum Kloster Kechrovúni (15 Min.). Mehrmals täglich Busverbindungen mit Pírgos (1 Std. 10 Min.); mindestens einmal täglich mit Falatádos, Kallóni, Ktikádos und Stení (je 20 bis 30 Min.).
Taxis: in Tínos-Stadt und Pírgos.
Auto- und Mopedverleih: in Tínos-Stadt.
Unterkunft: zahlreiche Unterkünfte aller Art in Tínos-Stadt, Privatzimmer in Ágios Ioánnis, Pírgos und Órmos Panórmu.
Camping: am Ortsrand von Tínos-Stadt.
Strände: Sand- und Kiesstrände westlich und östlich von Tínos-Stadt sowie bei Ág. Ioánnis, Kardianí und Órmos Panórmu.
Spezialitäten: geräucherte Schweinswürstchen ›Lúses‹, gegrilltes Täubchen, ›Pitsúnia Skáras‹ (fast täglich auf der Speisekarte des Restaurants Aegli am Hafen von Tínos-Stadt). Die in heißem Fett ausgebackenen Teigbällchen ›Lukumádes‹ werden in zahlreichen Konditoreien und Kafenía serviert. In der Devotionaliengasse der Stadt werden außerdem an fast jedem Stand zwei süße Spezialitäten aus Síros feilgeboten, ›Chalvadópitta‹ und ›Lukúmia‹ (S. 90).
Feste: Das größte Fest der Insel, zu dem Pilger aus ganz Griechenland in Tínos zusammenströmen, ist das der Entschlafung Mariens am 15. August. Weniger interessant, aber immer noch zahlreich besucht ist das Fest der Verkündigung der Gottesmutter am 25. März. Beide Feste werden mit prunkvollen Prozessionen begangen. Am 30. Januar wird in Tínos-Stadt das Fest der Auffindung der Ikone der Gottesmutter gefeiert. Am 23. Juli hat das Kloster Kechrovúni seinen Festtag zum Gedenken an die Nonne Pelagía.
  Weitere Inselfeste: Am 1. September im Kloster Katapolianí, am 14. September in Istérnia (Kreuzeserhöhung), am 24. September in Órmos Panórmu (Agía Thékla). Im August werden in Kumáros zwei römisch-katholische Panigíria begangen (genaue Daten im Touristeninformationsbüro erfragen).

Wesen und Merkmale der Insel

Was den antiken Griechen Délos war, ist den heutigen Griechen Tínos: eine heilige Insel. Man nennt sie auch das ›Lourdes der Orthodoxie‹; denn hier wie dort gründet sich die Heiligkeit des Ortes auf eine Marienerscheinung, hier wie dort strömen die Pilger zusammen, um von körperlichen Gebrechen geheilt zu werden und bei anderen Schwierigkeiten Mariens Beistand zu erflehen. Und wie in Lourdes leben viele Einheimische auf Tínos nicht schlecht von den frommen Besuchern.

Der Pilgerrummel konzentriert sich auf die Inselhauptstadt und das einige Kilometer oberhalb von ihr gelegene Nonnenkloster Kechrovúni. Auch der Ausländertourismus spielt sich überwiegend in der Stadt und an den stadtnahen Stränden ab. Nur hier gibt es nämlich eine ausgesprochene Küstenebene mit leichtem Zugang zum Meer.

Die gesamte Westhälfte der Insel wird von einem Gebirgsrücken durchzogen, der zum Süden hin steil und zum Norden hin kaum sanfter abfällt. Die wenigen Dörfer dieses Inselteils liegen hoch über dem Meer.

Nur vom zweitgrößten Inselort aus, von Pírgos, zieht sich ein kleines, fruchtbares und leicht begehbares Tal hinab zur Küste, wo sich mit Órmos Panórmu denn auch ein zweiter, sehr kleiner Badeort befindet.

Das bäuerliche Siedlungszentrum der Insel erstreckt sich rund um die markante Felskuppe des Exóburgo in der Mitte der Osthälfte von Tínos. In einigen der Dörfer hat sich hier seit venezianischen Zeiten eine römisch-katholische Bevölkerungsmehrheit behaupten können. So stehen in Lutrá ein Ursulinen- und ein

Jesuitenkloster, in Xinára ein römisch-katholischer Bischofspalast. Im äußersten Osten steigt das Gebirge dann noch einmal auf und erreicht im 713 Meter hohem Tsikniás sogar den höchsten Punkt der Insel.

Überall über die Insel verstreut, besonders dicht aber in der Gegend von Kámbos, stehen die Wahrzeichen von Tínos, die *Taubenhäuser*. Es sind fensterlose, zweistöckige, mit geometrischen Mustern aus kleinen Schieferplatten reich verzierte weiße Türme, deren Ursprung im dunkeln liegt. Man führt sie zwar oft auf die Venezianer zurück, doch stellt sich da die Frage, warum es in anderen venezianischen Besitzungen im Mittelmeer keine solchen Taubentürme gab.

Fest steht allerdings, daß die Taubenzucht in venezianischen Besatzungszeiten den Venezianern vorbehalten war und daß viele Taubentürme erst nach der Befreiung von den Venezianern errichtet wurden.

Die Wirtschaft der Insel steht freilich nicht im Zeichen der Tauben, sondern der halben Million Pilger, die alljährlich nach Tínos strömen. Ein willkommenes Zubrot sind die ausländischen Touristen, die in den kleineren Hotels rund um den Hafen und im drei Kilometer außerhalb der Stadt am Strand von Kiónia gelegenen 340-Betten-Badehotel unterkommen.

Auf dem Lande lebt man von der Viehzucht und vom Ackerbau, der hauptsächlich der Eigenversorgung der Insel dient. Exportiert werden nur Gurken. In der Gegend von Istérnia und Pírgos werden außerdem weißer und grüner Marmor abgebaut.

Geschichte

3. Jt. v. Chr.   Erste nachweisbare Besiedlung der Insel.

11. Jh. v. Chr.   Erster Nachweis einer antiken Stadt am Fuße des Exóburgo.

8. Jh. v. Chr.   Tínos steht unter der Ober-
herrschaft der Stadt Eritrea auf Euböa.

5. Jh. v. Chr.   Teilnahme an den Perserkriegen auf griechischer Seite, danach
Mitgliedschaft im Attisch-Delischen Seebund.
Später wie alle Kykladen Zugehörigkeit
zum Ptolemäischen, Römischen und Byzantinischen Reich.

1207–1390   Zusammen mit Míkonos und
Amorgós unter der Herrschaft der italienischen Adelsfamilie Ghizi.

1390–1715   Venezianische Herrschaft.

ab 1715   Türkische Herrschaft.

1822   Marienerscheinung, in der Folgezeit
Bau der Wallfahrtskirche.

1834   Anschluß an den griechischen Staat.

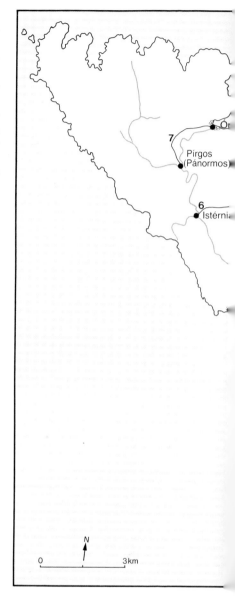

1 Ein Rundgang durch Tínos-Stadt

Ein Rundgang durch die Inselhauptstadt ist
im wesentlichen ein Spaziergang durch zwei
Straßen: die breite Prozessionsstraße, die vom
Hafen zur Wallfahrtskirche hinaufführt, und
durch die östlich davon verlaufende Parallelgasse, in der sich Devotionalien- und Souve-
nirhändler dicht an dicht drängen.

An der Prozessionsstraße liegt zunächst
rechts das moderne Rathaus der Stadt mit dem
Touristeninformationsbüro im Erdgeschoß.
Auf der linken Straßenseite folgt das moderne
archäologische Museum mit Funden von der
Insel, darunter vor allem schöne archaische
Amphoren und mannshohe geometrische Pi-
thoi. Am oberen Ende der Wallfahrtsstraße
stehen rechts die Büsten mehrerer tiniotischer
Maler und Bildhauer.

Die Prozessionsstraße endet vor dem Eingangstor zum Komplex der großen Wallfahrtskirche, der Panagía Evangelístria. Sie
wird auf allen Seiten von Gebäuden umstanden, in denen teils Pilgerunterkünfte, teils
Museen und vor allem die Verwaltungsräume

der ›Allgriechischen Heiligen Institution der
Evangelistrías von Tínos‹ untergebracht sind.
Diese Institution verwaltet die überwiegend
durch Spenden und Stiftungen zusammenge-
kommenen Reichtümer der Wallfahrtskirche,
betreibt soziale und gemeinnützige Einrich-

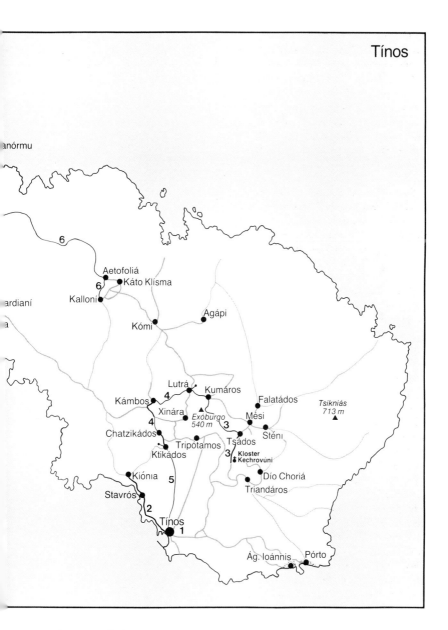

tungen wie etwa auch das Gymnasium von Tínos und eben die erwähnten Museen. In ihnen werden Werke tiniotischer Bildhauer, der Kirchenschatz sowie Kopien berühmter und Originale weniger zu rühmender Gemälde gezeigt.

Die Wallfahrtskirche wurde über einer mittelbyzantinischen Johannes-Kirche erbaut. Unterhalb der eigentlichen Kirche befindet sich in einem Zwischengeschoß die kleine Kirche der Auffindung genau dort, wo am 30. Januar 1823 die wundertätige Marienikone entdeckt wurde. Die Pilger nehmen sich von hier zweierlei mit: Wasser aus einem profanen Wasserhahn, der von einer Quelle gespeist wird, die bei der Grundsteinlegung der Kirche entdeckt worden war, sowie Erde aus einem mit einer Silberplatte bedeckten Loch im Boden.

Rechts neben dem Eingang zur Auffindungs-Kirche dient ein kleiner Raum als Mausoleum zum Gedenken an die Opfer eines italienischen U-Boot-Angriffs auf den griechischen Kreuzer ›Elli‹ am 15. August 1940. Die ›Elli‹ lag damals über die Toppen geflaggt zu Ehren der Gottesmutter auf der Reede vor Tínos, als das U-Boot ohne Vorwarnung den Torpedo abschoß, von dem Reste im Mausoleum aufgestellt sind. Dieses Sakrileg steigerte den nationalen Symbolwert von Tínos noch einmal.

In der großen Wallfahrtskirche fällt dann linkerhand zunächst die prunkvoll dekorierte, Wunder wirkende Marienikone auf, der alle Pilger Verehrung zollen. Für den Fremden am eindrucksvollsten dürften aber die zahlreichen Weihegaben sein, die von der Decke herunterhängen und die viel darüber aussagen, in welchen Fällen Maria um Beistand angefleht wurde und wie sie half. Da sieht man Segelschiffe und Autos, Wiegen und Umrisse der Insel Zypern, Ahornblätter und Häuser, Scheren, Gabeln, Körperteile und Pistolen, Eselskarren, Schlüssel, Gewehre, Pferde, Schafe und vielerlei mehr.

Zurück zum Hafen nimmt man am besten die Devotionaliengasse, die ganz im Zeichen des frommen Kommerz steht.

2 Von Tínos-Stadt nach Kiónia

Dieser kurze Spaziergang zeigt einige Bademöglichkeiten in Stadtnähe auf und führt zur einzig nennenswerten archäologischen Stätte aus der Antike, dem Poseidon-Heiligtum.

Wegbeschreibung

Vom Hafen aus folgt man der asphaltierten Uferstraße in nordöstlicher Richtung. Die Straße steigt leicht an und verläßt das Ufer,

das sie kurz darauf bei der kleinen Kapelle Stavrós wieder erreicht. In dieser beliebten kleinen Badebucht befand sich der antike Hafen der Inselhauptstadt, in dem auch die Pilger landeten, die das Poseidon-Heiligtum als Ziel hatten. Reste der Hafenmole sollen unter Wasser noch sichtbar sein.

Wenig später beginnt der lange Sand-Kies-strand von Kiónia, an dessen Ende das große Badehotel ›Tínos Beach‹ die Landschaft verunstaltet. Noch vor diesem Hotel ist rechterhand das Ausgrabungsgelände eingezäunt (Eingang in der südwestlichen Ecke).

Das Poseidon-Heiligtum

Wie heutzutage zur Gottesmutter strömten in der Antike Pilger aus der gesamten griechischen und später auch römischen Welt zum Poseidon-Heiligtum von Tínos, um hier mit Hilfe der Heil- und Meeresgottheiten Poseidon und dessen Gemahlin Amphitrite Linderung ihrer Schmerzen oder gar völlige Genesung zu erlangen. Wichtigste Handlungen während der Pilgerfahrt waren die Darbringung von Opfern und der Heilschlaf in einer ›Therapeution‹ genannten Halle.

Vom Therapeution sind keinerlei Reste mehr zu sehen. Auch für den Laien noch einigermaßen deutlich erkennbar sind lediglich gleich am Eingang die Grundmauern eines Tempels sowie Teile einer halbkreisförmigen Exédra.

Zurück über den gleichen Weg oder den Bus nehmen.

Wichtige Hinweise

Dauer: 40 Min. (einfache Strecke).
Wegbeschaffenheit: Asphaltstraße.
Anstieg: ca. 30 m.
Orientierung: sehr einfach.
Restaurants: zwischen Poseidon-Heiligtum und Hotel ›Tínos Beach‹.
Busverbindungen: häufig zwischen Tínos und Kiónia (5 Min.).
Am Wege:
antiker Hafen
Poseidon-Heiligtum.

3 Vom Kloster Kechrovúni über den Exóburgo nach Lutrá

Diese Wanderung durch den fruchtbarsten Teil der Insel führt zu den beiden bedeutendsten Sehenswürdigkeiten außerhalb der Stadt und bietet großartige Ausblicke. Sie ist zusammen mit den Wanderungen 4 und 5 die lohnenswerteste auf der Insel. Da zwei Klöster besucht werden können, sollte man auf geziemende Kleidung achten.

Wegbeschreibung

Häufige Busverbindung vom Hafen zum Kloster Kechrovúni (15 Min.; ›Monastery‹ ist an den Bussen als Ziel angeschrieben).

Das Kloster Kechrovúni

Das bereits im 10. Jahrhundert gegründete Nonnenkloster wird noch heute von rund 90 Schwestern bewohnt. Von weitem wirkt es festungsartig, im Innern kommt man sich wie in einem kykladischen Dorf vor, so verwinkelt sind die Gänge und Treppen zwischen den aneinandergebauten Zellen, Wirtschaftsräumen und Kapellen. Hier in diesem Kloster erschien am 9. Juli 1822 die Gottesmutter einer inzwischen seliggesprochenen Nonne namens Pelagía erstmals im Traum. Auch an den beiden folgenden Sonntagen wies sie ihr im Schlaf die Stelle, an der die vom Apostel Lukas selbst gemalte Marienikone zu finden sei und befahl ihr, dort eine Kirche zu errichten.

Beim Rundgang durch das Kloster kommt man auch in die Zelle der Nonne Pelagía, Ziel aller Pilger. In der Hauptkirche des Klosters, Mariä Entschlafung geweiht, sind die holzgeschnitzte Ikonostase und die Wandmalereien in den beiden Seitenschiffen bemerkenswert.

Beim Verlassen des Klosters wende man sich auf der Asphaltstraße nach rechts und gehe auf ihr an der gleich folgenden Verzweigung in Richtung Stení/Falatádos 15 Minuten lang weiter, bis kurz vor einer erneuten Straßenverzweigung links unterhalb der Straße eine Kirche steht. Hier wendet man sich nach links in das unterhalb der Kirche gelegene Dorf

Tsádos und geht durchs Dorf abwärts. Man erblickt an einem Haus ein Straßenschild ›28 Οχτοβριου‹ und folgt diesem Pfad abwärts. Er führt nach wenigen Schritten an einem Brunnenhaus und einem Taubenturm vorbei ins nahe Dorf *Karyá*, das nach 10 Minuten erreicht ist. Hier endet der Pfad an einer Kirche. Kleine Dorfstraßen führen geradeaus sowie nach links und rechts. Man nimmt die nach rechts und biegt gleich nach 10 Metern nach dem ersten, großen und modernen Haus nach rechts in das aufwärtsführende Bachbett ab. Man kommt nach ca. 20 Metern an ein weißes Haus mit angebautem Kirchlein. Hier beginnt ein zwischen Feldmauern gen Norden führender, gut erkennbarer Pfad auf den Exóburgo zu.

Nach gut 10 Minuten mündet der Pfad auf eine Betonstraße, die gerade 10 Meter zuvor von einer Asphaltstraße abgezweigt ist. Man befindet sich jetzt auf dem Boden der mittelalterlichen Inselhauptstadt.

Die mittelalterliche Stadt Exóburgo

20 Meter vor Erreichen der Betonstraße steht rechts am Pfad eine große Tränke mit Spolien aus venezianischer Zeit. Auf der anderen Seite der Betonstraße gleich gegenüber der Einmündung entdeckt man unter dem heutigen Bodenniveau eine sehr gut erhaltene, große venezianische Zisterne mit schön gepflastertem Vorhof, die im Mittelalter wohl die zentrale Wasserstelle der Stadtbevölkerung war.

Mindestens von hier aus erstreckte sich die mittelalterliche Stadt hinauf bis an den Fuß des Burgfelsens. Seit dem Abzug der Venezianer im Jahre 1715 lebt hier kein Mensch mehr. Nur die Einbildungskraft kann die wenigen Ruinen wieder mit Leben erfüllen.

Folgt man der Betonstraße von der Zisterne aus in Richtung Exóburgo, passiert man die Ruine eines palastartigen venezianischen Gebäudes und steht dann 10 Minuten nach Erreichen der Betonstraße an den weißen Kirchen Eleússa (orthodox) und Herz Jesu (römischkatholisch), die aber leider ständig verschlossen sind. Von hier aus kann man in gut 10 Minuten den Burgfelsen erklimmen, an dem

Olivenhain mit Taubenhaus

noch deutlich sichtbare Mauerreste und Zisternen erhalten sind. Von der 540 Meter hohen Kuppe des Burghügels aus hat man einen prächtigen Rundblick über Tínos.

Die Burg war nicht nur der letzte Zufluchtsort für die Bewohner der rund 600 Häuser der Stadt, sondern auch für die der umliegenden Dörfer. Ihre Stärke war der Grund dafür, daß Tínos bis 1715 venezianisch blieb, obwohl die Türken mehr als zehnmal die Insel zu erobern trachteten. Erst der Ansturm von 25 000 Türken im Jahr 1715 zwang den Burgherrn zur kampflosen Kapitulation.

Von den beiden weißen Kirchen aus führt die Betonstraße abwärts. Nach etwa 3 Minuten taucht links unterhalb ein Dorf auf – das nächste Zwischenziel. Kurz darauf zweigt an einem kleinen Häuschen ein Pfad nach links unten ab, der einen nach 10 Minuten ins straßenlose Dorf *Kumáros* führt. Im Dorf stößt der Weg auf eine Quergasse. Rechts liegt hier die kleine Platía Metamórphosis mit zwei romantischen Torbögen und einem tagsüber selten geöffneten Kafeníon. Linkerhand liegt gleich an der Quergasse das Haus Nr. 25. Diese linke Gasse geht man nun hinunter. Das Ziel ist die nordöstlich des Dorfes sichtbare Asphaltstraße.

Die Gasse geht in einen schmalen Weg über, der 10 Minuten später auf einen verwahrlosten Feldweg mündet. Ihm folgt man

chen Nebenverdienst nach der Hochzeit. Am Ende der Gasse kommt man am südlichen Dorfrand zum 1847 erbauten Jesuitenkloster, in dem jetzt nur noch vier Patres leben, die Besucher eher ungern sehen.

Am Jesuitenkloster kann man die Wanderung nach Kámbos fortsetzen (Wanderung 4) oder durchs Dorf zur Asphaltstraße und zur Bushaltestelle zurückkehren (Bus nach Tínos-Stadt 25 Min.).

Wichtige Hinweise

Dauer: 1 Std. 40 Min. (einfache Strecke).
Wegbeschaffenheit: überwiegend bequem zu begehende Pfade.
Anstieg: von Tsádos zum Exóburgo ca. 300 m; nur das letzte Stück am Burgfelsen steil, sonst bequem.
Orientierung: einfach.
Restaurants: keine; ein nur selten geöffnetes Kafeníon in Kumáros.
Busverbindungen: häufig Busse von Tínos-Stadt zum Kloster Kechrovúni (20 Min.); mindestens einmal täglich ein Bus von Lutrá nach Tínos-Stadt (25 Min.).
Am Wege:
Kloster Kechrovúni
mittelalterliche Stadt und Burg Exóburgo
Dorf Lutrá mit Ursulinen- und Jesuitenkloster.

nach links abwärts. Nach weiteren 5 Minuten stößt dieser Feldweg auf die Asphaltstraße. Hier wendet man sich nach links und sogleich wieder nach rechts auf die ins Dorf *Lutrá* führende Asphaltstraße auf das deutlich an seiner Größe und seinem roten Ziegeldach zu identifizierende Ursulinenkloster zu (2 Min.).

Das Dorf Lutrá

Lutrá hat nur noch etwa hundert ständige Bewohner. Folgt man der Hauptgasse durchs Dorf, passiert man zunächst das Portal des 1862 gegründeten Ursulinenklosters. Die Nonnen unterrichten im Kloster Mädchen in der Teppich- und Stoffweberei und verschaffen ihnen so die Grundlage für einen häusli-

4 Von Lutrá über Kámbos nach Ktikádos

Diese auch im Herbst noch sehr schöne Wanderung führt größtenteils auf schmalen Pfaden die Hänge eines fruchtbaren Tals hinab und wieder hinauf, vorbei an alten Taubentürmen (Farbt. 1) und hinein in zwei schöne Dörfer mit noch weitgehend mittelalterlichem Gepräge. Sie kann mit den Wanderungen 3 und 5 zu einer Ganztagswanderung verbunden werden.

Wegbeschreibung

Busse nach Lutrá von Tínos-Stadt aus mindestens einmal täglich (25 Min.). Am Bushalteplatz am Dorfrand von Lutrá (an dem auch Wanderung 3 vorbeiführt) geht man ins Dorf hinein und am Ursulinenkloster vorbei zum Jesuitenkloster (S. 189).

Am Platz vor dem Jesuitenkloster beginnen drei Wege. Ein Feldweg führt nach links oben, ein gepflasterter Pfad vor einem Haus entlang nach rechts unten und ein mittlerer Pfad an einem Mäuerchen entlang in einer Rechtskurve ebenfalls nach unten. Man nimmt diesen mittleren Pfad, der nach 5 Minuten einen Bach kreuzt, der selbst im September noch Wasser führt.

Knapp 15 Minuten später kommt man an einem kleinen Aquädukt für einen Bewässerungskanal vorbei. Kurz darauf teilt sich der Pfad: Geradeaus führt er an nur einer Mauer entlang, nach rechts zwischen zwei Mauern hindurch. Man nimmt den rechten Pfad. Man kommt durch einen verlassenen Weiler und nimmt an dessen Ende wieder den rechten Pfad. 30 Minuten nach dem Jesuitenkloster kommt das Dorf Kámbos wieder in Sicht. Dreht man sich um, liegt genau gegenüber am Hang des Exóburgo in gleicher Höhe das Dorf Xinára mit dem deutlich erkennbaren römisch-katholischen Bischofspalast am rechten Dorfrand. 5 Minuten später ist man dann im Dorf *Kámbos* angelangt.

Nach einem Bummel durchs Dorf frage man sich zum Bushalteplatz (›Stathmós‹) durch. Dort geht man dann die Asphaltstraße nach links entlang und passiert am Ortsausgangsschild ein Denkmal für die Gefallenen des Dorfes in all den griechischen Kriegen zwischen 1912 und 1950. Man geht weiter auf die rotgedeckte Windmühle zu. Nach knapp 5 Minuten führt etwa 50 Meter vor der Mühle ein Feldweg nach rechts zwischen Mauern hindurch ins Dorf *Chatzikádos* hinunter, gut erkennbar an seiner weißen Kirche mit blauer Kuppel (3 Min.).

Im Dorf stößt von rechts eine breite Treppe auf den begangenen Weg. Hier geht man nicht geradeaus weiter, sondern biegt in die schmale Gasse nach links ein und geht nach 40 Metern weiter die Treppen hinauf nach links. Nach weiteren 50 Metern überquert man den asphaltierten Buswendeplatz des Dorfes und geht weiter geradeaus. Das Ziel ist eine rotge-deckte Windmühle auf dem gegenüberliegenden Hügel, die 15 Minuten nach Chatzikádos erreicht ist. Bei der Mühle kommt man wieder auf Asphalt und ist sogleich am Buswendeplatz von *Ktikádos.*

Rast in Ktikádos

Ktikádos ist ein kleines Dorf mit etwa hundert Einwohnern am oberen Ende eines tief eingeschnittenen Tals, das von Kiónia her>aufführt. Seine Hänge sind über und über terrassiert. Der schönste Platz im Dorf ist die Terrasse des Restaurants ›L'Ombre‹, auf der man am späten Nachmittag in aller Stille den großartigen Ausblick genießen kann. Wer motorisiert ist oder sich ein Taxi leisten mag, sollte hier einmal einen Sonnenuntergang erleben.

Wichtige Hinweise

Dauer: ca. 2 Std. (einfache Strecke).
Wegbeschaffenheit: schmaler, gut begehbarer Pfad bis Kámbos, danach Feldweg und breiter Pfad.
Anstieg: ein größerer Anstieg, ca. 150 m.
Orientierung: einfach.
Restaurants: Kafeníon in Kámbos, zwei Restaurants in Ktikádos.
Busverbindung: nach Lutrá mindestens einmal täglich, ebenso nach Ktikádos, jeweils von Tínos-Stadt aus. Außerdem halten alle Busse von Pírgos nach Tínos-Stadt an der Einmündung der Stichstraße von Ktikádos auf die Inselhauptstraße, 10 Gehminuten von Ktikádos entfernt.
Am Wege:
Dorf Lutrá mit Ursulinen- und Jesuitenkloster
Taubentürme bei Kámbos
mittelalterliches Dorf Kámbos
Dorf Ktikádos mit ›Aussichtsrestaurant‹.

5   Von Ktikádos nach Tínos-Stadt

Diese bequeme, kurze Wanderung eignet sich insbesondere für die späten Nachmittagsstunden. Sie führt zunächst am Hang eines fruchtbaren Tales entlang und dann auf einem mittelalterlichen, gepflasterten Weg hinunter in die Stadt, fast immer im Angesicht des Ägäischen Meeres.

Wegbeschreibung

Bus nach Ktikádos mindestens einmal täglich von Tínos-Stadt aus (20–25 Min.). Von der Bushaltestelle geht man auf der einzig möglichen Gasse ins Dorf geradeaus hinein. Man kommt dabei am Restaurant ›L'Ombre‹ (S. 190) vorbei. Kurz danach endet das Dorf. Der Weg führt am Hang entlang in ein Tal und geht am Talschluß in einen Treppenweg über, auf dem man nach insgesamt 15 Minuten eine kleine Marienkapelle an einer Wegkreuzung erreicht. An dieser Kreuzung nimmt man den nach rechts führenden, breiten und gepflasterten Weg abwärts.

Der venezianische Weg führt immer geradeaus bis nach Tínos-Stadt hinunter, das man 40 Minuten nach der Marienkapelle erreicht.

Ein venezianischer Weg

In der Blütezeit des Römischen Reichs gingen vom Forum Romanum über 5000 Kilometer gepflasterter Straßen aus. Im Mittelalter war das Verkehrswegenetz in Europa sehr viel schlechter ausgebaut, doch gab es auch im Byzantinischen Reich und auf den venezianischen Inseln durchaus gepflasterte Straßen. Sie dienten meist vorrangig militärischen Zwecken. So verband die byzantinische Straße auf Páros (S. 103) die verschiedenen Burgen der Insel untereinander, so verband diese wahrscheinlich aus venezianischer Zeit stammende Straße Exóburgo mit seinem Hafen.

Wichtige Hinweise

Dauer: 1 Std. 20 Min.
Wegbeschaffenheit: zunächst bequemer Pfad, dann sehr einfach zu begehender, gepflasterter Weg.
Anstieg: nur ein kurzer Anstieg zur Marienkapelle, ca. 100 m.
Orientierung: sehr einfach.
Restaurants: zwei Restaurants in Ktikádos.
Busverbindung: Wanderung 4, S. 190.
Am Wege:
Dorf Ktikádos mit herrlichem Ausblick
gepflasterter Weg aus venezianischer Zeit.

6 Von Kalloní nach Istérnia

Diese Tageswanderung führt vom ›Garten der Insel‹ entlang der unbewohnten Nordküste der Insel nach Istérnia, einem der schönsten Inseldörfer. Man wandert in halber Höhe am steil abfallenden Hang des ›Inselrückgrats‹ entlang und hat immer das Meer vor Augen.

Wegbeschreibung

Mit dem Linienbus von Tínos-Stadt mindestens einmal täglich nach Kalloní (30 Min.). Der Bus hält unterhalb des Dorfes an einer Platía mit einem Denkmal für die Gefallenen der Kriege zwischen 1912 und 1922. Hier beginnt am Stromleitungsmast der Pfad durch das Dorf *Karkádos* nach *Aetofoliá*, das gut sichtbar am Hang gegenüber liegt. Links über Aetofoliá erkennt man schon deutlich die Trasse der Erdstraße, auf der es später weitergeht.

Das *Tal von Kalloní* wird auch der ›Garten von Tinos‹ genannt; denn es ist so wasserreich, daß hier zahlreiche Obst- und Mandelbäume gedeihen können. Der Fruchtbarkeit wegen drängen sich hier auch gleich vier Dörfer dicht aneinander (außer den drei schon genannten noch *Káto Klísma*).

Die Erdstraße, die von Aetofoliá aus weiterführt, ist zur Zeit gerade im Bau und soll um 1990 bis nach Istérnia weitergeführt sein. Auch dann wird sich die Wanderung noch lohnen, obwohl es freilich schöner ist, auf dem alten Eselspfad zu gehen. Um den jeweils aktuellen Einstieg in diesen Eselspfad auch zu finden, frage man am besten die Straßenbauarbeiter oder einen der häufiger vorbeikommenden Bauern auf ihrem Maultier nach dem »Paléo drómos ja Istérnia« (altem Weg nach Istérnia).

Schon kurz hinter Aetofoliá hat man einen weiten Blick entlang der Nordküste bis zur Panórmos-Bucht, am Wegesrand sieht man immer wieder auf den Feldern und Terrassen verstreut kleine, erdfarbene Steinhütten, sogenannte ›Katikiés‹.

Diese Steinhütten dienen den Bauern zur vorübergehenden Lagerung ihrer Ernte und Arbeitsgeräte, zum Unterstellen von Tieren

Blick auf Káto Klísma und Aetofoliá

und zur eigenen Rast in der Mittagshitze. Sie sind meist nur mannshoch und mit großen Schieferplatten gedeckt. Eine tiniotische Eigenart ist die Wandkonstruktion dieser Hütten: die Wände werden zur Decke hin stärker.

Das Dorf *Istérnia* ist – je nach Ausbauzustand der Straße – nach etwa 3 bis 4 Stunden erreicht. Eine marmorgepflasterte Straße führt durch den Ort mit seinen Arkaden und schönen Häusern mit reichem Blumenschmuck. Der Linienbus fährt von hier mehrmals täglich nach Pírgos (10 Min.) und Tínos-Stadt (1 Std.).

Wichtige Hinweise
Dauer: 3–4 Std. Wanderung, Busfahrten: Tínos-Stadt – Kalloní 30 Min., Istérnia – Tínos-Stadt 1 Std.
Wegbeschaffenheit: teils breite Erdstraße, teils schmaler Pfad (Straße bis nach Istérnia im Bau).
Anstieg: zwei größere Anstiege, ca. 250 und 300 m.
Orientierung: wegen des Straßenbaus schwer.
Restaurants: in Kalloní und Istérnia.
Busverbindung: Bus mindestens einmal täglich von Tínos-Stadt nach Kalloní (30 Min.);

mehrmals täglich von Istérnia nach Pírgos (10 Min.) und Tínos-Stadt (1 Std.).
Am Wege:
fruchtbares Tal von Kalloní
Steinhütten auf den Feldern
Ausblick entlang der Nordküste
Dorf Istérnia.

7 Von Pírgos nach Órmos Panórmu

Diese kurze Wanderung beginnt im zweitgrößten und schönsten Ort der Insel und führt durch ein fruchtbares Tal hinab zu einer kleinen Küstensiedlung mit sandigen Stränden an einer fast völlig zum Meer hin abgeschlossenen Bucht.

Wegbeschreibung
Busse nach Pírgos mehrmals täglich von Tínos-Stadt aus (1 Std. 10 Min.). Der Bus hält am großen Parkplatz am Ortsrand, von dem aus eine Gasse an zwei kleinen Museen vorbei zur quer zu ihr verlaufenden Hauptgasse des Ortes führt. Geht man sie nach rechts entlang, kommt man auf die Platía des Dorfes, den schönsten Platz auf Tínos.

Pírgos – das schönste Dorf der Insel

Pírgos, auch Pánormos genannt, liegt hoch über dem Meer am Rande eines fruchtbaren Tals (Farbt. 11). Ein Teil seiner 500 Einwohner arbeitet in den Marmorbrüchen der Umgebung, die auch den wichtigsten Baustoff für die Häuser des Dorfes abgegeben haben: Pírgos ist überwiegend aus Marmor erbaut. Schon im Mittelalter widmeten sich viele Dorfbewohner der Steinmetzkunst. Aus dieser Tradition heraus wurde Pírgos zum Geburtsort der modernen griechischen Bildhauerei, deren erste bedeutende Vertreter fast alle von hier stammen. In zwei kleinen Museen gleich links an der Gasse von der Busstation zur Hauptgasse des Dorfes sind einige ihrer Werke ausgestellt. Ein hervorragendes Werk tiniotischer Steinmetzkunst ist der schöne Brunnen an der Platía aus dem Jahre 1778. Eine uralte Platane spendet den Gästen der Kafenía auf diesem Platz wohltuenden Schatten.

Oberhalb der Platía ist in einem freistehenden Haus in der Nähe des Friedhofs die ›Schule für Bildende Künste‹ untergebracht, eine Bildhauerschule, an der häufig auch ausländische junge Künstler studieren.

Von der Platía aus geht man am besten auf der Hauptgasse abwärts durchs Dorf. Man kommt an mehreren Häusern mit aus Marmor gehauenen Wappenschildern vorbei, die zum Teil noch aus venezianischer Zeit stammen. An zahlreichen Häusern entdeckt man die typisch tiniotischen Oberlichter, kunstvoll gestaltete Marmorplatten über Fenstern und Türen. Sie lassen Licht und Luft ins Haus, ihre Motive sollten in früheren Zeiten zugleich böse Geister vom Haus fernhalten. Die venezianischen Oberlichter sind zumeist halbkreisförmig und schön reliefiert; die Oberlichter aus diesem und dem letzten Jahrhundert sind überwiegend rechteckig und bevorzugen als Motive Kreuze, Sonnen, Blumen und Zypressen.

Auf der Hauptgasse gelangt man ans östliche Ortsende von Pírgos, wo rechts oberhalb der Asphaltstraße die große Volksschule (›Dimotikó Skolío‹) des Dorfes steht. Man geht etwa 10 Meter weit die Asphaltstraße abwärts und biegt dann nach links auf den breiten Treppenweg ab, der durch einen jetzt unbewohnten Ortsteil führt. Im Talgrund mündet er auf einen breiten Weg, der im Bachbett zwischen Feldmauern hindurchführt und nach 30 Minuten *Órmos Panórmu* erreicht.

Wer nicht am kleinen Ortsstrand baden will, kann weiter dem Küstenpfad folgen, der zu zwei recht einsamen Sandstränden führt. Besonders schön ist der zweite Strand mit glasklarem Wasser und kleinen, Schatten spendenden Tamarisken.

Wichtige Hinweise

Dauer: Von Pírgos bis zum Tamariskenstrand 60 Min., Busfahrt Tínos-Stadt – Pírgos 1 Std. 10 Min.
Wegbeschaffenheit: bis Órmos Panórmu breiter, bequemer Pfad, danach schmaler, bequemer Pfad.
Anstieg: keine Steigungen.
Orientierung: sehr einfach.
Restaurants: in Pírgos und Órmos Panórmu.
Busverbindung: mehrmals täglich zwischen Tínos-Stadt und Pírgos (Órmos Panórmu) 1 Std. 10 Min.
Am Wege:
›Bildhauerdorf‹ Pírgos
Sandstrände an der Bucht Órmos Panórmu.

Míkonos

von Klaus Bötig

Míkonos im Überblick

Hafen: Míkonos-Stadt (Farbt. 18).
Größe: 85 km². Länge 16 km, größte Breite 10 km.
Höchste Erhebung: Profítis Ilías, 372 m.
Einwohnerzahl: ca. 5500.
Hauptort: Míkonos-Stadt, auch Chóra genannt.

Verkehrsverbindungen:
Schiffsverbindungen: täglich per Autofähre mit Ándros, Síros, Tínos, Piräus und Rafína. In der Saison täglich, sonst mindestens einmal wöchentlich mit Páros, Náxos, Íos und Santoríni. In der Saison mindestens einmal wöchentlich mit Iráklion/Kreta. Täglich Bootsausflüge nach Délos.
Flugverbindungen: täglich mehrmals mit Athen. In der Saison täglich, sonst mindestens einmal wöchentlich mit Iráklion/Kreta, Rhodos und Santoríni. Ganzjährig mindestens einmal wöchentlich mit Chíos und Sámos. Per Charterflug zudem direkt mit Deutschland.
Straßenverkehr: überwiegend Asphaltstraßen. Häufige Busverbindung nach Platí Yálos, mehrmals täglich nach Ágios Stéfanos, Elías, Kalafáti, Ornós sowie nach Áno Méra und zum Flughafen.
Taxis: in Míkonos-Stadt und Áno Méra.
Moped- und Autoverleih: in Míkonos-Stadt.

Unterkunft: zahlreiche Hotels aller Art und Privatunterkünfte in allen Inselorten. Telefonische Vorausreservierung eines Hotelzimmers ist unbedingt empfehlenswert.

Campingplatz: komfortabler, schattenreicher Platz am Paradise Beach. Man kommt entweder mit dem Taxi hin oder nimmt den Bus von Míkonos-Stadt nach Pláti Yálos (10 Min.) und fährt von dort mit dem Boot zum Paradise Beach (10 Min.).

Strände: zahlreiche gute Sandstrände an der Südküste der Insel zwischen Órmos Ornú und Órmos Kalafáti. Weitere Sandstrände sind Ágios Ioánnis und Ágios Stéfanos. FKK ist üblich an den Stränden Paradise, Super Paradise und Elías. Treffpunkt der ›Gays‹ aus aller Welt ist der Super Paradise Beach.

Spezialitäten: Besser essen als auf Míkonos kann man auf keiner anderen Kykladen-Insel. Reichhaltig wie nirgends sonst ist die Auswahl an Vorspeisen. Ein typisches Inselgericht aber gibt es nicht mehr.

Feste: 15. August in Áno Méra (Mariä Entschlafung), 14. September in Míkonos-Stadt (Kreuzeserhöhung), 27. Dezember in Ágios Stéfanos.

Wesen und Merkmale der Insel

Míkonos ist eine felsige, relativ unfruchtbare Insel ohne hohe Gebirgszüge, die ihre Beliebtheit bei den Touristen vor allem zwei Umständen verdankt: Sie hat hervorragende Strände und besitzt die vielleicht schönste Stadt in der ganzen Ägäis. Mit ihren verwinkelten Gassen, ihren Häusern im reinsten kykladischen

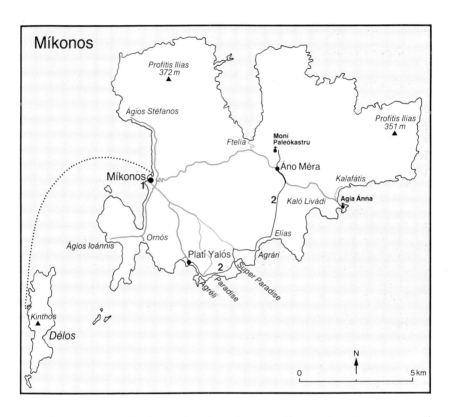

Baustil ohne störende Neubauten dazwischen, ihren vielen kleinen Plätzen, Kirchen und Kapellen ist sie zum Prototyp einer Kykladensiedlung schlechthin geworden.

Die Mikonioten haben die Schönheit der Stadt und ihre guten Strände zu nutzen verstanden. Nach ›ursprünglichem Leben‹ muß man in den Gassen von Míkonos lange suchen; die Touristen beherrschen die Szene. In Dutzenden von Gassen reihen sich Bars, Restaurants und Souvenirgeschäfte fast lückenlos aneinander, lärmende Musik dringt noch spät in der Nacht überallhin. Da werden um 2 Uhr morgens Champagnerparties in den Gassen gefeiert, da trifft man sich zum Sonnenuntergang in der Cocktail-Bar, da ist nur ›in‹, wer weiß, wo ›man‹ sich trifft – oder ›Mann‹; denn Míkonos ist das Dorado der Homosexuellen aus aller Welt.

Die vielen Touristen und die kurzen Entfernungen auf Míkonos haben der Insel eine ausgezeichnete touristische Infrastruktur geschaffen. Busse und Boote pendeln pausenlos zwischen der Chóra und den vielen Stränden hin und her und erhöhen so noch ihre Attraktivität für Badeurlauber.

Die große Nachfrage hat mehrere neue Küstensiedlungen entstehen lassen, die freilich fast ausnahmslos aus Fremdenherbergen aller Art bestehen. Im Inselinnern aber gibt es nur eine einzige Siedlung: Áno Méra. Ansonsten prägen freistehende Bauerngehöfte, die meist schneeweißen ›Choriá‹, das Antlitz der Insel. Oft lehnen sie sich an die für Míkonos so typischen Granitfelsen an oder stehen gar auf ihnen. Zu einem solchen Gehöft gehören immer das Wohnhaus mit zwei oder drei Zimmern und einem kleinen Hof, Scheune, Lager, Backofen, Stall, Brunnen und Viehtränke sowie gelegentlich eine Weinpresse, ein Dreschplatz und ein Taubenhaus.

Ebenfalls überall über die Insel verstreut findet man kleine Kapellen. Die Mikonioten waren vor allem vom 17. bis 19. Jahrhundert ja ein überwiegend seefahrendes Volk, das immer wieder Bekanntschaft mit den Gefahren des Meeres machte. Die Kapellen sind fast alle eingelöste Gelöbnisse in Seenot geratener Mikonioten.

Der Seefahrt und dem Handel verdankt auch die Stadt Míkonos ihr historisches Gesicht. Bis zum Ende des 17. Jahrhunderts war es vor allem die Seeräuberei, die die Mikonioten genossenschaftlich betrieben und die einen bescheidenen Wohlstand schuf. Mit ihr erwarben sich die Inselbewohner die Voraussetzungen für den Einstieg in den Transithandel zwischen dem griechischen Festland und Kleinasien, der durch eine französische Schiffahrtslinie nach Smyrna (heute: Izmir) und Konstantinopel (Istanbul) zu Anfang des 18. Jahrhunderts gedieh. Ende des 18. Jahrhunderts verdienten sich viele mikoniotische Kapitäne während der napoleonischen Blockade mit dem Getreideschmuggel ein Vermögen. In diesen beiden Jahrhunderten entstanden all die prächtigen Kapitäns- und Kaufmannshäuser, die den Ort heute so anziehend machen. Mit dem Aufkommen der Dampfschiffahrt und der Verlagerung der wirtschaftlichen Aktivitäten von den Inseln nach Piräus verarmte Míkonos dann, bis der einsetzende Tourismus in den fünfziger Jahren eine neue, glanzvolle Ära der Wirtschaftsgeschichte der Insel einleitete.

Die Wirtschaft wird heute eindeutig vom Fremdenverkehr geprägt. Rund 2500 Fremdenbetten gibt es in Hotels, noch einmal die gleiche Zahl wird privat vermietet. Zudem lassen während der Saison fast täglich die Passagiere großer Kreuzfahrtschiffe ein Vermögen in den Kassen der mikoniotischen Geschäftsleute. Die Landwirtschaft spielt da verständlicherweise auf der Insel keine große Rolle mehr. Nur noch ein Bruchteil der Bevölkerung züchtet Vieh oder bebaut die Felder – mit weißen Bohnen beispielsweise, der früheren Hauptfrucht auf Míkonos.

Wanderfreunde fühlen sich auf Míkonos meist nicht sonderlich wohl, da es auf der fast baumlosen Insel auch keine abwechslungsreichen Routen gibt. Ein ausführlicher Stadtrundgang und eine Strandwanderung nach Áno Méra (im Inselinneren) reichen daher aus, um einen umfassenden Eindruck von der Insel zu bekommen.

Kykladenarchitektur: die Marienkirche Paraportianí

Geschichte

um 3200 v. Chr.	erste Siedlungsspuren.
um 200 v. Chr.	die beiden bis dahin existierenden Inselstädte werden zu einer einzigen Stadt vereinigt.

Im Verlauf seiner antiken Geschichte steht Míkonos ganz im Schatten von Délos, in den antiken Quellen wird es praktisch kaum erwähnt.

1207–1390	Herrschaft der italienischen Adelsfamilie Ghizi.
1390–1537	Venezianische Herrschaft.
1537	Eroberung durch die Türken.
1834	Anschluß an den griechischen Staat.

1 Rundgang durch Míkonos-Stadt

Der Rundgang beginnt am nördlichen Ende des Hafenbeckens vor dem Gebäude, in dem auch das Touristeninformationsbüro und das Telegrafenamt untergebracht sind. An der hier beginnenden Mole fahren die Boote nach Délos ab. An der Ostseite des Gebäudes führen Stufen aufwärts auf einen Platz, an dessen rechter Seite das Folklore-Museum von Míkonos steht. Schräg gegenüber sieht man schon die weiße Panagía Paraportianí, ein an- und übereinandergebautes Ensemble mehrerer Kapellen. Ihr Name bedeutet ›Allheilige bei der Pforte‹ und deutet ebenso wie der Name dieses Stadtviertels, *Kástro*, darauf hin, daß in der Zeit der fränkischen Herrschaft hier der befestigte Ortskern der Insel angelegt war, den man sich wohl ähnlich vorstellen kann wie die heute noch besser erhaltenen Kástri auf Antíparos oder Folégandros.

An der Nordwestecke der Kirche wendet man sich nach links in die Gasse Ágion Anargíron, eine der malerischsten der Stadt. Sie führt nun durch das Stadtviertel *Venétia*, dessen Häuser auf der anderen Seite unmittelbar am Ufer stehen. Sie besitzen kleine Pforten zum Wasser hin, in denen Piratengut unmittelbar von Booten aus aufgenommen werden konnte. Man sieht diese Wasserfront deutlich, wenn man von der Gasse Ágion Anargíron bei der ersten Möglichkeit nach rechts abzweigt. Dann steht man auch auf einer winzigen Terrasse direkt am Ufer, die einer der besten Plätze für die Beobachtung des Sonnenuntergangs ist. Leider sind die Tavernen hier die teuersten der Stadt (unbedingt Rechnung mit Preisliste vergleichen!).

Auf der anderen Seite der Terrasse beginnt das Stadtviertel *Alefkándra,* das einen deutlich anderen Charakter trägt als das Kástro- und das Venétia-Viertel. Es stammt aus der Zeit um 1800. Man hält sich am Ufer, passiert an einem freien Platz die griechisch-orthodoxe Kathedrale und die römisch-katholische Kirche von Míkonos und erreicht dann eine Treppe, die hinaufführt zu den ›Káto Míli‹ genannten *Windmühlen* (s. S. 54 f.).

Míkonos besaß in den vergangenen Jahrhunderten drei Mühlenareale, die noch deutlich erkennbar sind. Eine einzelne Mühle im Kástro-Viertel diente der Versorgung der Bevölkerung während feindlicher Belagerungen.

Die Mühlen von Káto Míli, von denen es einst zehn gab, mahlten Getreide, das von mikoniotischen und fremden Schiffen angelandet wurde, wobei das Mehl anschließend wieder weiterbefördert oder sogleich auf Míkonos zu Brot oder Zwieback für den Export gebacken wurde. Die verbliebenen, restaurierten Mühlen sind heute eins der Wahrzeichen der Insel.

Im Verlaufe des Stadtrundgangs kommt man später noch an den Fuß eines Hügels, der die ›Páno Míli‹, die *oberen Mühlen,* trägt. Sie waren für das Mahlen des Getreides für den Eigenverbrauch der Insel bestimmt.

Von den Káto Míli aus geht man die Stufen wieder hinab bis ans Meer, biegt hier nach rechts ab und dann in die dritte Gasse links hinein, die zur Gasse ›Énoplon Dynámeon‹ führt. An ihr liegt das Seefahrtsmuseum der Stadt. Man geht nun auf den Hügel mit den Áno Míli zu, biegt jedoch schon in die zweite Gasse nach links ein, in die ›Odos Mantogianni‹. Sie führt direkt zurück zum Ufer und zum Mantogiannis-Platz, auf dem ein Denkmal für die Heldin Mándo Mandoioánnis steht, eine

Das malerische Viertel Venétia in Míkonos-Stadt

Frau, die im griechischen Freiheitskampf gegen die Türken als Schiffseignerin mitkämpfte.

Folgt man nun der Uferstraße, gelangt man zum modernen archäologischen Museum, dessen Prunkstück ein mannshohes archaisches Vorratsgefäß (Píthos) ist, das in Relief die älteste bekannte Darstellung des trojanischen Pferdes zeigt (um 670 v. Chr.).

2 Von Platí Yalós entlang der Strände nach Áno Méra

Ohne seine wirklich hervorragenden Strände hätte sich Míkonos trotz seiner bilderbuchschönen Chóra nicht zu einem Ferienzentrum der Ägäis entwickeln können. Die meisten dieser Strände lernt man auf dieser Wanderung kennen, die darüber hinaus auch noch einen Einblick in die mikoniotische Siedlungsweise gewährt, ins zweite Inseldorf mit seinen beiden, noch bewohnten Klöstern führt und einem schöne Ausblicke auf Ríneia und Délos schenkt. Mit dieser Wanderung rundet man sein Bild von Míkonos ab und kann danach getrost weiterreisen.

Moralisten seien vor dieser Wanderung allerdings gewarnt: Sie führt unweigerlich auch zum Super Paradise Beach, an dem sich männliche Homosexuelle aus aller Welt ohne jede Zurückhaltung in aller Öffentlichkeit auf jede erdenkliche Art ihre Zuneigung zeigen.

Wegbeschreibung

Busse nach Platí Yalós von Míkonos-Stadt aus sehr häufig (10 Min.). Vom Bushalteplatz aus läuft man am Strand entlang bis zu dessen Ende und geht dann am Hang entlang bis zur gut sichtbaren Landspitze, an deren beiden Seiten der *Agréli-Strand* liegt. Am Ende dieses Strandes führt wiederum ein Pfad über felsiges Gelände zum Strand *Paradise Beach*, der 30 Minuten nach Platí Yalós erreicht ist. Nach der Überquerung dieses sehr belebten Strandes führt der Pfad durch eine eindrucksvolle Felswüste, in der ständig zahlreiche männliche Homosexuelle lustwandeln, in 25 Minuten hinüber zum Strand *Super Paradise Beach*.

Von diesem Strand führt eine Asphaltstraße sehr steil nach oben. Kurz nach dem Ende der Steigung zweigt nach rechts nach etwa 25 Minuten ein Feldweg ab, den man bis zum ersten Haus entlanggeht. Von dort gilt es, den gegenüberliegenden Höhenrücken zu überqueren, auf dessen anderer Seite zunächst der *Agrári-* und dann der *Elías-Strand* liegen. (Wer sich der Hitze wegen dieses schwierigste Teilstück der Wanderung sparen will, kann auch mit dem Badeboot vom Super Paradise- zum Elías-Strand fahren.) Zu Fuß ist der Elías-Strand vom Super Paradise Beach etwa eine Stunde entfernt.

Am Ende des Elías-Strandes zweigt an der Taverne ›Elía‹ ein breiter Feldweg aufwärts ab. Nach 25 Minuten ist der Anstieg beendet. Im Norden sieht man jetzt bereits die Häuser von *Áno Méra*. Zwischen den Häusern erkennt man eine Windmühle und darüber im Hintergrund eine weiße Kapelle mit rotem Dach. Rechts der einzelstehenden Mühle ist kurz darauf die rote Kuppel des *Klosters Turliani* auszumachen, das erste Ziel in Áno Méra.

20 Minuten nach Ende des Anstiegs ist eine kleine Asphaltstraße erreicht, hier geht man nach links. Nach weiteren 10 Minuten kommt man an ein Stoppschild, wendet sich hier nach links und gleich wieder links hinauf auf die Platía von Áno Méra. Im Hintergrund sieht man schon unterhalb des Hügels mit der weißen Kapelle mit rotem Dach die rote Kuppel der Kirche des *Klosters Paleókastro*, das man nach dem Besuch des Klosters Turliani auch noch besichtigen kann. Man benötigt dorthin 15 Minuten.

Die Klöster Turliani und Paleókastro wurden erst in nachbyzantinischer Zeit, genauer: während der türkischen Herrschaft, gegründet, Turliani 1542, Paleókastro im 17. Jahrhundert. Das Kloster Turliani wird noch von drei Mönchen, das Kloster Paleókastro von einer Nonne bewohnt. Im sehr gepflegten, offenbar wohlhabenden Männerkloster sind die volkstümlichen Marmorreliefs am Campanile und der marmorne Brunnen im Hof besonders sehenswert. Im bäuerlich-einfach wirkenden Nonnenkloster malt und verkauft die Nonne Ikonen.

Wichtige Hinweise

Dauer: 3 Std. 15 Min.; Bus Áno Méra – Míkonos 15 Min.

Wegbeschaffenheit: teils Sand, teils bequemer Felspfad. Etwa 30 Min. querfeldein; Asphaltstraße.

Anstieg: ein steiler Anstieg auf Asphaltstraße, ca. 120 m, ein Anstieg querfeldein, ca. 70 m, ein Anstieg auf Staubstraße, ca. 130 m, drei kurze Anstiege von ca. 30–50 m.

Orientierung: einfach.

Restaurants: in Platí Yalós und Áno Méra sowie an allen Stränden außer am Agrári-Strand.

Verkehrsverbindung: Busse ab Míkonos-Stadt nach Platí Yalós (10 Min.), sehr häufig. Busse von Áno Méra nach Míkonos-Stadt mehrmals täglich (8 km, 15 Min.). Zwischen allen Stränden häufige Bootsverbindung.

Am Wege:

gute Sandstrände

bizarre Felslandschaft

Dorf Áno Méra mit den Klöstern Turlianí und Paleókastro.

Mosaik im Haus der Delphine, Délos

200

Délos

von Klaus Bötig

Délos im Überblick
(Karte s. S. 195)

Hafen: kurzer Anleger am Sund zwischen Délos und Ríneia, nur geeignet für kleine Schiffe. Die Kreuzfahrtdampfer gehen im Sund vor Anker und booten ihre Passagiere aus.
Größe: 3,6 km². Länge 5 km, größte Breite 1,3 km.
Höchste Erhebung: Kínthos, 113 m.
Einwohnerzahl: ca. 15.
Hauptort: Auf Délos gibt es keine Ortschaft. Die Wärter wohnen in einer kleinen Siedlung am Nordostrand der Ausgrabungen.
Verkehrsverbindungen: während der Saison täglich, sonst bei Bedarf Ausflugsschiffe von Míkonos her (30 Min.). Während der Saison ein- oder mehrmals wöchentlich Ausflugsschiffe von Náxos, Páros und Tínos.
Unterkunft: ein kleines, staatliches Hotel, das 1986 jedoch wegen Umbaus geschlossen war. Datum der Wiedereröffnung noch nicht absehbar.
Camping: Das Zelten auf Délos ist ebenso wie das Übernachten am Strand streng verboten.
Strände, Spezialitäten und Feste: keine.

Wesen und Merkmale der Insel

Délos ist eine reine Museumsinsel. Man kommt nach Délos, um hier die ausgedehnten Ausgrabungen zu besichtigen; die einzigen Menschen, die noch ständig auf dem kargen Eiland leben, sind ein paar Angestellte des archäologischen Dienstes.

In der Antike war Délos der kultische Mittelpunkt der Ägäis, an dessen Bedeutung auf dem Festland nur Delphi und Olympia heranreichten. Ihre natürliche Armut ließ der Insel die Bedeutung zukommen: Im feinfühligen Netz der politischen Rivalitäten zwischen den Inselstaaten und später auch Athen war sie machtpolitisches Niemandsland, ein neutraler Ort, an dem sich alle Rivalen begegnen und den gemeinsamen, panhellenischen Gottheiten huldigen konnten. Immer wieder versuchten zwar einzelne Inseln, Délos in ihren Herrschaftsbereich einzubeziehen, doch gelang ihnen das immer nur unvollkommen und für kurze Zeit. Nur in den Jahrzehnten nach den Perserkriegen war Athen stark genug, Délos wie auch die meisten anderen Ägäischen Inseln in seinen Machtbereich zu integrieren.

Die Ausgrabungen auf Délos sind äußerst weitläufig. Es gibt allerlei Einzigartiges und vieles künstlerisch Wertvolle zu sehen, das auch für archäologisch wenig Interessierte eindrucksvoll ist – und nicht nur, wie sonst so oft auf den Inseln, Grundmauern, die für den Laien wenig Aussagekraft haben. Besonders reizvoll werden die Ausgrabungen auch noch dadurch, daß von fast jedem Punkt aus das Meer sichtbar ist.

Doch für Délos bleibt einem wenig Zeit: Man kommt nur mit den Ausflugsbooten hin – und die gewähren einem höchstens drei Stunden für den Landgang. Länger auf der Insel zu bleiben, ist nur Seglern mit eigener Yacht möglich, aber selbst für die werden die Ausgrabungen gegen 15 Uhr gesperrt. Ein kleines Hotel mit nur sieben Betten, das bisher auf Délos Unterkunft bot, ist 1986 gerade niedergerissen worden; ob und wann es wieder eröffnet wird, weiß niemand zu sagen.

Geschichte

3. Jahrt. v. Chr.   erste Siedlungsspuren.
1400–1200   mykenisches Heiligtum auf Délos.
um 1000   ionische Besiedlung der Insel.
8. Jahrh.   der Apollon-Kult wird auf Délos heimisch.
ca. 650–550   Náxos nimmt Einfluß auf Délos.
543   Délos im Machtbereich Athens. Der Tyrann Peisistratos ordnet die Verlegung aller Gräber von Délos auf die Nachbarinsel Ríneia an.
529–490   Sámos nimmt Einfluß auf Délos.
477   Délos wird zum Sitz des Ersten Attisch-Delischen Seebunds.
454   Die Bundeskasse wird nach Athen verlegt. Perikles finanziert damit die Neubebauung der Akrópolis.
426   Die Athener sprechen das Verbot aus, auf Délos zu gebären und zu sterben.
422   Tötung und Vertreibung der Delier durch die Athener.
421   Rückkehr der Vertriebenen.
314   Délos wird wieder unabhängig.
166   Griechenland wird römisch, die Römer sprechen Délos wieder Athen zu.
146   Zerstörung Korinths durch die Römer, dadurch nochmaliger Aufschwung für Délos.
88   Plünderung der Insel durch die Truppen des Königs Mithridates VI. von Pontos.
74   erneute Plünderung der Insel.
44   Neugründung Korinths und Absinken Délos' in die Bedeutungslosigkeit.
2. Jh. n. Chr.   Pausanias besucht Délos und sieht hier nur noch einige Tempelwärter.
4.–8. Jh.   Délos ist Bischofssitz.
1872   Beginn der Ausgrabungen durch französische Archäologen.

Drei Stunden Délos

Ausgedehnte Wanderungen sind auf Délos nicht möglich. Aber wer gut zu Fuß ist, kann durchaus etwas mehr unternehmen als der Standard-Tourist, der unter Leitung eines Fremdenführers nur langsam von Erklärung zu Erklärung voranschreitet. Er kann dabei alle wichtigen Monumente und Kostbarkeiten kennenlernen – wer sie intensiver studieren will, muß mehrmals kommen und einen kunsthistorischen Reiseführer mitbringen. (Es gibt auch welche an der Kasse zu den Ausgrabungen zu kaufen.)

Wegbeschreibung

Der moderne *Anleger (1)* liegt im Bereich des antiken Hafens. Von ihm aus geht man geradeaus auf die gepflasterte *Agora der Kompitalisten (2)*, einen Marktplatz aus dem 2. Jahrhundert v. Chr., der einer sich Kompitalisten nennenden Sklavengemeinschaft als Versammlungsplatz diente. Man sieht noch Weihaltäre und Statuensockel. Hier beginnt links die *Wallfahrtsstraße (3)*, die in der Antike auf beiden Seiten von Säulenhallen begrenzt war. Die Architrave der linken Säulen-

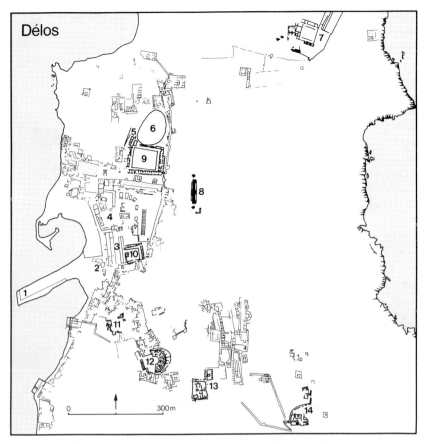

Délos   1 Schiffsanleger   2 Agora der Kompitalisten   3 Wallfahrtsstraße   4 Heiliger Bezirk des Apoll   5 Löwenterrasse   6 Heiliger See   7 Gymnasion und Stadion   8 Museum   9 Agora der Italiker   10 Agora der Delier   11 Haus des Dionysos und Haus des Dreizacks   12 Theater   13 Haus der Masken und Haus der Delphine   14 Kinthos

halle liegen jetzt in Kniehöhe entlang der Straße; man erkennt darauf noch den Namen des Stifters, Philipp (V.) von Makedonien.

An ihrem Ende erreicht man den *Heiligen Bezirk des Apoll (4)*, den kultischen Mittelpunkt der Insel. Hier standen Statuen und Tempel des Gottes Apoll sowie seiner Mutter Leto. Man durchquert den Bezirk und gelangt zur *Löwenterrasse (5)*, der meistfotografierten Stätte auf Délos. Die Naxier ließen sie im 6. Jahrhundert v. Chr. errichten und neun Löwen aus naxischem Marmor daraufstellen,

von denen heute noch fünf zumindest bruchstückhaft zu sehen sind. Sie blicken auf den *Heiligen See (6)*, einen ummauerten Bezirk mit einer Dattelpalme darin, der nicht betreten werden kann. Dort, wo jetzt wieder die Palme gedeiht, soll dem Mythos zufolge Leto die Zwillinge Apoll und Artemis geboren haben.

Geht man nun auf die andere Seite des ummauerten Bezirks, stößt man dort auf einen deutlich erkennbaren Weg, der auf ein unbesetztes Kassenhäuschen und die neuen, kleinen Häuser der Ausgrabungswächter zuführt. Hier ist meist kein Mensch mehr anzutreffen, selbst wenn vor Délos drei Kreuzfahrtschiffe ihre Passagiere ausgebootet haben.

Man passiert das unscheinbare Heiligtum des Archegetes und gelangt zu zwei Sportstätten, nämlich einem *Gymnasion und Stadion (7)*. Unterhalb des Stadions liegen noch die Ruinen zahlreicher Wohnhäuser, die direkt bis ans Ostufer der Insel hinunterreichen.

Vom Stadion aus geht man nun den gleichen Weg, den man gekommen ist, wieder bis zum ummauerten Bezirk mit der Palme zurück und biegt dann nicht zur Löwenterrasse ab, sondern geht geradeaus weiter. Man kommt zum weithin sichtbaren *Museum (8)*, das allerdings nur in den Hochsommermonaten geöffnet ist. Die Besichtigung lohnt nur für archäologisch sehr Interessierte, da alle wertvolleren Funde aus Délos im Athener Nationalmuseum stehen.

Nordwestlich vom Museum sieht man die *Agora der Italiker (9)*, einen weiten Platz, der seit dem 2. Jahrhundert v. Chr. auf allen vier Seiten von Säulenhallen gesäumt war, und im Südwesten die *Agora der Delier (10)*, einen weiteren großen Marktplatz der Insel. Délos war ja insbesondere in römischer Zeit nicht nur Kultort, sondern vor allem das wichtigste Handelszentrum in der Ägäis, ein Freihafen, in dem Waren aus allen Teilen des östlichen Mittelmeers umgeschlagen wurden – Sklaven inbegriffen.

Man kommt nun zurück zur Agora der Kompitalisten und wendet sich dort nach links. So geht man auf einer antiken Straße bergan durch einen Wohnbezirk wohlhabender Delier aus römischer Zeit. Man passiert dabei zwei an modernen Gittern und ständig hier plazierten Wächtern leicht erkennbare Ruinen, die vom *Haus des Dionyos und Haus des Dreizacks (11)*, in denen sehr schöne römische Mosaiken erhalten sind. Danach kommt man zum *Theater (12)*, das um 250 v. Chr. errichtet wurde und 5500 Zuschauern Platz bot. Geht man durchs Theater den Weg weiter, passiert man erneut zwei Häuser mit

Meistfotografiert: die Löwen von Délos

prächtigen Mosaiken, das *Haus der Masken und Haus der Delphine (13)*.

Vor einem liegt nun der höchste Berg der Insel, der 113 m hohe *Kínthos (14)*. An seinem Hang ist eine Grotte zu erkennen, in der He-

rakles verehrt wurde, auf dem Gipfel befindet sich eine Plattform, die in der Antike ein Heiligtum für Zeus und Athena trug.

Um zum Anleger zurückzukommen, geht man nun nicht wieder zum Theater, sondern auf gut erkennbarem Weg über ein nordöstlich davon gelegenes Ruinenfeld mit Tempeln für nichtgriechische Gottheiten, die auf Délos unter den Kauf- und Seeleuten viele Anhänger hatten.

Náxos

von Klaus Bötig

Náxos im Überblick

Hafen: Náxos-Stadt.
Größe: 428 km². Länge 33 km, größte Breite 24 km.
Höchste Erhebung: Zás, 1004 m.
Einwohnerzahl: ca. 14000.
Hauptort: Náxos-Stadt, auch Chóra genannt (Farbt. 8).
Verkehrsverbindungen:
Schiffsverbindungen: täglich mit Páros und Piräus. Ganzjährig mehrmals wöchentlich mit Amorgós, Íos, Iraklía, Kufoníssi, Santoríni, Schinússa und Síros, einmal mit Donússa; im Sommerhalbjahr zudem mehrmals wöchentlich mit Délos, Folégandros, Kos, Míkonos, Rhodos, Sámos, Sífnos, Tínos und Iráklion/Kreta, einmal mit Anáfi und Síkinos.
Straßenverkehr: Außer der Querverbindung von Náxos-Stadt über Chalkí nach Apóllon sind nur noch Straßen im Umkreis von Náxos-Stadt asphaltiert. Im Norden, Süden und Osten der Insel überwiegen noch unbefestigte, aber dennoch gut befahrbare Pisten.
Busverbindungen täglich mehrmals von Náxos-Stadt aus mit Agía Ánna, Apírathos, Apóllon, Chalkí, Filóti, Korónos, Mélanes, Pirgáki und Trípodes, einmal täglich mit Sangrí. Mehrmals wöchentlich außerdem mit Danákos, Engaré, Keramóti, Kinídaros und Potamiá. Im Hochsommer jeden Sonntag mit Agiássos.
Taxis: außer im Hauptort auch in Chalkí, Filóti, Apírathos, Apóllon und einigen anderen Dörfern.
Moped- und Autoverleih: im Hauptort.
Unterkunft: Zahlreiche Hotels und Privatunterkünfte im Hauptort. Kleinere Hotels außerdem in Apóllon und Agía Ánna. Bungalowhotel in Pirgáki. Kleines Hotel in Abrám an der Nordwestküste. Privatzimmer in Mutsúna, Apírathos, Chalkí, Moní und Filóti.
Campingplatz: je ein Platz am Rande des Hauptorts und in Agía Ánna.
Strände: zahlreiche gute Sandstrände zwischen Náxos-Stadt und Agiássos an der Westküste. Dürftige Strände bei Apóllon. Gute und wenig besuchte Strände sind Abrám an der Nordwest- und Psíli Ámmos an der Ostküste. Völlig einsam ist der Strand von Kalándos an der Südküste.
Spezialitäten: Kítro-Likör, ein Getränk aus den frischen Blättern der Zitronatzitrone, den es in zwei Geschmacksrichtungen gibt: süß und mit Eukalyptusessenz grün gefärbt sowie klar und etwas herber.
Feste: 23. April in Kinídaros (Ág. Geórgios), 20. Mai im Kloster Ágios Thaléleos, 27. Juni in Ágios Arsénios (Ág. Pantelémon), 14. Juli in Náxos-Stadt (Ág. Nikodímos), ebendort vom 15.–24. Juli das Wein- und Stadtfest Dioníssia, 25. Juli in Engaré (Ág. Ánna), vom 14.–16. August das größte Inselfest in Filóti (Mariä Entschlafung), 29. August in Apírathos (Johannes der Täufer), 8. September in Moní, 6. Dezember in Kinídaros (Ág. Nikólaos).

Náxos ist die größte und neben Ándros die fruchtbarste Insel der Kykladen. Auch der höchste und dritthöchste Gipfel des Archipels ragt auf Náxos auf: der 1004 Meter hohe Zás im Inselzentrum und der 997 Meter hohe Korónos in ihrem Nordteil. Grün und fruchtbar sind vor allem die Küstenebene östlich und südlich von Náxos-Stadt, wo künstliche Bewässerung reiche Ernten beschert, sowie die auf drei Seiten von Bergen umgebene zentrale Hochebene Tragéa mit dem größten zusammenhängenden Olivenhain der Kykladen. Grüne Taloasen

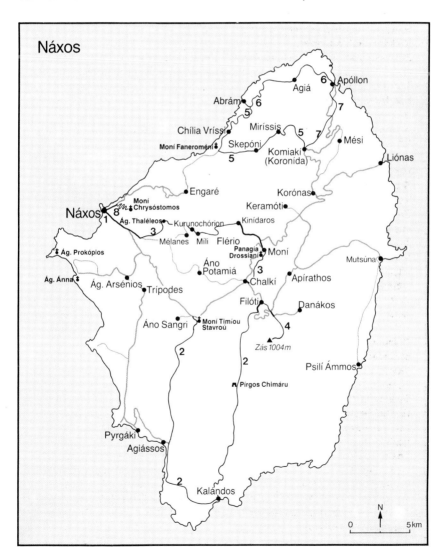

findet man auch zwischen den Bergketten im Norden der Insel, während im Süden relativ trockenes Weideland vorherrscht.

Die Bevölkerung konzentriert sich auf Náxos-Stadt sowie die fruchtbaren Ebenen und Täler. Nahezu die gesamte Südhälfte der Insel ist unbewohnt. Ein Reigen herrlicher Sandstrände säumt die Westküste zwischen Náxos-Stadt und Agiássos. Die wenigen, aber ebenfalls sehr guten Strände an der Süd- und Ostküste sind zwar nicht ganz so bequem zu erreichen, dafür aber auch touristisch noch völlig unerschlossen. Hotelklötze wird man auf Náxos nirgends finden, und selbst in Náxos-Stadt, wo die meisten Urlauber wohnen, überwiegt die Zahl der Fremden noch nicht die der Einheimischen.

Auch kunstgeschichtlich hat Náxos einiges zu bieten: die Reste eines monumentalen Tempelbaus in der Stadt selbst, unvollendete Jünglingsstatuen in zwei Gemarkungen, einen gut erhaltenen hellenistischen Wachtturm. Für eine intensive Besiedlung der Insel in byzantinischer Zeit sprechen die vielen mittelalterlichen Kirchen und Kapellen insbesondere in der Tragéa-Ebene. Aus den Jahrhunderten, als Náxos der Sitz eines italienischen Herzogtums der Kykladen war, stammen Dutzende von festungsartigen Wohntürmen und vor allem das noch recht intakte Ortsbild der Chóra, des historischen Kerns der Inselhauptstadt.

Wirtschaftlich ist Náxos nicht allein vom Tourismus abhängig. Die Bauern der Insel, in einer landwirtschaftlichen Genossenschaft zusammengeschlossen, produzieren die meisten einheimischen Produkte selbst, die auf Náxos gebraucht werden, und erwirtschaften bei vielen Früchten sogar noch Überschüsse, die exportiert werden können. Landwirtschaftliches Exportgut Nummer Eins sind Saatkartoffeln, gefolgt von Olivenöl, Obst und Zitrusfrüchten. Auch die Erzeugnisse aus der Viehzucht mit über 2000 Rindern und mehr als 100 000 Ziegen und Schafen können in die festländischen Ballungszentren verkauft werden.

Außerdem wird auf Náxos auch Bergbau betrieben. Wie auf vielen anderen Kykladeninseln baut man Marmor ab – dazu aber auch noch Schmirgel (die einzige griechische Insel), der vom Hafen Mutsúna an der Ostküste aus in alle Welt verschifft wird. Immerhin 400 Naxioten finden in der Schmirgelgewinnung Arbeit und Brot.

Geschichte

3200 v. Chr.   erste Siedlungsspuren.

um 1000 v. Chr.   ionische Besiedlung.

735 v. Chr.   Naxische Siedler gründen die Kolonie Náxos auf Sizilien.

7./6. Jh. v. Chr.   Náxos ist eine der mächtigsten Inseln in der Ägäis.

501 v. Chr.   Viermonatige ergebnislose Belagerung durch die Perser, denen sich Náxos im Gegensatz zu den anderen Ägäischen Inseln nicht unterworfen hatte. In der Folgezeit teilt Náxos das Schicksal der übrigen Kykladen.

1207 n. Chr.   Marco Sanudo gründet das Herzogtum der Kykladen und wählt Náxos zu seinem Herzogssitz.

1383   Die Dynastie der Crispi übernimmt das Herzogtum.

1566   Der türkische Sultan setzt seinen Finanzberater Joseph Nasi, einen portugiesischen Juden, als Herzog von Náxos ein.

1579   Náxos kommt unter direkte türkische Verwaltung.

1834   Anschluß an den griechischen Staat.

1 Ein Rundgang durch die Altstadt von Náxos

Schon bei der Einfahrt in den Hafen von Náxos fällt linkerhand ein monumentales Marmortor auf: *Portára*, das Wahrzeichen der Insel. Es steht auf einem kleinen Felseiland, das über einen künstlichen Damm mit dem ›Festland‹ verbunden ist. Es gehörte einst zu einem Tempel von 35 × 15 Metern Außenmaßen, den 530 v. Chr. der Tyrann Lygdamis in Auftrag gab. Der Tempel, von dem heute außer dem Tor nur noch wenige Grundmauern zeugen, wurde nach dem Tod des megalomanen Tyrannen nicht weitergebaut. Er diente in späteren Jahrhunderten den Insulanern als arbeitsarmer Steinbruch.

Den eigentlichen Reiz der Inselhauptstadt macht aber weniger das Tempeltor aus als vielmehr die noch recht intakte *Altstadt*. Sie unterscheidet sich von denen aller anderen Kykladenstädtchen, weil sie noch weitgehend ihren fränkisch-mittelalterlichen Charakter trägt. Náxos war ja von 1207 bis 1566 die Hauptstadt eines von italienischen Dynastien regierten ›Herzogtums der Kykladen‹.

Einen bestimmten Rundgang will ich hier nicht vorschlagen – eine Wegbeschreibung wäre auch kaum möglich, so verwinkelt sind die Gassen und Gäßchen in der Altstadt. Wer hier kreuz und quer bummelt, wird aber alles Sehenswerte zu Gesicht bekommen und die städtebaulichen Prinzipien ihrer Erbauer verstehen.

Die Herzöge errichteten ihre *Burg* auf einem fast 50 Meter hohen Fels über dem Hafen, der gut zu verteidigen war. Den gesamten oberen Teil des Felsens umgaben sie mit einer mächtigen Mauer mit drei Toren und sieben Türmen, von denen einer noch recht gut erhalten ist. In diesem ›Kástro‹ genannten Viertel lagen die Paläste der römisch-katholischen Adligen, hier standen die Klöster verschiedener Orden und die heute noch geweihte römisch-katholische Kathedrale.

Im Kástro-Viertel liegt auch das *Archäologische Museum* von Náxos mit einer guten Sammlung von Kykladenidolen, die größtenteils auf dem Gebiet des heutigen Stadtteils

›Grotta‹ gefunden wurden. Außerhalb des Kástro-Viertels, aber noch immer am Hang des Burgfelsens ließen sich die griechisch-orthodoxen Bürger und Händler nieder. Ihre Häuser sind sehr viel kleiner als die im Kástro-Viertel. In diesem ›Burgos‹ genannten Viertel liegt auch die äußerst pittoreske *Marktgasse* von Náxos-Stadt.

Die anderen Stadtteile entstanden alle erst nach dem Ende des fränkischen Herzogtums: 1566 gründeten jüdische Flüchtlinge das heute nahtlos mit dem Burgos-Viertel verschmolzene ›Evraikí‹, 1566 kretische Flüchtlinge ›Parapórti‹. Die übrigen Stadtteile stammen aus der Zeit nach der Befreiung von der türkischen Herrschaft.

2 Vom Kloster Timíu Stavrú über Agiássos und Kalándos nach Filóti

Náxos ist groß genug, um auch zweitägige Wanderungen sinnvoll zu gestalten. Diese hier ist eine davon. Sie führt durch den wilderen, unfruchtbaren Südteil der Insel, in dem fast nur noch Hirten leben. Sie berührt dabei auch zwei einsame Strände, an denen man im Schlafsack übernachten kann.

Wegbeschreibung

Man verläßt den Bus von Náxos-Stadt über Chalkí und Filóti nach Apóllon an der Abzweigung der breiten Staubstraße nach Agiássos (20 Min. von Náxos-Stadt, 70 Min. von Apóllon, Abzweigung beschildert). Man geht an zwei Mühlenstümpfen vorbei und passiert nach gut 5 Minuten das verlassene *Kloster Timíu Stavrú.*

Man folgt der Staubstraße 2½ Stunden weiter durch weitgehend ebenes Gebiet und erreicht *Agiássos* mit seinem 800 Meter langen, außer an Sonntagen meist menschenleeren Strand.

Man geht den Strand ganz in südliche Richtung entlang und nimmt dann den linken der beiden ins Inselinnere führenden Wege. Nach gut 5 Minuten gabelt er sich, hier hält man sich auf dem Feldweg auf die weiße Kapelle am Hang zu, um die der Weg im Bogen herum-

führt. Man geht auf dem Weg weiter in süd-östlicher Richtung auf das letzte Gehöft zu und von dort aus dann in gleicher Richtung querfeldein über den Bergkamm, auf dessen anderer Seite bereits die *Bucht von Kalándos* sichtbar ist, die man etwa zwei Stunden nach dem Strandbeginn von Agiássos erreicht. Am schönen Strand von Kalándos ist fast nie ein Mensch zu finden, in den wenigen, verstreut liegenden Häusern wohnen nur sporadisch einige Hirten.

Am östlichen Ende des Kalándos-Strandes beginnt ein Feldweg, der in knapp 5 Stunden nach *Filóti* führt. Er passiert nach etwa 2½ Stunden einen gut erhaltenen hellenistischen Wachtturm, den *Pírgos Chimáru*, aus der Zeit um 300 v. Chr.

Mit dem Bus zurück nach Náxos.

Wichtige Hinweise

Dauer: 10 Std., Bus Filóti–Náxos-Stadt 35 Min.
Wegbeschaffenheit: überwiegend Staubstra-ße, nur zwischen Agiássos und Kalándos schmaler, schwer erkennbarer Pfad.
Anstieg: zwischen Agiássos und Kalándos kurzer, steiler Anstieg, ca. 300 m. Von Ka-lándos nach Filóti steter, aber sanfter Anstieg, ca. 400 m.
Orientierung: sehr leicht, nur zwischen Agiássos und Kalándos schwierig.
Restaurants und Unterkunft: nur eine Taver-ne mit Privatzimmervermietung in Agiássos. Restaurants in Filóti.
Verkehrsverbindung: häufige Busverbindung von Náxos-Stadt (11 km, 20 Min.) und Apól-lon (43 km, 70 Min.) zur Abzweigung nach Agiássos, Filóti–Náxos-Stadt (19 km, 35 Min.).
Am Wege:
verlassenes Kloster Timíu Stavrú
Strände von Agiássos und Kalándos
hellenistischer Wachtturm Pírgos Chimáru
Dorf Filóti

3 Von Chalkí über Moní und Kuru-nochórion nach Náxos-Stadt

Diese einfache Tageswanderung führt zu eini-gen der bedeutendsten Kulturdenkmäler der Insel. Sie vermittelt einen guten Eindruck von der landschaftlichen Vielfalt und bringt den Wanderer auch in Dörfer, die noch abseits vom Haupttouristenstrom liegen. Sie bietet unterwegs viele Rastmöglichkeiten in Kafe-nía, so daß sie auch an heißen Sommertagen noch gut durchgeführt werden kann.

Wegbeschreibung

Busse zwischen Náxos-Stadt, Chalkí (30 Min.) und Apóllon (1 Std.) mehrmals täglich. Man steigt im Dorfzentrum von Chalkí an der Kirche der Panagía tis Protothrónu aus.

Chalkí – der Hauptort der Tragéa

Chalkí ist der größte und wichtigste Ort in der *Tragéa-Ebene*, dem größten zusammenhän-genden Olivenhain der Insel. Seine Geschich-te geht mindestens bis in byzantinische Zeit zurück. Aus dem 9. oder 10. Jahrhundert stammt die Kirche der Panagía an der Bushal-testelle (verschlossen, den Schlüssel verwahrt der Dorfpriester), in der schöne Fresken aus verschiedenen Zeiten zu sehen sind. In der Umgebung des Ortes liegen noch fast 20 wei-tere byzantinische Kirchen, die allerdings alle verschlossen sind.

Geht man in Chalkí die Hauptstraße weiter bergan, sieht man rechterhand einen der gut erhaltenen mittelalterlichen Wohntürme des Ortes, den *Pírgos Dellagrácia*. 200 m nord-westlich von ihm liegt der imposante *Pírgos Markopolíti*.

Man geht die Hauptstraße von der Bushal-testelle bergan und erreicht die Straßengabe-lung, wo links eine Asphaltstraße nach Moní hinaufführt. Man bleibt jedoch noch auf der Straße nach Filóti und passiert nach 200 Me-tern rechterhand eine Bäckerei. Links führt eine kleine (beschilderte) Betonstraße hinein ins Dorf *Kalóxilos*. Man geht auf der Haupt-gasse durchs Dorf. Um sich nicht zu verlau-fen, frage man am besten immer wieder nach der Kirche ›Agía Ekateríni‹, die auf einem

◁ *Wahrzeichen von Náxos: das alte Tempeltor. Im Hintergrund Náxos-Stadt mit dem Kástro*

kleinen Friedhof am Ortsrand steht. Gleich hinter diesem Kirchlein überquert der Weg einen Bach. 10 Schritte weiter gabelt sich der jetzt zum Pfad gewordene Weg, man hält sich links. Von nun an folgt man dem mit roten Punkten oder Pfeilen markierten Pfad auf den Hügel hinauf, auf dem mehrere Mühlenstümpfe stehen. Ist man oben, sieht man bereits das Dorf *Moní* vor sich, zu dem der nun wieder zum Weg werdende Pfad durch schöne Obstgärten hinführt. Nach etwa 50 Minuten Gehzeit von Chalkí aus ist man dort.

Panagía Drossianí, die älteste Kirche der Insel

5 Minuten unterhalb des Dorfes steht in einem Olivenhain die einzigartige Kirche der Panagía Drossianí, der ›Taufrischen Jungfrau‹. Sie wurde bereits im 6. Jahrhundert gegründet und gehört dem seltenen Typus der Dreikonchenkirchen an: Einem einschiffigen Zentralbau mit Kuppel sind seitlich drei Konchen angefügt, von denen zwei wiederum überkuppelt sind. Im Kircheninneren findet man (allerdings schlecht erhaltene) Freskenreste aus verschiedenen Epochen. Die ältesten, die Forscher entdeckten, konnten ins 6. Jahrhundert datiert werden und waren damit die ältesten Griechenlands überhaupt. Sie sind heute nicht mehr zu erkennen.

Um die Schlüsselverwahrerin für die meist verschlossene Kirche herbeizurufen, kann man hier ungestraft die Kirchenglocken läuten. Sie kommt dann meist nach etwa fünf Minuten – und erwartet für ihre Mühe natürlich mindestens einen Schein als Trinkgeld!

Von Moní aus geht man zunächst zum Parkplatz in der Asphaltstraßenserpentine am Dorfrand. Hier folgt man der Straße aufwärts und erreicht nach 7 Minuten eine Straßengabelung, an der man die linke, ausgeschilderte Asphaltstraße nach Kinídaros nimmt. Über sie kommt man nach 40 Minuten ins Dorf *Kinídaros*. Die Straße wird hier zum breiten Feldweg, von dem nach einer Stunde ein beschilderter Seitenweg in 8 Minuten zum ›Kúros‹ führt.

Ein alter Jüngling und Bier aus dem Brunnen

Die antike Jünglingsstatue, die hier unvollendet am Ort ihrer Entstehung liegt, ist mit 6,40 Metern Länge zwar um einiges kleiner als ihr Äquivalent in Apóllon, doch liegt sie in sehr viel reizvollerer Umgebung, nämlich in einem privaten, üppig grünen Garten. Dessen Besitzer betreiben dort ein kleines Kafeníon, das ohne Kühlschrank auskommt. Was gekühlt werden muß, wird in einem Brunnen versenkt und bei Bedarf heraufgezogen.

Ein weiterer Kúros soll etwa 10 Minuten vom genannten entfernt ›frei am Hang‹ liegen; ich habe ihn jedoch noch nie gefunden. Er soll sich außerdem in sehr schlechtem Erhaltungszustand befinden.

Vom Kúros geht man wieder auf den Feldweg zurück und wendet sich hier nach links ins Dorf *Míli* mit einem mittelalterlichen Pírgos. Man durchquert dann *Kurunochórion* und gelangt nach 50 Minuten auf die Asphaltstraße und nach weiteren 90 Minuten nach Náxos-Stadt zurück.

Wichtige Hinweise
Dauer: 4¼ Std.
Wegbeschaffenheit: überwiegend breite Feldwege und wenig befahrene Asphaltstraßen. Etwa 20 Min. gut erkennbarer Pfad.
Anstieg: nur ein nennenswerter Anstieg, ca. 40 Min. zwischen Chalkí und Moní, mittelsteil.
Orientierung: einfach.
Restaurants: in Chalkí und Kinídaros. Kafenía außerdem in Moní, am Kúros, in Míli und Kurunochórion.
Verkehrsverbindung: häufige Busverbindung nach Chalkí aus Náxos-Stadt (16 km, 30 Min.) und Apóllon (38 km, 1 Std.).
Am Wege:
Dorf Chalkí mit sehenswerter Kirche und Pírgi
Dorf Moní mit Kirche Panagía Drossianí
Kúros beim Dorf Míli

4 Von Filóti auf den Zás

Jede Insel hat ihren höchsten Berg. Der von Náxos jedoch ist ein besonderer: Er ist mit

1004 Metern der höchste der Kykladen. Der Aufstieg ist nicht zu mühsam, so daß ihn auch Wanderer mit nur durchschnittlicher Kondition bequem bewältigen können. Der Blick vom Gipfel reicht weit über Náxos und die umliegenden Inseln – er lohnt die Mühe der Besteigung reichlich.

Wegbeschreibung

Häufige Busverbindung zwischen Filóti und Náxos-Stadt (35 Min.) und Apóllon (55 Min.). Man steigt jedoch nicht in Filóti selbst aus, sondern 4 km weiter in Richtung Apóllon an der Stelle, wo die Straße nach Danakós abzweigt. Ihr folgt man durch einige Kehren bis zur Paßhöhe hinauf. Dort steht rechts die kleine Kapelle der Agía Marína, an der ein Pfad beginnt, dem man in die Ostflanke des Berges hinein folgt. Man kommt an einen kleinen Brunnen, überwindet kurz darauf in einigen Kehren eine Felszone und verläßt dann den Pfad nach rechts, wenn das Gelände wieder flacher wird.

Man steigt nun direkt auf den Kamm hinauf, am besten auf dem Fels, um die dornigen Phrýganasträucher zu vermeiden. Dann hält man sich links und geht über wegeloses Gelände auf dem breiten Bergrücken zum Gipfel.

Für den Rückweg wählt man am besten den gleichen Weg. Wenn an der Einmündung der Straße von Danakós auf die Hauptstraße kein Bus zu erwarten ist, geht man die Straße knapp 100 Meter in Richtung Filóti abwärts. Dort zweigt ein Pfad nach rechts von der Straße ab, der in 15 Minuten bequem nach Filóti hinabführt.

Rast in Filóti

Filóti ist neben Chalkí das Hauptdorf der Tragéa. Es liegt am obersten Rand der fruchtbaren Ebene und gewährt einen schönen Blick hinunter bis ans Meer. Entlang der Hauptstraße gibt es rund ein Dutzend Kafenía, von dessen Stühlen unter schattigen Bäumen aus sich den ganzen Tag über griechisches Dorfleben par excellence beobachten läßt.

Wichtige Hinweise

Dauer: Aufstieg 1½ Std., Abstieg 1 Std., bis Filóti 1¼ Std., Bus nach Náxos-Stadt 35 Min.
Wegbeschaffenheit: teilweise dorniger Pfad, deswegen unbedingt lange Hose empfehlenswert!
Anstieg: mittelsteil, ca. 400 m.
Orientierung: mittelschwer.
Restaurants: in Filóti.
Verkehrsverbindung: häufige Busverbindung nach Filóti aus Náxos-Stadt (19 km, 35 Min.) und Apóllon (35 km, 55 Min.).
Am Wege:
Dorf Filóti
Zás, höchster Berg der Kykladen (1004 m).

5 Von Komiakí (Koronída) über Miríssis und Skepóni zum Kloster Faneroméni und nach Abrám

Diese Tageswanderung ist die schönste auf der ganzen Insel. Sie führt über hohe, weitgehend kahle Berge und in unvermutet grüne Täler, völlig einsame Dörfer ohne Straßenanbindung und schließlich hinunter an die Küste zu urigen Tavernen und einem schönen Sandstrand, an dem man auch in einer Pension übernachten kann.

Wegbeschreibung

Häufige Busverbindung nach Komiakí von Náxos-Stadt (75 Min.) und Apóllon (15 Min.). Man steigt, aus Richtung Náxos-Stadt kommend, am Ortsanfang-Schild von *Komiakí* (das auf Karten auch oft Koronída genannt wird) aus. Etwa 250 Meter weiter steigt nach links eine erste Betonstraße hoch. Man geht auf ihr, nicht ins Dorf hinein, sondern auf dem Beton bleibend. Nach kurzer Zeit endet die Betonstraße, man folgt dem Feldweg weiter. 30 Meter, bevor dieser Weg endet, zweigt nach links ein anderer Feldweg bergan ab. Man geht auf ihm etwa 10 Meter weit und biegt dann nach rechts auf den gut erkennbaren, nach Nordnordost ansteigenden Kies-/Steinpfad ab.

Nach 30-minütigem Anstieg kommt man an einen Telegraphenmast und eine Feldmauer. Hier teilt sich der Pfad. Man hält sich nach links und gelangt nach etwa 10 Minuten auf einen fast treppenartigen Weg. Nach weiteren 5 Minuten kommen das Meer und das Dorf *Miríssis* in Sicht, nochmals 20 Minuten später ist das erste Haus von Miríssis erreicht.

Miríssis und Skepóni, zwei Dörfer ohne Straßenanbindung

Nach Miríssis kommt man ebenso wie nach Skepóni nur zu Fuß oder per Reittier. Die Dörfer, eigentlich nur winzige Streusiedlungen ohne erkennbares Zentrum, werden dennoch noch immer ganzjährig von einer Handvoll Bauern bewohnt, die hier Wein anbauen und Viehzucht betreiben. Eine Straße ist für beide Dörfer allerdings geplant, so daß die ›Idylle‹ bald ein Ende haben wird.

5 Minuten nach Erreichen des ersten Hauses von Miríssis kommt man ans nächste Haus. Hier teilt sich der Weg. Nach rechts geht es an der gut sichtbaren Kapelle vorbei in etwa einer Stunde direkt nach Abrám; nach links geht der Weg nach Skepóni weiter. Nach 7 Minuten sieht man links Telefonmasten den Hang hinauf sich fortsetzen. Links von ihnen verläuft ein Pfad, der in etwa 15 Minuten auf den Bergkamm führt, den er genau an einem der Telefonmasten erreicht. 5 Minuten später sind die ersten Häuser und Weinterrassen von *Skepóni* tief unten zu sehen, ebenso das dahinter liegende Zwischenziel: eine Schotterstraße.

Um sie zu erreichen, sind einige verwilderte Terrassen zu durchklettern: Zunächst an verlassenen Häusern vorbei, dann durch ein Holzgatter, über einen Dreschplatz, über die Terrasse eines nur zeitweise bewohnten Hauses, an einem Quell vorbei und dann querfeldein auf ein weiteres Holzgatter zu. Hier beginnt dann wieder ein Pfad, der in etwa wie die Telefonleitung ins Dorf hinunterführt, das vom Bergkamm aus in etwa einer Stunde erreicht ist.

Vom Dorf Skepóni aus gelangt man durch ein üppig grünes Bachtal zunächst nach 20 Minuten auf die Schotterstraße und, dieser dann abwärts folgend, nach weiteren 40 Minuten zur nordwestlichen Küstenstraße, an der fast an der Einmündung ein Kafeníon steht. Von hier aus fährt einmal täglich morgens ein Bus nach Apóllon, einmal täglich nachmittags nach Náxos-Stadt.

Vom Kafeníon aus erkennt man schon deutlich das nahe, jetzt unbewohnte, festungsartige *Kloster Faneroméni*. Die breite Staubstraße nach Abrám führt daran vorbei. Auf dieser Staubstraße durchquert man das Dorf *Chília Vríssi* und kommt nach 1¼ Stunde an eine beschilderte Abzweigung, die nach links hinunter in 7 Minuten an den *Strand von Abrám* führt.

Wichtige Hinweise

Dauer: bis Faneroméni 3½ Std., bis Abrám 4 Std. 50 Min., Bus Náxos-Stadt–Komiakí 75 Min.

Wegbeschaffenheit: überwiegend steinige Pfade bis Skepóni, von dort an Staubstraße.

Anstieg: von Komiakí zunächst mittelsteil ansteigend, ca. 200 m. Von Miríssis nach Skepóni steil ansteigend, ca. 150 m.

Orientierung: bis Skepóni mittelschwer, danach sehr einfach.

Restaurants: nur in Faneroméni, Chília Vríssi und Abrám.

Verkehrsverbindung: häufige Busverbindung nach Komiakí von Náxos-Stadt (43 km, 75 Min.) sowie Apóllon (11 km, 15 Min.). Einmal täglich Verbindung von Faneroméni (15 km bzw. 23 km) und Abrám (23 bzw. 15 km, 40 bzw. 30 Min.) nach Náxos-Stadt und Apóllon.

Am Wege:

einsame Streusiedlungen Miríssis und Skepóni

üppig grüne Täler in wilder Berglandschaft

verlassenes Kloster Faneroméni

Strand von Abrám.

6   Von Abrám nach Apóllon

Diese bequeme Wanderung über eine Staubstraße führt hoch über dem Meer in Küstennähe an den Berghängen entlang und bietet schöne Ausblicke in eine weitgehend menschenleere Landschaft.

Wegbeschreibung

Busse nach *Abrám* einmal täglich von Náxos-Stadt (40 Min.) und Apóllon aus. Man geht auf der auch vom Bus befahrenen, breiten

Staubstraße bis nach Apóllon. 1¾ Stunden nach Abrám liegt links der Straße der an Kasbahs der Berber erinnernde Pírgos von *Agiá*. 50 Minuten später sieht man in der Ferne erstmals den Ort Apóllon, der nach weiteren 40 Minuten dann erreicht ist. Man bleibt jedoch auf der Straße, bis rechts Treppen hinaufführen zum Kúros von Apóllon.

Ein marmorner Riese – Dionysos oder Apoll?

Irgendwann im frühen 6. Jahrhundert v. Chr. sollten Arbeiter (oder vielleicht auch Sklaven) aus einem Marmorfels die Monumentalstatue eines jugendlichen Gottes herausmeißeln. Die grobe Form konnten sie vom anstehenden Fels herauslösen, doch beim Beginn der Feinarbeiten zeigten sich Risse in der Jünglingsgestalt. Man ließ ihn daher über all die Jahrhunderte hier liegen. Wen der 10,45 Meter lange Koloß darstellen sollte, ist nicht eindeutig geklärt: Apoll oder Dionysos.

Das Dorf *Apóllon* selbst ist nur ein winziger Ort mit rund 100 ständigen Bewohnern. Der Sandstrand direkt vor den Kafenía und Restaurants ist zwar sehr schön, doch oft übervoll; die beiden Strandbuchten links und rechts des Ortes sind sehr viel leerer, bestehen jedoch überwiegend aus Kies. Dennoch ist Apóllon als Urlaubsort eine gute, stille Alternative zu Náxos-Stadt und Agía Ánna. Zurück mit dem Bus Apóllon–Náxos-Stadt.

Wichtige Hinweise
Dauer: Bus Náxos-Stadt–Abrám 40 Min., Wanderung 3¼ Std., Bus Apóllon–Náxos-Stadt 1 Std. 30 Min.
Wegbeschaffenheit: durchgehend breite, wenig befahrene Staubstraße.
Anstieg: zwischen Abrám und Agiá langsam, aber stetig, ca. 200 m.
Orientierung: sehr einfach.
Restaurants: nur in Abrám und Apóllon.
Verkehrsverbindung: einmal täglich von Náxos-Stadt (23 km, 40 Min.) und Apóllon (15 km, 30 Min.) nach Abrám. Mehrmals täglich von Apóllon nach Náxos-Stadt (54 km, 90 Min.).

Am Wege:
Strand von Abrám
Pírgos von Agiá
Kúros von Apóllon
Ortsbild und Strände von Apóllon.

7 Von Komiakí (Koronída) nach Apóllon

Wenn einem im Hochsommer die Sonne die Lust an längeren Wanderungen nimmt, ist diese kurze Tour allen Wanderfreunden besonders zu empfehlen, die von Náxos-Stadt aus einen Busausflug nach Apóllon unternehmen und doch zumindest ein wenig zu Fuß gehen möchten. Sie bietet schöne Ausblicke aufs Meer, dem man ständig abwärts gehend entgegensteuert.

Wegbeschreibung
Häufige Busverbindung nach Komiakí von Náxos-Stadt und Apóllon. Man steigt im Zentrum von *Komiakí* aus und geht auf der Asphaltstraße abwärts. Am Ortsende liegen rechterhand zwei Friedhofskapellen. 100 Meter weiter biegt linkerhand ein schmaler Fußweg ab, der mit roten Punkten und Pfeilen gut markiert ist. Er erreicht nach etwa 50 Minuten wieder die Asphaltstraße, die man nun nach rechts etwa 100 Meter weit emporgeht, bis linkerhand eine rote Markierung auf einen hier beginnenden Pfad führt, der durch ein Bachbett nach etwa 25 Minuten wieder auf die Asphaltstraße mündet. Man geht die Straße ein kurzes Stück abwärts, bis links eine beschilderte, zur Zeit noch nicht asphaltierte Straße zum Kúros abzweigt, der nach weiteren 5 Minuten erreicht ist.

Wichtige Hinweise
Dauer: 1 Std. 25 Min. (einfache Strecke).
Wegbeschaffenheit: steiniger, schmaler Fußweg und Pfad, feste Sohlen notwendig.
Anstieg: keiner.
Orientierung: einfach.
Restaurants: in Apóllon.
Verkehrsverbindung: S. 214 und s. oben.
Am Wege:
Dorf Komiakí
Kúros von Apóllon und Dorf Apóllon.

Der Kúros von Apóllon

Die Erimoníssia

von Gisela Suhr

Die Erimoníssia im Überblick

Name der Insel	Größe	Höchste Erhebung	Einwohnerzahl (1986)
Iráklia	18 km²	Papás (419 m)	96
Schinússa	10 km²	Profítis Ilías (120 m)	ca. 100
Kufoníssia	3,8 km²	(114 m)	ca. 200
Donússa	15 km²	Papás (383 m)	ca. 100

Verkehrsverbindungen:
Schiffsverbindungen: fast täglich mit Náxos und Amorgós, mehrmals wöchentlich mit Páros, Míkonos und Piräus; außerdem Verbindungen mit Rafína, Íos, Folégandros, Sífnos, Astipálea.
Die Inseln *Káto Kufoníssia* und *Kéros* sind nicht ständig bewohnt, sie werden von den Schiffen deshalb nicht angelaufen.
Unterkunft: Auf allen Inseln kann man in Privatzimmern bzw. Pensionen unterkommen. Auf Schinússa gibt es am Hafen ein kleines Hotel. Darüber hinaus besteht die Möglichkeit, am Strand zu schlafen (z. B. Iráklia: Livádi-Bucht, Donússa: Kédros-Bucht).
Strände: auf allen Inseln schöne Sandstrände.
Feste: auf allen Inseln – 15. August (Mariä Entschlafung), die Festlichkeiten dauern mehrere Tage, Iráklia: 28. August (Fest des Heiligen Johannes in einer Tropfsteinhöhle).

Wesen und Merkmale der Erimoníssia

Zwischen Íos, Náxos und Amorgós gelegen, gehören die Inseln Iráklia, Schinússa, Ano Kufoníssia und das östliche Donússa zu den kleinsten besiedelten Inseln der Kykladen. Káto Kufoníssia und Kéros, die auch zu dieser Inselgruppe zählen, werden nur noch im Sommer von einigen Viehzüchtern bewohnt. Jahrzehntelang waren diese Inseln auch die unterentwickeltsten, so daß sie den Namen ›Erimoníssia‹ (= die Einsamen, Öden, Verlassenen), der ihnen vor ihrer Wiederbesiedelung im 19. Jahrhundert gegeben wurde, auch in unseren Tagen noch zu Recht tragen.

In den letzten Jahren jedoch hat die griechische Regierung Anstrengungen unternommen, die Infrastruktur dieser Inseln, deren Bevölkerung vorwiegend von Ackerbau und Viehzucht lebt, zu verbessern. So werden sie mehrmals wöchentlich durch die großen Inselfähren angelaufen und sind so nicht nur mehr über Náxos und Amorgós zu erreichen, sondern auch mit Piräus bzw. Rafína verbunden. Iráklia und Schinússa haben sogar ihre Häfen so weit ausgebaut, daß auch die größeren Fährschiffe anlegen können; ausgebootet wird man nur noch in Kufoníssia und Donússa.

Ebenso gibt es mittlerweile auf jeder Insel einen Arzt. Auch auf elektrisches das Festland aufgehalten werden kann, muß sich noch erweisen. Es wird u. a. auch davon abhängen, wie das auf allen Inseln bestehende Wasserproblem gelöst wird; noch Ende des Sommers 1986 verließen wieder mehrere Iraklier ihre Insel, weil sie – veranlaßt durch die spärlichen Niederschläge im Winter 1985/86 – mit

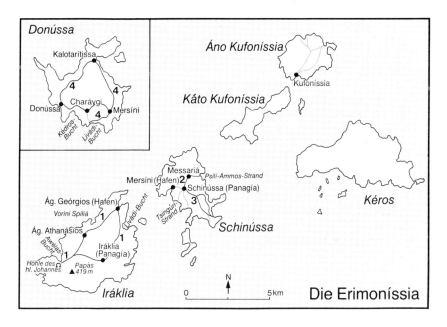

Licht müssen die Bewohner nicht mehr verzichten, Schinússa und Iráklia z. B. erhalten seit 1984 den Strom von Páros via Náxos, und Kufoníssia erzeugt seine Elektrizität selbst. Damit die Bewohner nicht nur auf das Transportmittel Muli und Esel angewiesen sind, hat man auf einigen Inseln damit begonnen, die Eselspfade so zu verbreitern oder gar zu zementieren, daß sie auch mit Traktoren befahrbar sind. Einige PKW und Motorräder gibt es – zumindest zur Sommerzeit – auf einigen Inseln auch schon.

Ob durch diesen bescheidenen Fortschritt allerdings die Abwanderung auf ihrer bäuerlichen Wirtschaft den Lebensunterhalt nicht mehr verdienen konnten.

Durch die verbesserten Schiffsverbindungen steigt auch die Zahl der Touristen auf den Inseln; wurden sie bis etwa vor 10 Jahren im Sommer fast nur von Griechen, die zum Teil noch von der jeweiligen Insel stammten, besucht, so kommen in den letzten Jahren immer mehr Ausländer auf die Inseln, so daß es im August schon schwierig werden kann, ein Zimmer zu finden.

Betrachtet man die Inseln unter touristischen Aspekten, so kann man zwischen ihnen nochmals differenzieren. Die Bewohner der Fischerinsel Ano Kufoníssia haben sich am weitesten auf die Bedürfnisse von Touristen eingestellt – auf dieser Insel existiert schon eine Diskothek. Iráklia und Donússa sind stiller; außer einigen Tavernen gibt es keinerlei touristische Einrichtungen.

Auf Schinússa, Ano Kufoníssia und Donússa findet der Besucher auch in den Sommermonaten Strände, die fast menschenleer sind. Die Buchten von Iráklia sind schwieriger zu erreichen oder wegen der Nordströmung nicht sauber, so daß sich das Badeleben auf den Strand am Hafen und die allerdings sehr schöne Livádi-Bucht konzentriert.

Für einen längeren Aufenthalt in den Sommermonaten sind alle Inseln geeignet, sie werden vor allem den Reisenden gefallen, die auf besondere touristische Attraktionen keinen Wert legen und eine Insel auch zu Fuß erkunden wollen. Aber auch demjenigen, der nur kurz bleiben kann oder will, sei ein Besuch etwa von Náxos oder Amorgós aus empfohlen. Da die Inseln – außer Donússa – im Sommer jeden Tag von irgendeinem Schiff angelaufen werden, ist es möglich, auch nur zwei oder drei Tage auf einer der ›einsamen‹ Inseln zu verbringen: Sie sind, anders als ihre größeren Nachbarn, auch im Sommer – noch – von Menschenmassen verschont.

Geschichte

Die Geschichte der Erimonissia ist nur teilweise erforscht. Daher können für einige Zeitalter nur ungefähre Angaben gemacht werden.

etwa 3. Jt. v. Chr.   Blütezeit der Kykladenkultur, neolithische Funde (z. B. Idole von Kéros lassen auf Besiedlung und Bedeutung der Inseln schließen.

etwa 1200 v. Chr. bis 1500 n. Chr.   griechische, römische, byzantinische und venezianische Herrschaft; einige Überreste aus den jeweiligen Epochen bzw. spärliche Hinweise in der schriftlichen Überlieferung zeigen, daß die Inseln bewohnt waren.

bis 1830   In der Zeit der türkischen Besetzung müssen die Inseln verlassen worden sein.

Mitte 19. Jh.   Wiederbesiedlung der Inseln durch amorginische Bauern.

Iráklia

Die Insel Iráklia ist zwar die größte der Erimoníssia, hat jedoch die geringste Einwohnerzahl. Die meisten leben im Hafenort Ágios Geórgios, in dem auch der Tourist in Privatzimmern unterkommen und sich in drei Tavernen verpflegen kann. Zum Baden begibt man sich an den Sandstrand von Livádi, den man vom Hafenort in 20 Minuten zu Fuß erreicht. Wegen ihrer gebirgigen Natur und ihrer einsamen Wege empfiehlt sich die Insel für Wanderungen.

1 Vom Hafen zur Tropfsteinhöhle und zur Chóra

Eine ausgedehnte Rundwanderung, auf der man die Eigenart von Iráklia und seine wichtigste Sehenswürdigkeit kennenlernt. Sie führt vom Hafenort Ágios Geórgios über den verlassenen Weiler Ágios Athanásios zur westlichen Küste, wo sich in einer der Kalkfelswände, die zu den Ausläufern des Papás, des höchsten Berges der Insel (419 m), gehören, eine dem Heiligen Johannes geweihte Tropfsteinhöhle befindet.

Auf dem Rückweg erreicht man den im Inselinneren gelegenen Hauptort Iráklia. Von dort geht es weiter zur nordöstlichen Küste, zur Livádi-Bucht (Gelegenheit zum Baden) und wieder zurück zum Hafenort. Während des gesamten Rundweges kann man herrliche Weitblicke über das gebirgige Iráklia und das Meer mit den Nachbarinseln genießen.

Für diese Wanderung sollte man sich einen Tag Zeit nehmen und am Morgen nicht zu spät aufbrechen, vor allem im Sommer, da fast der gesamte Weg schattenlos ist (Wasser und Taschenlampen mitnehmen).

Wegbeschreibung

Von *Ágios Geórgios* führt der Weg vorbei an der Taxiárchis-Kirche in nordwestlicher Richtung landeinwärts. Nach etwa 1,5 Kilometern ist an einer Weggabelung zum ersten Mal eine rote Punktmarkierung angebracht, die den Wanderer bis zur Ágios Joánnis-Höhle als Wegweiser dienen kann. Man wendet sich nach links (Richtung Südwesten) und steigt, zum Teil auf mit Felssteinen gepflasterten Rampenstufen, einen Hügel hinan. Vom Hafen bis zur Kuppe dieses Hügels, links des Weges, als Orientierung, Masten der Stromleitung. Von der Kuppe aus Blick auf die Häuser der Chóra mit der sie beherrschenden weißen Kirche der Panagía.

Auf Eselspfaden im Inselinnern, Iráklia

Nun schlängelt sich der Pfad in ein Tal, in dem einige Felder angelegt wurden. An einem Wassertank mit mehreren Viehtränken (rote Punktmarkierung) wendet man sich nach rechts und geht zwischen Trockenmäuerchen wieder einen Hügel hoch. Man befindet sich oberhalb der Bucht *Voríni Spiliá*, an deren südlichen Ende sich eine kleine und eine größere Strandebene erstrecken. Leider ist die teils sandige, teils kieselige Bucht sehr verschmutzt.

Der Pfad nach *Ágios Athanásios* führt am Hang des Erosionstales hoch, das in die Voríni-Bucht ausläuft. Beim Hochsteigen blickt man auf die wenigen Häuser des Weilers, dahinter wird linker Hand der Sattel in den Ausläufern des Papás sichtbar, den man auf dem Weg zur Höhle überqueren muß.

Meeresrauschen und Ziegenglocken: Ágios Athanásios

Ágios Athanásios besteht nur aus ein paar Häusern, die von den Bewohnern verlassen wurden. Im Sommer werden die umliegenden Felder und das Vieh von einem Bauern versorgt, der dann für diese Zeit allein dort lebt, ohne jede Annehmlichkeit wie z. B. elektrisches Licht. Hier oben in der Einsamkeit hört der Wanderer nur das Rauschen des Meeres und das Gebimmel der Glocken, die den Ziegen umgehängt wurden. Auch kann man einen herrlichen Weitblick genießen: auf die Hügel der Insel mit verfallenen Windmühlen, auf den Hafenort, übers Meer zur Nachbarinsel Schinússa und zur Südküste von Náxos.

Durch die Ansiedlung (vom Hafenort 60 Min.) wird man von der roten Punktmarkierung bis zu einem Gatter geleitet (wegen der weidenden Ziegen wieder schließen). Man überquert ein Steinfeld und gelangt zu einem von Schichtmauern eingefaßten Pfad (rote Markierung), dem man bis zu einer kleinen Senke folgt, von wo aus man die Häuser der Chóra wieder erblickt.

Man geht nun rechts einen mit Phrýgana bedeckten Hang hoch, auf den eben erwähnten Sattel zu. Der Pfad ist im Gelände trotz einzelner roter Markierungspunkte schwer auszumachen, doch kann man sich an der Trockenmauer orientieren, die sich bis zur Hälfte des Aufstiegs rechts, dann links vom Weg den Berg hochzieht.

Es empfiehlt sich, bevor man den Sattel erreicht, eine Pause einzulegen, um von hier die Aussicht auf das Meer und den nordöstlichen Teil der Insel mit der Chóra, dem Livádi-Strand, dem Hafen, dem Weiler Ágios Athanásios zu genießen. Kurz unterhalb der zu erreichenden Höhe passiert man ein Gatter (rote Pfeilmarkierung in Richtung Chóra); zu dieser Stelle kehrt man nach Besichtigung der Höhle zurück (30 Min.). Nach Überquerung des Sattels blickt man auf die südwestliche Küste der Insel und bei klarem Wetter auf die Umrisse der Insel Íos. Der Pfad, der sich links den Hang hinunterschlängelt, ist gut zu erkennen.

Nach etwa zwei Kilometern (30 Min.) verläßt man den Weg und geht links den Hang hoch (Stelle ist mit weißem Pfeil und roten Punkten markiert), die *Höhle* erreicht man nach etwa einem Kilometer (15 Min.).

Ein unterirdisches Labyrinth: die Höhle des Heiligen Johannes

In vielen Erzählungen der Iraklier spielt diese Tropfsteinhöhle eine Rolle: So soll in ihr in der Vergangenheit ein Zyklop gelebt haben, der die Menschen anlockte, um sie anschließend, wenn sie sich verirrt hatten, zu töten und zu verspeisen. Auch sei es sicher, daß dieses unterirdische Labyrinth sich unter dem Meeresspiegel bis Íos fortsetze.

Der wahre Kern solcher Geschichten besteht darin, daß ein tieferes Eindringen in die noch unerforschte Höhle nicht ungefährlich ist, da man in den vielen Kammern und verzweigten Gängen leicht die Orientierung verlieren kann. Auch dienten solche Höhlen schon in vorchristlicher Zeit als Kultstätten. Zum Eingang der Höhle führen ein paar in den Fels gehauene Stufen, die eigentliche Öffnung ist schmal. Um hinein zu gelangen, muß man durch einen schlauchartigen Gang; im sich anschließenden weiten, hohen Raum befindet sich im vorderen Bereich ein einfacher,

dem Heiligen Johannes geweihter Altar; das Namensfest dieses Heiligen wird am 28. August dort gefeiert.

Nach Besuch der Höhle kehrt man zum oben erwähnten Gatter (rote Pfeilmarkierung; 50 Min.) zurück. Anschließend geht man den mit Phrýgana bedeckten Hang hinunter auf einen Hohlweg zu, der zur *Chóra* führt, die man während der gesamten Wegstrecke (35 Min.) sehen kann.

Die Chóra – typisches Schicksal eines Kykladenortes

Die Chóra von Iráklia ist eine sterbende Ortschaft; mehrere Häuser sind nicht mehr bewohnt, und in der örtlichen Schule wurden (1986) nur noch vier Kinder unterrichtet. In der Mitte des Ortes steht die Kirche, die der Gottesmutter geweiht ist, und derentwegen der Ort auch Panagía genannt wird. Am 15. August wird dort ein großes Fest gefeiert, das jedes Jahr von einer anderen Familie ausgerichtet wird.

Von der Chóra führt eine teilweise zementierte Straße zur Livádi-Bucht (30 Min.), die von einem zerfallenen venezianischen Kastell überragt wird. Der Sandstrand von Livádi ist auch zum Baden mit Kindern gut geeignet, da er sehr seicht ist. Von Livádi zurück zum Hafenort auf einem zementierten Weg (20 Min.).

Wichtige Hinweise

Dauer: 3¾ Std., Besuch der Höhle: 30 Min.
Wegbeschaffenheit: Meist felsige Esels- und Ziegenpfade (festes Schuhwerk).
Anstiege: mittelschwer.
Orientierung: nur im mittleren Teil schwierig.
Restaurants: in Ágios Geórgios drei Restaurants, ein Kafeníon; in Iráklia zwei Kafenía, in denen man einfache Mahlzeiten erhalten kann; in der Livádi-Bucht eine Taverne; für den ersten Teil der Wanderung Wasser und eventuell Verpflegung mitnehmen.
Am Wege:
Eindrucksvolle Landschaftsbilder
Ausblicke zu den Nachbarinseln Náxos im

Norden, Schinússa im Nordwesten und Íos im Süden
die Tropfsteinhöhle des Heiligen Johannes
die Chóra von Iráklia
Badestrand von Livádi.

Kafenía. Wegen der vielen Strände rund um die Insel – Hauptstrand unterhalb des Dorfes (10 Min.): Tsingúri, feinsandig mit viel Schatten und einer Taverne – eignet sich die Insel auch zu einem ruhigen Badeaufenthalt.

Schinússa

Die Insel Schinússa ist wegen ihrer geringen Höhe lieblicher als das benachbarte Iráklia; auch spielt sich das Leben auf dieser Insel hauptsächlich im Hauptort Schinússa ab, nach der Kirche mit einer wertvollen alten Marienikone auch Panagía genannt.

Man kann ihn vom Hafen (dort ein kleines Hotel und eine Taverne) in einem knapp halbstündigen Aufstieg auf einer Staubstraße erreichen. In Panagía ist es auch möglich, in mehreren Pensionen oder Privatzimmern unterzukommen (z. B. beim Lehrer Geórgios Wgóntsas).

Bei den Mahlzeiten hat man die Auswahl zwischen mehreren einfachen Tavernen bzw.

2 Spaziergang zum Dorf Messariá und zum Psilí-Ámmos-Strand

Eine leichte und kurze Wanderung in den nördlichen Teil der Insel. Schöne Ausblicke auf die Nachbarinseln Náxos und Kéros. Am Psilí-Ámmos, einem feinsandigen Strand, Gelegenheit zum Baden.

Wegbeschreibung

Nachdem man den Hauptort in nördlicher Richtung auf einem z. T. befestigten Fahrweg verlassen hat, sieht man vor sich eine weite Ebene mit Feldern, vereinzelten Weingärten und einigen Ölbaumpflanzungen. Mitten in dieser Ebene liegt das Dorf Messariá, zu dem man nach 1½ Kilometern rechts vom Fahrweg auf einen steinigen Eselspfad abzweigt.

Auf dem Weg nach Messariá, Schinússa. Im Hintergrund Náxos

Messariá (25 Min.) macht im Sommer einen bewohnten Eindruck, obwohl dort nur noch eine Familie ständig lebt, denn viele Häuser sind frisch getüncht, einige sogar neu erbaut: Ehemalige Schinussier verbringen die Sommermonate in ihrem alten Dorf und helfen bei der Landarbeit.

Im Dorf muß man sich rechts halten und steigt in einem Erosionstal zum Psilí-Ámmos hinab. Am Beginn der Strandebene liegt ein großer Brunnen, aus dem die Bewohner von Messariá ihr Wasser holen. Der *Psilí-Ámmos* (10 Min.) ist – wie der Name besagt – feinsandig und gilt als der schönste Strand der Insel. – Zum Hauptort zurück auf demselben Weg.

Wichtige Hinweise
Dauer: 1¼ Std.
Wegbeschaffenheit: breite Staubstraße, steinige Eselspfade.
Anstieg: unbedeutend.
Orientierung: leicht.
Am Wege:
Landschaftsbilder mit terrassierten Feldern
Ausblicke auf Náxos und Kéros
Sandstrand von Psilí-Ámmos.

Weg zwischen Trockenmauern: im Inselinnern von Schinússa

3 Wanderung in den Südosten der Insel

Diese leichte Wanderung führt teilweise unmittelbar an der Küste entlang (immer Gelegenheit zum Baden), dann über einen Weg im Inselinnern – auf ihm hat man einen herrlichen Rundblick auf die umliegenden Inseln Kéros, Káto Kufoníssia, Iráklia sowie bei klarem Wetter auf Amorgós – zurück zum Hauptort. Unterwegs sieht man ein Zeugnis der – allerdings noch unerforschten – Geschichte von Schinússa: eine kleine Kapelle mit Resten antiker Bauteile.

Wegbeschreibung
Man geht über die Hauptstraße von Panagía Richtung Südosten aus dem Ort heraus; dabei immer links halten, bis zu einem von einer hohen Mauer mit Stacheldraht umgebenen Haus. Dort biegt man links ab; der Weg führt zu zwei kleinen Buchten mit Sandstrand (20 Minuten), im Hintergrund Sommerhäuschen. Nach der zweiten Bucht überquert man eine felsige Landzunge, zum Teil einem Ziegenpfad folgend, zum Teil sucht man sich selbst seinen Weg auf dem mit Phrýgana bedeckten Boden, bis man wieder die Küste erreicht hat. Der Pfad führt nun unmittelbar an ihr entlang, in den Klippen hat sich an manchen Stellen ein feinkieseliger Strand gebildet.

Nach etwa 2 Kilometern verläßt man an einer größeren Sandbucht (20 Min.) wieder die Küste und geht rechts einen Weg hoch, der durch ein Gatter versperrt ist (wieder schließen). Dieser Weg führt, leicht ansteigend, mit schönem Blick auf das Meer und die Nachbarinseln, in Windungen zurück zum Hauptort (40 Min.).

Kurz bevor man wieder die Stelle erreicht, an der man beim Hinweg abgebogen ist (Haus mit stacheldrahtgeschützter Mauer), fallen rechts am Fuße eines Hügels auf einem mit

Donússa

Die Insel Donússa liegt abseits von den übrigen Erimoníssia gegenüber der Ostküste der Insel Náxos. Im Hafen- und Hauptort Donússa kann der Tourist Privatzimmer mieten, und für das leibliche Wohl wird in zwei Tavernen und einem Kafeníon gesorgt. Auf Donússa existiert sogar eine Bäckerei, in der täglich frisches Brot und kleine Pizzas gebacken werden.

Zu empfehlen ist die Insel für die Reisenden, die schöne, einsame Sandstrände suchen und bereit sind, dafür einen Fußmarsch in Kauf zu nehmen.

4 Rundwanderung um die Insel

Empfehlenswert ist auf Donússa eine Tageswanderung: Vom Hafenort *Donússa* aus kann man auf Esels- und Ziegenpfaden rund um die Insel wandern. Der Weg führt über den *Kédros-Strand* (feiner, weißer Sand, 30 Min.), über den Weiler *Charavgí* (40 Min.), dann nach *Mersíni* (40 Min.), von wo man zur feinsandigen, menschenleeren Traumbucht *Livádi* hinuntersteigen kann, über die kleine Siedlung *Kalotarítissa* (1 Std. 10 Min.) zurück zum Hafenort (1 Std.).

Da man im ersten Teil der Wanderung mehrere Brunnen passiert, kann man sich mit dem Füllen der Wasserflasche Zeit lassen bis zur unterhalb von Mersíni liegenden Quelle, die inmitten dichtstehender Platanen auch im Sommer aus dem Fels sprudelt. Die Dorfbewohner haben dort auch Viehtränken und Waschbottiche gemauert.

Trockenmauern eingezäunten Feld mehrere kleine, stallartige Gebäude auf. Eines von ihnen ist eine verfallene *Kapelle,* zu deren Bau antikes Material benutzt wurde (zwei Marmorsäulen, eine als Türsturz, eine als Türpfosten, schön behauene Marmorblöcke).

Wichtige Hinweise
Dauer: 1½ Std.; man sollte wegen der vielen Bademöglichkeiten einen halben Tag einplanen.
Wegbeschaffenheit: breiter Staubweg, an der Küste Ziegenpfad.
Anstieg: unbedeutend.
Orientierung: leicht.
Restaurants: keine Tavernen am Wege, Wasser und eventuell Verpflegung mitnehmen.
Am Wege:
Ausblicke auf das Meer mit den Nachbarinseln
Kapelle aus antikem Material.

Wichtige Hinweise
Dauer: ohne Abstieg zur Livádi-Bucht 4 Std.
Wegbeschaffenheit: Esels- und Ziegenpfade.
Anstieg: leicht.
Orientierung: leicht.
Restaurants: keine Tavernen, daher Verpflegung mitnehmen.
Am Wege:
Quelle von Mersíni
feinsandige Strände von Kédros und Livádi.

Amorgós

von Gisela Suhr

Amorgós im Überblick

Häfen: Katápola und Ägiáli.

Größe: 121 km². Länge 32 km, größte Breite 7 km.

Höchste Erhebung: Kríkelos, 821 m.

Einwohnerzahl: etwa 1600.

Hauptort: Amorgós (Chóra)

Verkehrsverbindungen: Jeden Tag mit Náxos, mehrmals wöchentlich mit Piräus, Páros, Síros, Erimoníssia, dreimal wöchentlich mit Míkonos, zweimal wöchentlich mit Rafína, Astipálea, einmal wöchentlich mit Íos, Folégandros, Síkinos, Sífnos, Kálymnos, Kos, Níssiros, Tílos, Sými, Rhodos, Chálki, Kárpathos, Kássos, Kreta.
Straßenverkehr: mehrmals täglich Busverkehr Katápola–Chóra (asphaltierte Straße 6 km) – Kloster Chosowiótissa – Strand von Agía Ánna (Staubstraße ca. 2 km) und zurück.
Einmal täglich Busverkehr Katápola – Chóra – Dörfer im Südwesten – Paradísia-Strand (Staubstraße ca. 12 km) und zurück.
Mehrmals täglich Ägiáli–Tholária, Ägiáli–Langáda (Staubstraße ca. 4 km).
Bootsverkehr: mehrmals wöchentlich zwischen Katápola und Ägiáli

Unterkunft: Katápola: zwei Hotels, mehrere Pensionen, Privatzimmer; Chóra: Privatzimmer; Ägiáli: ein Hotel, mehrere Pensionen, Privatzimmer; Langáda und Tholária: Privatzimmer.
Camping: in Katápola (harter Platz mit Schatten) und Ägiáli (Platz im Sommer sehr staubig wegen vorbeiführender Staubstraße); Schlafmöglichkeit am Strand von Ägiáli.

Strände: Katápola – mehrere kleine Sandkiesstrände in der Bucht (nicht alle sehr sauber), ebenso Felsstrand (Seeigel), zu diesen Stränden Bootsverkehr von Katápola; Agía Ánna unterhalb des Klosters (Busverkehr) – Fels/Kiesstrand; Ägiáli – großer Sandstrand beim Ort, drei kleine Sand/Kiesstrände in der Bucht von Ägiáli; im Westteil der Insel liegen unterhalb von Kamári/Vrútsi sehr schöne, noch einsame Kies/Felsstrände (einmal täglich Busverkehr); die Strände, die unterhalb des alten Saumpfades Katápola–Vrútsi liegen, sind z. T. wegen der nördlichen Strömung nicht immer sauber.

Feste: 8. September auf dem Steilfelsen von Arkesíni zu Ehren der Gottesmutter, 21. November Kloster Chosowiótissa.

Wesen und Merkmale der Insel

Amorgós liegt (geographisch) am Rande der Kykladen, und noch vor einigen Jahren war es schwierig, diese Insel zu erreichen. Auch heute noch wird sie – vergleicht man sie mit Náxos, Páros oder Santoríni – nicht so häufig von Fährschiffen angelaufen. Das hat für den Besucher Vorteile, denn Amorgós ist auch

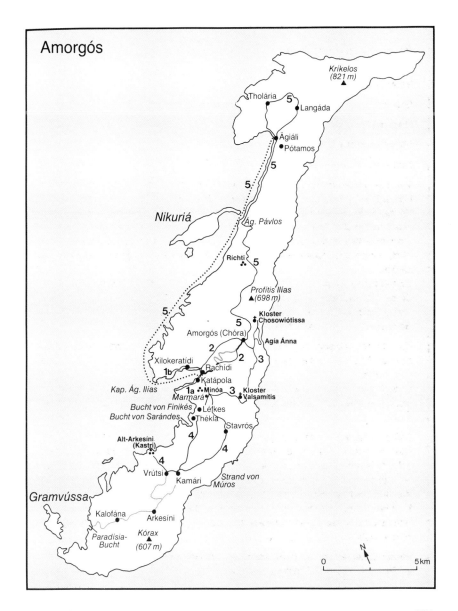

in den Touristenzentren wie Katápola und Chóra außer von Mitte Juli bis etwa 20. August längst nicht so überlaufen wie die vorgenannten Inseln.

Nähert man sich mit der Fähre Amorgós, so wirkt die Insel von weitem wie eine Felsbarriere im Meer, langgestreckt und schmal, dazu ist sie eine der höchsten der Kykladen. *Kríkelos* (821 m) im Nordosten, *Kórax* (607 m) im Südwesten und *Profítis Ilías* (698 m) in der Mitte sind die höchsten Erhebungen in diesem 32 Kilometer langen, aus Kalk und Schiefer bestehenden Gebirgsrücken, der nach Südosten über die gesamte Küstenlänge von 250 Meter Höhe fast steil ins Meer abfällt. An einigen Stellen hat sich vor dieser geschlossenen Küste ein schmaler, kieseliger Strand gebildet, zu dem man zum Baden hinuntersteigen kann.

Die Nordwestküste senkt sich weniger steil ins Meer; Klippen und kleinere Inseln sind vorgelagert, und sie ist durch größere und kleinere Buchten gegliedert. Leider sind die Strände an der Nordküste wegen der Strömungsverhältnisse nicht alle sauber.

In dieser insularen Gebirgslandschaft sind drei voneinander getrennte Siedlungsgebiete entstanden, zwischen denen es bis in die heutige Zeit wenig Verbindungen gibt. Zwischen Chóra und den Dörfern *Kamári, Vrútsi, Arkesíni* und *Kalofána* ist seit längerem eine Staubstraße fertiggestellt, und seit 1986 existiert eine tägliche Busverbindung, so daß die Kontakte zwischen dem Südwesten und dem mittleren Teil der Insel einfacher geworden sind. Dagegen wird an der Trasse zwischen Chóra und *Ägiáli* immer noch gebaut; man ist also auf den Bootsverkehr zwischen Ägiáli und Katá-

pola angewiesen, was bei der oft sehr rauhen See nicht immer angenehm ist.

Trotz der geringen Breite von Amorgós (7 km breiteste, 1,5 km schmalste Stelle) kann das Wetter auf den beiden Inselseiten unterschiedlich sein. Im August bilden sich auf der Nordseite der Berge häufig Wolkenformationen, die sich am Gebirgskamm auflösen, so daß demjenigen, der das kühlere Wetter und den bedeckteren Himmel nicht zum Wandern nutzen will, an solchen Tagen zum Baden die Strände an der Südostseite der Insel empfohlen werden können.

Noch heute ist die Mehrzahl der Amorginer in der Landwirtschaft tätig, wobei die *Viehzucht* Haupterwerbsquelle ist. So begegnet man auf den Wanderungen immer wieder weidenden oder umherziehenden Herden, hauptsächlich Ziegen und Schafen, seltener Kühen. Der damit zu erzielende Gewinn ist gering und dürfte eine Ursache für die Inselflucht der Bevölkerung sein.

Ein anderer Grund für die Abwanderung der Bewohner, vor allem auch aus den kleineren Dörfern in die Hauptorte und die Aufgabe einzelner Weiler und Gehöfte, ist in den gestiegenen Lebensansprüchen der Menschen zu suchen: Elektrizität, fließendes Wasser, gute Verkehrsverbindungen erleichtern das Leben; Wasser vom Brunnen oder aus der Zisterne, am Abend die Petroleum- oder Gaslampe, der Ritt auf dem Esel in den Hauptort, all dies ist nur für den vorbeiwandernden Touristen romantisch und daher erhaltenswert. Dazu kommt, daß es vor allem für jüngere Leute wenig Unterhaltungsmöglichkeiten gibt.

Nach Meinung einiger Experten könnte eine Ausdehnung des Tourismus die Inselflucht verhindern. Gedacht ist weniger an eine Erhöhung der Übernachtungen in den heute schon auf Fremdenverkehr eingestellten Orten wie *Katápola, Ägiáli* und der *Chóra* von Amorgós – sondern die Erschließung von Ortschaften wie *Vrútsi* oder *Kamári* für die Ferienreisenden.

Ab 1963 hat die deutsch-griechische Gesellschaft durch eine Aktion die Insel in wirtschaftlicher Hinsicht unterstützt. 1964 wurde z. B. mit dem Straßenbau von Katápola nach Chóra begonnen, des weiteren wurden für landwirtschaftliche Genossenschaften einige Maschinen erworben. Durch diese ›Aktion Amorgós‹ ist die Insel in Deutschland bekannt geworden, so daß ein Großteil der Touristen heute aus dem deutschsprachigen Raum kommt.

Geschichte

3. Jt. v. Chr.   Amorgós – eines der Zentren der Kykladenkultur (s. Marmoridole im Athener Nationalmuseum).

2. Jt. v. Chr.   wahrscheinlich zum minoischen Einflußbereich gehörend (Name ›Minóa‹ der Stadt oberhalb von Katápola verweist darauf).

um 1000 v. Chr.   Einwanderung von Joniern aus Náxos und Gründung der Städte Arkesíni und Ägiáli.

7. Jh. v. Chr.   Besiedlung der Stadt Minóa durch Kolonisten aus Sámos.

480 v. Chr., klass. griech. Zeit   Nach dem Sieg der Griechen über die Perser: Mitglied des Attisch-delischen Seebundes.

146 v. Chr.   römische Provinz, Insel dient als Verbannungsort.

etwa 9. Jh. n. Chr.   während der byzantinischen Periode Gründung des Klosters Chosowiótissa.

11. Jh. n. Chr.   Baubeginn des heutigen Klosterkomplexes.

1207–1537   sog. fränkische Zeit: Herrschaft verschiedener venezianischer Adelsgeschlechter über die Insel.

1537–1830   türkische Herrschaft; während des Mittelalters und in türkischer Zeit Piratenüberfälle.

1821   Teilnahme der Insel am Freiheitskampf der Griechen.

1830   Anschluß an den neugriechischen Staat.

20. Jh.   Die Insel dient bis zu Beginn der siebziger Jahre als Verbannungsort, oftmals für politische Häftlinge.

Ankunft in Katápola

Bei der Einfahrt in die Bucht von Katápola bemerkt der Reisende, daß das Fährschiff den am besten geschützten Naturhafen der Kykladen ansteuert: Nachdem das *Kap des Heiligen Elías* passiert ist – auf seinen Klippen steht ein Leuchtturm –, werden die Bewegungen des Schiffes ruhiger. Die Fahrt vorbei an den Felsen, die die Bucht bilden, dauert etwa zehn Minuten, bis am Pier von Katápola angelegt wird.

Katápola besteht aus drei Ortschaften, die bei der Einfahrt als getrennte Siedlungen auszumachen sind; in ein paar Jahren allerdings werden sie wegen der regen Bautätigkeit zusammengewachsen sein. Die Orte sind mit einer zementierten Straße verbunden, die von Tamarisken und Eukalyptusbäumen gesäumt ist. In der Mitte liegt, etwas erhöht im Hintergrund, der Ort *Rachídi*, überragt von der bläulichen Kuppel der *Ágios Geórgios-Kirche,* links davon *Xilokeratídi* und rechter Hand das eigentliche Katápola, wo die Fährschiffe anlegen. Dort befinden sich auch die meisten Restaurants, alle direkt am Hafenkai gelegen. Zimmer werden in allen drei Orten vermietet, und vor allem die Bewohner von Rachídi und Xilokeratídi stehen bei der Ankunft des Schiffes am Kai und bieten den Ankommenden eine Unterkunft an.

Direkt am Hafen ist auch die Haltestelle für die Busse. In einer Gasse parallel zur Hafenstraße befindet sich das Telefonamt; ein Postamt, in dem auch gewechselt werden kann (Geld und alle Arten von Schecks), gibt es nur in der *Chóra*. Allerdings kann man Geld und Schecks in Katápola auch in einigen Geschäften und Restaurants tauschen bzw. einlösen, jedoch zu einem schlechteren Kurs als auf der Post.

Die einzige Sehenswürdigkeit Katápolas ist die Kirche der *Panagía Katapolianís*, die an der Stelle eines Apollotempels erbaut sein soll (Parallelgasse zum Hafenkai); die antiken Bruchstücke, die im Kirchenvorhof zu sehen sind und der leider gekälkte, daher kaum lesbare Inschriftenstein am Treppenaufgang neben der Apsis legen diese Vermutung nahe.

Bei den im folgenden beschriebenen Ausflügen und Wanderungen wird *Katápola* als Ausgangspunkt genommen.

1 Spaziergänge in der Bucht von Katápola

Entlang der Südküste

Der etwa einstündige Spaziergang führt zum äußersten Kap der südlichen Hafenbucht Richtung Westen. Der Weg ist für den späten Nachmittag wegen der über dem Meer untergehenden Sonne zu empfehlen.

Wegbeschreibung

Am südlichen Ende des Hafenkais von Katápola folgt man dem Weg, der nach den letzten Häusern über einen schmalen Kiesstrand führt und gelangt zu einer Kapelle, die der Gottesmutter geweiht ist. In dieser Gegend wurden bei Ausgrabungen kykladische Gräber mit Marmoridolen entdeckt. Zur *Kirche des hl. Johannes* steigt ein Pfad leicht an. Von dieser Stelle hat man einen schönen Blick auf die Bucht und die Orte *Rachídi* und *Xilokeratídi*.

Der Weg schlängelt sich weiter an der Küste entlang bis zur *Doppelkirche der hl. Anárgiri*, die fast verdeckt in einer Erosionsrinne errichtet wurde. Von dort aus ist es nicht mehr weit bis zum Kap (30 Min.), von ihm aus kann man in Richtung Westen die nördliche Küste von Amorgós bis zum Steilfelsen, auf dem das *antike Arkesíni* lag, überblicken. In Richtung Nordwesten sieht man bei klarem Wetter die Erimoníssia. Auf demselben Weg zurück.

Wichtige Hinweise

Dauer: 1 Std.
Wegbeschaffenheit: einfach zu gehende Ziegenpfade.
Anstieg: ohne nennenswerte Steigungen.
Orientierung: leicht.
Restaurants: keine.
Am Wege:
Ausblick über die Nordküste bei Sonnenuntergang übers Meer bis zu den Erimonissía.

Entlang der Nordküste

Dieser Spaziergang über *Xilokeratídi*, am Friedhof vorbei, führt zu der auf einer kleinen Landzunge gelegenen *Kirche des hl. Pantáleon* (15 Min.) und zu den dahinter liegenden kleinen Sand/Kiesstränden (10 Min.). Von der Pantáleonskirche blickt man über die Bucht nach Katápola mit dem dahinter liegenden Felsberg *Muntuliá*, auf dem in der Antike die Stadt *Minóa* lag. Auf demselben Weg zurück.

Wichtige Hinweise

Dauer: 50 Min.
Wegbeschaffenheit: zementierte Uferstraße und einfach zu gehender Ziegenpfad.
Anstieg: ohne nennenswerte Steigungen.
Orientierung: leicht.
Restaurants: in Xilokeratídi zwei Kafeniá und ein Restaurant.
Am Wege:
Blick auf die Bucht und Katápola mit dem Muntuliá-Berg.

2 Von der Talebene Katápolas zur Steilküste im Süden: Chóra, Kloster Chosowiótissa und Agía Ánna-Strand

Eine Tageswanderung, bei der man zuerst zur *Chóra* von Amorgós, dem mittelalterlichen Hauptort, hochsteigt, dann besucht man das berühmte *Kloster Chosowiótissa*, das wegen seiner Lage im südlichen Steilhang des Eliasberges und der festungsartigen Bauweise einmalig auf den Kykladen ist. Von dort Abstieg zum *Agía Ánna-Strand* (Gelegenheit zum Baden). Wieder zurück zur Chóra (mit dem Bus) und Rückweg über einen Eselspfad nach Katápola.

Der Wanderer lernt neben den wichtigsten kulturellen Sehenswürdigkeiten die beiden unterschiedlichen Küstenregionen von Amorgós kennen: die Nordküste mit der vorgelagerten Bucht und Strandebene von Katápola und die steil abfallende Südküste beim Kloster Chosowiótissa.

Variante: Für diejenigen, die nicht die ganze Strecke zu Fuß zurücklegen wollen: Einzelne Teilstrecken können mit dem Bus bewältigt werden, der zum Agía Ánna-Strand fährt und unterwegs an der Abzweigung zum Kloster und in der Chóra hält.

Eine andere Möglichkeit: Wanderung in zwei Tagen durchführen und jeweils eine andere Teilstrecke wandern bzw. mit dem Bus fahren.

Wegbeschreibung

Von *Katápola* geht man über *Rachídi* ein Stück auf der asphaltierten Fahrstraße Richtung *Chóra*, bis diese die Ebene verläßt. Etwa 100 Meter nachdem man die kleine Brücke

überquert hat, steigt man links zum alten Saumpfad den Hang hoch (Stelle ist durch rote Punkte und roten Pfeil gekennzeichnet). Der Pfad kreuzt noch einmal die Straße; anschließend geht es, zum Teil auf mit Felssteinen gepflasterten Treppenstufen, den Hang eines Erosionstales hoch; der steile Weg endet kurz vor der Chóra wieder auf der Fahrstraße.

Von dieser Stelle sieht man die Chóra vor sich, rechts im Hintergrund der Hügel mit den Resten alter Windmühlen, links der Kalkfelsen, auf dem eine venezianische Burg stand (einen Schlüssel zur Georgskirche, durch die man zum Burgfelsen hochsteigt, hat Kóstas Gerákis, der in der Chóra Nachbildungen alter Schattenspielfiguren fertigt). Der Aufstieg von Katápola zur Chóra dauert eine Stunde.

Die spätmittelalterliche Hauptstadt der Insel: die ›Chóra Amorgú‹

Die Chóra ist 350 Meter hoch unterhalb des Elíasberges gelegen und vom Meer aus nicht zu sehen. Vom Ort selbst kann man allerdings das Meer erblicken. Wegen der Piratenüberfälle, unter denen in byzantinischer und türki-

Die Chóra von Amorgós mit dem Burgfelsen

scher Zeit auch die Insel Amorgós zu leiden hatte, wurde die Chóra in dieser geschützten Lage erbaut.

Bis heute hat sie sich ihr spätmittelalterliches, typisch kykladisches Ortsbild bewahrt: weißgetünchte Häuser, vereinzelt sind antike Reliefs als Schmuck eingelassen, verwinkelte, enge Gassen, die unter dunklen Durchgängen herführen, stille, schattige Plätze und die vielen, meist privaten Kirchen, von denen manche als Zwillings- oder Drillingskirchen erbaut wurden. Bei einigen sind Bruchstücke aus frühbyzantinischen Vorgängerbauten verwendet, wie z. B. in der *Allerheiligen-Kirche* (Áji Pántes) am Eingang des Ortes frühchristliche Säulen und Kapitelle. Auch in der Hauptkirche (Mitrópolis) auf dem Ioannídi-Platz wurden ältere Säulen miteingebaut, und ein antikes Relief schmückt das Tor zum Hof der *Zoodóchos-Pigí-Kirche.* Ein kleines *Museum* gibt es ebenfalls in der Chóra, das Fundstücke aus Amorgós enthält. Zur Zeit, da in Minóa Grabungen durchgeführt werden, ist es leider geschlossen.

In den letzten Jahren hat sich die Chóra – zumindest in den Sommermonaten – belebt, viele leerstehende Häuser wurden renoviert und kleine Handwerksbetriebe und Kunstgewerbeläden eingerichtet oder Kafenía bzw. Tavernen eröffnet.

Um zum Kloster zu gelangen, verläßt man die Chóra in östlicher Richtung und geht am Gymnasium und an der Volksschule vorbei zum Helikopterlandeplatz. Der Hubschrauber wird bei medizinischen Notfällen, in denen der örtliche Arzt nicht mehr helfen kann, angefordert.

Am Ende des Platzes beginnt rechts der Abstieg auf einem teils steinigen, teils gepflasterten Treppenweg zum *Kloster Chosowiótissa,* der auf die Fahrstraße Chóra – Agía Ánna stößt (15 Min.), von der links der Weg zum Kloster abzweigt (Hinweisschild). Am Tor des Klosterbezirks (5 Min.) sieht man zum erstenmal das mehrstöckige, weißgetünchte Gebäude, das in 300 Meter Höhe über dem Meer wie ein Nest in der braunen Felswand des Elíasberges klebt. Ein steiniger Treppenweg führt aufwärts zum Klostergebäude (10 Min.).

Chosowiótissa – die Klosterfestung zwischen Himmel und Meer

Einer Legende nach wurde das Kloster von Mönchen aus Chozowa in Palästina gegründet (9. Jh.), die wegen der Bilderstürmer aus ihrem heimatlichen Kloster geflohen waren. Bei ihrer Flucht konnten sie eine Ikone der Gottesmutter vor der Zerstörung retten. Neben dieser Ikone, die den Besuchern in der Kirche gezeigt wird, bewahrt das Kloster mehrere wertvolle, alte Handschriften und weitere Ikonen auf. Im 11. Jahrhundert, zur Zeit der Hochblüte der byzantinischen Baukunst, wurde mit dem Bau des Klosterkomplexes begonnen, der wie eine Festung aussieht: die dicken, sich nach oben verjüngenden Außenwände sind durch zwei pfeilerartige Stützmauern verstärkt; im unteren Teil gibt es keine richtigen Fenster, nur schießschartenähnliche Öffnungen; der Eingang liegt hoch über dem Erdboden und ist – damit man ihn leichter verteidigen kann – nur 1,10 Meter hoch und durch eine dicke, eisenbeschlagene Tür zu verschließen. Da das mächtige Bauwerk in eine Höhle eingefügt wurde, paßt es sich der natürlichen Form der Felswand an; so war das Kloster in früheren Zeiten, als es noch nicht weiß gekälkt war, vom Felsen kaum zu unterscheiden.

In der Vergangenheit lebten mehr als 30 Mönche dort, heute sind es nur noch vier. Bis zur Enteignung durch den griechischen Staat (1952) war das Kloster der größte Grundbesitzer der Insel. Nicht alle Räume des Klosters sind zur Besichtigung freigegeben. Nachdem man im Empfangszimmer mit einem griechischen Kaffee bewirtet worden ist, steigt man zur Klosterkapelle mit ihren Kunstschätzen hoch. Eine Tür führt auf eine Terrasse, und erst wenn der Besucher sich an das helle Licht und das blendende Weiß der Mauern gewöhnt

Zwischen Himmel und Meer: Das Kloster ▷
Chosowiótissa

hat, kann er den Ausblick von hier oben genießen: die Klippen der Küste, das Meer und in der Ferne die Inseln Anáfi und Santoríni. – Im Kloster wird am 21. November zu Ehren der Gottesmutter ein Fest gefeiert.

Öffnungszeiten: von Sonnenaufgang bis 14 Uhr, samstags geschlossen; Kleidervorschriften: Männer in langen Hosen; Frauen nicht in Hosen oder Shorts.

Wenige Meter vor dem Tor des Klosterbezirks, zu dem man nach der Besichtigung zurückkehrt, zweigt ein schmaler Pfad ab, der hinunter zum Strand von *Agía Ánna* führt. Auf der gesamten Wegstrecke hat man einen herrlichen Ausblick auf die Steilküste und nach einer Weile auch auf die Kapelle der hl. Anna, die dem Strand den Namen gab.

Kurz bevor man auf eine Mauer stößt, die ein Gartengrundstück schützt, verläßt man den Weg und steigt rechts den Hang hoch (nicht auf das Gartentor zugehen, es ist geschlossen und mit Stacheldraht gesichert), der Pfad führt oberhalb entlang der Mauer und überquert eine kleine Erosionsrinne; anschließend schlängelt er sich abwärts bis zur Fahrstraße. An deren Ende – dort ist auch die Bushaltestelle – beginnt der Abstieg zum Agía Ánna-Strand (knapp 30 Min.).

Auf dem Rückweg vom Strand empfiehlt es sich, den Bus bis zur Chóra zu nehmen. Von dort aus wandert man auf einem Pfad nach Katápola hinunter. Man biegt gegenüber der verfallenen Windmühle am Dorfeingang links von der Piste ab, die im Zickzack den Elíasberg hochführt und einmal bis Ägiáli befahrbar sein soll.

Dieser Pfad nach Katápola ist vor allem in den späten Nachmittagsstunden gut zu gehen, da er dann im Bergschatten liegt. Unterwegs kommt man an mehreren Quellen vorbei, von denen die beiden unteren auch im Hochsommer nicht ausgetrocknet sind. Dort wachsen Feigen- und Olivenbäume, und auch etwas Wein wird auf Terrassen kultiviert. Auf dem letzten Viertel des Weges, der von vielen Kermeseichen gesäumt wird, blickt man auf Katápola und die Hafenbucht.

Mönch im Kloster Chosowiótissa

Im Tal verzweigt sich der Pfad, und jeder kann seinen Weg nach Belieben wählen. Ein Hinweis für solche Wanderer, die den eben beschriebenen Pfad von Katápola in Richtung Chóra gehen wollen: von der Uferstraße am Campingplatz vorbei, durch eine Art Allee aus Schilf und Zedern. An deren Ende links, dann sofort wieder rechts und immer den Hang hinauf (1 Std.).

Wichtige Hinweise

Dauer: 3 Std. Damit man Zeit zur Besichtigung von Kloster (30 Minuten) und Chóra hat und den Nachmittag am Strand verbringen kann, sollte man einen ganzen Tag einplanen.
Wegbeschaffenheit: felsige Treppenstufen, Ziegenpfade, Staubstraße und asphaltierte Straße.
Anstieg: Katápola – Chóra: steil (350 m).
Orientierung: leicht, nur im zweiten Teil des Pfades nach Agía Ánna etwas schwieriger.
Restaurants: mehrere Tavernen und Kafenía in der Chóra.
Busverbindung: Katápola – Agía Ánna (ca. 8 km) und zurück: stündlich (Zeiten in Katápola angeschlagen). Katápola – Chóra (ca.

6 km): 15 Min., zurück 10 Min.; Chóra – Agía
Ánna: 10 Min., zurück 15 Min.
Am Wege:
spätmittelalterliche Stadt ›Chóra Amorgú‹
mit vielen Kirchen
Kloster Chosowiótissa
Ausblicke auf die Nord- und Südküste
Badestrand von Agía Ánna.

3 Wanderung in die Berge: das antike Minóa und das Kloster Valsamítis

Eine abwechslungsreiche Tageswanderung,
bei der man zuerst auf den Berg *Møuntuliá*
hochsteigt, um die Ausgrabungen von *Minóa*
zu besichtigen. Von dort auf einen Pfad unterhalb von Kalkfelsen zu dem in einem Tal gelegenen ehemaligen *Kloster Valsamítis*, das wegen seines Wasserorakels bei den Amorginern
berühmt ist. Über die Staubstraße Chóra –
Vrútsi, die über den Kamm des Gebirges
führt, zur Chóra. Von dort mit dem Bus bis
Katápola. Auf dem Weg bieten sich dem
Wanderer zuerst Ausblicke auf die buchten-
reiche Nordküste, anschließend auf die südliche Steilküste und die Nachbarinseln Anáfi
und Astipálea. Er erhält einen Eindruck von
der zerklüfteten Gebirgslandschaft der Insel.

Variante: Wer weniger wandern möchte,
dem sei der Weg in umgekehrter Richtung
empfohlen. Vormittags den Bus Katápola –
Vrútsi nehmen und unterwegs an der Abzweigung zum Kloster aussteigen und vom Kloster
über Minóa nach Katápola zurück.

Wegbeschreibung

Ausgangspunkt der Wanderung ist der am
Hafenkai gelegene Trinkwasserbrunnen.
Dort wendet man sich nach links, steigt erst
rechts eine treppenartige Gasse hoch, die später eine Linksbiegung macht, geht an der *Nikolauskirche* vorbei und folgt weiter dem
Pfad, der zum Teil in felsigen Rampenstufen
in einen Fahrweg mündet. Dieser führt in Serpentinen vorbei an zwei Kapellen bis zum Sattel *Marmará* mit der kleinen *Stavrós-Kirche*
(30 Min.) und weiter über die Weiler Léfkes
und Thékla nach Vrútsi (s. Wanderung 4).

Auf dem Sattel gegenüber der Kirche
zweigt rechts eine Staubstraße ab, auf der man
vorbei an einem Gehöft mit einer breiten
Hecke aus Feigenkakteen zu den Resten der
antiken Stadt Minóa gelangt (knapp 15 Min.).

Ausgrabungen ›live‹: das antike Minóa

Das von Kretern im 2. Jahrtausend gegründete und von Kolonisten aus Sámos ab dem 7.
Jahrhundert v. Chr. bewohnte Minóa hatte
auf dem 200 Meter hohen Schieferberg, heute
Møuntuliá genannt, oberhalb der Bucht von
Katápola eine sehr günstige Lage: Man kann
weit über das Meer schauen, auf die Erimoníssia und Náxos, auf die nordwestliche Küste
von Amorgós bis Alt-Arkesíni; landeinwärts
sieht man bis zum Elíasberg und zur Chóra.
Da die Stadt nur über den Sattel zugänglich
ist, war sie leicht zu verteidigen. Die von französischen Archäologen im 19. Jahrhundert
ausgegrabenen Mauerreste sind spärlich erhalten, doch überall stößt man auf Scherben
von Keramik aus den verschiedensten Jahrhunderten. Seit 1981 untersucht im Sommer
eine Gruppe von Archäologen der Universität
Athen das Gelände. Fundamente von einzelnen Gebäuden, u. a. von einem Tempel sind
schon ausgegraben, aber – weil noch nicht
vollständig ausgewertet und dokumentiert –
umzäunt. Auch für den archäologischen Lai-
en dürfte es interessant sein, die Ausgrabungsarbeiten zu beobachten (Rundgang mit
Pausen 1 Std.).

Nach dem Rundgang kehrt man zum Sattel
Marmará zurück und folgt dem Weg nach
Vrútsi bis zu einem Gehöft, das auf der linken
Seite etwa 100 Meter unterhalb der Stavrós-
Kirche liegt. Dort verläßt man den Hauptweg
und geht am Haus vorbei auf einen schmalen
Pfad zu, der in südlicher Richtung zwischen
zwei Trockenmäuerchen aufwärts verläuft.
Beim Aufsteigen sieht man die gezackten Gip-
fel der nackten Kalkfelsen vor sich.

Nach etwa 100 Metern gabelt sich der Weg,
der rechte Pfad führt zum Weiler Stavrós an
der Fahrstraße Chóra – Vrútsi; zum *Kloster
Valsamítis* nimmt man den linken Pfad, der in

südöstlicher Richtung unterhalb der Kalkgipfel dem Verlauf der Berghänge folgt. Da der Weg offenbar selten begangen wird, ist er anfangs auf dem mit Phrýgana bedeckten Boden schwer zu finden. Man orientiert sich deshalb an dem Trockenmäuerchen, das links vom Pfad verläuft.

Sehr bald sieht man inmitten von Grün eine Kapelle, auf die der Weg zunächst zuläuft. Nachdem man die Stelle erreicht hat, an der die Felder und Gärten beginnen, die die Kapelle umgeben, muß man sich rechts halten und auf felsigem Untergrund hochklettern. (Zur Orientierung: Trockenmauer links.) Man passiert die Kirche und die Gärten, die unterhalb des Weges liegen, und gelangt zu einer von Farn, Oleander und Binsen umstandenen Quelle, die auch im Sommer nicht versiegt. Dort biegt der Pfad nach links ab und führt zu einem Gehöft, dessen Besitzer das Quellwasser in einem dicken Schlauch, der rechts vom Weg liegt, zu seinem Hof leitet.

Vom Gehöft (50 Min.) hat man einen schönen Blick auf den Muntuliá-Berg und die Ausläufer von Rachídi. Nach Valsamítis geht man vom Gehöft auf einem Ziegenpfad rechts ab in ein Tal und gelangt zu einem Gatter, von dem die Bucht von Katápola zu überblicken ist. Einige Schritte hinter dem Gatter sieht man schon das weiße Klostergebäude von *Valsamítis*, das inmitten eines Gartens liegt (15 Min.). Oberhalb sind die Ruinen einer Mühle zu sehen.

Das Kloster Valsamítis, eine amorginische Orakelstätte

Das Kloster, dessen Kirche laut Inschrift im Jahre 1688 renoviert wurde, hat man wahrscheinlich an der Stelle einer vorchristlichen Kultstätte errichtet. Innerhalb des Kirchenvorraums befindet sich eine in unserer Zeit in Zement eingefaßte Quelle, die bis vor Jahren noch nach der Zukunft befragt wurde. Die Amorginer erzählen sich viele Geschichten über Weissagungen, die sich bewahrheitet haben sollen, und einige wissen noch um die Bedeutung der Symbole, die – schöpft man aus der Quelle – im Wasser des Schöpfgefäßes

erscheinen sollen. Sieht man beispielsweise einen Vogel, der im Flug verharrt, so soll dies vorhersagen, daß man an einer schweren Krankheit leiden wird.

Die orthodoxe Geistlichkeit hält die Kirche mit der Quelle verschlossen, da sie als Orakelstätte unerwünscht ist. Der Bürgermeister von Katápola bemüht sich jedoch um ihre Öffnung.

Vom Kloster geht man in 5 bis 10 Minuten auf einem breiten Weg zur Staubstraße Chóra – Vrútsi hoch. Von hier sieht man auch die Überreste des *venezianischen Kastells*, das auf einem Berg links vom Kloster errichtet wurde. Die Straße führt auf dem Grat oberhalb der südlichen Küste entlang (zur Chóra in nordöstlicher Richtung, also links gehen). So hat man während der gesamten Wegstrecke eine herrliche Aussicht, einmal auf die Chóra, den Berg mit den vielen Windmühlen, dann auf den Elíasberg mit der Gipfelkirche, die Klippen der Steilküste, und bei klarem Wetter kann man im Südosten Astipálea und im Süden Anáfi sehen.

Die Straße ist allerdings bei starkem Wind nicht einfach zu gehen. Von der Chóra (1 Std. 10 Min.) fährt man mit dem Bus bis Katápola.

Wichtige Hinweise
Dauer: 3 Std., Besichtigung von Minóa: 1 Std.
Wegbeschaffenheit: Staubstraße, Ziegenpfade, z. T. mit Phrýgana bewachsen (festes Schuhwerk!).
Anstieg: anstrengender Anstieg Katápola – Minóa (200 Meter), ansonsten mittelschwer (Valsamítis – Chóra) bis leicht.
Orientierung: leicht bis mittelschwer (Weg ab Marmará anfangs wegen des bewachsenen Bodens schwer auszumachen).
Restaurants: in der Chóra.
Busverbindungen: Chóra – Katápola (10 Min., ca. 6 km).
Am Wege:
Ausgrabungsgelände der antiken Stadt Minóa
Kloster Valsamítis
Ausblick auf die südliche Klippenküste, den Elíasberg mit der Chóra und auf die Inseln Anáfi und Astipálea.

Schön gelegenes Wanderziel: das Kloster Valsamítis

4 Der Südwesten der Insel: nach Kamári, Vrútsi und zum Steilfelsen von Alt-Arkesíni

Eine schöne, allerdings anstrengende Rundwanderung, auf der man die Gebirgslandschaft im Südwesten der Insel kennenlernt: terrassierte Felder, von Trockenmäuerchen umgebene Schaf- und Ziegenweiden, mit Phrýgana bestandene oder kahle Kalkfelsen, manchmal ein einsames Gehöft oder einen kleinen halbverlassenen Ort, weißgetünchte Kirchen und Kapellen und immer wieder Ausblicke auf die Küste, das Meer und die Nachbarinseln.

Die Wanderung führt von Katápola über die Berge zum kleinen Weiler Stavrós und weiter zu den Orten Kamári und Vrútsi; von dort Abstieg zum Felsvorsprung am Meer, auf dem die antike Stadt Arkesíni lag. Rückweg auf dem alten Saumpfad entlang der Nordküste über die Weiler Thékla und Léfkes.

Variante: Wer an einem Tag nicht so viel laufen möchte, kann sich die Wanderung auf zwei Tage aufteilen:

1. Tag: Vormittags mit dem Bus über Chóra bis Vrútsi, Besichtigung von Kastrí (Alt-Arkesíni) , Wanderung über den alten Saumpfad nach Katápola.

2. Tag: Morgens (nicht zu spät aufbrechen) Wanderung über Stavrós nach Kamári, von dort Abstieg zu dem schönen Strand von Múros (etwa 30 Minuten) und am frühen Nachmittag Rückfahrt mit dem Bus bis Katápola (Rückfahrtzeit Kamári – Katápola in Katápola angeschlagen bzw. bei den Busfahrern erfragen).

Wegbeschreibung

Der erste Teil des Weges ist derselbe wie bei der Wanderung nach Valsamítis: In Marmará von der Staubpiste links abbiegen, am Gehöft vorbei und den Ziegenpfad zwischen den Schichtmauern hochsteigen. An der Gabelung des Pfades biegt man nach rechts ab; der Weg verläuft entlang eines Trockenmäuerchens (rechts vom Weg).

Nach etwa 3 Kilometern Anstieg passiert man eine Quelle, in deren Umgebung sich mehrere kleine Bruchsteinhäuser befinden.

Der Steilfelsen von Alt-Arkesíni

Dort steigt man links hoch und geht zwischen kahlen Felsbrocken auf einen Sattel zu. Vom Sattel blickt man in eine kleine, von Bergen eingeschlossene Hochebene mit terrassierten Feldern, in denen zwei noch bewohnte Gehöfte liegen.

Der Weg führt links ins Tal, das man durchquert, einen kleinen Hügel hoch; in einer Linksbiegung geht es anschließend wieder abwärts und dann bergauf. Oben auf dem Berg stößt man auf die Straße Chóra–Vrútsi, und ein paar Meter weiter, rechts an der Straße, liegt der Weiler *Stavrós* mit einer kleinen, mehrschiffigen Kirche (1½ Std.).

Von Stavrós folgt man der Straße über *Kamári* – am Ortseingang liegt rechter Hand die aus vier Tonnengewölben bestehende Nikolauskirche – zum etwas höher gelegenen Ort *Vrútsi* (1 Std. 5 Min.). In Vrútsi geht man bis zu dem von Kirche und Post eingerahmten Platz, an dessen Ende rechts und nach einigen Metern wieder rechts der Weg aus dem Dorf hinaus zum *Steilfelsen von Arkesíni* führt. Beim Hinuntersteigen der Rampenstufen erblickt man zunächst nur die *Johanneskirche*, die oberhalb von Arkesíni liegt. Hier sollte man innehalten und die Aussicht auf die Küste und das Meer mit den Inseln der Erimoníssia und der Südspitze von Náxos genießen. Erst wenn man an der Johanneskirche vorbei ist, sieht man den Felsen von Arkesíni vor sich (30 Min.).

Vom Meer umspült: der Steilfelsen von Alt-Arkesíni

Alt-Arkesíni wird von den Amorginern auch Kastrí genannt, um es von dem neuen Dorf Arkesíni zu unterscheiden. Ähnlich wie bei Minóa war der Standort der antiken Stadt, die etwa 1000 v. Chr. von Siedlern aus Náxos gegründet wurde, so gewählt, daß sie leicht zu verteidigen war. Der 50 Meter hohe Felsen ist nur durch einen schmalen Sattel, auf dem der Pfad verläuft, mit der übrigen Küste verbun-

man sich rechts halten und den Weg nehmen, der an den Ställen vorbeiführt. Es geht wieder in Serpentinen abwärts bis zum Strand von Sarándes, bei dem ein kleiner Bach ins Meer mündet; oberhalb steht eine Doppelkirche. Leider ist der Sandstrand wegen der nördlichen Strömung nicht sehr sauber (60 Min.).

Auf der anderen Seite des Bachbettes steigt man wieder den Berg hoch und folgt dem Weg über die Weiler *Thékla* und *Léfkes;* vom letztgenannten blickt man auf die Bucht von *Finikés,* an der einige Ferienhäuser gebaut wurden. Vom Sattel Marmará steigt man den Weg nach Katápola hinunter (1 Std. 10 Min.).

Wichtige Hinweise

Dauer: 6 Std.; Besichtigung von Arkesíni etwa 40 Min.
Wegbeschaffenheit: Staubstraße, steinige Esels- und Ziegenpfade, felsige Treppenwege.
Anstieg: teils anstrengend (Katápola bis Stavrós 150 m, Alt-Arkesíni bis Vrútsi 200 m), teils mittelschwer.
Orientierung: leicht.
Restaurants: eine Taverne in Kamári (Spezialität: frischer Fisch), zwei Kafenía in Vrútsi, in denen einfache Mahlzeiten auf Wunsch zubereitet werden (dauert etwas länger).
Busverbindung: Katápola – Chóra – Kamári – Vrútsi – Paradísia-Strand und zurück (einmal am Tag); Katápola – Kamári: ca. 15 km.
Am Wege:
Steilfelsen, auf dem die antike Stadt Arkesíni lag
die typische amorginische Gebirgslandschaft mit kleinen Dörfern im Westen.

den. Seine steil abfallenden Hänge sind von drei Seiten vom Meer umspült.

Auf dem Plateau lag die *Akrópolis;* hier hat man wichtige Inschriften zur Geschichte der Insel Amorgós in klassischer, hellenistischer und römischer Zeit gefunden. An der Stelle, an der die Kirche der Gottesmutter, ›*Panagía Kastrianí‹,* erbaut wurde, hat wahrscheinlich in der Antike ein Aphrodite-Tempel gestanden. Am 8. September wird dort zu Ehren Marias ein Panigíri gefeiert.

Auf demselben Weg kehrt man bis Kamári zurück (45 Min.). In Kamári wendet man sich hinter der Nikolauskirche vor der Fischtaverne nach links. Dies ist der alte Saumpfad, der in früheren Zeiten der Verbindungsweg zwischen Katápola und den Dörfern im Südwesten war. – In Serpentinen führt der Weg in ein Tal zu einer von Oleanderbüschen umstandenen Quelle und zieht sich dann wieder den Berg hoch zu einem Gehöft. Dort muß

5 Ausflug nach Ägiáli

Ein Tagesausflug mit dem Schiff zum zweiten Hafen im Nordosten der Insel. Rundwanderung von Ägiáli zu den hoch gelegenen Dörfern *Tholária* und *Langáda* mit ihrer typischen Kykladenarchitektur und wieder zurück zum Strand von Ägiáli (Gelegenheit zum Baden). Während der gesamten Wanderung schöne Ausblicke auf das grüne Tal von Ägiáli und die zerklüftete Berglandschaft mit der höchsten Erhebung der Insel, dem *Kríkelos*

(821 m). Spätabends Rückfahrt mit dem Schiff nach Katápola.

Variante: Eine Übernachtung in Ägiáli und am nächsten Tag Wanderung auf der neuen Staubstraße, teils entlang der Küste, teils an den Hängen des Elíasberges zur Chóra und von dort mit dem Bus nach Katápola.

Wegbeschreibung

Frühmorgens von Katápola mit dem Dampfer nach Ägiáli; je nach Wetter und Seegang dauert die Fahrt entlang der Küste etwa eine Stunde.

Eine muschelförmige, feinsandige Bucht: der Hafen Ägiáli

Ursprünglich gab es in der Bucht von Ägiáli nur ein paar Fischerhäuser. Erst in den letzten Jahren ist der Ort durch den Tourismus gewachsen, und im vergrößerten Hafenbecken legen mittlerweile auch die Fährschiffe an, so daß nicht mehr ausgebootet wird. Die Lage des Ortes ist schön, die meisten Häuser sind an das Südende der großen, von Bergen umgebenen Bucht gebaut, die von einem langen Sandstrand gesäumt wird. Auf dem Gelände dahinter wachsen im Sommer wilde Lilien.

Zur Bucht öffnet sich ein weites baumbestandenes Tal; oberhalb des Hafenortes liegen die weißen Häuser des Dorfes *Pótamos* und etwas weiter entfernt in den Bergen die Dörfer *Tholária* und *Langáda,* die durch die neuen Staubstraßen auch mit dem Auto oder dem Bus erreicht werden können. Leider zerschneiden diese Straßen das grüne Tal, und im Sommer liegt auf den Bäumen und allem, was in der Nähe der neuen Piste steht, eine dicke Staubschicht.

Nach *Tholária* geht man vom Hafen den Strand entlang. Dabei klettert man etwa in der Mitte des Strandes über die Mauerreste *römischer Thermen.* Am Ende des Strandes steigt man rechts den Pfad hoch, der zur Straße nach Tholária führt; diese wird schräg überquert, und man geht hinter einer Kapelle rechts am Berg einen großenteils gepflasterten Stufenweg hoch. Auf diesem Weg hat man eine gute

Aussicht auf den Hafen, die beiden Dörfer Langáda und Pótamos und das fruchtbare Tal. Nachdem man die Hälfte der Strecke zurückgelegt hat, passiert man eine alte Brunnenanlage mit einer kleinen, auch im Sommer fließenden Quelle.

Tholária: ein Bergdorf mit Vergangenheit

Im Altertum war in der Nähe von Tholária der Sitz der dritten Stadt auf Amorgós: Aigiále. Heute heißt diese Stätte, durch eine Schlucht von Tholária getrennt, Vígla.

Bis vor kurzem war Tholária noch ein sterbender Ort. Seit das Dorf mit dem Bus über die Straße erreicht werden kann, scheint die Abwanderung vorläufig zum Stillstand gekommen, jedenfalls wird im Ort an verschiedenen Stellen wieder gebaut. Wer sich nach der Bootsfahrt sofort auf die Wanderung gemacht hat, kann in Tholária (45 Min. vom Hafen) in einem der beiden geöffneten Kafenía frühstücken.

Um auf den Weg nach Langáda zu gelangen, geht man rechts aus dem Ort heraus und nimmt hinter der Zisterne den oberen Pfad, der, auf gleicher Höhe bleibend, am Berghang verläuft. Dem Wanderer bietet sich ein großartiger Rundblick über die gezackten Berggipfel, das Tal, die Berghänge mit den Dörfern, auf den Hafen und das Meer.

Kurz bevor man Langáda erreicht, steigt man zum 1960 verlassenen Dorf Strúmpos ab: in den Ruinen steht allerdings ein Haus, das wieder hergerichtet ist und bewohnt wird. Der Pfad führt weiter durch das im Sommer ausgetrocknete Bachbett einer Schlucht. Auf der anderen Seite folgt man dem Treppenweg, der in Langáda endet (1 Std.).

Langáda, ein typisches Kykladendorf

Langáda liegt in etwa 300 Meter Höhe auf den Ausläufern des höchsten Berges der Insel, des Kríkelos (821 m). Auffallend ist, daß die Gassen und Treppen frisch geweißt und mit Blumen bemalt sind; viele alte Häuser sind renoviert und die dicken, häufig fensterlosen Mauern getüncht. Langáda vermittelt dem

Besucher das Bild eines noch funktionierenden Kykladendorfes. Im Ort gibt es mehrere Kafenía und Tavernen, außerdem kann man Privatzimmer mieten.

Bevor man den Ort verläßt, sollte man zu der Höhlenkirche der Heiligen Dreifaltigkeit hochklettern, die im Süden des Dorfes in eine Felswand gleichsam wie ein Nest hineingeklebt wurde. Von dort überblickt man die Bucht von Ägiáli bis zur Insel Nikuriá, und bei klarem Wetter kann man sogar die Insel Donússa sehen.

Zurück nach Ägiáli gelangt man auf einem schattigen, gepflasterten Treppenweg, der von der Hauptgasse in Langáda links an einer Brunnenanlage abzweigt. Dieser Treppenweg führt durch Olivenhaine und kreuzt einmal die Staubstraße Ägiáli – Langáda und endet etwa 500 Meter vor dem Hafenort auf eben dieser Piste (45 Min.).

Den Nachmittag kann man am Strand von Ägiáli verbringen und spätabends bzw. nachts mit dem Schiff zurück nach Katápola fahren. Wer lieber wandern möchte, dem sei die Staubstraße von Ägiáli nach Chóra empfohlen, die einmal für den Autoverkehr ausgebaut werden soll. Man kann entweder in Ägiáli übernachten, um dann am nächsten Tag die Strecke zu bewältigen (etwa 20 km) oder – wenn man sich Verpflegung, Wasser und einen Schlafsack mitnimmt – unterwegs am Strand von Ágios Pávlos nächtigen.

Die Staubstraße, die von Ägiáli links in der südlichen Buchtbegrenzung zu sehen ist, verläuft in ihrem ersten Teil auf etwa gleicher Höhe immer am Meer entlang (bis Ágios Pávlos: 1 Std.). Links steigen die kahlen, verkarsteten Hänge des Kalkgebirges hoch, das den Osten von Amorgós von der Chóra und Katápola sowie dem Westen trennt, und vor sich sieht man die felsige, kleine Insel Nikuriá. Obwohl es keinen Schatten gibt, ist der Weg nicht anstrengend zu gehen, denn es weht immer ein kühler Wind.

Der Weiler Ágios Pávlos, der an einem wunderschönen Sandstrand gegenüber der Insel Nikuriá liegt, besteht aus einigen Häusern, die zum Teil nur im Sommer von griechischen Ferienreisenden bewohnt sind.

Ab Ágios Pávlos wird der Weg anstrengender. Er steigt in vielen Serpentinen an, rechts unterhalb der Straße sieht man Ríchti liegen, ein Gehöft mit einer kleinen Kirche und den Resten eines antiken Wachtturms. Die Straße zieht sich weiter die Hänge des Elíasberges hinauf bis zu einer Höhe von etwa 450 Metern und schlängelt sich dann wieder hinunter zur Chóra (4½ Std.). Mit dem Bus zurück nach Katápola (10 Min.).

Wichtige Hinweise

Dauer: Fahrt mit dem Schiff Katápola – Ägiáli: 1 Std.; Rundwanderung Ägiáli – Tholária – Langáda – Ägiáli: 2½ Std.; Weg von Ägiáli nach Chóra: 5½ Std.; Busfahrt Chóra – Katápola: 10 Min.

Wegbeschaffenheit: steinige Eselspfade oder mit Feldsteinen gepflasterte Rampenstufenwege, Staubstraße.

Anstiege: bis Tholária 250 m (anstrengend), nach der Schlucht bis Langáda: etwa 100 m ansteigend, von Ágios Pávlos 450 m (langgezogene Steigung).

Orientierung: leicht.

Restaurants: in Ägiáli mehrere Restaurants; in Tholária zwei Kafenía, ein Restaurant; in Langáda mehrere Kafenía, ein Restaurant.

Busverbindungen: Ägiáli – Tholária (ca. 4 km); Ägiáli – Langáda (ca. 4 km); Chóra – Katápola (6 km – 10 Min.).

Schiffsverbindungen: Katápola – Ägiáli und zurück (je 1 Std.)

Am Wege:
Bucht von Ägiáli
Kykladendörfer Tholária und Langáda
Ausblicke auf die Gebirgslandschaft im Norden der Insel mit der höchsten Erhebung, dem Kríkelos (821 m)
der schöne Strand von Ágios Pávlos mit Blick auf die Insel Nikuriá
Gebirgsmassiv des Profítis Ilías (698 m) und Blick von oben auf die Chóra Amorgú.

Kurzbeschreibungen weiterer Kykladeninseln

Ein Wanderführer sollte neben solchen Vorzügen wie Informationsvielfalt, Genauigkeit und Verläßlichkeit auch handlich und leicht transportabel sein. Von daher erwies es sich als notwendig, wegen der großen Anzahl der Kykladeninseln (vierundzwanzig sind bewohnt) einige wenige auszuklammern.

Dabei spielten Argumente wie die Größe der Insel, ihre Lage zu Schiffahrtsrouten oder zu anderen Inseln ebenso eine Rolle wie ihr Landschaftsbild und ihre Eignung zu Wanderungen. Auch subjektive Kriterien der Autoren waren beteiligt.

Die nicht in diesem Band beschriebenen Inseln werden nachfolgend aufgeführt und in knapper Form beschrieben.

Kéa

Die nördlichste Insel der Westkykladen liegt nicht auf der Route der von Piräus ausgehenden Schiffahrtslinien. Die Fährschiffe gehen ab Lávrion, einem südattischen Hafen, etwa 60 Kilometer von Athen entfernt. Im Falle einer Weiterfahrt zu einer anderen Insel muß in der Regel die Strecke nach Athen nochmals zurückgelegt werden.

Besucht wird die Insel meist von Athenern, die hier zahlreiche Sommerhäuser besitzen. Kéa verfügt über gute Strände, eine hoch gelegene, sehenswerte Chóra im Inselinnern, zahlreiche Kirchen und antike Sehenswürdigkeiten.

Kíthnos

Die südlich von Kéa gelegene Insel wird von den Fährschiffen angelaufen, die von Piräus aus die westlichen Kykladen aufsuchen. Kíthnos ist felsig (Glimmerschiefer) und ausgedörrt. Die fast kahle Insel ist ohne besondere landschaftliche Reize.

Sérifos

Auf Sérifos treffen die für Kíthnos genannten Gründe, die Insel auszuklammern, nicht zu.

Die Insel ist für Wanderungen gut geeignet, die Wege führen zu schön gelegenen Inseldörfern oder zum Kloster Móni Taxiarchón. Die oberhalb des Hafenortes Livádi gelegene Chóra ist im typischen Kykladenstil errichtet. Weit geschwungene Sandstrände ziehen sich an der Küste entlang. Bei der Auswahl der Inseln für diesen Band wurde der Nachbarinsel Sífnos der Vorzug gegeben.

Kímolos

Sie ist die kleinste Insel der Westkykladen. Landschaftlich gilt das gleiche, das für Kíthnos gesagt wurde, Kímolos ist allerdings vulkanischen Ursprungs.

Wer der Insel einen kurzen Besuch abstatten möchte, kann diesen von Mílos aus unternehmen. Von Apollónia (Mílos) fährt mehrmals täglich ein Schiff nach Psáthi (Kímolos). Man findet hier wenig Tourismus vor, bevorzugt wird die Insel von ›Schlafsacktouristen‹ aufgesucht.

Síkinos

Die Insel ist Teil der Zentralkykladen und liegt westlich von Íos. Vor der kleinen Hafenbucht wird heute noch ausgebootet. Für Badeferien ist Síkinos ebensowenig geeignet wie dazu, größere Wanderungen zu unternehmen.

Bei einem Kurzaufenthalt ist einzig lohnenswert, vom Hafen aus zu der von unten nicht sichtbaren Chóra hinaufzusteigen und hier das in ihrer Nähe liegende Marienkloster zu besuchen.

Kufoníssia

Die Insel gehört zu der kleinen Gruppe der Erimoníssia (Zentralkykladen) zwischen Náxos und Amorgós liegend. Da ausreichend Wanderungen auf dieser Inselgruppe beschrieben wurden, kann Kufoníssia ausgeklammert bleiben, zumal die Insel unscheinbar wirkt und fast vegetationslos ist.

Nachwort

Ich danke all denen, die mir beim Schreiben dieses Buches Unterstützung gewährt haben.

Ganz besonderen Dank spreche ich den vier Mitarbeitern an diesem Band aus. Klaus Bötig, Heinz und Ingeborg Rosin und Gisela Suhr, die wie ich seit vielen Jahren auf den Kykladen unterwegs sind, gingen die von ihnen beschriebenen Wanderstrecken persönlich im Sommer 1986 nochmals ab, um die Beschreibungen so aktuell wie nur möglich zu halten.

Für die Abfassung des Kapitels ›Geschichte und Kultur der Kykladen‹ konnte ich eine Reihe wertvoller Hinweise Barbara Hoffmanns (Hrsg.) ›Griechenland – ein Reisehandbuch‹ (Expreß Edition, Berlin) entnehmen.

Das Werk ›Griechenland ohne Säulen‹ von Johannes Gaitanídes verhalf mir, meine eigenen Erfahrungen und Einsichten in bezug auf griechische Eigenarten und Wesensmerkmale zu vertiefen. Hinweise zur Pflanzenwelt entnahm ich dem Buch von Hellmut Baumann ›Die griechische Pflanzenwelt‹ (Hirmer, München).

Anregungen für die Wanderungen auf Santoríni und für viele Einzelheiten dieser grandiosen Inselgruppe entnahm ich Lois Knidlbergers umfangreichem Santorínband (Schloendorf Verlag, München), das mir bereits vor rund zwanzig Jahren in Phíra in der Taverna Lóucas in die Hände gelangte.

Prof. Dr. Hans Eideneier danke ich für die Durchsicht des Buches auf die Schreibweise griechischer Begriffe und Eigennamen sowie für die Durchsicht der Kapitel über die griechische Sprache.

Aber auch all jenen griechischen Freunden habe ich zu danken, die mir bei Gesprächen zu manchem Verständnis verholfen haben. Stellvertretend möchte ich Geórgios Pertéssis aus Apíkia/Ándros nennen, der mir das Zubereiten des kafés ellínikos (des ›Griechischen Kaffees‹) beibrachte.

Bedanken möchte ich mich nicht zuletzt bei Marlis Bach, meiner Wegbegleiterin auf den Kykladen, die mir bei der Abfassung des Textes mit ihrem Rat zur Seite stand.

Lesehinweise

Baumann, Hellmut: Die griechische Pflanzenwelt, München 1982

Doumas, Christos: Santorin – Die Insel und ihre archäologischen Schätze, Wien 1980

Durrell, Lawrence: Griechische Inseln, Hamburg 1978

Gaitanides, Johannes: Das Inselmeer der Griechen, Wien 1979

Gaitanides, Johannes: Griechenland ohne Säulen, Frankfurt 1982

Höhler, Gerd: Begegnung mit Griechenland, Düsseldorf 1982

Hoffmann, Barbara (Hrsg.): Griechenland, Berlin 1985

Kalpaka, A. / Dudek, B.: Griechenland – Ein politisches Reisebuch, Hamburg 1982

Knidlberger, Lois: Santorini (Bildband), München 1965

Lessing, Erich: Die griechischen Sagen – In Bildern erzählt, München 1982

Madej, Hans: Kykladen (Bildband), Hamburg 1982

Nick, Dagmar: Götterinseln der Ägäis, München 1981

Fachausdrücke

ágios, agía   griech. = heiliger, heilige

Agía Trápesa, die   Heiliger Tisch, Altar

Akanthuskapitell   Akanthus = Blatt einer im Mittelmeer verbreiteten Distel, Schmuck des korinthischen → Kapitells

Akropole   (griech. akropolis = Hochstadt), hochgelegener Teil griechischer Städte, ursprünglich Burg

Allerheiligstes   Altarraum, durch die → Ikonostase vom Gemeinderaum (→ Náos) getrennt

Anastasis   Auferstehung, Christi Abstieg in die Vorhölle nach dem Kreuzigungstod (Hadesfahrt)

Apsis, die   (griech. = Rundung, Bogen), meist halbrunder, mit Halbkuppel überwölbter, nischenförmiger Raumteil an der Ostseite der Kirche

Caldéra, die   (span. = Kessel), vulkanischer Krater

Cella, die   (lat. = Kammer), fensterloser Kultraum des antiken Tempels mit den Götterbildnissen, in der byzantinischen Kirche Chor und → Allerheiligstes (auch: → Náos)

Chóra, die   Hauptort einer Insel

Ciborium, das   säulengetragener Altarüberbau (auch: Ziborium)

Deésis   Christus auf dem Thron zwischen Gottesmutter und Johannes dem Täufer

Dreifaltigkeit   Nach Auffassung der orthodoxen Kirche ist Gott-Vater bildlich nicht darstellbar, die Dreifaltigkeit wird daher symbolisch durch den Besuch der drei Engel bei Abraham wiedergegeben

Episkópus, der   (griech. = Bischof), eine Episkopalkirche ist die Kirche des Bischofs

Exédra, die   (griech. = abgelegener Sitz), nach einer Seite offener Raum mit Sitzbänken, in der Antike Sitznische in Wohnhäusern, in Höfen und an Plätzen

Fisch-Symbol   das griechische Wort für ›Fisch‹ hat die Anfangsbuchstaben von: Jesus, Christus, Gottes Sohn, Erlöser

Fresken   Wandmalereien in einer Maltechnik, bei der die Farben auf den noch frischen Putz aufgetragen werden und in ihn eindringen

Fumarolen   vulkanische Gas- und Wasseraustritte aus Spalten und anderen Bodenöffnungen

Grabkapellen   kleine Kapellen auf dem Friedhofsgelände, die der Aufbewahrung der Gebeine der Verstorbenen in kleinen Holzkästen dienen

Heróon, das   (griech. herós = Held, Halbgott), Grabheiligtum eines Helden, Halbgottes

Frígana   s. Phrýgana

Ikone, die   (griech. = Bild), Tafelbild der griechisch-orthodoxen Kirche, das Christus, heilige Personen oder Szenen darstellt. Es ist geweiht und wird von den Gläubigen verehrt; das Bild ist formal und inhaltlich streng an das Urbild gebunden

Ikonoklasmus, der   (griech. = das Bilderzerbrechen), Bilderstreit der Jahre 726–843, in dem es darum ging, ob sakrale Bilder theologisch zugelassen werden sollten oder nicht

Ikonostase, die   (griech. Ikonostási = Bilderwand), mit → Ikonen bedeckte Bilderwand, die in der griechisch-orthodoxen Kirche das → Allerheiligste vom Gemeinderaum (→ Cella, → Náos) trennt; sie ist von drei Türen durchbrochen, die mittlere wird als Königspforte bezeichnet

Kapitell, das   oberer Säulen- oder Pfeilerabschluß

Kartusche, die   Die eigentliche Kartusche tritt insbesondere im Barock auf, ein knorpelartiger Rahmen umgibt eine Fläche mit einem Wappen oder einer Inschrift

Kástro, das   Burg, Festung, Kastell, Burgsiedlung

Katholikón, das   Klosterkirche

Kónche, die   (griech. cóncha = Muschel), halbrunde Nische mit Halbkuppel (→ Apsis)

Kufétta, die   wertvoll verpacktes Naschwerk als Geschenk zu festlichen Anlässen

Kumbáros, der   Trauzeuge bei der Hochzeit, er tritt durch die Hochzeit in ein verwandtschaftliches Verhältnis mit dem Brautpaar

Kúros, der   Statue eines nackten Jünglings

Mäander, der   mehrfach rechteckig gebrochenes Zierband nach dem kleinasiatischen Fluß Maiandros benannt

Maria Panachrantós, die   die unbefleckte Jungfrau Maria

Monopáti, das   Fuß- oder Reitweg (Maultierpfad)

Náos, das   → Cella

Narthex, der   ursprünglich Vorhalle einer frühchristlichen Basilika, später allgemein für Vorhalle, Exonarthex = äußere Vorhalle

Órmos, der griech. = Bucht

Panagía, die Allerheilige, Gottesmutter, Heilige Jungfrau

Panigíri, das (Mehrzahl: Panigíria) kirchliches Fest, meist anläßlich des Namenstages eines Heiligen

Pantokrator, der Christus als ›Allerhalter‹, Weltenrichter und Lehrer der Menschheit mit Evangelienbuch und erhobener Rechten in Rede- und Segnungsgestus

Papás, der griechisch-orthodoxer Priester

Pfau-Symbol das Fleisch des Pfau galt als unverweslich, er verkörperte von daher die Wiederauferstehung

Pírgos griech. = Turm

Píthos archaisches Vorratsgefäß

Phrýgana, die die typische, niedrige Strauchformation, wie man sie auf den Kykladen antrifft: Zistrose, Wolfsmilchgewächse, Thymian, Salbei, Myrte, Ginster u. a.

Platía, die griech. = Platz

Propyläen Torbau

Refektorium, das Speisesaal eines Klosters

Schwibbogen ein zwischen zwei Baukörper

gespannter, frei schwebender Bogen (häufig über Gassen)

Skála, die (griech. = Treppe), treppenartiger und rampenstufig angelegter, meist gepflasterter Weg

Spolie, die wiederverwendeter Teil älterer Bauten, z. B. Säulenteil

Támbour, der zylindrischer oder vieleckiger Unterbau einer Kuppel

Témenos, das heiliger Bezirk eines Tempels

Témplon, das marmorne Chorschranke (→ Ikonostase)

Tauben-Symbol das Zeichen der Taube steht für Frieden Christi und für den Heiligen Geist

Tríptychon, das dreiteiliges Tafelbild (→ Ikone) mit klappbaren Seitenteilen

Tríkonchos, das Dreikonchenanlage einer Kirche (→ Konche)

Xénos, der (Xéni, die) Ausländer (Ausländerin), auch für: Fremder, Gast

Xirolithíes (Mehrzahl) Trockenmauern, ohne Mörtel gefügte Feldmauern

Register

Orte

Personen

Praktische Reiseinformationen

Alphabet, griechisches   s. u. Sprache

Anredeformen   s. u. Sprache

Anreise

Mit dem Auto

Griechenland kann entweder auf dem – kürzeren – Landweg über Jugoslawien erreicht werden oder – bequemer – in der Kombination Land-/Seeweg (Fähre) über Italien.

Für den **Landweg** (Jugoslawien) bieten sich drei Möglichkeiten zur Wahl an:

1 Tauernautobahn (Mautgebühr!) – Villach – Loiblpaß – Ljubljana (Autoput) – Belgrad – Gevgelíje (Grenze) – Thessaloníki (ab hier mautpflichtig) – Athen.
Entfernungen (in km):

von	München	Frankfurt	Hamburg
nach Thessaloníki	1666	2080	2544
nach Athen	2145	2559	3047

Anmerkung: Der Autoput ist nur teilweise ausgebaut und streckenweise überfüllt. Vorsicht vor allem bei Nachtfahrt, hohe Unfallquote!

2 Bis Ljubljana wie 1. Von hier über Postojna (unbedingt die Adelberger Grotten besichtigen!) – Rijeka – über die Adria-Magistrale (entlang der jugoslawischen Adriaküste) – Petrovac – Skopje (E 27) und weiter wie 1. Benzingutscheine in allen ADAC-Geschäftsstellen.

3 Bis Rijeka wie 2. Fährschiff entlang der Küste bis Dubrovnik (Fahrtzeit 17–22 Stunden). Oder: Fährschiff bis Igumenítsa/griechisches Festland (Fahrtzeit 35–39 Stunden) – Athen.

Auskünfte: Deutsches Reisebüro (DER), s. Tabelle.

Kombinierter Land-/Seeweg (über Italien)

Eine weit weniger anstrengende Variante ist die Fahrt über die italienische Autobahn entlang der östlichen Adria (mautpflichtig). Entfernungen (in km):

von	München	Frankfurt	Hamburg
nach Venedig	540	971	1327
nach Ancona	717	1209	1595
nach Bari	1200	1655	2050
nach Brindisi	1320	1775	2223
nach Otranto	1402	1861	2305

Die Fährschiffe von Venedig, Ancona, Brindisi, Bari und Otranto gehen hinüber zum griechischen Festland nach Igumenítsa, Pátras oder Piräus. Beispiele für Fahrtzeiten (in Std.):

Venedig	– Piräus	37
Ancona	– Igumenítsa	24
	Pátras	32
Brindisi	– Igumenítsa	10
	Pátras	19
Otranto	– Igumenítsa	10

Benzingutscheine für Italien in allen ADAC-Geschäftsstellen. Die beiden nachfolgenden Übersichten informieren über Schiffsverbindungen, Reedereien und die Adressen ihrer Agenturen. Unbedingt Preise zum Preisvergleich einholen, da von Jahr zu Jahr starke Abweichungen möglich sind.

Autofähren Italien – Griechenland
(Stand jeweils September 1986)

Ancona – Heráklion – Rhódos – Piräus	Med. Sun Lines (Juni – September) ✆ 089-22 27 15
Ancona – Igumenítsa – Pátras	Minoan Lines (Januar – November) ✆ 069-1 33 30
Ancona – Igumenítsa – Pátras	Strintzis Lines (April – November) ✆ 089-59 59 85
Ancona – Pátras	Karageorgis Lines (ganzjährig) ✆ 069-29 80 90
Brindisi – Pátras	HML (ganzjährig) ✆ 069-73 04 71
Brindisi – Korfu – Igumenítsa – Kefalonía	Adriatica (ganzjährig) ✆ 069-1 33 30 HML (ganzjährig) ✆ 069-73 04 71 Fragline (März – Oktober) ✆ 089-26 08 4 78
Brindisi – Korfu – Páxi – Íthaka – Kefalonía – Pátras	Strintzis Lines (Juni – September) ✆ 089-59 59 85
Bari – Korfu – Igumenítsa – Pátras	Ventouris Ferries ✆ 089-59 59 85
Otranto – Korfu – Igumenítsa	Redalis Lines (Juni – September) ✆ 089-23 72 30
Venedig – Piräus – Heráklion	Adriatica (ganzjährig) ✆ 069-1 33 30

Autofähren Jugoslawien – Griechenland

Rijeka – Dubrovnik – Korfu – Igumenítsa	Jadrolinija (März – Oktober) ✆ 069-1 56 63 42

Autofähren von Griechenland

Volos – Limassol – Tartous (Syrien)	Hellas Ferries (ganzjährig) ✆ 089-83 50 03

Piräus – Heráklion – Alexandria	Adriatica (ganzjährig) ✆ 069-1 33 30
Piräus – Rhodos – Limassol – Haifa	Sol-Lines (ganzjährig) ✆ 0221-23 49 11
Piräus – Heráklion – Haifa	Stability Line (April – Oktober) ✆ 069-29 53 03 und 0221-23 49 11

Vertretungen

Adriatica Line	*Seetours Intern.* Seilerstraße 23 6000 Frankfurt/M. ✆ 069-1 33 30
Fragline	*Ikon-Reisen* Schwanthalerstraße 31 8000 München 2 ✆ 089-59 59 85 *Ermado-Reisen* Pestalozzistraße 23a 8000 München 2 ✆ 089-26 08 4 78 *Melia-Reisebüro* Große Bockenheimer Straße 54 6000 Frankfurt/M. ✆ 069-29 53 03
Hellas Ferries	*Transcamion* Bodenseestraße 5 8000 München 60 ✆ 089-83 50 03
HML Hellenic Mediterranean Lines	*Karl Greuther GmbH* Heinrichstraße 9 6000 Frankfurt/M. 1 ✆ 089-83 50 03
Jadrolinija	*DER*, Passageabteilung Eschersheimer Landstraße 25–27 6000 Frankfurt/M. ✆ 069-1 56 63 73
Kargeorgis Lines	*Hellas-Orient-Reisen* Kaiserstraße 11

6000 Frankfurt/M.
℘ 069-298090

Med. Sun Lines	*Med. Sun Lines* Weinstraße 6 8000 München 2 ℘ 089-222715
Minoan Lines	*Seetours International* Seilerstraße 23 6000 Frankfurt/M. ℘ 069-13330
Redalis Lines	*Isaria* Neuhauser Straße 47 8000 München 2 ℘ 089-237230
Sol Lines	*Viamare Kreuzfahrten und Touristik GmbH* Apostelnstraße 14 5000 Köln 1 ℘ 0221-234911-14
Strintzis Lines	*Ikon-Reisen* Schwanthalerstraße 31 8000 München 2 ℘ 089-595985
Stability Line	*DER* Eschersheimer Landstraße 25–27 6000 Frankfurt/M. ℘ 069-1566373 *Melia-Reisebüro* s. o. *Viamare Kreuzfahrten und Touristik GmbH* s. o.
Ventouris Ferries	*Ermado-Reisen* s. o. *Ikon-Reisen* s. o.

Verkehrsbestimmungen

Italien	*Jugoslawien*
–	Gurtpflicht
50 km/h innerorts	60 km/h innerorts
100 km/h Landstraße	80 km/h Landstraße
130 km/h Autobahn	120 km/h Autobahn
(nach Hubraum,	(Radarkontrollen!)
Beispiel gilt für	
901–1300 ccm)	

Griechenland
Gurtpflicht
  50 km/h innerorts
  80 km/h Landstraße
100 km/h Autobahn

ELPA (Automobil- und Touringclub)

Der Automobil- und Touringclub Griechenlands (ELPA) verfügt über einen Verkehrsdienst mit Streifenwagen, die ausländischen Fahrern Hilfe leisten (gelbe Wagen, Aufschrift ›ASSISTANCE ROUTIERE‹).
Bei Schadensfall: ℘ 104; touristische Auskünfte: ℘ 174
Zentrale in Athen: Messogionstr. 2,
℘ (01) 7791615-19
Notrufstationen des ADAC/der ELPA:
  in Athen, ℘ (01) 7775644
  in Thessaloníki, ℘ (031) 412290

Parken

In Parkhäusern in Athen kann man Autos längere Zeit unterstellen. Preise: 1 Stunde ca. 60 Drs., 24 Stunden ca. 300 Drs.

Parken im Stadtzentrum von Athen ist fast überall verboten. Hohe Geldstrafen, evtl. Schilderabnahme!

Rechtshilfe

Bei einem Unfall kann man sich an das *Motor-Insurences-Büro,* Athen, Xenofontos-Str. 10, ℘ 3236733, wenden.

Mit der Bahn

Züge nach Athen fahren täglich über Österreich/Jugoslawien:
Hellas-Istanbul-Expreß: Dortmund ab 11.19 Uhr – Athen an 14.26 Uhr (übernächster Tag); Athen ab 19 Uhr – Dortmund an 20.47 Uhr (übernächster Tag).
Akropolis-Expreß: München ab 8.16 Uhr – Athen an 23.06 Uhr (nächster Tag); Athen ab 8.00 Uhr – München an 23.30 Uhr (nächster Tag). Eine Platzreservierung ist vorgeschrieben.

Die Rückfahrkarte kostet in DM:

ab	2. Klasse	1. Klasse
Berlin	620,40	927,20
Stadtbahn	(582,40)	(869,20)
Düsseldorf	626,40	936,20
	(564,40)	(842,20)
Frankfurt/M	528,40	788,20
	(484,40)	(722,20)
Hamburg	668,40	998,20
	(596,40)	(890,20)
Köln	604,40	902,20
	(546,40)	(816,20)
München	372,40	554,20
Stuttgart	464,40	692,20
	(434,40)	(648,20)

Die Preise in Klammern gelten für Fahrten mit der ermäßigten Fernrückfahrkarte (Vorzugskarte) der DB. Für *Gruppen* sind die Tarife in den durchfahrenen Ländern unterschiedlich (Tarifstand: 1986).

Schlaf- und Liegewagen

Bettkartenpreise Schlafwagen für einfache Fahrt, Hin- und Rückfahrt = doppelt:

1. Klasse (Einbettabteil)	DM 296,–
1. Klasse (Zweibettabteil)	DM 178,–
2. Klasse (Dreibettabteil)	DM 118,–

Bettkartenpreis Liegewagen, einfache Fahrt:

2. Klasse (Sechsbettabteil)	DM 46,–

Die Buchung für die Rückfahrt ist nur in Griechenland möglich.

Ermäßigungen

Jugendliche unter 26 Jahren:
Inter-Rail-Karte: gilt für 23 Länder und ist einen Monat gültig.
Transalpino-Karte: nur für reguläre Züge, erheblich billiger.
Kinderermäßigung:
Deutschland bis 12 Jahre 50 %, Österreich bis 15 Jahre 50 %, Jugoslawien und Griechenland bis 12 Jahre 50 %.
Senioren-Ermäßigungen: bei der Bundesbahn erfragen.

Mit dem Bus

Ab einer Reihe von bundesdeutschen Abfahrtsorten (u. a. Frankfurt, Essen, Duisburg, Düsseldorf, Dortmund, Köln, Mannheim, München, Stuttgart) fahren ganzjährig zweimal wöchentlich moderne Fernbusse (Deutsche Touring GmbH) nach Athen.
Fahrtdauer: ca 3 Tage

Preise (1986)	einfach	Hin- und Rückfahrt
Frankfurt/M. – Athen	217,–	348,–
München – Athen	180,–	288,–

Ermäßigungen
Kinder bis 2 Jahre 70 %, von 2–12 Jahre 50 %, Studenten und Jugendliche bis vollendetem 26. Lebensjahr 10 %.
Auskunft und Reservierung
Deutsche Touring Gesellschaft
Am Römerhof 17
6000 Frankfurt/M. 90
✆ 069-79 03 0

Mit dem Flugzeug

Man hat die Wahl zwischen einem normalen Linienflug von einem Flughafen der Bundesrepublik aus (ermäßigte Tarife), einem Charterflug oder einer außerbundesdeutschen Fluggesellschaft mit niedrigen Tarifen. Im Schnitt beträgt die Flugzeit etwa 3 Stunden.

Linienflüge

1 Normaltarif (Touristenklasse)
Preisbeispiel bei Hin- und Rückflug innerhalb 3 Monate: Düsseldorf – Athen DM 1365,–.
2 Der flieg & spar-Tarif
Ersparnis bis zu 60 % des Normaltarifs (Lufthansa, Olympic Airways) bei Direktflügen (ohne Umsteigen).
3 Ermäßigungen
Für folgende Personengruppen gewähren Lufthansa und Olympic Airways Ermäßigungen:
Kinder bis 2 Jahre: auf alle Tarife 90 %
Kinder von 2–12 Jahre: auf alle Tarife 50 %

Schüler von 12–16, Schüler und Studenten von 17–30 Jahre: 45 % vom Normaltarif des einfachen Flugpreises.

Charterflüge

Ersparnis bis zu 70 % des Normaltarifs, Nachteil: Flugtermine liegen nur an bestimmten Wochentagen.

Flüge von außerbundesdeutschen Flughäfen aus

Von den Fluggesellschaften der Benelux-Staaten und der osteuropäischen Staaten werden Flugreisen zu sehr niedrigen Preisen angeboten. Hierbei ist aber der gesamte Zeit- und Kostenaufwand in die Planung zum Vergleich mit einzubeziehen.

Allgemeines

Preisdifferenzen ergeben sich ferner durch Saisonzuschläge. Man sollte sich in allen Fällen von einem Reisebüro beraten lassen. Der Athener Flughafen Ellinikón verfügt über zwei Abfertigungsgebäude:
West-Terminal (nur für Olympic Airways)
East-Terminal (für internationale Fluggesellschaften)
Innergriechische Anschlußflüge (mit Olympic Airways) gehen nur vom West-Terminal aus. Man benutzt den Bus, der die beiden Flughäfen verbindet.
Auf den Kykladen gibt es Flugplätze in Míkonos, Mílos, Páros und Santoríni. (Santoríni wird von Deutschland aus auch direkt angeflogen.)

Auskunft und Reservierung:
Olympic Airways
Neue Mainzer Straße 22
6000 Frankfurt/M.
℘ 069-75344.
Vom Flughafen Ellinikón aus fahren regelmäßig Busse in die Athener Innenstadt und zum Hafen nach Piräus (Karaïskaki-Platz).

Schiffsverbindungen zu den Inseln

Die meisten Schiffe, die die Kykladen anlaufen, fahren ab Piräus. Die Insel Ándros wird von Rafína aus erreicht (weiter nach Tínos und Míkonos), Kéa nur von Lávrion aus.

Die Tarife der (privaten) Schiffsgesellschaften unterliegen staatlichen Preiskontrollen. Aufgrund von Unterschieden in Komfort und Geschwindigkeit gibt es aber Preisdifferenzen.

Ermäßigungen:
Kinder bis 4 Jahre: frei
Kinder bis 10 Jahre: 50 %
Auskünfte und Fahrpläne
›Key Travel Guide‹ (gegen DM 10,–) zu beziehen bei
Hellas-Orient-Reisen
Kaiserstr. 11
6000 Frankfurt/M. 1, ℘ 069-298090
Sonnenstr. 27
8000 München 2, ℘ 089-555053.
Broschüre ›Innergriechische Schiffsverbindungen‹ (kostenlos) bei Griechische Zentrale für Fremdenverkehr (s. unter Auskunftsstellen). Weitere Informationen in Kapitel ›Von Insel zu Insel‹, S. 53 ff.

Fahrpreise (in Drs.) und -zeiten (Stand: 1986)

Ziel	1. Klasse	2. Klasse	Touristen-klasse	3. Klasse	Fahrzeit in Std. (je nach Zwischenstopps)
von Piräus nach:					
Amorgós	3797	2238	1466	1408	8–9
Anáfi	3597	3303	2551	1986	12–13
Donússa	3597	2655	2041	1606	11–12

Fahrpreise (in Drs.) und -zeiten (Stand: 1986)

Ziel	1. Klasse	2. Klasse	Touristen-klasse	3. Klasse	Fahrzeit in Std. (je nach Zwischenstops)
Folégandros					
Iraklía	3697	3134	2404	1875	10–14
Íos	3597	2404	1921	1606	9–13
Kímolos	2797	1972	1574	1321	7–8
Kufoníssi	3697	3134	2404	1875	8–10
Kíthnos	2197	1466	1110	892	3–4
Mílos	2857	1972	1574	1321	7–9
Míkonos	2297	–	1524	1275	6–7
Náxos	2897	1972	1554	1321	6–10
Páros	2597	1730	1365	1162	5–9
Santoríni	3597	2404	1921	1606	9–11
Schinússa	3697	3134	2404	1875	8–10
Sérifos	2597	1644	1158	897	4–6
Sífnos	2797	1789	1407	1209	5–7
Síkinos	3597	3142	2404	1875	9–10
Síros	2397	1644	1321	1157	4–5
Tínos	2297	–	1466	1275	5–6
von Rafína nach:					
Ańdros			674		2½
Míkonos		nur	1192		6
Náxos		Touristen-	1230		7
Páros		klasse	1056		5
Síros			982		5
Tínos			982		4½
von Lávrion nach:					
Kéa			503		1¼
Kíthnos			751		3½

Für alle Klassen werden zusätzlich 97 Drs. Steuern berechnet und 5–12 Drs. Versicherung. Die meisten Schiffe transportieren auch Autos, frühzeitig buchen!

Ärzte

Deutsche Griechenlandreisende benötigen den Anspruchsausweis E 111. Damit können die Vertragsärzte der griechischen Krankenkasse konsultiert werden. Auskünfte erteilen auch die Stellen der griechischen Sozialversicherungsanstalten (I.K.A.). Eine Liste deutschsprachiger Ärzte ist bei der Botschaft der Bundesrepublik erhältlich (s. u. Auskunftsstellen).

Unkomplizierter ist es, den Arzt bar zu entlohnen. Die Honorare und Arzneimittel in der Apotheke (Farmakíon) sind bedeutend niedriger als bei uns. Für diese Fälle Geldbetrag als Reserve mitnehmen. Detaillierte Rechnung ausstellen lassen.

Die ärztliche und zahnärztliche Versorgung ist nur auf den größeren Kykladeninseln ausreichend gesichert, auf kleineren Inseln arbeitet zumeist ein junger, unerfahrener Arzt oder eine medizinische Versorgung fehlt ganz. In einem Notfall kann der Arzt auf Kosten des Patienten einen Hubschrauber anfordern, der den Kranken nach Athen bringt, wo er in einem Krankenhaus versorgt wird.

Die Sprechstunden der Ärzte liegen gewöhnlich zwischen 9–13 Uhr und 17–19 Uhr.

Mittel, die der Reisende von zu Hause mitführen sollte:

- Gegen Magenverstimmung und Durchfall (tritt auf nach dem Genuß von zu altem Olivenöl, manchmal auch bei Brunnenwasser)
- gegen Seekrankheit (vor Fahrtantritt nur wenig und leichte Kost, manchen hilft Coca Cola)
- gegen Stechmücken (Soventol) und Sonnenbrand, evtl. Tetanusimpfung vor Reiseantritt. Sonnenbrandcreme.

Weitere Informationen in Kapitel ›Pflanzen- und Tierwelt‹, S. 15 ff.

Auskunft

Die Griechische Zentrale für Fremdenverkehr in der Bundesrepublik verschickt auf Anfrage kostenlos Informationsmaterial. Erhältlich sind Prospekte über Unterwassersport und Tauchen, Ferienwohnungen, Jugendherbergen und Campingplätze, über die einzelnen Kykladeninseln sowie eine Landkarte von Griechenland. Die Büros stehen auch für spezielle Fragen zur Verfügung.

Griechische Zentrale für Fremdenverkehr
Neue Mainzer Straße 22
6000 Frankfurt/M. 1
☎ 069-236561-3
Abteistraße 33
2000 Hamburg 13
☎ 040-454498
Pacellistraße 2
8000 München 2
☎ 089-222035-6
Karageórgi-Servias-Str. 2
Athen
☎ (01) 322-2545 (8–20 Uhr)
Flughafen Ellinikón
Athen
☎ (01) 9799500 (9–20 Uhr)

Ferner erhalten Sie an Ort und Stelle Auskünfte bei der Fremdenverkehrspolizei (in Athen: Leoforos Syngrou 7), die Sie auch auf fast allen Inseln finden. Wo es keine gibt, an die örtliche Polizeistation wenden.

Banken und Geld

Banken (trápesa) sind montags bis freitags von 8–14 Uhr geöffnet. Länger geöffnet haben die Banken (alle in Athen):
Flughafen: durchgehend
Hauptbahnhof: 8–20 Uhr
Síntagma-Platz / Karageórgi – Servia-Straße: nur nachmittags 14–21 Uhr (werktags), 8–20 Uhr (Sa, So, Feiertage).
Eurocheques und Reiseschecks können bei allen Banken eingelöst werden. Einige Inseln oder abgelegene Orte auf Inseln verfügen über keine Banken. Oft tauschen Hotel- oder Tavernenbesitzer zu einem sehr ungünstigen Kurs, daher sollte man vorsichtshalber bereits vorher gewechselt haben.

Währungseinheit ist die Drachme (abgekürzt: Dr. bzw. Drs. = 100 Lepta). Im Umlauf sind Scheine zu 1000, 500, 100 und 50 Drs. und Münzen zu 1 Dr., 2, 5, 10, 20 und 50 Drs.

Der Wechselkurs schwankt täglich, daher ist es nicht sinnvoll, bereits in Deutschland Geld zu tauschen und Drachmen einzuführen.

Wechselkurs (Stand Frühjahr 1987): 100 Drachmen = 1,36 DM.

Botschaften und Konsulate

Botschaft der Bundesrepublik Deutschland
Karaóli ke Dimitríu 3
Athen
∅ 01-3 69 41.

Die Botschaft ist für Notfälle auch feiertags besetzt. Bei Verlust des Passes: Wichtig ist, ein weiteres Dokument mitzuführen, aus dem die Identität hervorgeht. Getrennt aufbewahren!

Eine konsularische Vertretung der Bundesrepublik gibt es auf den Kykladen nicht.

Camping

Wildes Zelten ist in Griechenland grundsätzlich nicht gestattet. Dennoch ist es auf den Kykladen an den Stränden, die nicht unmittelbar am Ort liegen, üblich zu zelten oder im Schlafsack auf dem Sand zu kampieren. Die örtlichen Behörden dulden es, solange nicht ausreichend andere Übernachtungsmöglichkeiten zur Verfügung stehen.

Wird ein offizieller Zeltplatz eingerichtet, wird das freie Zelten in dieser Gegend verboten. Die Nachteile der Zeltplätze: harter Boden und fehlender Schatten (keine Bäume), nicht ausreichende sanitäre Anlagen und Lärm durch Disco-Musik.

Inseln mit Campingplätzen
Antíparos, Folégandros, Íos, Míkonos, Náxos, Páros, Santoríni, Sérifos und Tínos. Weitere sind in Planung.

Einreise

Einreisedokumente

Staatsangehörige der Bundesrepublik Deutschland benötigen entweder einen gültigen Reisepaß oder amtlichen Personalausweis. Bei Anreise durch Jugoslawien wird der Reisepaß benötigt.

Kinder ab 10 Jahren müssen einen Kinderausweis mit Bild besitzen. Der Aufenthalt in Griechenland ist auf 3 Monate begrenzt. Wer länger bleiben will, muß sich 20 Tage vor Ablauf der 3 Monate bei der Fremdenpolizei melden. Adresse für Athen: Astinomía Allodapón, Odós Chalkokondíli 9.

Einreise mit Hund

Bei Einreise muß ein internationaler Impfpaß oder ein amtstierärztliches Gesundheitsattest in englischer oder französischer Sprache vorgelegt werden. Impfung nicht länger als ein Jahr und mindestens 15 Tage vor Einreise nach Griechenland.

Antiquitäten

Die Ausfuhr von Antiquitäten und Kunstgegenständen ist grundsätzlich verboten. Nachbildungen können ausgeführt werden.

Essen und Trinken in Kapitel ›Die griechischen Eß- und Trinkgewohnheiten‹, S. 49 ff.

Feiertage in Kapitel ›Kirchliche Feiertage‹, S. 23

FKK in Kapitel ›Die Touristes kommen‹, S. 59 ff.

Geld s. u. Banken

Gestik s. u. Sprache

Grußformeln s. u. Sprache

Hotels s. u. Unterkunft

Kirchen- und Klosterbesuche in Kapitel ›Reiseausrüstung‹, S. 58

Reisezeit und Klima in Kapitel ›Klima und Wassertemperaturen‹, S. 12

Musik in Kapitel ›Volksmusik und -tänze‹, S. 36

Öffnungszeiten

Die *Geschäfte* sind in der Regel werktags von Mitte Mai bis Mitte Oktober mo, mi, sa von 8.30–14.30 Uhr, di, do, fr von 8.30–13.30 Uhr und nachmittags von 17–20 Uhr geöffnet.

Geschäftszeiten der *Banken:* s. u. Banken

Museen: Die Museen sind ganzjährig geöffnet außer: 1. Januar, 25. März, Karfreitag bis Mittwoch, Ostersonntag und 25. Dezember. In der Regel sind die Museen dienstags geschlossen.

Die Öffnungszeiten sind von Ort zu Ort unterschiedlich, sie werden jährlich neu festgesetzt.

Flohmarkt: Jeden Sonntagvormittag in Monastiráki/Athen.

Post s. u. Telefonieren

Reisegepäck in Kapitel ›Reiseausrüstung‹, S. 58

Sprache

Geschichte

Der Grieche greift lieber zum Telefon als zum Brief, um sich mitzuteilen – das liegt an der komplizierten Rechtschreibung des Griechischen. Sie bereitet vielen so große Schwierigkeiten, daß sie auf die schriftliche Mitteilung verzichten.

Im Altgriechischen wurden die Laute so ausgesprochen wie sie geschrieben wurden. Das hat sich im Verlauf der griechischen Sprachgeschichte geändert, viele der Laute werden heute im Neugriechischen anders gesprochen (vgl. Griechisches Alphabet).

Eine weitere Schwierigkeit: Das griechische Alphabet weicht in einer Anzahl von Buchstaben von unserem ABC ab. Das erschwert das Lesen der Schrift: Für den Griechen, der mit unserer Schreibweise konfrontiert wird, genauso wie für den Fremden.

Eine andere, historisch erklärbare Problematik kann hier nur verkürzt wiedergegeben werden. Nachdem im Jahre 1821 die jahrhundertelange Fremdherrschaft der Türken zu Ende gegangen war, entspann sich in Griechenland der sog. ›Sprachenstreit‹. Auf der einen Seite existierte eine gewachsene volkstümliche Sprache, die *Dimotikí*. Die Vertreter von Kirche und Staat setzten dagegen eine ›gehobene‹ Schrift- und offizielle Staatssprache durch, die sich an das Altgriechische anlehnte: die *Katharévussa.*

Das bedeutete, daß es von da an zwei Sprachen gab. Kirche, Justiz, Verwaltung und Schule hatten sich der Katharévussa zu bedienen, das Volk benutzte weiterhin als Umgangssprache die Dimotikí. Erst nach dem Sturz des Militärregimes 1974 wurde zugunsten der Dimotikí entschieden und sie als alleinige Staatssprache anerkannt. Aber erst seit 1977 wurden die Schulbücher in Dimotikí geschrieben. Die Sprachreform ist bis heute nicht abgeschlossen, immer noch wird an einer vereinfachenden Schreibweise herumexperimentiert. Diese Voraussetzungen haben zur Folge, daß man auf Orts- und Hinweisschildern, auf Landkarten und anderen Drucksachen auf vom Neugriechischen abweichende oder doppelte Schreibweisen trifft.

Das griechische Alphabet
(nach Klaus Bötig)

Groß-buchstabe	Klein-buchstabe	Name	Ausspracheregeln	Um-schreibung
A	α	álfa	kurzes a wie in ›Hand‹	a
B	β	wíta	w wie in ›Wonne‹	w
Γ	γ	gámma	j wie in ›Jonas‹ vor den Vokalen -i und -e (Ausnahme Ágios, Ágia und Jórgos [Geórgios]), weiches g vor den übrigen Vokalen	j
Δ	δ	délta	wie stimmhaftes engl. th, z. B. in ›the‹	d, D
E	ε	épsilon	e wie in ›Bett‹	e
Z	ζ	síta	stimmhaftes s wie in ›Rose‹	s
H	η	íta	kurzes i wie in ›Ritt‹	i
Θ	ϑ	thíta	wie stimmloses englisches th, z. B. in ›thanks‹	th
I	ι	jóta	gleiches i wie in ›ita‹, also wie in ›Ritt‹ unbetont vor Vokal	i
K	ϰ	káppa	k wie in französisch ›col‹	k
Λ	λ	lámda	l wie im Deutschen	l
M	μ	mi	m wie im Deutschen	m
N	ν	ni	n wie im Deutschen	n
Ξ	ξ	ksi	ks wie ›Axt‹ oder ›Lachs‹	x
			gs wie im englischen ›bags‹ nach n und m	gs
O	ο	ómikron	o wie in ›oft‹	o
Π	π	pi	p wie im französischen ›pomme‹	p
P	ϱ	ro	Zungenspitzen-r wie im Italienischen	r
Σ	σ, ς	ssígma	stimmloses s wie in ›Tasse‹	ss
			im Auslaut (d. h. am Ende des Wortes)	s
T	τ	taf	t wie im französischen ›tableau‹	t
			i wie in ›Ritt‹	i
Y	υ	ípsilon	w wie in ›Wonne‹ nach Alfa und Epsilon, wenn ein stimmloser Konsonat folgt	w
			f wie in ›Fehler‹ nach Alfa und Epsilon, wenn ein stimmhafter Konsonant folgt	f

Groß- buchstabe	Klein- buchstabe	Name	Ausspracheregeln	Um- schreibung
Φ	φ	fi	f wie in ›Fehler‹	f
X	χ	chi	ch wie in ›ich‹ vor a-, o- und u-Lauten sowie vor Konsonanten	ch
			ch wie in ›ach‹ vor e- und i-Lauten	ch
Ψ	ψ	psi	ps wie in ›Pseudonym‹	ps
Ω	ω	ómega	o wie in ›oft‹	o

Buchstabenkombinationen:

AI	αι	álfa-jóta	e wie in ›Bett‹	e
ΓΓ	γγ	gamma- gamma	ng wie in ›lang‹	ng
EI	ει	épsilon- jóta	i wie in ›Ritt‹	i
ΜΠ	μπ	mi-pi	b wie in ›Bar‹	b
ΝΤ	ντ	ni-taf	d wie in ›deutsch‹ im Anlaut	d
			nd im Wortinnern	nd
OI	οι	ómikron- jóta	i wie in deutsch ›Ritt‹	i
OY	ου	ómikron- ípsilon	u wie in deutsch ›Bluff‹	u
TZ	τζ	taf-sita	ds wie ›Aids‹	ds

Erlernen der Griechischen Sprache

Man mag mit Englisch oder Deutsch fast überall einigermaßen zurechtkommen, denn viele Griechen waren auf See, in einem englischsprachigen Land oder als Gastarbeiter in Deutschland gewesen; an Orten mit viel Tourismus bemühen sich die Einheimischen, das Englische, zumindest die gängigen Phrasen, zu beherrschen. Zu einer guten Unterhaltung reichen die Kenntnisse dann aber doch nicht. Man trifft selten einen Feriengast, der sich mit den Einheimischen in deren Sprache verständigt, um so mehr fällt auf, daß ohne die Sprachbarriere das Verhältnis persönlicher und freundlicher wird.

Wer Griechenland nicht zum einmaligen Ferienziel wählt, dem wird geraten, die Sprache zu erlernen. Einen Zugang kann er über die populären griechischen Volkslieder gewinnen. Neugriechische Dichtung wird in Griechenland primär als Lied aufgenommen und wiedergegeben. Bei uns sehr bekannt und in deutscher Übersetzung vorliegend sind vor allem die Lieder von Míkis Theodorákis.

Zur Erlernung der Sprache können besonders empfohlen werden: Hans und Niki

Eideneier: Neugriechisch ist gar nicht so schwer, Grundwortschatz, Grundgrammatik, 1985 (Sprach- und Liederkassette zu Teil 1 und 2); Hans Ruge: Grammatik des Neugriechischen, 1985.

Anredeformen

Die Griechen lieben die persönlichere Anrede mit den Vornamen. Das hat für die Gesprächspartner den Vorteil, daß sie die oftmals langen und komplizierten Familiennamen nicht auszusprechen brauchen. Es bedeutet aber nicht in jedem Falle, daß man sich dadurch in unserem Sinne duzt. Bei der Anrede ist zu beachten: Viele der männlichen Vornamen enden auf -s (Beispiele: Jórgos, Kóstas, Dimítris, Panajótis, Vassílis u. a.). Bei der Anrede entfällt das -s: Jórgo, Kósta usw.

Der Grieche will, um dem Gespräch eine persönliche Note zu geben, auch den Vornamen seines deutschen Gegenübers wissen. Es empfiehlt sich, den eigenen Namen mit einem der griechischen in Verbindung zu bringen. So entsprechen die Namen Jürgen, Jörg und Georg dem griechischen Jórgos; die Namen Johannes, Hans, Johann, Jan und John dem griechischen Jannis; und Helene, Helena oder Ellen sind adäquat der Bezeichnung Äláni.

Grußformeln

Der Reisende, der die griechische Sprache nicht beherrscht, sollte neben einigen für den Alltag wichtigen Begriffen auch die wichtigsten Grußformeln kennen und gebrauchen:

vormittags:	Kalimára (sas)	Guten Tag (Ihnen)
ab Mittag:	Chárete	Freut Euch (der Bedeutung nach)
ganztags:	Iá su (Iá sas)	Grüß Dich (Grüß Sie), wörtlich: Gesundheit Dir (Ihnen) = mehr familiär
beim Weggehen:	Chárete oder: Adío sas oder: Sto kaló	s. o. Adieu Zum Guten (sinngemäß)
am Abend:	Kalispára sas	Guten Abend (Ihnen)
am späten Abend und zur Nacht:	Kaliníchta sas	Gute Nacht (Ihnen)
Weggehen auf lange Zeit (Winter):	Kaló chimóna	Einen guten Winter (Wenn sich Familienmitglieder im Sommer auf ihrer Insel zusammenfinden, um sich im Spätsommer – über den Winter – wieder für ein halbes Jahr zu trennen.)

Gestik

Jede Nation entwickelt neben ihrer gesprochenen und Schriftsprache eine Sprache der Gestik. Um Mißverständnissen vorzubeugen, sollte der Gast die Gesten kennen. Hier eine

Auswahl der häufigsten gebräuchlichen Zeichen, die die gesprochene Sprache unterstützen, aber auch ohne diese verstanden werden können.

Die Zahl fünf mit gespreizter Hand und in Richtung des Gegenüber geöffnet, vor sein Gesicht gehalten: *Schwere Beleidigung*

Die fünf Fingerspitzen zum Mund hin- und wegbewegt: *Essen*

Daumen zum Mund hin- und wegbewegt: *Trinken*

Mit der Handfläche nach unten schlagend in Richtung auf sich selbst: *Herkommen*

Handrücken wegschleudernd: *Abhauen*

Kopfbewegung: Senken und Heben (umgekehrt wie im Deutschen) oder: Hochziehen der Augenbrauen, auch begleitet von einem Zungenschnalzen gesprochen ›óchi‹: *Nein, Verneinen*

alles zusammen: *Verstärkung des Nein*

Kopfbewegung: von rechts oben nach links unten (umgekehrt wie im Deutschen) gesprochen ›nä‹ oder ›málista‹: *ja, Bejahen*

Telefonieren und Post

Telefonieren

Öffentliche Fernsprecher befinden sich in den Ämtern des OTE (Organismós Tilepikinonión tis Elládos), der nationalen Telefongesellschaft. In kleineren Orten steht das offizielle Telefon der OTE in einem Kafeníon oder Lebensmittelgeschäft.

Rote Apparate für Ortsgespräche, graue für Fern- und Auslandsgespräche. Ebenfalls werden die Telefonzellen unterschiedlich gekennzeichnet: weiße Schrift auf blauem Grund für Ortsgespräche, auf orangefarbenem Grund für Fern- und Auslandsgespräche.

Vorwahlnummern:

von der Bundesrepublik nach Griechenland 0030

von Griechenland nach der Bundesrepublik 0049

nach Athen und Piräus (0)1

Bei der Wahl der Nummer in die Bundesrepublik die 0 am Anfang der Vorwahlnummer der Stadt weglassen.

Post

Öffnungszeiten sind montags bis samstags 7 bis 15 Uhr.

Gebühren: Karte 20 Drs., Brief 27 Drs. (1986).

Die Post wird grundsätzlich per Luftpost versandt, so daß ein entsprechender Vermerk entfallen kann. Postlagernde Sendungen an die Post (tachidromíon) des Inselhauptortes mit dem Vermerk ›Poste Restante‹ senden. Pakete immer unverschlossen abliefern, da der Inhalt überprüft wird.

Briefmarken (grammatósima) erhält man auch an Kiosken und in vielen Geschäften.

Unterkunft

Hotels

Entsprechend ihrer Ausstattung wird in die Kategorien A bis E unterteilt. In jedem Zimmer muß eine Preistafel hängen, auf der der Zimmerpreis angegeben ist. Dieser Preis unterliegt der Kontrolle des Fremdenverkehrsbüros und wird jedes Jahr neu festgesetzt.

In den Preisen sind enthalten: 15 % Bedienungszuschlag, 8 % MWSt, 4,4 % Ortstaxe und 1,2 % Stempelgebühr.

Ein Zuschlag ist zu entrichten, wenn ein zusätzliches Bett ins Zimmer gestellt wird (20 %). Um 10 % kann der Preis erhöht werden, wenn der Aufenthalt nur bis zu zwei Tagen beträgt.

Einzelpersonen zahlen bei Inanspruchnahme eines Doppelzimmers (Einzelzimmer sind selten) meist 80 % des Doppelzimmerpreises. Preisbeispiele für Übernachtungskosten (Durchschnittswerte in Drs.):

Kategorie	1 Person	2 Personen
D	1440	1885
E	860	1140

Die Kategorien A–C sind meist von Touristikunternehmen vorgebucht, sie sind auf den Kykladen relativ selten.

Privatunterkünfte

In den meisten Kykladenorten werden auch Privatzimmer vermietet. Oftmals wird man beim Verlassen des Fährschiffes von Einheimischen angesprochen: »domátio?« (»Zimmer?«), oder auf Englisch: »rooms?«

Ansonsten fragt man bei der örtlichen Touristen-(Fremden-)Polizei oder in der nächsten Taverne nach einem Privatzimmer. Sie sind preiswerter als Hotelzimmer, nach den Kategorien A bis C unterteilt und kosten zwischen 500 und 850 Drs. pro Person.

Jugendherbergen

Nur auf wenigen Kykladeninseln gibt es Jugendherbergen: Santoríni (3), Míkonos, Náxos und Íos. Offiziell ist der internationale Jugendherbergsausweis erforderlich, wird aber nicht immer verlangt. Übernachtungskosten: 250–300 Drs. (1986).

Anschriften: Liste bei der Griechischen Zentrale für Fremdenverkehr anfordern (s. u. Auskünfte).

Allgemeine Hinweise

In den Monaten Juli und August sind die vorhandenen Betten auf den touristisch stark frequentierten Inseln bis auf den letzten Platz belegt. Fals keine Vorbestellung getätigt wurde, bleibt nur das Schlafen am Strand – falls geduldet (s. u. Camping).

Auf den Kykladen ist im Sommer das Wasser knapp, daher ist sparsamer Verbrauch geraten. Duschen müssen an manchen Orten extra bezahlt werden.

In kühleren Jahreszeiten muß man auf ungeheizte Zimmer gefaßt sein.

Zoll

Einfuhr: Zollfrei sind alle Gegenstände des persönlichen Bedarfs.

Ausfuhr: Zollfrei sind Reiseproviant und waren bis DM 500,–. Einzelbestimmungen s. Broschüre ›Gute Fahrt mit dem Zoll‹ (Zollämter).

Abbildungsnachweis

Bilderberg, Hamburg (Grames, Madej)
   Farbt. 14, 16, 18
Klaus Bötig, Bremen   Farbt. 9, 15; Abb.
   S. 104/05, 170/71, 172, 179, 192, 198
Fridmar Damm, Köln   Umschlagvorder-
   seite; Farbt. 6
DIA-Express, Garmisch-Partenkirchen
   (Pascal)   Farbt. 2
Klaus-Dieter Eckart, Köln   Abb. S. 165,
   166
Klaus D. Francke, Hamburg   Farbt. 1, 3–5;
   Abb. S. 14, 23, 25, 41, 63, 72/73, 92/93,
   188/89
Wolfgang Fritz, Köln   Farbt. 11
Klaus Gallas, München   Farbt. 8; Abb.
   S. 42

Hans Madej, München   Abb. S. 2, 28, 32,
   46, 51, 162/63, 231
Heinz Rosin, Düsseldorf   Umschlagrückseite; Abb. S. 17, 57, 68, 75, 80, 84, 86,
   88/89, 131
Toni Schneiders, Lindau   Abb. S. 18, 35,
   39, 55, 100, 137, 140, 148/49, 197, 200,
   204/05, 210/11, 217
Kurt Schreiner, Köln   Farbt. 7, 10, 12, 13,
   17, 19, 20; Abb. S. 159
Gisela Suhr, Bensberg   Abb. S. 221, 223,
   224/25, 233, 234, 237, 238/39

Karten und Pläne: DuMont Buchverlag (Hel-
   ga Heibach) nach Vorlagen der Autoren

DuMont Kunst-Reiseführer

»Richtig reisen«